추천의 말

거리에 기타 가방 멘 사람들이 늘었다고 그것이 밴드 붐이 아니라 진짜 밴드 붐이란 어떤 것인지 알려주는 책! 한국과 세계의 밴드 명인들에게 밴드란 무엇이고 그것은 어떻게 지속되는가 듣는 간증의 시간. 나는 음악이 없다면 살 수 없지만 밴드가 없다면 죽을 수조차 없을 것 같다. 밴드를 왜 하냐고 묻는 사람들에게 이 책을 권하며 되묻겠다. 왜 밴드를 안 하는데?

김인수, 크라잉넛 / 데디오레디오

내 타오르는 락부심에 희망과 용기 그리고 냉철한 이성적 깨달음까지 전해준 지침서!

임원희, 배우

다수의 마음에 들기 위한 그럴듯한 이야기들이 넘쳐나는 지금, 언더그라운드 밴드들이 각자의 음악을 구축해 가는 모습은 마음을 근질근질하게 한다. 음악엔 영 재능이 없어 밴드는 내 선택지가 아니었는데 읽다 보니 어느새 '코드 세 개'의 유혹에 넘어간 기분이다. 무대에서 그 순간의 에너지를 음악으로 전부 쏟아내는 경험은 어떤 것일까? 궁금해진다. 이미 각자의 공간에서 활동을 하고 있는 밴드들에겐 음악으로 이어진 동료들의 서로를 향한 응원 같은, 이제 막 밴드로서의 발걸음을 내딛는 이들에겐 먼저 비슷한 (그러나 각자의) 길을 간 선배들의 조언 같은, 어쩌다 책을 집어 든 나 같은 문외한에겐 '어 밴드 이거 꽤 재밌을지도 모르겠는데? 나도 한 번 해봐?'의 계기가 될 수도 있을 책이다.

젤리빈, 웹툰 《묘진전》, 《도깨비는 우는 법을 모른다던데》 작가

평생 밴드 같은 건 결국 해보지도 못 했지만 나도 한 때 대학가요제에 나가고 싶었더랬다. 제목만 보고도 고개가 끄덕여진다. 2025년 오늘, 이 땅에서 '어떻게든' 밴드를 하며 살아가는 자들에 대한 500페이지가 넘는 박물지를 읽어 내려가면서, 나는 헤드뱅잉 하듯 고개를 끄덕였다. 그렇구나. "시간이 이대로였으면 해. 왜 모였는지 모르겠지만"(서울돌망치, 〈취한 걸 모르겠어〉). 이 노래 가사처럼, 그랬어야 하는 거구나. 코드 세 개 외웠으면 스쿨밴드가 됐건, 직장인 밴드가 됐건, 생계를 이어가며 자비로 앨범을 내고 휴가를 내서 투어를 도는 밴드가 됐건, '시간이 이대로였으면' 좋겠다 싶은 음악과 멤버가 있다면 밴드를 해야 되는 거구나. 저자는 16개 밴드를 인터뷰 하며 집요하게 묻는다. '코드 세 개로 정말 음악이 되는가? 그렇게 시작해도 되는가?' 그리고 그 질문의 끝은 결국 '당신은, 그리고 당신들 밴드는 어떤 사람들인가? 어떤 음악을 하는가?'로 가닿는다. "Identity is the matter!"

밴드를 왜 하는가. 이 책에도 나오는 얘기지만, 멋있어서. 그리고 멋있으라고. 오늘의 한국음악에서 어쩌면 많은 페이지를 차지하고 있지는 못하지만 변함없이 밴드라는 걸 하고 있는 예술가들을 소중하고 빼곡하게 기록하고 있는 이 책은 계속 묻는다. "당신들은 어쩌면 그렇게 폼나는가?"

김유평, 영화 제작자 / 영화사 「Mo'better story」 대표

처음엔 제목만 보고 '코드 세 개만 알면 바로 밴드를 하라'고 강권하는 책처럼 보였다. 하지만 막상 책을 펼쳐보니 한국에서 록밴드, 그것도 시끄럽고 강렬한 헤비니스 뮤직을 오랫동안 연주해 온 음악인들의 내면으로 떠나는 여정과도 같은 책이었다. 타인과 마음을 맞추고 연주를 얹어가며 느끼는 밴드의 희열을 아는 사람이라면, 이 책을 손에 든 순간 끝까지 읽지 않고는 못 배길 것이다. 단지 연주자뿐 아니라 밴드 음악의 매력에 빠져있는 팬이라면 누구나 '나는 왜 이 음악을 놓지 못하는가'에 대해 다시 생각해 보는 계기가 될 거다. 더 나아가, 이렇게 거칠고 삐딱하면서도 노력이 짙게 담긴 결과물을 진심으로 즐길 줄 아는 '멋진' 사람이 바로 자신이었다는 사실에, 뿌듯한 자부심까지 느끼게 만들어 줄 그런 이야기로 그득하다.

조일동, 〈음악취향 Y〉 편집장

코드 3개
외웠으면
밴드를 하자!

일러두기

1. 본문의 외래어 표기는 국립국어원 외래어 표기법을 따르되 음악용어 및 밴드 명에 사용되는 표현은 관용적 표현을 따랐습니다. 특히 '록'은 일부 예외를 제외하고는 모두 의도적으로 '락'으로 표기하였습니다.
2. 큰따옴표로 구분된 본문 인터뷰 내용 중 일부는 인터뷰이의 입말을 살려 맞춤법 및 문법을 적용하지 않고 구어체 그대로 실었습니다.
3. 도서명, 음반명은 《 》, 영화·드라마·잡지, 곡 제목 등은 〈 〉로 표시하였습니다.
4. 본문에 사용된 사진은 모두 밴드의 허락을 얻고 사용된 사진입니다. 다만 출처를 명확히 알 수 없어 부득이 동의 없이 사용된 사진이 일부 있을 수 있습니다. 출처 및 저작권에 대한 이의가 있는 경우 메일로 알려주시면 개정판에서는 출처를 표기하거나 사진을 교체하도록 하겠습니다.

   underxgrind@outlook.com

코드 3개 외웠으면 밴드를 하자!

밴드가 궁금한 당신을 위해!
국내외 16개 현역 밴드가 들려주는
리얼 밴드 라이프 A TO Z

사류 씀

der
grind

나가며

달랑 코드 세 개 외우고 밴드를 하자고? 뭔 소리인가 싶을 것이다. 밴드라는 게 준비할 것도 많고, 알아야 할 것도, 익혀야 할 것도 많을 것 같은데 될 법이나 한 소리인가 싶어 미심쩍기도 할 것이다. 과연 어떨까? 답을 알려면 일단 시간을 조금 내어주길 바란다. 정말로 할 수 있을지 없을지 시간 내어 이 책에 담긴, 현역 밴드들이 들려주는 생생한 이야기에 잠시 귀 기울여 보길 바란다. 책을 천천히 읽어 나가다 보면 분명 그에 대한 답을 얻을 수 있을 것이고 자연스럽게 결론을 내릴 수 있게 될 것이다.

이 책은 우선 밴드에 관심이 있는 일명 밴드 초심자들을 위해 쓰인 책이다. 밴드란 도대체 뭐고 어떻게 시작해야 하는 것이며, 뭘 익혀야 하고, 어떻게 무대에 설 수 있는 것인지, 어떤 목표와 생각을 가지고 해야 하는지 등등을 묻고 답하고 있으며, 이를 통해 쉽게 낙담하고 망설이거나 길을 잃을 수 있는 초심자들이 간접적으로나마 멀리까지 밴드의 그림을 그려볼 수 있도록 했다.

또한 소위 직장인 밴드들을 위해 쓴 책이기도 하다. 남 부럽지 않은 팀워크와 연주력을 가졌음에도 자작곡만큼은 여전히 어려워하는 밴드들이 그 대상으로 작곡은 왜 어려운가, 그리고 과연 마냥 어렵기만 한 것인가 그렇지 않다면 대체 곡은 어떤 식으로 어떻게 쓸 수 있는 것인가 하는 질문들을 현역 밴드들에게 던지고 있다.

한편으론 세상을 향해 힘껏 자기 목소리를 내고 있는 밴드 동료들도 읽어줬으면 하는 바람으로 쓴 책이기도 하다. 인터뷰 속 밴드들의 진솔한 이야기는 밴드라면 누구나 손뼉 치며 공감할 수 있는 이야기이기도 할 것이다. 이 책이 그런 동료들에게 또 다른 영감이 되고 힘이 되고 위로가 될 수 있기를 바란다.

마지막으로 당연히 일반 독자들을 대상으로 쓴 책이기도 하다. 이 책에서 다루는 거의 대부분의 밴드들은 일명 '언더그라운드' 밴드들이다. 가요나 팝으로 대변되는 오버그라운드 문화가 있다면 당연히 다양한 장르의 음악이 역동적으로 넘쳐흐르는 언더그라운드 문화도 존재한다. 매니아들이야 그 용광로 같은 문화를 익히 알고, 즐기고 있겠지만 대다수 일반 독자들은 국내의 언더그라운드 문화를 잘 알지도 못할뿐더러 접할 기회조차도 거의 없었을 것이라 생각한다.

　책에 실린 밴드들의 이야기를 통해 일반 독자들이 국내의 언더그라운드 음악, 문화를 조금이나마 이해하고 접할 수 있는 기회가 되길 바라며 쓴 책이기도 하다. 생소할 수 있는 여러 음악용어들에는 최대한 자세히 주석을 달아 이해를 돕도록 했다. 독자들은 아마 국내의 언더그라운드 밴드 문화가 이 정도로 왕성하고 풍성하게 존재하고 있다는 사실에 놀랄 수도 있을 것이다. 더불어 '그까짓 거 나도 밴드나 한번 해볼까'라는 생각에 가닿게 된다면 그야말로 더할 나위 없을 것 같다.

　해외 밴드 포함 총 16개 밴드의 인터뷰가 담긴 이 책은 총 3부로 구성되어 있다. 1부는 최대한 초심자 입장 가까이에 서서 밴드 초심자들이 궁금해할 법한 것들 위주로 밴드들에게 질문을 던져봤고 2부는 밴드를 좀 더 장기적인 관점으로 바라봤을 때 해 볼 수 있음 직한 질문들을 던져봤다. 사실 1, 2부 구분은 이렇듯 질문 방향에 약간의 차이가 있을 뿐 그 배경에는 공통된 하나의 질문이 자리하고 있다. 즉, '코드 세 개로 밴드 할 수 있는가?'라는 질문이다.

　난감한 질문에도 불구하고 인터뷰에 응해준 밴드 모두가 성실하고, 재미있고, 의미 있는 이야기들을 들려줬고 때론 생각지도 못 했던 이야기들로 내용을 풍성하게 만들어 줬다. 마지막 3부는 시야를 해외로 돌려 1, 2부에서 했던 질문들과 거의 동일한 질문들을 해외 밴드들에게도 던져봤다. 질문을 통해 우리의 고민이 역시 그들에게도 고민인지, 우리의 방식과 그들의 방식은 어떤 차이가 있는지, 바깥에서 우리를 들여다보고 싶었다.

　"음악 그거 아무나 하는 거 아니다", "밴드 날로 먹으려고?", "작곡 그거 만만한 거 아니다"라며 걱정하는 사람들이 있다. 우리의 바람과 달리 우리의 사고

체계라는 것은 유연성보다는 그 경직성이 훨씬 더 강한 듯싶다. 일단 사고에 한계가 그어지면 상상력도, 튀는 발상도 그 한계 밖으로 쉽게 나서지 못하고 그저 안에서만 맴돌며 스스로 경직돼 버리곤 한다.

이 책에는 그런 한계를 넘어서는 이야기들, 편견을 깨는 이야기들이 여럿 담겨있다. 이래도 되나 싶어 당황스러운 이야기도 더러 있을 것이다. 매사 생각하기 나름이고 이해하기 나름일 것이다. 한계를 뛰어넘기 어렵다면 한계 밖에서 들려오는 이야기에 귀 기울여 볼 필요가 있다. 특히나 밴드, 작곡, 언더그라운드 문화에 대해서는 아직 들어보지 못한 이야기들, 설명되지 않은 일들, 이해되지 못한 것들이 여전히 존재한다. 책을 읽는 동안은 고정관념이나 편견 같은 익숙한 것들을 잠시 내려놓길 바란다. 부디 문을 열고 바깥으로 나서는 심정으로 이 책을 읽어주길 바란다. 그래서 글의 타이틀이 '들어가며'가 아니라 '나가며'이다.

도입 글이 너무 길면 읽다 지쳐 책을 덮게 되더라. 이제 본문으로 넘어가자. 500여 페이지에 달하는 내용, 꼭 다 안 읽어도 된다. 손에 잡히는 곳 아무 데나 펼쳐 읽어도 분명 자극과 영감을 주는 이야기들을 만날 수 있을 것이다. 그만큼 본문에는 국내외 16개 밴드 저마다의 밴드관, 실력 및 연주관, 음악관 그리고 진솔한 인생관들이 가득 실려 있다. 합심해 성심껏 차렸으니 모쪼록 즐겨주길 바란다.

2025년 10월
사류

차례

1부
밴드 시작하는 데 필요한 코드 '세 개'

2부
코드 '세 개' 너머

3부
'세 개'보다 넓은 '세계'

1

밴드 시작하는 데
필요한 코드
'세 개'

"우리는 삶의 부품이 아니다"

서울돌망치

서울돌망치 / Seoul Dolmangchi 2017~

드럼 홍구, 베이스 류진석, 보컬 송찬근, 기타 마현호, 장해동

서울돌망치

처음 본 사람들과 엉겁결에 어깨동무를 하게 되고, 귀에 쏙 박히는 후렴구를 저도 모르게 따라 부르게 되거나, 어쩌다 관객들 틈에 빨려 들어가 흥겹게 또는 괴롭게(?) 서로 몸을 부딪히게 되는 장르가 있다. 심지어 처음 갔는데! 그리고 정신 차려보면 그렇게 만난 사람들과 어느새 친구가 되어 있고 심지어 밴드를 하고 있는 자신을 발견할 수도 있는 그런 장르가 있다.

바로 일명 '펑크 락Punk Rock', 곧 펑크Punk라고 불리는 장르이다. 70년대 미국에서 태동, 영국에서 꽃을 피운 이 장르는 대체로 단순하고 거친 연주, 짧은 곡 구성을 가지고 있으며 그 위에 사회성 짙은, 가시 돋친 메시지를 거침없이 내뱉는 특성을 가지고 있다. 세상을 향한 이 장르 특유의 이런 직설적이고 저항적인 태도는 가뜩이나 기성세대에 화가 나 있던 당시 젊은 층들에게 빠르게 흡수되었고 더 나아가 이들을 대변하는 문화현상으로까지 자리를 잡았다. 시간이 흘러 시대는 바뀌었지만 이 장르가 락 음악에 끼친 영향, 이 문화에서 이어진 정신적 유산은 실로 어마어마하다.

펑크에 대한 더 깊은 이야기는 서서히 풀어가기로 하고 논의를 좁히자면, 펑크는 여타 어느 장르보다도 사회 참여적인 장르로서 그 안에는 이 부조리한 세상에 대한 분노, 날 선 비판 그리고 이런 세상을 살아가는 자신들의 삶을 긍정, 부정하는 진솔한 이야기들이 가득 담겨있다. 그 이야기들은 자신들의 이야기이자 친구, 이웃의 이야기이며 청자들의 이야기이기도 하다. 즉, 동시대를 살아가고 있는 우리 자신들의 이야기이다. 그렇기 때문에 펑크 공연에서는 이런 공감을 바탕으로 밴드와 관객, 무대와 객석 구분이 허물어지고 서로 뒤엉켜 어깨동무하고 친구가 되고, 불현듯 밴드 멤버가 되는 광경이 펼쳐지곤 한다.

'펑크'라고 뭉뚱그려 표현했지만 사실 이 장르에는 다양한 세부 분파(?)가 존재한다. 그 여러 갈래 중 일과 삶, 노동자로서의 정체성을 노래하며 워킹클래스들에게 큰 지지를 받고 있는 '오이펑크Oi Punk'란 분파가 있다. 이 책의 첫 인터뷰로 바로 이 오이펑크를 연주하며 삶과 노동, 일상을 노래하고 있는 밴드 '서울돌망치Seoul Dolmangchi'의 보컬 송찬근을 만나봤다.

을지로 어느 골목에 위치한 '작은 물'이라는 카페 겸 펍은 찬근의 소개로 알게 됐는데 한국 포크 뮤지션들의 아지트 같은 곳이라고 한다. 매장의 바로 위층에는 공연장도 마련되어 있다. 오래된 골목, 오래된 건물의 시간이 멈춘 듯한 정취 그리고 많은 포크 뮤지션들이 드나들었을 실내에는 깨기 어려운 평온함마저 감돌았다. 시끄럽게 노래하고 연주하는 둘이 이 평온한 공간에 침입자처럼 마주 앉았다.

"**사**진만 봐도 불끈불끈한 그런 밴드를 하고 싶다"

　　앞으로 만나게 될 모든 밴드들에게 '코드 세 개'로 정말 밴드 할 수 있는지 물어볼 작정이다. 이 질문 전에 우선 찬근은 어떻게 밴드를 시작하게 됐는지 그 내력부터 들어보기로 하자.

　　"중학교 때 크라잉넛, 노브레인 자연스럽게 듣다가 고등학교 때 경기도로 처음 이사 와서 럭스Rux[1] 듣고 동경하게 됐어요. 경기도니까 주말에 버스나 지하철 타고 한 시간 반, 두 시간 걸려서 홍대 갈 수 있으니까. 럭스 공연 맨날 보러 다녔어요. 스컹크Skunk[2] 키즈였죠. 매주 주말 스컹크 가고, 교복 입고 이스트팩 가방 메고 '엄마 나 홍대에서 형들이랑 놀다 들어올게' 그랬었죠"

　　이제 곧 우리 나이로 마흔인 그는 중학교 시절엔 크라잉넛과 노브레인에 열광했다. 이후 '스컹크헬'이라는 펑크 클럽의 존재와 밴드 '럭스'를 알게 됐고 그 후로는 럭스에 열광해 매 주말 스컹크헬로 교복을 입고 출근하기 시작했다. 집이 경기도였지만 버스나 지하철 타고 한두 시간 걸려 홍대에 가는 것쯤은 아무것도 아니었다. 밴드를 시작하게 된 계기에 대해 그는 이렇게 답했다.

　　"인터넷에서 밴드들 검색하다 보면 공연 사진이 나오잖아요. 근데 사진만 봐도, 귀로 음악을 안 들어도 왠지 주먹이 불끈불끈해지는 느낌이 드는 그런 밴드들이 있잖아요. 그때 주변 친구들한테 '사진만 봐도 불끈불끈한 그런 밴드를 하고 싶다'란 말을 했어요. 그리고 하게 됐는데, 네 그렇게 시작했어요. 사진만 봐도 불끈 거리는 그 느낌이 제겐 크게 왔었어요"

1　1996년 결성된 펑크 밴드. 크라잉넛, 노브레인과 함께 한국을 대표하는 펑크 밴드이다.

2　클럽 '스컹크'를 말한다. 한국 펑크의 성지와도 같은 클럽이다. 정식 명칭은 '스컹크헬(Skunk Hell)'. 클럽 '드럭'을 럭스의 리더 원종희가 인수, 그 후 스컹크헬로 상호를 바꾸고 운영했으며 2009년 폐업했으나 현재는 서울 신사동에 새롭게 자리 잡아 다시 운영되고 있다.

밴드들의 공연 사진을 찾아보며 혼자 가슴 뛰어 하다 불현듯 입 밖으로 말이 튀어나왔다. '나도 저렇게 멋지게 밴드를 하고 싶다', '주먹을 불끈 쥐게 만드는 음악을 하고 싶다'. 자기충족적 예언이라 했던가. 튀어나온 말은 이윽고 자기충족을 하기 시작했고 그렇게 대학 시절에 처음 밴드를 시작하게 됐다.

밴드에서 그의 첫 포지션은 보컬이 아닌 베이스였다.

"제가 베이스를 쳤었거든요. 너무 못쳤고 기타 치는 애는 걔가 음악은 진짜 많이 듣고 글도 잘 쓰는데 기타를 너무 못치는 거예요. 저는 베이스 못치고 걔는 기타 저보다 훨씬 더 못치고 (웃음) 그래서 자연스럽게 해체 됐어요. 그리고 당시 대학교에선 리치 발렌스의 '라 밤바La bamba'를 스카Ska¹ 스타일로 바꿔 연주하는 스카밴드에서 베이스를 쳤었는데 학교 축제를 코 앞에 두고 열심히 연습하고 있는데 갑자기 밴드 리더 형한테서 문자가 하나 오는 거예요. '찬근아 너가 스카 베이스 치기에는 실력이 너무 안되는 거 같다. 미안하다. 공연은 보러와' (웃음)"

어느 정도였을지 가늠은 안 되지만 못쳐도 너무 못쳐서 결국 처음 결성했던 밴드가 해체되고 대학 밴드에서도 자리를 빼앗긴 그는 이내 악기를 내려놓고 보컬의 길로 접어들게 된다. 이후부터 그는 줄곧 보컬리스트로서 밴드 경력을 이어오고 있다. '파인드 더 스팟Find the Spot²'이란 밴드의 보컬로 꽤 긴 시간 활동을 했고 현재의 '서울돌망치'까지, 베이스로는 할 수 없었던 활약을 보컬로 이어오고 있다. 개인적인 의견이긴 하나 베이스 접길 잘 했다고 생각한다. 서울돌망치의 음악, 아니 펑크라는 음악을 이만큼 잘 이해하고 목에 가득 담아 표현할 수 있는 보컬이 어디 또 있을까 싶은 정도이다.

---

1 자메이카의 대중음악 장르 중 하나. 재즈를 기반으로 했으나 전혀 재즈가 아닌 새로운 것이 나와버렸고 특유의 리듬에 담긴 기타 소리가 '스카스카'처럼 들린다 해서 스카로 불린다.

2 2007년 결성된 '하드코어 펑크' 밴드. '하드코어 펑크'에 대해서는 이후에 다시 언급이 되겠지만 우선은 펑크의 더 과격한 버전 정도로 이해해 두길 바란다. 파인드 더 스팟은 현재 잠정적으로 활동을 중단한 상태이다. 2016년 개봉된 독립영화 〈노후 대책 없다〉(감독 이동우)에는 이 밴드의 활동상이 가감 없이 담겨있다.

사진만 봐도 불끈불끈한 밴드를 하고 싶다는 바람으로 시작했던 그의 밴드 여정, 말의 자기충족은 여전히 진행 중이다.

"우 당탕탕하면서 이게 되는 거고"

'코드 세 개 외웠으면 밴드를 하자'란 타이틀은 사실 나 혼자 생각해 낸 독창적인 아이디어 같은 게 아니다. 이 책의 첫 인터뷰에 펑크 밴드가 등장하는 데에는 다 그만한 이유가 있는데.

앞서도 잠깐 언급했듯 펑크는 음악 장르이자 하나의 정신, 태도, 문화현상 나아가 '무브먼트'이기도 하다. 시대에 반하는 반골정신, 반권위주의, 의존하지 않고 직접 행동하는 DIYDo It Yourself정신 등과 같은 주체적인 개인에 대한 태도가 이 무브먼트의 중심이며 이러한 정신은 음악뿐 아니라 미술, 패션, 문학 등 여타 다른 예술 분야에도 적지 않은 영향을 끼쳤다. 그중 반엘리트주의 즉, 반권위주의에 대한 음악적 실행으로서 드러난 것이 바로 '코드 세 개'로 연주하는 일명 '쓰리코드 주의1'인 것이다. 이 '쓰리코드 주의'는 탄탄한 연주력과 곡의 완성도를 기반으로 70년대 인기를 구가하던 하드 락, 헤비메탈, 프로그레시브 락2에 대한 반발이자 '음악이란 이들 숙련된 스페셜리스트만의 전유물이 아니며 누구나 할 수 있는 것이다'라는 포고이자 사고의 전환이었다.

물론 펑크 밴드라고 해서 다 강박적으로 코드 세 개만으로 곡을 쓰고 있는 것도 아니고 다양한 시도에 귀를 닫고 있는 것도 아니다. 펑크가 태동했던 70년

---

1 1974년 결성된, 펑크 역사상 가장 위대한 밴드 중 하나로 꼽히는 미국의 '라몬즈(Ramones)'가 최초로 유행시켰다고 알려져 있다. 다만 라몬즈 역시 이들보다 앞선 여러 밴드, 음악가들에게서 영감을 받아 이를 유행시켰고 이는 곧 펑크의 DIY 정신과 엮이며 '누구나 할 수 있다'란 모토를 상징하는 용어가 되었다.

2 1960년대 말 70년대 중후반 전성기를 이뤘던 장르로, 통념을 깨고 락에 클래식이나 재즈를 혼합하기도 했고 자주 쓰이지 않는 복잡한 박자를 사용하기도 했다. 락을 좀 더 예술적 차원으로 끌어올리고자 하는 시도였으며 콘셉트와 대곡으로 이뤄진 감상 중심의 음악이기도 하다.

대와 지금은 또 전혀 다른 세상이기도 하고. 다만, 음악이란 일부 숙련가들의 전유물이 아니고 누구나 할 수 있다라는 모토는 70년대에 한정된 것도, 펑크에만 한정된 것도 아니며 오히려 오늘날 밴드 음악에 관심 갖는 이들이라면 누구나 다시 한번 돌아봐야 할 여전히 의미 있는 태도라고 생각한다. 그래서 찬근의 생각을 들어봤다. 과연 코드 세 개로 밴드 할 수 있는 것인지. 해도 되는지.

"그렇죠. 우당탕탕하면서 이게 되는 거고 (웃음) 저희 서울돌망치 신곡 중에서도 코드 세 개로 쓴 곡이 있어요"

코드 세 개만으로 곡을 쓰면 그 곡이 그 곡 같고 뻔하지 않나 싶을 수 있지만 그 세 개의 순서를 어떻게 하느냐, 리듬을 어떻게 바꿔 가느냐, 보컬 멜로디를 어떻게 붙이느냐, 소울(?)을 어떻게 갈아 넣느냐를 고려하면 그 조합은 무수할 것이다. 직접 펑크 밴드들 음악을 찾아 들어보시라. 물론 처음엔 다 비슷하게 들릴 수도 있다. 하지만 익숙하지 않아 그럴 뿐 듣다 보면 분명 그 곡만의 색깔,

각 밴드들의 고유한 개성, 펑크 특유의 특별한 정취가 귀에 들려오기 시작할 것이다. 그리고 이내 공통된 틀 하나를 발견하게 될 것이다. 기본적으로 쉽고 짧게 직선적으로 연주한다라는 틀. 물론 연주가 다소 복잡한 밴드들도 있지만 그래도 대부분 이 틀 안에서 놀고 있고 이내 '어 이 정도면 나도 할 수 있겠는데'라는 생각까지 들 수도 있다. 이거야말로 펑크의 매력이건만, 태동 당시에도 그랬고 지금도 한편에선 '펑크는 실력 없이 하는 음악이다'라는 비아냥거림이 존재하기도 한다. 그냥 태도의 차이라고 본다. 그리고 솔직히 연주가 쉽다고 그 밴드가 뿜어내는 에너지, 개성마저 쉽게 따라 할 수 있다고 생각한다면 그건 큰 오산이다. 뒤집어 생각하면 펑크는 절대 쉬운 음악이 아니다. 단순한 연주의 그 비워 놓은 틈 안에 청자를 움직이게 만드는 에너지를 채워 넣어야 하는 음악이기 때문이다.

"압도되는 경험은 상처와 구분이 안 간대요"

흔히 밴드의 실력은 연주력이라고 단정 짓곤 하는데 꼭 그렇지만도 않다. 음악을 듣거나 공연을 볼 때 과연 기술의 완성도에만 집중해서 감상을 하던가. 감동이란 게 높은 기술력에만 의존하던가. 우리가 어떤 음악을 듣고 감동 받는 데에는 기술만으로는 설명할 수 없는, 말로는 표현하기 어려운 이유가 존재한다.

실력에 대한 생각을 들어보자. 밴드에게 있어 실력이란 뭐라고 생각하는지 찬근의 이야기를 들어보자.

"저는 계속 생각이 변해왔는데. 요즘은 밴드의 실력이란 '멋있음' 같아요. 라이브를 봤을 때 진짜 멋있는. 약간 물리적인 어떤 테크닉이나 이런 것보다 정신적인 맥락에서의 어떤 힘 같은 게 느껴지는 밴드들이 실력이 있다고 그렇게 요즘 생각이 바뀌었어요. (중략) 옛날에 어떤 글을 봤는데 압도적인 공연을 보거나, 음악을 들었거나, 영화를 보거나, 책을, 글을 읽었을 때 그런 압도되는 경험은 상처랑 구분이 안 간대요. 상처를 입으면 그게 결국 새살이 돋고 더 단단해지는 그런 이치가 우리가 어떤 문화를 보고 느낄 때 같은 메커니즘이라고. 저는 펑크나 하드코어[1] 밴드 라이브가 그런 거랑 똑같다고 생각하거든요. 제가 '아이惡 AI意[2]'를 처음 봤을 때 저는 눈물을 흘렸단 말이에요. 그 사람이 울부짖는 그 어떤 가슴 속에 한이나 이런 게 바로 느껴지고, 말은 안 통하지만 너무 멋있었어요. 그 기억이 안 잊혀져요. 상처처럼"

'실력이란 멋있음'이고 그 '멋'이란 테크닉이 아닌 관객을 압도하는 정신적인 힘, 관객의 마음을 움직일 수 있는 상처 같은 힘이라고 찬근은 덧붙여 말한다. 그런 밴드들에게서 찬근은 실력이라는 '상처'를 받는다.

그런데 밴드 초심자의 입장에서 보자면, 이제 막 시작하는 밴드가 그런 상처처럼 압도적인 공연, 일명 멋있는 공연을 만들어 낼 수 있을 리 없지 않은가.

"저는 '파인드 더 스팟'을 2008년 시작했고 거의 8년 동안 공연할 때마다 떨리고 잠 못 자고 그랬거든요. 제가 보기보다 달리 소심하고 긴장하는 스타일이라서 (웃음) 그런 저도 밴드를 했거든요. 근데 그게 8년 정도 지나니까 괜찮아지더라고요. 소위 말해서 무대 위에서 어느 정도 놀 수 있게 된 건데 그러기까지 8년 걸렸어요. 저는 되게 늦은 거고 되게 못한 거예요. 그동안 그런 소리 주변에서 많이 들었어요. '야 넌 왜 공연하는데 자신감이 하나도 없냐'고. 그런 얘기 되게 많이 들었어요. 가사는 쎈데, 막 누구 욕하고 그런 건데 라이브 할 때 막 쫄아있고 그랬거든요. 근데 그냥 그냥 계속했어요. 계속하고 그러다 보니까 좀 어느 정도 이제 무대 공연이란 걸 재미있게 할 수 있게 됐던 거 같아요. (중략) 그냥 하면 되는 거 같아요. 이게 사실 제가 너무 말을 실수했는데. 이때까지 멋이란 걸 얘기하다 보니까 밴드가 멋있어야 되고, 그럼 처음 밴드 하는데 어떻게 멋있냐? 그런데 사실 다른 두 번째 중요한 부분은 재미거든요. 밴드 하면 재밌잖

---

1 하드코어(Hardcore) 또는 하드코어 펑크(Hardcore Punk)라고 부른다. 펑크의 서브 장르이며 70년대 말 80년대 초에 등장했다. 기존의 펑크보다 더 빠르고 공격적이며 과격(hardcore)한 장르이며 펑크의 무브먼트를 계승한 하드코어 무브먼트를 가지고 있다.

2 일본 후쿠오카의 하드코어 펑크 밴드. 惡AI意 또는 AI로 표기하기도 한다. 2018년, 2024년 한 차례씩 내한한 바 있다.

아요. 재밌으니까 했으면 좋겠어요. 재밌고 재밌어요 진짜로"

실력 얘기하다가 찬근의 스텝이 살짝 꼬인 것 같다. 어쨌든 찬근의 말처럼 밴드는 재밌고 재미있다. 물론 재미 없을 때도 있고, 어려움이나 고충이 따르기도 한다. 그건 이어지는 인터뷰들에서 더 자주, 자세히 다루도록 하고, 일단 밴드 이거, 찬근의 말처럼 정말 재밌고 재미있다. 멋있고 압도적인 공연? 그건 하면서 차차 생각하자. 다만 상처가 되었든 뭐가 되었든, 사람 마음을 움직일 수 있는 힘을 가진 밴드야말로 실력 있는 밴드라는 찬근의 말을 한켠에 잘 챙겨두길 바란다.

"하다 보니까 이제 그게 삶의 중심이 되고, 거기 사람들이 있으니까"

밴드 하면 여자친구 생길 줄 알고 시작했다며 술잔 움켜쥐고 눈물 훔치는 친구들 어깨를 내 어깨 두드리듯 여럿 두드려줬다. 비단 이런 동기만으로 밴드를 시작하는 건 아니지만 멋져 보이고 싶은 동기, 사람들 앞에서 '폼' 잡고 싶은 마음은 누구나 비슷하고, 많이들 이런 희망을 품고 밴드를 시작하기도 한다. 시작은 그렇다 해도 밴드를 계속하다 보면 사실 멋져 보이는 것 외에 그 이상의 것들을 밴드를 통해 얻고 느끼게 된다.
찬근도 처음엔 폼 잡고 싶고, 멋져 보이고 싶고, 인정받고 싶어서 밴드를 시작했다. 인정욕은 큰데 노력은 크게 안 하는 사람이, 악기도 다룰 줄 모르는 사람이, 어쩌다 운 좋게 좋은 멤버들을 만나 밴드를 하게 됐고 그렇게 폼 잡으며 밴드를 계속하다 보니 어느덧 폼보다 더 멋있고 소중하게 느껴지는 것들이 생겨나기 시작했다고 찬근은 말한다.

"이게 멋있어 보이려고 시작한 거는 오래 안 가더라고요. 맨날 똑같은 애들 오는데 걔네한테 멋있어 보이고 싶은 그런 것도 없어졌고요. 근데 하다 보니까

이제 그게 삶의 중심이 되고, 거기 사람들이 있으니까 사람들이랑 관계가 생기고, 그게 그럼 고향처럼 소중해지더라고요"

앞서도 언급했지만 펑크 공연에서는 관객과 밴드, 무대와 객석의 구분이 종종 허물없이 무너지곤 한다. 즉, 무대에 턱이란 것이 존재하지 않는 경우가 많다. 어떤 때 가보면 누가 관객이고 누가 밴드인지 모를 정도로 하나로 뒤엉켜 노래하고 춤추는 장관이 펼쳐지기도 한다. 펑크 공연에는 흔히 말하는 떼창뿐 아니라 스테이지 다이빙, 바디 서핑, 스캥킹Skanking1, 관객의 무대 난입, 역으로 보컬의 객석 난입 등이 빈번하다. 공연장에는 '무대에서 연주하고 있는 밴드나 공연을 보러 온 관객이나 모두 한 공동체이자 친구이고 펑크란 음악을 통해 우리는 하나가 될 수 있다'라는 모종의 일체감이 가득하다. 그리고 이런 공기를 휘저으며 사람들은 몸과 마음을 서로 격렬히 부딪치고, 같이 땀 흘리고 노래하고 어깨동무하며 서로를 지지한다. 그렇게 밴드나 관객이나 공연을 통해 사람을 만나고, 친구를 맺고 때론 밴드의 멤버가 되기도 한다.

사람들이 있다. 혼자가 아니다. 동시대를 힘껏 살아가고 있는 친구들이 있다. 이게 찬근이 음악을 통해 얻은 '멋' 이상의 밴드의 매력이자 재미이고 감동이다. 이렇게 찬근은 음악과 밴드를 통해 사람을 만나고 있고 친구를 얻고 있다.

서울돌망치 역시 그런 만남의 과정을 통해 만들어졌다. 익히 알고 지내던 친구들뿐 아니라 공연장에서 만난 새로운 인연이 함께해 만들어진 밴드이다.

"어떤 무섭게 생긴 사람이 공연장에 오기 시작하는 거예요. 공연장에선 다들 맥주를 병이나 캔으로 들고 마시는데 혼자 피쳐 들고 마시는 좀 이상한 무서운 사람. 친구들이 다 기피했어요. 근데 저는 어떻게 하다 보니 그 사람하고 친해지게 됐어요"

그렇게 친해진 사람이 서울돌망치 결성 초기의 작사, 작곡가인 전 베이시스트 '유영삼'이었다.

---

1 펑크 리듬에 맞춰 팔다리를 위아래, 앞뒤로 흔들며 추는 춤

"**뭔**가 뭘 하고 있구나.
세상에서 부품으로 돌아가는 게 아니고"

2017년 결성된 서울돌망치는 드럼 홍구, 기타 마현호, 장해동. 베이스 류진석 그리고 보컬 송찬근 이렇게 5인조로 구성되어 있으며, 이들 모두 일과 음악을 겸하고 있다. 홍구는 건설 현장 일을, 찬근은 전기 관련 현장 일을 하고 있고, 해동은 배달업, 진석은 전문 타투이스트로 일하고 있다. 현호는 건설회사에 다니고 있고 얼마 전 부장으로 승진했다고 한다. 독일로 이주하게 되어 밴드를 떠난 전 베이시스트 영삼은 독일의 친환경 발전 현장에서 열심히 일하며 살고 있다고 한다.

직장과 음악을 병행하는 것이 어렵지는 않을까. 서울돌망치의 경우 국내 공연은 물론 해외 투어도 자주 다니고 있고 앨범도 꾸준히 만들고 있는데.

"학생 때가 더 힘들었던 것 같아요. 그때는 사실 돈이 너무 없어서 오히려 밴드를 못 하겠다 싶은 때가 많았고, 이제는 다 직장 생활 하고 해서 그런 걱정은 덜해요. 저희는 일단 멤버 다섯 명이 쉬는 날이 다 제각각이에요. 그걸 어떻게 잘 맞춰서 연습을 해야 되는데 그게 좀 어렵긴 하지만 그래도 충분히 할 수 있는 것 같아요. 혹시라도 제가 쉬는 날 멤버들이 안 돼서 합주 못 하게 되면 그때는 저 하고 싶은 거 하면서 쉬니까 오히려 요즘은 여유가 더 생겼어요"

무일푼인 학생일 때보다는 오히려 안정적인 돈벌이가 있는 지금 상황이 더 밴드 하기에는 여유롭고 수월하다는 얘기이다.

"사실 월말에 납입금 낼 때 되고 월급 들어오자마자 바로 반토막 나는 거 볼 때마다 '아 밴드 안 하고 그냥 직장 생활이나 잘 했으면 어땠을까?' 이런 생각이, 정말 쪽팔린 생각인데 가끔 들기도 해요. 저 스펙도 좋았어요. (웃음) 밴드 안 했으면 돈은 좀 잘 벌고 모았을 거 같아요. 근데 재미 없었을 거 같아요 정말. 아는 것도 하나도 없고 일할 줄만 알고 돈 벌 줄만 아는 그런 사람으로 살고

있을 거 같고. 밴드를 하고 나서는 즐거운 일들이 추억 같은 것들이 너무 많고 다음 달에도 당장 해야 하는 것들, 공연들이 있고 내년에도 해야 하는 투어 같은 것들이 있고. 이런 식으로 이게 뭔가 뭘 하고 있구나. 세상에서 부품으로 돌아가는 게 아니고 뭘 만들고 있구나 내가 여기서. 스스로 발전기가 돼서 그런 느낌"

"퇴사하면 회사 어려워질 거 같지. 아니 너 없이도 회사는 아무 일 없이 잘 돌아가." 술자리에서 친구에게든 상사에게서든 한 번쯤 들어봤음 직한 소리 아닌가. 만용 부리지 말고 겸손하게 일하라는 충고처럼 들릴 수도 있지만 우리는 그저 커다란 기계의 대체 가능한 부품일 뿐이라는 차가운 진단 아니던가. 의미 없이 도는 쳇바퀴처럼, 교체 가능한 톱니바퀴처럼 늘 타인에 의해 쓰여지고 이내 마모되어 사라질 듯 막연한 불안감에 둘러싸여 지쳐있다. 무의미에 지쳐간다. 내가 지쳐있다는 걸 모를 정도로 지쳐간다.

찬근은 밴드를 통해 대체할 수 없는 의미를 만들어가고 있다. 한 개인의 정체성이 직장에만 있으란 법 있는가. 스스로 발전기가 되어, 자신의 열정을 에너지 삼아 의미를 만들어내는 것, 그건 밴드가 아닌 뭐가 되어도 상관없을 것이다. 일상에는 의미가 필요하다. 삶에는 함부로 대체될 수 없는 의미가 더 필요하다.

"직장인 밴드란 말 되게 한국적인 거 같아요"

　이 책을 집어 든 분들 중에는 분명 '직장인 밴드'에 몸담고 있는 분들도 있을 것이다. 평일 퇴근 후 또는 주말에 모여 합을 맞추고, 연주할 수 있는 곡들이 쌓이면 발표도 하고. 밴드란 게 생각보다 돈도 안 들고, 재미있고 나름 고급스러워 취미로는 이만한 게 따로 없기도 하다.

　여기서 잠시, '직장인 밴드'란 단어에 대해 생각해 보려고 한다. 사실 우리뿐 아니라 전 세계 모든 밴드들을 다 더해도 음악을 전업으로 하고 있는 즉, 음악이 자신의 직업인 밴드는 아마 1% 정도 되려나 싶다. 물론 통계가 있는 것도 아니고 세어 본 것도 아니라 정확히 단정 지을 수는 없지만, 경험상 대부분의 밴드가 직장을 다니면서 음악을 병행하고 있다. 밴드 음악을 생업으로 삼는 게 그만큼 어렵다는 이야기인데 그렇다면 이 99%는 소위 '직장인 밴드'인가 아니면 뚜렷한 정체성을 갖춘 '음악가'들인가.

　"직장인 밴드란 말 되게 한국적인 것 같아요. 한국에만 있는 개념인 것 같고. 그냥 밴드면 밴드지. (중략) 사람들이 막 물어봐요. 취미로 하는 거냐고. 그러면 그 순간엔 머릿속이 새하얘져요. 취미로 하는 게 아닌 건 아닌데 근데 그거보단 나에게 훨씬 더 중요한 건데. 그거를 말로 어떻게 풀어서 설명하기에는 너무 비장한 거 같아서 좀 부끄럽고"

　직장인 밴드 대부분이 일명 '카피 밴드[1]'로만 머무는 게 아쉽다. '자작곡은 무리다, 카피만 해도 즐겁다, 직장인 밴드란 거기까지다'라고 생각해도 무방하고, 즐길 수 있다면 어떻게 하든 사실 누가 간여할 것도 아니다. 다만 밴드가 가진 무한한 가능성을 '직장인 밴드'란 단어 안에 너무 쉽게 한계 긋지는 말았으면 한다. 서울돌망치도 그렇고 앞으로 이 책에 언급될 거의 모든 밴드들도 그렇고 전 세계 99%의 밴드 모두 일하면서 '자기 음악'을 한다. 곧 직장인 밴드다.

---

1 다른 사람, 밴드의 곡을 복사하듯 최대한 똑같이 연주하는 것을 카피(Copy)라고 하며 카피 밴드란 이런 카피를 전문으로 하는 밴드를 말한다. 카피 대신 종종 커버(Cover)란 용어도 구분 없이 쓰이곤 하는데 커버는 원곡을 자신만의 스타일로 연주하는 것 즉, 재해석에 좀 더 가깝다.

"서울돌망치가 그냥 사전적 의미로만 본다면 직장인 밴드가 맞죠. 근데 사실 밴드를 시작했을 때 직장인 밴드가 되느냐 아니면 그냥 자기가 하는 음악 장르의 이름이 앞에 붙는 밴드가 되느냐의 차이는 딱 그거 같아요. 씬의 차이인 거 같아요. 왜냐하면 내가 씬에서 계속 오래 있었기 때문에 내가 밴드를 하면 펑크 밴드, 오이 밴드, 하드코어 밴드 막 이렇게 되는 거고. 제 고향이 대구인데, 대구에 하드코어 씬에서도 친구가 없고 그냥 혼자 이러고 있다가 주말에 그냥 어떻게 일 하면서 어떻게 사람들 모아서 밴드를 한다 하면 직장인 밴드가 되는 거고. 그런 거 같아요"

찬근은 씬Scene에 대해 언급하는데, 씬이란 주로 연극이나 영화의 무대, 장면 등을 의미하겠지만 음악에서의 씬은 의미가 조금 다르다. 한마디로 정의하기는 어렵지만 공연장, 밴드, 관객 간의 상호작용, 활발한 커뮤니케이션, 엮여 있다는 유대감, 거기서 생겨나는 일종의 문화적 흐름(?) 정도로 음악의 씬을 설명할 수 있을 것 같다. 이런 씬이란 쉽게 생기기도 하고 쉽게 사라지기도 하니 말 그대로 장면 같다는 생각도 들고, 심지어 씬이 잘 돌아간다고 느껴질 때면 하나의 멋진 장관을 이루기도 하니 나름 적절한 단어라는 생각도 든다.

어쨌든 찬근은 자신의 밴드가 이런 씬 속에 있느냐 그렇지 않느냐에 따라 이름 앞에 장르가 붙는 밴드가 되거나 아니면 직장인 밴드가 되거나로 나뉠 것 같다고 말한다. 씬과 어울려 거기서 자연스럽게 생겨나는 밴드는 다시 또 그 씬을 표현하고 설명하는 밴드가 될 것이다. 하지만 찬근처럼 어릴 적부터 공연을 보러 다니고 거기서 만난 사람들과 어울리며 밴드를 한 경우와 달리 이제 막 밴드를 시작하려는 사람들 그리고 직장인들이 모여 결성한 밴드에겐 그런 씬이란게 당장은 있을 수 없지 않은가.

거창하게 생각할 필요는 없을 것 같다. 어떤 장르든 밴드가 생겨나고 그 밴드가 비슷한 밴드들과 교류를 넓히면서 함께 공연을 만들어가고 이윽고 공연장에 관객이 들기 시작하면서 나름의 고정적인 유대를 형성해 나간다면 그것 또한 씬이라고 부를 수 있을 것이다. 씬이란 언제든 새롭게 만들어질 수 있는 것이라고 생각한다. 다만, 그 씬을 더 넓히고 깊이를 더하는 것은 조금은 다른 차원의 것으로 그 이야기는 책 후반에 조금 더 다룰 기회가 있을 것이다.

밴드도 관객도 사실 서로 낯가림이 좀 있다. 뭘 함께하고 싶어도 서로 멀뚱멀뚱하고 뻘쭘하기 일쑤이다. 낯은 가려도 마음은 열어둬야 할 것이다. 낯 가리느라 시간이 좀 걸려도 마음 열고 서로를 대하다 보면 거기에 서서히 심장을 뛰게 하는 새로운 박동, 여러분의 새로운 씬이 생겨날 수 있을 것이다.

"일단 맨 먼저 공연장에 한번 오는 게 제일 중요한 거 같아요"

씬을 흔히 '이 바닥'이라고 표현하기도 한다. 근데 그 '바닥'이라는 게 사실 밴드별, 장르별, 클럽별, 공연 기획별로 크든 작든 여러 갈래로 나뉘어 있어 과연 '이 바닥'이라고 한마디로 뭉뚱그려 표현할 수 있는 것인지 의아스럽기도 하다. 그럼에도 뭉뚱그려서 말하는 사람들이 간혹 있는데 대개 비판에만 날이 선 사람들이다. 들을 만한 견해가 없는 것은 아니나 뭉뚱그릴 수 없는 걸 뭉뚱그려 얘기하려다 보니 비판에 다소 무리가 있다. 가급적 피하길 바란다.

얘기가 조금 샜지만, 이제 막 시작하는 밴드나 밴드의 새로운 전환을 만들려는 밴드가 야심 차게 새로운 씬을 만들어 나가는 것도 좋겠지만 이미 자리 잡고 있는 기존 씬에 비집고 들어갈 수 있는 방법은 없는 것일까? 거기 어떻게 들어가 같이 어울릴 수 있는 것일까?

"일단 맨 먼저 공연장에 한번 오는 게 제일 중요한 거 같아요. 공연장에 와서 보면, 저도 어렸을 때 스컹크에서 펑크 공연을 처음 봤을 때 그냥 막 스펙타클, 장관이란 느낌이었어요. 그리고 그냥 멋진 연극이나 뮤지컬 한 편 본 것처럼 치부하고 일상으로 복귀해서 잊고 살았을 수도 있는 일인데, 펑크 공연장의 그 처음 보는 사람이 어깨동무하고 몸을 부딪치고 이런 것들이 제가 어렸을 때 엄청 강렬한 인상을 받았어요. 그래서 왠지 이 씬의 일부가 되고 싶었고 '나는 이 씬 안에서 삶을 살아가고 싶다' 이런 생각을 하게 됐어요. (중략) 아는 사람 한

명 생기면 인생이 어떻게 될지 모르잖아요. 공연장을 자주 오다 보면 아는 사람이 한 명이 아니라 한 열 명, 스무 명이 생기니까 진짜 인생이 어떻게 흘러갈지 모르게 돼요. 밴드를 갑자기 하게 될 수도 있는 거고"

씬에 진입하기 위해 시도해 볼 만한 방법은 여러 가지가 있고, 이에 대해서는 뒤잇는 인터뷰들에서 더 이야기가 되겠지만 그 이전에 일단, 찬근의 이야기처럼 공연장에 자주 가는 것을 우선해 보길 바란다. 직접 공연장에 가서 다양한 밴드들을 보고 관객들과 몸을 부딪치며 공연장 냄새를 한껏 맡아보길 바란다. 공연장 안에서만 느낄 수 있는 분위기, 흐름, 어두운 조명 밑에 펼쳐지는 왁자지껄함 혹은 썰렁함, 그 안을 감도는 공기. 그게 앞으로 여러분 밴드가 설 무대이자 씬이 될 수 있을 것이고 공연장의 그 공기가 여러분의 등을 무대로 가볍게 밀어주는 바람이 될 수도 있을 것이다.

"오늘도 이 음악을 들으면서 샤워하고 출근 준비한다"

밴드가 곡을 만드는 방식은 크게 두세 가지로 나뉠 것 같다. 멤버 1인이 작곡의 모든 것을 전담하는 밴드가 있는가 하면, 밴드 내에 작곡자가 여럿이어서 이들 각자가 곡을 만들어오는 방식이 있기도 하고, 마지막으로는 테마 하나를 잡고 멤버 전원이 참여해 같이 곡을 완성해 나가는 방식이 있기도 하다. 서울돌망치는 이 중 두 번째 방식에 속한다. 작곡가가 여럿이다. 기타 치는 해동이나 현호가 곡을 써올 때도 있고 베이스 진석이 곡을 써올 때도 있다. 물론 써온다고 해서 거기서 끝인 것은 아니다. 어느 정도 완성된 곡을 들고 오면 이를 바탕으로 합주하면서 의견을 교환하고, 곡을 다듬고 정리하며 완성하는 건 멤버 전원의 몫이다. 이들은 작사가도 여럿이다. 찬근이 주로 가사를 쓰긴 하지만 다른 멤버들도 종종 작사에 참여한다.

"예전 곡들은 처음 저희 베이시스트였던 영삼 형이 노래랑 가사랑 다 써온 곡들이 있고요. 제가 쓴 가사에 영삼 형이 그 자리에서 즉석으로 멜로디 만들어서 만든 곡도 있고, 기타 치는 해동이가 만든 노래에 영삼 형이 가사를 넣은 곡들도 있어요. 이번 새 미니 앨범에서는 해동이가 주로 노래를 만들고 제가 가사를 썼고, 진석 형이 작사, 작곡한 노래도 한 곡 들어갔어요. 그리고 현호 형이 즉석에서 베테랑처럼 '야 쓰리코드로 한번 만들어 볼까!' 해서 코드 세 개로 만든 곡이 있어요. 네 번째 곡인데 제목이 '펑크 록'이란 곡이에요. 되게 본연적인 내용의 본연적인 제목을 짓고 싶었던 곡이고 앨범 중에 제가 제일 좋아하는 노래예요.[1]"

작곡이든 작사든 창작에는 나름의 고통(?)이 따른다. 이를 멤버들이 알아서 분담한다면 이것만큼 이상적인 방식도 없을 것이다. 하지만 이게 결코 쉽지만은 않다. 이상적이긴 해도 멤버 전원이 공감하고 이견 없이 동의할 수 있어야 하는데 이런 '합'을 이뤄내는 게 때로는 창작의 고통보다 더 어려울 수도 있기 때문이다. 이 어려운 방식이 가능하다는 것은 그만큼 멤버들이 서로 공감하고 공유하는 것이 많다는 얘기가 될 것이다. 작사의 경우는 특히나 더욱 그렇다.

서울돌망치는 메시지가 중요한 밴드이다. 그 메시지에는 멤버들 나아가 동시대를 살고 있는 친구들 누구나 겪고, 살고 있는 노동의 일상, 노동자로서의 정체성이 적나라하게 담겨져 있다. 이는 서울돌망치 자신들의 이야기이자 시대를 힘껏 살고 있는 평범한 친구들의 이야기이며 누구나 공감할 수 밖에 없는 이야기들이다. 그런 평범한 삶의 이야기를 서울돌망치는 《일기》처럼 때로는 《위로》처럼 가사에 담아 노래하고 있다.

다음은 2017년 발매된 이들의 첫 번째 EP 《위로》에 실린 〈돌망치〉란 곡의 가사이다.

새벽 찬바람이 몰아치는 거리를 뚫고
나의 동료들이 모여 있는 일터로 가네

---

1 2024년 11월 《일기》라는 타이틀로 이 미니 앨범 즉, 두 번째 EP가 발매되었다. EP는 Extended Play의 약자로 미니 앨범이라고 부르기도 하는데 한 곡짜리 '싱글'보다는 곡 수가 많고 '정규앨범'보다는 적은 정도의 앨범을 말한다.

하나 둘씩 늘어가는 굳은 살들과
손에 굳건하게 느껴지는 뻐근한 느낌

무료하게 시간 흘러가던 지난 날들의
많은 상념들과 공상 또한 소중했지만
이제 더 이상은 주저앉아 쉴 수는 없네
무거워진 몸을 이끌고 일터로 가네.

우리 흘린 땀에 정당한 처우는 없었네
우리 팔린 몸뚱이에 멋진 상표 없었네
누군가 말한 노동의 신성함도 없었네
그저 돌망치를 손에 들고 나가야 할 뿐

무료하게 시간 흘러가던 지난 날들에
꿈만 먹고 살던 이상 또한 소중했지만
이제 더 이상은 담보 잡을 내일이 없네
저주 받은 나의 무딘 손이 공구가 되네

우리 흘린 땀에 정당한 처우는 없었네
우리 팔린 몸뚱이에 멋진 상표 없었네
누군가 말한 노동의 신성함도 없었네
그저 돌망치를 손에 들고 나가야 할 뿐
우리 흘린 땀에 정당한 처우는 없었네
우리 팔린 몸뚱이에 멋진 상표 없었네
누군가 말한 노동의 신성함은 절대 없었네
그저 돌망치를 손에 들고 나가야 할 뿐

공연장에서 이들의 공연을 보고 있노라면 가사를 잘도 외워 온 관객들이 너

도나도 달려들어 찬근의 마이크를 같이 부여잡고, 때론 빼앗아 가 소위 떼창을 부르는 장면을 종종 볼 수 있다. 또렷이 들리는 가사와 힘 있는 메시지는 이들 공연을 처음 보는 관객들이라 해도 절로 따라 부르고 목소리를 내게 만든다.

'노동'이란 것이 과연 '돌망치'에만 한정되는 것일까. 피곤한 몸을 버스에, 지하철에 싣는 우리는 모두가 노동이라는 현실에 속해있다. 노동을 통해 삶을 영위해 나갈 보상을 얻지만 노동에는 땀, 눈물, 보상 받지 못할 고됨과 소외, 불합리 역시 배어있기도 하다. 이런 부당함, 불합리에 대한 비판과 분노는 서울돌망치 멤버들 일상에서 배어 나온 것이고 이윽고 그게 가사가 되고 메시지가 되어 우리 속에도 동일하게 배어있고, 고여있는 것들을 깨워 일으켜 함께 울림을 만들어낸다. 그렇게 자연스러운 '떼창'이 이루어진다.

서울돌망치 인터뷰를 위해 자료를 모으던 중 서울돌망치를 언급한 어느 블로그에서 다음과 같은 댓글을 발견했다.

"나는 오늘도 이 음악을 들으면서 샤워하고 출근 준비한다."

노동자성은 서울돌망치란 밴드를 말할 때 빼놓을 수 없는 이들만의 정체성이다.

"이번 새 미니 앨범 《일기》에서는 노동자성을 이제 좀 벗어나고 싶어서 그 얘기를 멤버들하고 많이 했었어요. 그럼에도 불구하고 일 하는 얘기가 항상 들어가 있어요. 이번 앨범에도 역시 들어가고"

어디 가겠는가. 정체성이란 이런 것일 게다.

"루틴이 생기면 뭐든 재밌잖아요"

스컹크키즈는 이제 노동자가 되고 밴드가 되어 삶을 노래하고 있다. 앞서 찬근은 밴드 재미있고 재미있다고 말했는데 과연 밴드 뭐가 그렇게 재미있는 것일까. 이 질문은 이후 인터뷰에 등장하는 모든 밴드들에게 동일하게 묻고 있는 질문이기도 하다. 저마다 비슷한 듯 다른 대답을 들려주는데 그럼 찬근이 느끼는 밴드의 재미는 뭘까. 그가 말하는 밴드의 재미라는 걸 좀 더 구체적으로 들어보자.

"혼자 하는 친구들은 어떤지 잘 모르겠고요. 친구들 만나서 합주하고 합주 끝나고 술 마시고. 뭐랄까 어떤 루틴이 생기면 뭐든 재밌잖아요. 주말에 합주하고 '야 술 먹자' 해서 술 마시고 마시면서 막 떠들고. '나는 이 음악 좋아하는데 너는?', '나 이거는 별로야. 이렇게 하기는 싫어, 이렇게 하지 마' 옥신각신하는 것도 재밌고. 되게 재미있는 인간관계가 생기는 거 같아요. 그리고 충실한 느낌도 들고요"

찬근에겐 밴드를 통해 맺어지는 인연과 거기서 생기는 관계가 무엇보다 중요하고 재미있다. 멤버들이, 음악으로 만난 친구들이 소중하다. 그들과 만들어가는 합주, 공연, 말도 안 되는 이야기들이 허공에 떠도는 술자리, 옥신각신하지만 끈끈

하게 엮인 그 인간관계가 너무 재미있고 루틴처럼 지켜나가고 싶다. 더불어 이 루틴은 그에게 삶을 충실히 살고 있다는 충만감을 느끼게 해준다.

"2017년, 18년 일본 투어를 한 번씩 갔다 왔어요. 그때 일본의 한 20개 도시를 돌았는데 도는 도시마다 친구들이 생겼어요. 그중에 하나가 코치高知[1]의 '카오틱 노이즈Chaotic Noise[2]'였는데 거기랑은 정말 찐한 브라더후드가 생겼죠 (웃음)"

그런 충만감을 바탕으로 찬근은 부지런히 공연하고, 직접 공연을 만들기도

---

1 일본 시코쿠(四国) 지역 남부에 위치한 인구 30만 남짓의 작은 시(市).

2 코치시에 위치한 펑크 전문 클럽. 코치시뿐 아니라 인근 지역의 다양한 펑크 밴드들이 모여드는 아지트 같은 곳이며, 클럽의 오너인 '이노우에'씨는 클럽명과 같은 이름의 레이블(음반 제작, 유통)도 함께 운영하고 있다. 아쉽게도 경영난으로 인해 클럽은 2024년 말 문을 닫았다.

하고, 새로운 곡을 써서 앨범을 내고, 해외 투어도 다녔다. 일본에는 서로 형제 애를 느낄 정도의 뜨거운 인연도 생겨났다. 이런 것들 다 밴드를 하지 않았다면 얻을 수 없는 것들이었다.

밴드라는 루틴을 통해 삶에 충실감을 부여하는 것 그리고 이 루틴을 통해 같은 음악을 좋아하는 친구들을 만날 수 있다는 것 그리고 그 루틴이 불러온 교류가 해외로까지 이어진다는 것. 이게 그가 느끼는 밴드의 재미이자 밴드가 그에게 준 재미인 것이다. 인연이란 한편으론 끝이 없는 것이고 교류란 확장하기 나름인 것이니 그가 느끼는 재미, 느끼게 될 재미는 아마 끝이 없을 것 같다.

"할 말이 있는 거"

사진만 봐도 불끈불끈해지는 밴드를 꿈꾸며 루틴처럼 이어온 찬근의 밴드 생활도 어느덧 이십 년 가까이 채워지고 있다. 그간 수많은 사람들을 만났고 수많은 밴드들을 봤고 수많은 공연을 국내, 국외에서 치렀다. 처음엔 그저 멋져 보이고 싶은 단순한 욕망에서 시작했지만 이런 경험과 시간은 그에게 밴드에 대한 좀 더 다듬어지고 세련된 생각을 갖추게 만들었을 것이다. 밴드가 이윽고 갖춰야 할 것, 갖춰야만 하는 것이 있다면 뭐라고 생각하는지 찬근의 이야기를 들어봤다.

"밴드란 할 말이 있는 거 그게 중요한 거 같아요. 제가 보컬이라서 이렇게 얘기할 수 있는 거 같긴 한데, 꼭 가사만을 얘기하는 건 아니에요. '피컨데이션Fecundation[1]' 같은 경우는 가사가 별 의미가 없잖아요. 이 경우 할 말이라고 하는 건 자기가 내고 싶은 사운드죠. 어떤 사운드를 내고 싶고 어떤 톤을 내고 싶고. 그게 있는 게 중요한 거 같아요"

---

1 2013년 결성된 국내의 '브루탈 데스메탈' 밴드. 이 밴드의 인터뷰 역시 본 책에 실려있다.

'할 말이 있는 것'. 이게 찬근이 꼽는 밴드의 필수 요소이다. 여기서 '할 말'이란 문자 그대로의 가사라든가 메시지만을 의미하는 것은 아니다. 찬근의 말을 빌자면 밴드가 의도적으로 만들어내는 고유의 사운드 역시 할 말이 될 수 있고, 무대 위에서 보여주는 밴드 특유의 퍼포먼스 역시 할 말이 될 수 있다.

즉, 밴드에게 필요한 것은 청자, 관객에게 무언가를 전달하고자 하는 확실한 감각, 자각, 의도라고 찬근은 말한다. 그게 귀에 꽂히는 가사가 될 수도 있고 가슴을 뛰게 하는 사운드가 될 수도 있고 함께 움직이게 만드는 퍼포먼스 혹은 다른 어떤 것이 될 수도 있다. 밴드 저마다 하기 나름일 것이다.

그 어떤 것이든 이를 의도적으로 추구하는 게 결국 그 밴드가 표현하고 전달하고 싶은 것이고, 표현하고 전달하고 싶은 것이 곧, 큰 틀에서의 '할 말'이라고 찬근은 말하는 것이다.

이제 막 시작하는 입장에선 부담이 느껴질 만한 대목일 수도 있다. 걱정할 것 없다. 할 말 없는 사람이 어디 있는가. 아직 뭔지 모르겠지만 뭐든 마구 떠들고 외치고 싶다, 어떻게든 뭔가를 표현하고 싶다, 정체 모를 이 막연한 에너지를 한껏 방출하고 싶다라는 애초부터 빛났던 여러분의 자의식을 좇다 보면 자연스레 그 뭔가가 '할 말'이 되고 여러분 밴드의 개성이 되고 정체성이 될 것이다. 이윽고 '할 말' 제대로 갖춘 밴드가 될 것이다.

"펑크 록이 구해줬고 너의 삶도 펑크 록이 구해줄 거고"

2017년에 시작한 서울돌망치는 이제 국내 펑크 씬을 말할 때 빼놓을 수 없는 중요한 밴드로 성장했다. 찬근 개인적으로도 이스트팩 메고 다니던 중고등학교 시절부터 대학 밴드 시절, 앞서 2007년 참여했던 파인드 더 스팟 시절 포함, 그 또한 긴 시간 펑크 씬에서 밴드, 관객, 친구들과 함께 호흡하며 성장해 왔다.

긴 시간 지난 이즈음, 문득 전에는 하지 못했던 생각 하나가 자리 잡기 시작했다고 한다.

"그냥 다음 세대를 생각하게 된 거 같아요. 이제서야. 우리가 하고 있는 음악을 듣고 그 사람들이 밴드를 시작하게 되거나 아니면 펑크 씬의 관객으로 들어오게 만드는 그런 것들을 좀 더 원하게 된 거 같아요. (중략) 새 앨범 《일기》에 〈펑크 록〉이란 곡이 있는데 가사에 그런 내용이 있어요. 우리 얘기라 좀 유치하지만 그래도 본질적인 얘기예요. (웃음) '우리가 어둠의 터널에 들어갔을 때, 삶을 막 포기하고 싶거나 했을 때 어릴 때 들었던 펑크 록이 내 삶을 구해줬고 너의 삶도 펑크 록이 구해줄 거고, 우리가 이런 스트러글Struggle 속에서 쓰러지지 않고 펑크 록을 들으면서 일어섰던 것 그걸 다음 세대들도 봤으면, 우리들의 이런 스토리들을 봤으면 좋겠다'라는 그런 내용"

찬근에게 펑크는 음악 그 이상이다. 어렵고 힘들고 지쳤을 때 '펑크 록'은 찬근에게 일어설 힘, 싸울 힘, 버틸 힘을 줬다. 투쟁 같은 삶에 지지 않을 힘을 불어넣어 준 것도 '펑크 록'이었다. 두 다리로 온전히 딛고 살고 있는 자신의 이야기, 펑크로부터 받은 그 힘을 이제는 다음 세대에 이어주고 싶다. 자신의 이야기, 친구들의 이야기 그리고 서울돌망치의 이야기를 다시 이들만의 펑크 록에 담아 주변 친구들에게 전하고 싶다.

그 이야기가 다음 세대 밴드의 싹을 틔웠으면 좋겠고 관객들을 공연장으로 더 불러올 수 있는 이야깃거리가 됐으면 좋겠다. 서울돌망치의 음악과 삶이 '펑크 록'의 증거가 됐으면 좋겠고 다음 세대가 펑크 록의 증인이 됐으면 좋겠다는 게 그의, 아니 서울돌망치의 바람이 되었다.

이렇듯 새롭게 자리한 생각이 있는가 하면 짧았던 생각이 더 자라기도 했다. 전에는 하고 싶은 말만 했다. 크라잉넛을 욕하고 노브레인을 욕하고 기성세대를 욕했다. 그러다 어느덧 이제 자신들이 기성세대가 되어버렸다.

"우리가 기성세대가 됐고 이제는 새로 시작하는 어린 밴드들이 우리를 욕할 수도 있겠구나 싶고, 근데 펑크는 또 그런 거잖아요. 그런 밴드들이 나왔으면 좋겠다는 생각이 들기도 하고요. 한편으론 이제 제가 좀 고인물이 되지 않았나, 씬 내에서 하나의 문화 권력이 된 게 아닌가 이런 생각도 들고요. 나이 들면서 이런 생각을 하게 된 거 같아요. 어렸을 땐 안 했던 생각들인데"

　어떻게 보면 욕 먹을 각오하고 하는 음악이 펑크 아닐까 싶기도 하다. 반권위, 비순응의 음악인 펑크에는 비판 대상에 한계가 없다. 그렇기에 자신조차도 예외가 될 수 없다. 원하든 원치 않든 밴드를 오래 하거나 어느 정도 자리나 위치를 잡게 되면 문화적 권력을 등에 업기도 한다. 선배 취급 받게 되고, 그간 쌓은 경력과 인프라가 부지불식간에 누군가를 배제하는 힘으로써 작동하기도 한다. 이런 위험성에 대한 자각이 없을 정도로 무신경해서는 안 된다. 찬근도 이젠 이를 경계하고 주의하려 애쓰고 있다.

　크게 보면 이는 펑크에만 한정된 이야기가 아니다. 흐르지 않으면 썩고 냄새나기 마련이다. 의식적으로 다음 세대에 욕 먹을 각오를 다져야 하고, 뒤처지지 않을 각오로 밴드를 계속 갱신해 나가야 한다. 음악적으로든 뭐든. 밴드 생태계에 필요한 것은 고이지 않는 선순환이지 길을 막아서는 터줏대감 같은 것이 아니다.

"위 아 더 펑씨!"

　이 책 첫 인터뷰의 희생양(?)이 되어준 찬근과 코드 세 개로 밴드 할 수 있는지부터 서울돌망치는 어떤 밴드인지, 밴드의 실력이란 뭐라 생각하는지, 어떤 재미로 밴드를 하고 있는지, 밴드를 하면서 얻은 건 뭔지, 일하면서 음악하는 게 어렵진 않은지, 막 밴드 시작하는 분들 또는 직장인 밴드 분들께 드릴 수 있는 이야기는 어떤 게 있을지 나아가 나이 든다는 건 어떤 변화를 의미하는 것인지 등등 여러 가지 이야기를 나눠 봤다.

　이어지는 밴드들과도 큰 틀에서는 비슷한 이야기를 나누고 있다. 하지만 밴드들의 대답, 이야기는 저마다 각양각색이다. 시간과 경험이 묻어 나오는 저마다의 독특한 이야기를 들려줬고 내심 할 말들이 많았다. 이렇듯 할 말이 있다는 것, 자신만의 이야기가 있다는 것은 찬근의 말처럼 밴드들 스스로 자기 삶의 발전기가 되어 어떤 부품과도 교체되지 않는 충실한 시간을 만들어가고 있기 때문일 것이다.

인터뷰를 끝내고 술집으로 2차를 옮기기 전 찬근이 한마디를 더 보탠다.

"저희 각자 집에서 한 시간 넘게 걸리는데 매주 합주하려고 모이잖아요. 재밌으니까 하는 거예요. 이게 무슨 회사도 아니고 그만두면 욕먹는 것도 아니고. 아 욕은 먹지만 (웃음) '아 나 못할 거 같애' 그러면 안 할 수도 있는 건데 하잖아요. 재밌으니까 하는 거예요 (웃음)"

찬근이 특히 강조하는 밴드의 재미는 사람 만나는 재미이다. 멤버들 만나는 게 재미있고 공연하면서 사람 만나는 게 너무 재미있다. 밴드들, 관객들 그들과 얽히고설키며 떠들고 노래하고 음악 얘기하고 사는 얘기하면서 술 마시는 게 너무 즐겁다. 경계도 거리도 없이 모두 쉽게 친구가 된다. 이는 펑크 안에서 우리는 다 하나이기 때문이고 찬근이 숨 쉬고, 살고 있는 펑크는 그런 세상이다.

"저는 사람들과의 관계 그게 너무 재밌어요. (웃음) 위 아 더 펑쓰!¹"

마지막으로 이들의 두 번째 미니 앨범 《일기》에 담긴 〈펑크 록〉이란 곡의 가
사를 지면에 옮겨 본다. 코드 세 개로 만든 곡이다.

그날 진홍빛 석양이
어둑한 하늘을 물들이고
헤이! 난 어디로 가야할지 모르고
될 대로 돼라 하고 틀었던

철 지난 쓰리코드 펑크록
우리를 어딘가로 데려가네
옛날 가죽자켓 펑크록
순간은 각인되어 지워지지 않네

다시 여기에
각자의 조각난 이유들이 모여

다시 여기에
한 자리에 모여 원을 그리어

오늘 칠흑빛 하늘이
막막한 어둠이 되어 우릴 누르고
너는 우울한 계절을 맞이해
될 대로 돼라 고개 떨구네

---

1 "We are the Punx!" 펑크 매니아들의 자부심을 담은 구호 비슷한 것이다. 메탈 매니아를 메탈
헤드(Metal Head)라고 부르듯 펑크 매니아를 펑쓰(Punx)라 부른다.

철 지난 쓰리코드 펑크록
스치듯 떠올라버린 너의 기억들
옛날 가죽자켓 펑크록
각인은 널 다시 구원하려 하네

다시 여기에
각자의 조각난 이유들이 모여
다시 여기에
한 자리에 모여 원을 그리어

다시 여기에
이 먼지 쌓인 우리들의 기억을
다시 여기에
앞으로의 세대에게 전해주오.

"못 배운 연주로 하는 밴드"

비컨

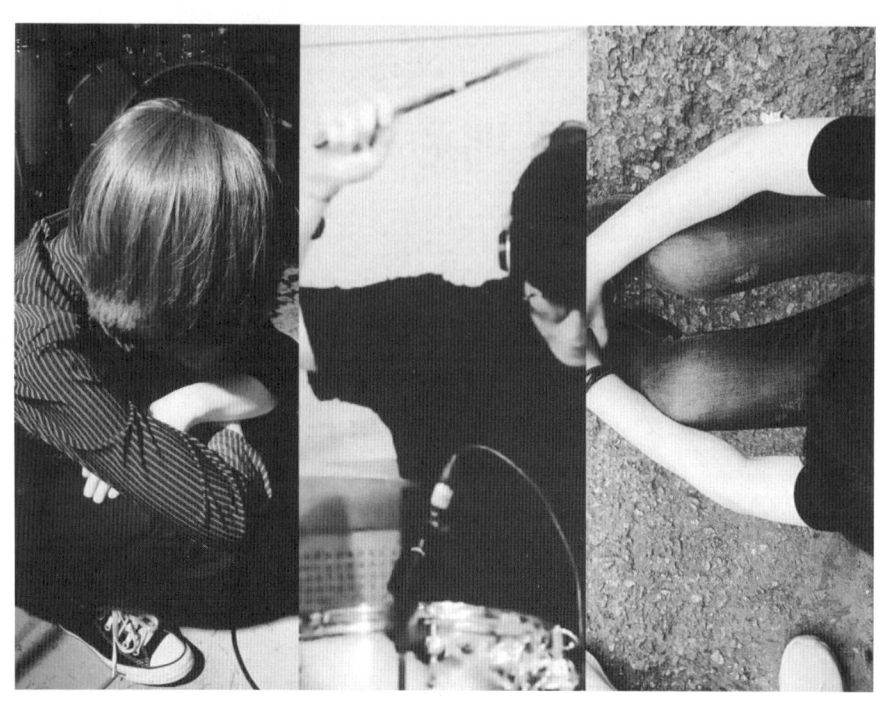

비컨 / Beacon 2014~

드럼 허경록, 베이스 방누리, 보컬 겸 기타 이계현

비컨

어딘가 좀 갸웃하게 만든다. 귀를 긁듯 거칠게 쏟아지는 연주, 찢기듯 터져 나오는 성난 보컬. 그런데 연주가 어딘가 미묘하다. 듣는 내내 '어라 음이 조금씩 비껴가는 것 같은데? 그런데 뭐지 나쁘지가 않아'라는 묘한 감상. 그게 이 밴드의 첫인상이었다. '삐딱하다. 이건 다분히 의도적이다. 귀를 조롱하듯 일부러 비껴가는 거다'라고 생각하며 내심 감탄했었다. 하지만 밴드의 기타, 보컬을 맡고 있는 계현은 웃으며 아니라고 말한다.

(계현) "일부러 틀리는 거 아니에요. 못치는 겁니다 (웃음)"

밴드 '비컨Beacon'은 이계현과 베이시스트 방누리가 대학 때 몸담았던 밴드 '48'에서 시작됐다. 계현의 설명에 따르자면 곡 만들 때 '이거 네 개, 네 개, 여덟 개, 여덟 개, 네 개. 막 이런 느낌으로 만들어서' 그래서 밴드 이름이 네 개 여덟 개 즉, '48'이었다고 한다.

48은 보컬 포함 4인조로 시작했다. 그러다 곧 보컬이 탈퇴, 계현이 기타, 보컬을 겸하게 되었고 이후 밴드 이름도 '비컨'으로 개명(?)을 했다. 얼마 후 드러머 역시 탈퇴하게 되고 2016년에 허경록이 새로운 드러머로 참여하면서 현재의 3인조 체제를 완성, 지금의 비컨에 이르고 있다.

삐딱하게 들리는 건 그냥 못쳐서 그런 거라고 계현은 말했지만 내겐 여전히 이들 음악에서 무언가 빗겨나고자 하는 삐딱함이 여운처럼 느껴진다. 그런데 그런 여운을 느낀 게 나만은 아니었던 것 같다. 누군가가 이들 공연을 보고 '못 배운 연주'라고 칭하며 묘한 칭찬(?)을 했다는데, 그래서 기분이 좋았다고 하는데 이게 어디가 칭찬이고 왜 기분이 좋았는지 궁금했다.

어느 평일 저녁 사당역 근처, 퇴근 후 모여든 직장인들로 북적거리는 널따란 맥줏집에서 그 '못 배운 연주'라는 게 뭐고 어째서 그게 칭찬으로 들리는지 답해줄 보컬 겸 기타 계현과 드러머 경록을 만났다.

사진 위로부터 보컬 겸 기타 이계현, 베이스 방누리, 드럼 허경록이다.

"저희는 코드가 없습니다"

'코드 세 개로 밴드 할 수 있나'라는 질문이 무색해지는 답이 돌아왔다. 으레 '코드 세 개도 많아요' 같이 책 취지에 과 응답하는 대답이라도 올 줄 알았는데 그걸 뛰어넘었다.

(계현) "저희는 코드가 없습니다. (웃음) '코드 세 개'라는 건 약간 쉬운 취지로 얘기를 하시는 거잖아요. 누군가 저희 곡을 해석하면 코드 같은 게 나올 수 있겠지만 아무튼 저희는 코드가 없어요. 코드가 없다는 게 뭐냐면 곡 쓸 때 코드를 중심으로 만드는 게 어떤 정석일 텐데 그런데 일단 제가 **파워코드**Power Chor d¹ 말고는 코드 짚을 줄을 모르고요. 곡 쓸 때 코드에 대한 감각 별로 없이 그냥 약간 루트 음, 기본음 하나 가지고 끌고 나가는 느낌이라서. 예 그래서 코드 세 개? 세 개가 없어도 된다. 굳이 말하자면 세 개까지 '도' 없어도 된다 (웃음)"

'코드에 대한 감각이 없다, 의식하지 않고 그냥 쓴다, 누군가 분석을 한다면 코드란 게 있을 수도 있겠지만 근데 굳이 왜?'라는 게 계현의 생각이다. 경록도 거든다.

(경록) "저는 드럼 비트 네 개로 돌려 먹고 있는데요. (웃음) 저희 밴드 자체가 소리를 뭔가 직선적으로 뽑아내는 느낌이라 진짜로 약간 '으악!'하는 느낌이라서, 어떻게 보면 약간 나쁘게 얘기할 수도 있는데 소음처럼 들릴 때가 있어요. 저도 처음 들었을 때는 되게 이상했거든요. 노래가 노래가 뭔가 내가 알던 노래들이랑 너무 다른 거예요. (웃음) 뭔가 자기들 맘대로 만들어내가지고 진행이 막 가고 있고 (웃음) 근데 그런대로 듣다 보니 저도 어느새 곡이 맘에 들게 되고 '아 이런 식으로 할 수도 있구나' 하는 게 보이더라고요"

비컨은 그들만이 만들고 싶은 소리, 내고 싶은 소리가 있다. 그게 코드가 되고 아니고는 중요하지 않다. 일단 내고 싶은 소리를 만들고, 음을 퉁겨 이어가며 어딘가 직선적으로 뻗어나가는 느낌으로 곡을 만들고 있다. 그렇게 코드 없이(?) 밴드를 하고 있다. 코드가 없다느니 소음처럼도 들린다느니, 의아한 생각이 들 수도 있을 것이다. '그게 음악이 된다고? 들을 만은 해? 무슨 음악인데? 도대체 어떤 연주를 하고 있는 건데?'라는.

장르적으로 보자면, 어딘가에서는 이들의 음악을 '개러지 락Garage Rock²'이

---

1 일렉 기타로 연주하기 시작하면서 만들어진 코드. 근음, 3도, 5도로 구성된 일반적인 3개 화음에서 3도 없이 근음과 5도 두 개 음으로 연주하는 코드이다. 예로 '도미솔'에서 '미'를 뺀 '도솔'로 연주하는 게 파워코드이다. 음이 하나 빠지지만 일렉 기타로 연주하면 꾸밈은 적으나 힘 있는 소리가 나온다.

2 60년대 중반 롤링스톤즈, 비틀즈 같은 영국의 락 밴드들에 자극을 받은 미국, 캐나다의 청년들이 무작정 차고에서 밴드를 시작한다. 이들은 단순하고 직선적이고 거친 사운드를 만들어내면서도 자신들만의 독창적인 매력을 지닌 음악을 만들어 냈고 이는 한 시대를 풍미하는 흐름이 됐다. 차고

라고 소개하고 있고 또 누군가는 '시애틀 사운드Seattle Sound[1]'라고 소개하기도 한다. 하지만 정작 본인들은 그런 장르 구분에 크게 개의치 않는 분위기이다. 공연을 보고 음악을 들어본 바로는 그래도 어딘가 '차고' 냄새도 나고 시애틀 사운드를 걸친 듯한 느낌이 들긴 하지만 여전히 장르로 포획할 수 없는 이들만의 독특한 여백이 존재한다.

설명을 들어도 궁금증만 남을 뿐 여전히 어떤 음악인지 감이 안 올 수도 있다. 궁금하다면 직접 한번 찾아 들어보길 바란다. 이 책에 실린 밴드 대부분은 인터넷에 음원을 공개하고 있다. 밴드 이름으로 검색하면 어렵지 않게 찾아 들을 수 있을 것이다. 어떤 음악이든 판단은 늘 감상자의 몫이긴 하나 코드가 없다던, 소음처럼도 들린다던 비컨의 음악이 의외로 여러분 취향일 수도 있다. 이들에겐 잔가지 없고 꾸밈없이 귀를 직선으로 통과하는 시원한 매력이 있다.

"버려져 있는 통기타 가지고 놀다가"

사실 인터뷰에 두 사람이 나와서 걱정이 좀 앞섰다. 이 책은 밴드 인터뷰이자 동시에 개인에 대한 인터뷰로 악기는 어떻게 처음 잡게 됐고, 집안의 반대(?)는 없었는지 그럼에도 밴드를 시작하게 된 계기는 뭐며 그래서 결국 밴드는 왜 하는 건지 등등 공연하게 개인사를 묻는 책이기도 하다. 솔직히 두 사람 분을 언제 다 하나 싶은 생각이 들었던 게 사실이다. 웬걸 이야기는 막힘이 없었고 퇴근 후 모여든 직장인들의 와자한 언성에 말이 묻히는 법도 없었다. 걱정한 것처럼 두 배로 시간이 든 것도 아니었다. 술값은 좀 들었지만 인터뷰에 낭비는 없었다.

이제 두 사람의 이야기, 각자 어떻게 처음 기타를 치게 되었고 드럼을 치게

(Garage)에서 시작됐기에 개러지 락이라고 불린다.

[1] 90년대부터 2천년대까지 큰 인기를 끌었던 얼터너티브 락(Alternative Rock), 그런지 락(Grunge Rock)을 대표하는 밴드들이었던 너바나(Nirvana), 펄 잼(Pearl Jam), 앨리스 인 채인스(Alice in Chains), 사운드 가든(Sound Garden)이 모두 시애틀 출신이며 이들을 시애틀 빅4라고도 부른다. 시애틀 사운드란 이 밴드들의 음악적 경향을 뜻한다.

됐는지 그 시작점의 이야기를 들어보자. 이야기는 초중고 시절까지 거슬러 올라 간다.

(경록) "초등학교 6학년 때쯤였어요. 스카이라이프 정확히 601번에 '채널 브 이 코리아'라는 채널이 있었거든요. 거기서 일요일 아침 그 홀리한 시간에 '더 락쇼The RockShow'라는 방송을 해줬어요. 그걸 한 시간 동안 해주는데 당시 락 아티스트들 뮤직비디오를 한 시간 내내 막 틀어줬어요. 되게 알찬 시간이었어요. 그거 보다가 이제 중학생 됐는데 성당 중등부에 밴드부가 있더라고요. 그래서 가서 그냥 '나 드럼 치고 싶다' 해가지고 이제 시작을 한 거죠"

일요일 아침 성스러운 시간, 예배 대신 해외 락 뮤지션들로부터 알찬 세례를 받느라 성당을 간혹 빼먹긴 했어도 그에겐 그게 다 배움의 시간이었고 섭렵의 시간이었다. 더불어 영상 속 그 멋진 밴드들, 락스타들은 어느덧 마음속 선망의 대상으로 자리 잡았고, 이윽고 '나도 하고 싶다'라는 결심을 하게 됐다. 경록은 그렇게 성당 중등부 밴드부에서 처음 드럼 스틱을 잡게 됐다.

(계현) "고등학생 때 약간 제이락J-Rock[1] 빠였어요. 엑스재팬X-Japan[2], 비주 얼 락Visual Rock[3] 이런 게 고등학생 때는 심금을 울리니까. (웃음) 그때는 부모 님이 그냥 공부만 시키는 굉장히 평범한 한국적인 집이었는데, 집에 그냥 어디 버려져 있는 통기타 가지고 놀다가 나중에 일렉 기타를 사러 간 거예요. 그게 고 2 때예요. 일렉 기타는 당시 집안 분위기상 금지된 물건이었는데 처음에는 부모

---

1 Japanese-Rock의 줄임 표현. 즉, 일본 락 음악을 말한다.

2 1982년 결성, 무명에서 시작해 일본 대중음악의 정점까지 올라선 입지전적인 밴드로 일본 내에 서는 신드롬 격의 인기를 구가했던 밴드이다. 국내에도 수많은 제이락 매니아들을 양산해 냈다. 현 재는 활동은 거의 없고 이름만 이어가고 있는 상태이다.

3 짙은 화장, 화려한 헤어스타일 및 복장 등 시각적 요소를 주요 특징으로 하고 있는 일본 락 음악 계의 특정 경향이다. 비주얼 락을 표방하는 모든 밴드가 이런 경향에 부합하는 건 아니지만 대체로 이런 경향을 보이며 그 시초를 엑스재팬으로 보는 견해도 있다. 국내에도 이런 영향을 받은 비주얼 락 밴드들이 있다.

님께 혼날까 봐 친구 집에 한 며칠 맡겨 뒀어요. 그러다가 결국엔 안 되겠다 싶어서 집에 가지고 들어왔는데 의외로 부모님은 그냥 '쯧쯧쯧'만 하시더라고요. (웃음) 그렇게 고등학교 때 혼자 방구석에서 앰프 꽂아서 치기 시작했어요"

다른 밴드들 인터뷰에서도 보겠지만 저렇게 집에 무심하게 방치돼 있던 통기타에서 이 모든 사달이 시작되는 경우가 의외로 많다. 그 길만은 안 된다며 처음부터 반대하는 것도 부모님이지만 첫 계기를 만들어주는 것도 결국 부모님인지도 모른다. 한때 부모님 청춘의 낭만과 세레나데의 상징이었던 통기타는 대를 이어 이제 강력한 일렉 기타로 진화하고 있는 것이다.

엑스재팬과 비주얼 락의 드라이브 걸린 기타 소리에 눈물 흘리던 계현은 호된 꾸지람을 감수하고 부모님이 물려주신 통기타를 일렉 기타로 진화시켰다. 역시 허락보다는 용서가 쉬웠고 고 2 때 그렇게 처음 방구석 기타리스트로 시작을 했다.

"우리 곡을 듣더니 뭘 하려는 건지 모르겠다 이래서 분노했었어요"

성당 중등부 드러머는 이어 고등부 드러머가 되었고 이후 대학에서는 밴드 동아리에 가입해 드럼 대신 기타를 잠깐 연주하기도 했다. 하지만 군 제대 후, 역시 기타보다는 드럼이 자신에게 맞다고 생각하게 됐고 문득 기왕 밴드를 할 거면 동아리 정도가 아니라 실제 필드에서 활동하고 있는 밴드에 합류해 활동하는 것이 낫겠다란 생각을 하게 됐다. 그렇게 경록이 '뮬Mule[1]'에서 찾아낸 밴드가 바로 비컨이었다. 드럼 치고 싶다며 성당 중등부 밴드부를 찾아갔듯 이 밴드에서 드럼 치고 싶다며 경록은 비컨을 찾아온 것이다.

---

1 중고 악기 거래 및 멤버 구인, 구직 전문 웹사이트. 그 외 합주실 정보 및 레슨 정보도 올라온다.

방구석 기타리스트였던 계현이 부모님께 자주 듣던 말이 있다. '대학 가면 뭐든 해도 좋다. 일단 대학부터 가고, 대학 가서 너 하고 싶은 거 다 해라'. 어디서 자주 듣던 소리 같은데 하여튼.

그래서 계현은 대학 입학 후 신이 나서 밴드 동아리에 가입했다.

(계현) "동아리 들어가서 신나게 하려고 하는데, 동아리라는 게 처음부터 내가 하고 싶은 곡을 바로 할 순 없잖아요. 동아리에는 또 어딜 가나 거기 자리 잡고 있는 OB들, 올드 락 덕후들이 있기도 하고요. 지금 생각해 보면 나는 약간 뉴메탈New Metal[1]스러운 걸 하고 싶었는데 OB들은 '그거 쓰레기다' (웃음) 라고 대놓고 무시해서 기분 상하고 그랬는데, 그때는 그냥 기타 가르쳐 주니까 계속하고 그랬어요. (중략) 동아리는 일단 같이하는 거 자체에 의미가 있으니까 계속 멤버 섞어 가면서 공연도 하고 그랬는데 하다 보면 이게 좀 질리잖아요. '아 이제는 내 거를 하고 싶다'라는 생각도 들고. 그러다가 아는 보컬이 새롭게 밴드 멤버를 모았는데 거기 참여하면서부터가 밴드를 시작한 계기가 되긴 했어요. 항상 꿈꿔오던 그런 거였죠. 어렸을 때부터 '나도 밴드나 뭘 하고 싶다' 했었는데"

알고 지내던 보컬의 주도하에 새롭게 꾸려진 밴드, 계현에겐 꿈 같은 일이었고 이때부터 비로소 계현은 자작곡을 만들어 연주하기 시작한다. 그리고 이 첫 밴드로 학내 경연에 나가게 되는데.

(계현) "대학 축제에 나갈 밴드를 선별하는 경연였는데 경쟁이 쎄서 심사위원이 따로 있었어요. 뭐 하는 사람들였는지 모르겠는데, 자작곡 하면 가산점 준다 해서 자작곡을 들고 나갔는데 심사위원들이 우리 곡을 듣더니 '뭘 하려는 건지 모르겠다' 이래서 분노했었어요. 나는 되게 좋은데 당신들이 뭐라고 이렇게 (웃음)"

---

1 누메탈(Nu Metal)로 표기하기도 한다. 메탈과 힙합을 비롯한 여러 장르가 융합된 장르로 90년대 말 2천년대에 굉장한 인기를 끌었다. 대표적인 밴드로 콘(Korn), 린킨파크(Linkin Park), 림프 비즈킷(Limp Bizkit) 등을 꼽을 수 있다.

동아리 OB들도 좀 심했고 심사위원들도 좀 심했다. 아무리 온고지신이라지만 이젠 올드 락 그만 좇고 현행화 좀 하자. 그리고 가산점 안 줄 거면 용기라도 불어넣어 줬어야 할 거 아닌가.

굴하지 않은 계현은 분노를 담아 계속 '내 거'를 연주했고 그게 밴드 48로 그리고 비컨으로 이어졌다.

"**서**로가 서로의 악기를 잘 몰라요"

경록은 비컨의 노래를 처음 들었을 때 '그간 알던 노래랑 뭔가 다르고 되게 이상하게 들렸다'고 털어 놨다. 이제는 그도 그 이상한 노래들의 일원이 되었는데, 그렇다면 과연 비컨은 어떻게 곡을 만들고 있는 것일까. 이들의 작곡 방식, 방법이 궁금해졌다.

(계현) "저희 만드는 과정을 보면 처참합니다. (웃음)"

(경록) "저희끼리 대충 치고 있다가 '어? 방금 그거 괜찮은데 그거 다시 쳐보자' 이런 식으로 할 때도 있고, 주로 계현 누나가 뭔가 리프Riff[1] 같은 걸 들고 오곤 해요. 갖고 와서 이거 해보자고 딱 던져 놔요. 그러면 저희끼리 거기 맞춰서 막 연주하다가 '어 거기 뭐 하나 더하면 좋겠는데'하고 뭔가 추가하거나 '그냥 여기는 한 번 더 반복해 보자' 해서 반복을 하거나 이렇게 저렇게 딱딱딱딱하다가 '응 이렇게 마무리하자' 그러면 '그럴까 마무리할까?' '그러자 됐다 박수!' (웃음)"

정리도 안 되고 뭔가 난삽한 방식인 것처럼 보여도 개인적으로는 꽤 부러워하는 방식이다. 곡을 혼자 고민하며 만들 필요가 없기 때문이다. 멤버 누구든, 리프가 됐든 멜로디가 됐든 곡의 테마라고 할 만한 아이디어만 들고 오면 된다. 나머지는 다른 멤버들로부터 자원(?)을 끌어오면 된다.

---

1 2마디 또는 4마디 정도의 반복되는 코드 패턴을 말하며, 많은 락 음악이 이런 리프 단위로 곡이 구성되어 있다. 리프들 중 곡의 테마를 표현하는 리프를 '메인 리프'라고 부르기도 한다.

(계현) "이런 아웃소싱하는 게 너무 좋아요. (웃음)"

　　계현이 테마 정도만 던져 놓으면 멤버들이 달려들어 거기에 뼈를 더하고 살을 입혀 팔딱거리는 한 곡을 만들어낸다. 계현 입장에서는 창의력 고갈을 피할 수 있고 멤버들 입장에서는 자신들의 아이디어와 창의력을 곡에 함께 더할 수 있다. 때론 멤버들이 꺼내 놓은 아이디어에 자극 받아 없던 창의력, 새로운 아이디어가 솟아나기도 한다. 그렇게 엎치락뒤치락하다 보면 상승효과도 생기고 어느새 모두가 만족하는 곡 하나가 완성된다. 소외되는 멤버 없이, 소진되는 멤버

없이 함께 곡을 만든다. 처참하긴커녕 이상적이기까지 하다.

얼핏 잼Jam[1]하듯 자유롭게 곡을 만드는 것 같지만 이는 사실 작곡 방식 중 가장 어려운 방식이기도 하다. 이 방식은 단순 아이디어의 나열이 아닌 합의를 전제로 한 방식이다. 함께 만들다 보니 서로 의견이 맞아야만 앞으로 나아갈 수 있고 그러다 보니 곡 쓰는 일이 한없이 늘어질 수도 있다. 의견 일치를 끌어내지 못하면 한 발짝도 나갈 수 없는 방식인 것이다. 비컨은 어떻게 이런 방식이 가능한 것일까.

(경록) "이게 되게 웃긴 얘긴데, 이게 가능한 이유가 서로가 서로의 악기를 잘 몰라서 그래요. (웃음) 그러니까 서로 무지해서 과도한 터치를 안 해요. 제가 이 밴드 들어와서 제일 좋은 게 제 마음대로 뭐든 다 해도 돼요. 그래도 본인들이 다 아 괜찮은데? 이렇게 해주니까 (웃음)"

서로의 악기를 잘 모르니 믿고 맡길 수밖에 없고 그래서 이런 방식이 가능하다고 말하지만 단순히 '잘 모르기 때문'이라고만 하기에는 어딘가 설명이 부족하다. 마음대로 친다고 해도 뭔가 맞아 들어가는 구석이 없으면 이게 가능할 리가 없는데.

(계현) "결국은 멤버들이 다 좋아하는 거 섞으면 이게 나오는 것 같은데, 좋아하는 것들 겹치는 게 좀 확실히 있으니까 그 방향성이 정해지는 것 같아요"
(경록) "네. 겹칠 때 확실히 잘 나오는 것 같아요"
(계현) "아닌 거는 또 아니라고 서로 확실히 말하잖아. '이건 좀 아니다'라고. 나머지 두 명이 싫어하면 일단 안 해요"

각자 연주하는 악기가 다르고 그간 들어온 음악도 다르며 취향도 조금씩 다르다. 하지만 이들 셋 사이에는 말로 설명할 수 없는 지점에서 하나로 통하는 공통의 취향, 마음이 맞아 들어가는 하나의 '공통 음원'이 흐르고 있는 것이다. 겹

---

1 즉흥 연주를 의미한다. 특정 테마나 리듬을 중심으로 각 파트의 연주자들이 즉흥적으로 자유롭게 연주하는 방식이다.

친다는 건 그런 의미일 거다.

누군가 들고 온 테마를 중심으로 잼하듯 연주를 시작한다. 그 과정에서 자기 흥에 겨워 너무 멀리 가면 아니라며 불러 세우기도 한다. 그렇게 곡의 방향이 잡히고, 이내 취향과 마음이 겹쳐 들어가면서 서서히 모두가 만족하는 한 곡이 완성된다. 결국 이들에게는 서로의 마음이 포개지는 확실한 교차점이 있고 바로 그 '공통분모'가 존재하기 때문에 이 방식이 가능하고 작곡에 막힘이 없는 것이다.

곡을 혼자 쓰든 '서울돌망치'처럼 멤버 각각이 써 오든 또는 이렇게 여럿이 협심해 곡을 완성하든 어쨌든 밴드는 하나의 공동 작업이다. 이런 공동 작업이 원활하게 돌아가기 위해서는 마음이 맞는 멤버를 만나는 게 중요한데, 밴드도 사람 모이는 곳이고 결국 사람이 하는 일이다 보니 그게 그렇게 마음먹은 대로 되지 않기도 한다. 마음 맞는 멤버란 또 의미 부여하기 나름이다. 취향이 맞는 멤버, 어딘가 말이 잘 통하는 멤버, 목표 의식이 비슷한 멤버 등등. 이런 조건들이 다 맞는 멤버가 있는가 하면 저 중 하나만 갖췄지만 함께 할 수 있는 멤버가 있기도 하고, 밴드는 그렇게 굴러가기도 한다.

아쉽게도 마음 맞는 멤버 만나는 특별한 방법 같은 건 없다. 좋은 친구 사귀듯 많이 만나보고 많이 이야기해 보는 수밖에 없다. 똑같다. 밴드란 음악적 공동 작업이자 하나의 일상적 인간관계이다.

이런 것들을 생각해 보면 비컨의 경우는 비교적 빠르게 마음 맞는 멤버를 서로 잘 찾아낸 것 같다. 그렇지 않고서는 마음대로 치도록 내버려둘 리가 없다.

"명함 내미는 방법을 몰르니까"

뜻을 같이하는 멤버들이 모였고, 자작곡도 만들어 연습도 충분히 했고, 이제 무대에 서는 일만 남았다 치자. 그럼 이제 어떻게 무슨 방법으로 무대에 설 수 있는 것일까? 방법은 여러 가지일 것이다. 일단 비컨의 경우 어떻게 처음 자신들이 설 무대를 찾아냈는지 이야기를 들어보자.

(경록) "저희도 처음에는 어떻게 명함 내미는 방법을 몰르니까 어떻게 우리 밴드가 무대에 설 수 있는가에 대한 그거를 전혀 모르는 상태에서 발품 팔듯이 그냥 한 거 같아요"

(계현) "오디션 보는 게 어디 나와 있는 것도 아니고, 요즘은 안 그러겠지만 예전에는 오디션 볼려면 정말 프로 뮤지션이어야 된다, 직장인 밴드 안 받아준다 이런 공지가 있는 데가 있었어요. 그러다 보니 그런 문구 없는 데를 찾다가 '라이브 앤 라우드Live & Loud¹'란 클럽에서 처음 오디션을 보게 됐어요. 거기서 펑크 열혈적으로 좋아하시는 기획자 한 분이 저희를 보고 마음에 들어 해서 다른 기획 공연 같은 데 초대를 해주셨고 그러면서부터 공연을 여기저기서 하게 된 거 같아요. 그렇게 공연 다니면서 서서히 친구들도 생겼고 '히피토끼²'에서도 공연을 하게 되면서 밴드 하는 친구들도 많이 만나게 된 거 같아요"

처음엔 방법을 몰라 발품, 손품을 팔 수밖에 없었다. 오디션 공지가 눈에 띄게 많은 것도 아니고, 있어도 문턱이 높은 곳들뿐이었다. 이윽고 찾아낸 클럽에서 오디션을 보게 됐고 그게 계기가 되어 다른 공연에도 초대가 됐다. 일단 이렇게 문을 열고 들어가자 그 다음엔 서서히 연쇄 작용이 일어났다. 다른 공연에도 알음알음 소개되어 서게 됐고 그 과정에서 다른 밴드들과의 교류도 생기기 시작했다. 그렇게 비컨이 설 수 있는 클럽, 연주할 수 있는 무대가 넓어졌다.

솔직히 요즘도 이런 오디션 시스템을 유지하고 있는 클럽이 있다는 것에 조금 놀랐다. 장르가 다르면 의외로 걷는 거리도, 풍경도 사뭇 다르다. 뒤에 몇몇 밴드들도 오디션 시스템에 대한 이야기를 할 테지만, 대부분 클럽의 오디션 제도가 사라진 걸 아쉬워하는 의견들이 많다. 그래도 비컨이 걷는 거리에는 여전

---

1 2004년 명지대 인근에서 오픈, 곧 홍대로 옮겨와 현재까지 운영되고 있는 클럽으로 다양한 장르, 다양한 문화 행사를 진행하고 있으며 밴드들 대상으로 한 오디션도 진행하고 있다.

2 홍대에 위치한 클럽으로 2018년경 오픈했다. 클럽명이 두 개로 '히피토끼' 혹은 '고인물'로도 불린다. 초기에는 연락 오는 밴드 누구나 무대에 설 수 있게 했으나 현재는 코로나로 인해 공연 수가 줄어 자체 기획 공연 위주로 라이브를 열고 있다고 한다.

히 오디션을 운영하는 클럽들이 존재한다는 게 한편으로는 반갑다.

한데, 말은 이렇게 해도 사실 나는 오디션을 본 적도, 보려고 한 적도 없다. 내 음악에 대한 평가는 관객들 몫이지 특정 시스템의 몫이 아니라고 생각하기도 했고, 굳이 타인의 평가를 거치면서까지 무대에 서고 싶지는 않았다. 물론 클럽 입장에서는 무턱대고 아무나 세울 수는 없는 노릇이니 최소한의 필터로써 오디션이 필요한 것이겠지만 나로서는 딱히 참여 필요성을 느끼지 못했다. 내 경우는 처음부터 공연을 직접 만들었고, 친구들과 어울리고 여기저기 끼어들며 밴드 경력을 쌓아갔다. 내 경우만 이런 것도 아닐 것이다. 게다가 모든 밴드가 꼭 오디션을 거쳐야만 활동을 시작할 수 있는 것도 아니다. 이야기가 조금 샌 듯하지만 밴드가 문을 열고 들어가는 방법이 하나만은 아니라는 것은 염두에 두길 바란다.

개인적 견해는 이렇다 쳐도 클럽의 오디션 시스템은 분명 신생 밴드들이 명함을 처음 내밀어 볼 수 있는 제도이자 밴드 이름을 알리고 한 단계 더 올라갈 수 있도록 받쳐주는 사다리 같은 역할을 해주는 제도임은 틀림없다. 신생 밴드들 입장에서는 꽤 필요한 시스템임에도 불구하고 이런 오디션 시스템을 유지하고 있는 클럽이 점점 줄어들고 있는 게 현실이다. 오디션을 통한 밴드 발굴, 개성 있는 자체 기획 공연을 통한 클럽의 특성화 같은 능동적 운영보다는 장소와 장비를 빌려주는 즉, 대관 위주의 운영 방식으로 클럽의 운영 형태가 점점 바뀌고 있는 게 요즘의 추세이다. 클럽도 클럽의 사정이 있는지라 쉽게 말을 얹기 조심스럽지만, 이런 추세와 더불어 클럽만의 개성도 옅어지고 있는 것은 아닌가 하는 아쉬운 생각 또한 든다.

신생 밴드가 명함 내밀 수 있는 곳이 줄어들고 있다 해도 넋 놓고 있을 필요는 없다. 무대를 찾는 밴드들에게 조금이나마 도움이 될 만한 팁 몇 가지를 적어본다. 일단 조악하더라도 음원을 준비하길 바란다. 녹음 장비가 없다면 핸드폰으로 녹음해도 괜찮다. 이리저리 방향 옮겨가면서 소리를 최대한 잘 잡아보라. 또는 합주 영상을 준비해도 좋다. 음원이든 영상이든 자신의 밴드가 어떤 음악을 하고 있는지 어필할 수 있는 청각, 시각적 소스가 필요하다. 소스가 준비됐다면 여기에 밴드 소개 글을 더해 클럽에 보내 보길 바란다. 이러이러한 밴드이고 이런 음악을 하고 있는데 공연에 서고 싶다고. 오디션이 없어지는 추세라고는 해도 클럽 입장에서는 늘 무대에 세울 수 있는 밴드들을 찾아 고심을 하고 있다.

또는 SNS에 종종 올라오는 공연 홍보 포스팅들을 유심히 살펴 보고, 관심이 가는 공연, 서보고 싶은 공연이 있다면 해당 공연 기획자들에게 직접 연락해 보는 것도 한 방법이다. 역시 음원, 영상 그리고 소개 글과 함께. 아니면 활동 중인 밴드들 중 자신들과 비슷한 음악을 하고 있는 밴드들에게 연락을 취해보는 것도 방법이 될 수 있다. 그들에게 같이 공연하고 싶다고 용기 내어 말을 걸어보시라.

물론 모르는 사람들에게 뜬금없이 연락을 취한다는 게 결코 쉬운 일은 아닐 것이다. 어딘가 자존심이 상하는 일일 수도 있고, 연락해도 되나 또는 연락한다고 이게 되려나 싶을 수도 있을 것이다.

내 주변의 공연 기획자들 이야기가 도움이 되길 바란다. 이렇게 공연에 서고 싶다는 연락을 받게 되면 어떨지 물어봤다. 기획자들 대부분 무시하지 않고 음원과 영상을 확인해 볼 거라고 답한다. 기획자들 입장에서도 늘 새로운 밴드에 목말라 있기 때문이다. 다만 기획자들도 당연히 나름의 판단 기준이 있다. 음원이나 영상을 보고 자신들 공연에 어울리는 밴드라고 판단되면 연락을 취할 것이고 혹 자신들 공연과 맞지 않더라도 괜찮은 밴드라는 생각이 들면 어울릴법한 다른 기획자에게 소개할 수도 있다고 이야기한다. 이는 클럽 역시도 비슷할 거라 생각한다. 선뜻 연락하기 망설여질 수 있겠지만 용기 내어 일을 만들어보길 바란다.

이도 저도 아니면 공연을 직접 만드는 것도 방법이다. 장비나 장소 빌리는데 비용이 들긴 하지만 마음 맞는 밴드들을 모아 비용을 분담하는 방식으로 공연을 만들어보는 것도 좋은 방법이 될 수 있다. 더불어 공연을 직접 만들고 진행해 보면, 해보지 않고서는 알 수 없는 의미 있는 경험을 얻을 수도 있을 것이다.

마지막으로 앞서 '서울돌망치' 찬근이 언급한 것처럼 공연장에 자주 찾아가 그 공기를 익혀보길 바란다. 독특한 지하실 내음, 눈이 시린 조명, 밴드와 스태프들의 분주한 움직임, 실내를 가득 채우는 악기 소리, 땀 흘리며 연주하는 밴드들의 표정, 관객들의 환호, 시끌벅적한 대화 소리 등. 그 공기, 그 분위기는 앞으로 여러분 밴드가 함께 숨 쉴 공기이고 얽혀 들어갈 분위기이다. 그리고 거기 역시 사람이 모이는 곳이니 그 분위기와 함께하다 보면 이윽고 여러분에게 귀 기울여주고 길을 열어줄 사람들을 분명 만나게 될 것이다.

"사실 뭐 밴드로 돈 벌어 먹는 사람이 얼마나 된다고"

다시 비컨의 이야기로 돌아와서, 비컨의 멤버들 역시 모두 직장인이다. 계현은 IT 회사 기획자로 일하고 있고, 누리는 건축 회사에 근무하고 있으며 경록은 시스템 엔지니어로 일하고 있다. 평일을 직장에서 보내고 주말에는 모여 합주를 하고, 공연을 하고 있다. 다시 묻지만 그렇다면 이들은 우리가 흔히 말하는 직장인 밴드인가?

(계현) "그러니까 약간 직장인 밴드라고 하면 대리님, 과장님 이런 사람들이 넥타이 풀르고 공연하는 이미지, 그리고 왠지 하드 락을 해야 될 거 같애 막 (웃음) 이런 이미지가 있잖아요. 미디어에서 그렇게 이미지를 만든 것 같아요. 근데

사실 뭐 밴드로 돈 벌어 먹는 사람이 얼마나 된다고. 우리가 직장인 밴드랑 무슨 차이가 있지? 뭐 그렇습니다. 직장인 밴드가 자작곡하고 뭐 이렇게 공연 많이 하면, 그냥 별로 경계가 없는 거 같아요. 다들 직장이 있기도 하고"

(경록) "직장 없이 어떻게 해. 스틱 살 돈 없으면 어떻게 드럼 쳐. 기타도 돈 주고 사야 되는데 누가 빌려줄 거야 기타? 돈을 벌어야지. 먹고 살아야지 노래를 부르든 드럼을 치든 하지"

(계현) "직장이 있어야 약간 내가 하고 싶은 걸 자유롭게 할 수 있는 거 같긴 해요. 왜냐면 제가 만약에 프로를 지향해서 막 실용음악 학교도 가고 내 인생을 음악에 걸어 그러면 어떤 걸 해야 돼요. BTS, 뉴진스 같은 뭔가 좀 먹히는 걸 할려고 노력이라도 해야 될 거 아니에요. 그런다고 다 잘 먹히는 것도 아닌데. 긍까 약간 인디스러운 걸 할라 그러면 돈 나오는 구석이 있어야 되잖아요. 물론 약간 음악에 좀 더 진심이라서 직장은 부차적이고 그러니까 나는 알바를 하거나 정규직을 갖지 않는다는 친구들도 있지만요"

미디어가 만들어낸 이미지는 밴드의 현실을 제대로 반영하지 못하고 있다. 음악에 뜻을 두고 업으로 삼은 전업 음악인을 제외한 대부분의 밴드들이 직장을 갖고, 일하면서 음악을 하고 있음에도 이들을 시야 밖에 두고 있기도 하거니와 음악을 사랑하는 많은 직장인들을 '직장인 밴드'라는 이미지 안에 가두어 이들의 가능성마저 제한하고 있다. 격하게 말하자면 필요 없는 단어라고까지 생각한다. 현실적으로 보자면 뚜렷한 정체성을 갖고 자기 음악을 하는 '자작곡 밴드'와 타인의 음악을 즐기는 '카피 밴드' 정도가 존재할 뿐이다.

자기 곡을 만들며 음악을 즐기든 카피하면서 음악을 즐기든 선택하기 나름이고, 누구든 이에 간섭할 수는 없다. 어떤 방식이든 스스로 즐겁다면 그걸로 충분하고 멋진 일이라고 생각한다. 다만 소위 직장인 밴드라 불리는 분들, 더불어 카피 밴드들이 자기 곡, 자기 목소리를 내는 데 조금 더 욕심 내길 바라는 마음이 크다. 음악에 대한 애정도 연주력도 남다른 여러분들이 이윽고 자기 곡을 연주하기 시작한다면 바라 마지않게도 우리나라 밴드 씬은 지금보다 훨씬 더 풍성하고 다채로워질 것이다.

이어지는 다른 인터뷰들에서도 반복적으로 확인되겠지만 국내외 불문, 활동 밴드 대부분이 직업을 필수로 가지고 있다. 아이러니이긴 하지만 직장이 없으면 밴드도, 내가 할 수 있는 음악도 자유롭게 할 수가 없다. 그러므로 모두 직장인 이다. 직장 다니면서 공연도 왕성하게 하고 앨범도 척척 만들고 가끔씩 해외로 투어도 다닌다. 어려워 보이는가? 이거 다 직장 다니면서 할 수 있는 것들이다. 퇴근 후의 시간 또는 주말을 어떻게 보내느냐의 차이일 뿐 여러분도 다 할 수 있다. 당장은 조금 의아할 수 있겠지만 책을 계속 읽어 나가다 보면 분명 고개를 끄덕이게 될 것이다.

"**내**가 만드니까 내 취향에 맞는 게 나오잖아요"

밴드 왜 하는 거냐고 물어보면 대부분 재미있어서 한다고 이야기한다. 하지만 이야기에 더 귀를 기울여 보면, 그 재미라는 게 밴드마다 느끼고 생각하는 게 조금씩 다르다. 비컨의 경우는 어떨까. 이들은 밴드를 통해 어떤 재미 어떤 즐거움을 느끼고 있을까.

(계현) "저 같은 경우는 뭐 많이들 그렇겠지만 내가 만드니까 내 취향에 맞는 게 나오잖아요. 그래서 녹음 상태 별로 안 좋고 그래도 우리가 만든 노래 들으면서 '아 좋다' 이럴 때가 있고요. (웃음) 공연을 많이 하게 되면서 밴드 친구들이 생기고 또 마음에 맞는 친구들이 많이 생겨서 그게 되게 즐거운 거 같아요"

(경록) "제 마음대로 해서 만든 곡들, 그런 곡들로 내가 공연을 하고 있는 게 되게 스스로한테 뿌듯하고, 공연하고 내려 올 때 누가 와서 '되게 멋있더라' 이렇게 한마디 던져주면 그게 그렇게 기분이 좋거든요. (웃음) 회사 가면 다들 저는 딱히 관심 없는 주제를 얘기할 때가 많은데 공연 끝나고 뒤풀이 가면 비슷한 공감대를 형성할 수 있는 사람들 만나게 되고 같이 얘기하다 보면 그게 또 그렇게 재밌거든요. 서로 막 누구 까고 '그거 왜 듣냐' 막 이러면서 (웃음) 뭔가 공감

대가 형성되는 사람들하고 만날 수 있다는 거, 밴드 활동하면서 주말에 그런 사람들 만나는 게 제일 큰 즐거움인 것 같아요"

비컨을 함께하면서 느끼는 밴드의 즐거움에 대해 이 둘은 똑 닮은 이야기를 하고 있다.

첫째로 자작곡의 즐거움 즉, 내 곡을 만들고 연주하는 데서 오는 만족감이다. '나만 한 남 없다'고 내 취향에 가장 잘 맞는 음악은 곧 내가 만든 음악이다. 내 취향대로 내 마음에 드는 곡을 만들 수 있다는 것 그리고 내 마음대로 연주해서 완성한 곡이 자기만족을 넘어 다른 누군가에게 전해진다는 것. 거기서 오는 뿌듯함과 만족감은 곡을 써서 무대에 올려보지 않으면 결코 경험할 수 없는 즐거움이다.

둘째로 밴드 활동을 통해 같은 공감대의 마음 맞는 사람들을 만날 수 있다는 것이다. 공연을 하다 보면 당연히 다양한 밴드, 다양한 사람들을 만나게 된다. 이들 중에는 스치듯 지나는 인연도 있지만 같은 무대를 공유한 탓에 선뜻 마음 열고 다가와 쉽게 말이 통하게 되는 인연도 많이 생기곤 한다. 더불어 대부분의 공연에는 뒤풀이가 있기 마련인데 공연에 참여한 밴드들이 한 자리에 모여 왁자하게 떠들며 술잔을 기울이다 보면 이게 또 그렇게 재미있을 수가 없다. 별의별 사람들이 모이지만 결국 음악이란 공용어를 쓰는 사람들이고 그러다 보니 같은 공감대를 갖고 밤새 떠들게 된다. 그렇게 신나게 떠들고 웃다 보면 가끔은 뒤풀이하려고 공연하는 건가 싶은 생각마저 들 정도다.

어쨌든 밴드 활동은 나와 취향과 열정이 비슷한 사람들에게로 나를 이끈다. 관심 없는 대화 백 마디보다 마음이 통하는 대화 한 마디가 주는 즐거움은 굳이 설명이 필요 없을 것이다. 말이 통하는 사람들과는 음악 외에도 통하는 이야기는 많다. 마음 열고 이야기 할 수 있는 사람들, 같은 공감대를 가진 사람들을 만나는 즐거움, 이런 관계의 즐거움이야말로 밴드의 가장 큰 즐거움 중 하나라며 둘은 입을 모았다.

이어서 계현은 밴드의 이점에 대한 이야기 하나를 덧붙였다.

(계현) "근데 저는 생각해 보면 예전에는 노래방 가는 걸 되게 좋아했었는데 언젠가부터 노래방을 안 가고 있더라고요. (웃음) 생각해 보니까 밴드 하고 나서부터 별로 안 가게 된 거 같은데 뭔가 밴드가 스트레스가 풀리는 게 있긴 한 거 같아요. 제가 소리 마구 지르는 걸 해서 그런 것도 있겠지만 뭐 다른 사람들도 마찬가지로 스트레스 풀리고 그러지 않을까 생각해요"

얘기 듣고 보니 나도 그렇고 주변 밴드맨들도 그렇고 노래방을 즐기는 친구들이 그다지 많지 않은 것 같다. 주변에 한한 이야기이긴 하지만, 돌이켜봐도 밴드 친구들과 어울려 노래방에 같이 간 기억이 거의 없다. 글쎄. 계현처럼 밴드 덕에 알게 모르게 스트레스가 풀려 굳이 노래방까지 가서 소리 지를 일이 없어 그런 것일까. 이유야 어쨌든 밴드 하면서 스트레스를 받는 때가 없는 것은 아니지만 분명 스트레스가 풀리는 때가 훨씬 더 많긴 할 것이다. 밴드가 이렇게 정신 건강에도 이롭다.

"**분**노와 싫어로 대표되는 이런 정서"

음악은 시간 위에서 펼쳐지는 예술이다. 모든 음악에는 시작과 끝이 있고 연주가 멈추면 음악은 미련 없이 날아가 버린다. 하지만 여운은 귓가에 남아 맴돌고 울림은 콧노래를 흥얼거리게 만들며 감상은 가슴에 머물며 신묘한 흔적을 남긴다. 어떤 밴드든 이런 신묘한 발명품을 통해 전달하고 싶은 것이 있다. 목을 통해 나오는 소리, 손 끝을 통해 퉁겨지는 악기 소리는 모두 방향을 청자 쪽으로 향하고 있다.

비컨의 경우는 어떠할까. 자신들 음악을 통해 뭘 표현하고 싶은 것이고 청자들에게 무얼 전달하고 싶은 것일까.

'여러 가지 시끄러운 음악들을 참고하고 있으나 일정한 형식은 거부한다. 공격적인 리프와 힘 있는 드럼 사운드를 선호하며 단순하지만 심심하지 않은 음악을 시도 중이다.'

위 문구는 비컨의 밴드 프로필에 적힌 문구이다. 문구에서부터 어떤 '훅'이 느껴진다. '힘 있는 드럼 사운드를 선호'란 부분에선 경록의 노고가 엿보이기도 한다. 그래서 비컨은 청자의 옆구리에 어떤 훅 한 방을 넣고 싶은 것일까.

(계현) "밴드 하려는 사람들한테 매력적으로 들리진 않을 수 있지만 아무튼 우리는 '분노와 싫어'로 대표되는 이런 정서를 표현하려고 해요"

(경록) "저희 다들 약간 안에 뭔가 쌓인 게 있어서 (웃음) 그걸 그냥 다 '빵!' 하고 터뜨리려고 하는데, 그걸 정제 안 된 느낌으로 내려고 해요. 그냥 '으악!' 소리 내는 것처럼. 쉽게 말해서 고함이고 괴성이죠 뭐. 저도 드럼에 그런 느낌을 실으려고 해요. 뭔가 정제되지 않게 거칠게 그냥 막 치는 느낌으로"

'분노와 싫어'로 대표되는 정서, 이를 음악으로 옮긴다. 옮기되 그 뾰족함과 날카로움 즉, 예기銳氣가 옮겨지는 과정에서 다듬어지거나 끝이 무뎌지지 않도록 집중한다. 화르르 타오르는 분노, 홱 돌아서서 쏘아 볼 정도의 싫은 감정, 이런 것들을 어떻게든 날것 그대로 살려 토해내는 것이 이들 사운드의 지향점이다. 그게 이들이 '하고 싶은 말'이고 표현하고 싶은 것이며 음악으로 전달하고 싶은 것이다.

(계현) "예전에 어떤 분이 '비컨은 못 배운 기타'라고 평해주셨는데, 칭찬으로 해주신 말이었는데 그때 너무 기분 좋았어요"

　나왔다. 못 배운 기타! 이 표현이 어떻게 칭찬이 될 수 있는지 궁금증도 이내 풀렸다. '뭘 하려는지 모르겠다'고 성급하게 말하는 사람이 있는가 하면 귀를 열고 밴드의 매력에 집중하는 사람도 있기 마련이다. '일정한 형식을 거부'한 길들지 않은 연주 즉, 누군가의 손을 타지 않은 못 배운 연주는 형식 안에서는 낼수 없는 형식 밖의 소리를 이들 손에 쥐어 주었고 그 소리는 누군가의 마음에 고스란히 전달돼 이들에게 칭찬으로 돌아온 것이다.

　(경록) "드럼 누가 나보고 '테크닉적으로 좀 모자란데?' 이러면 '헤헤 감사합니다' 그러고 말아요. (웃음) 거칠게 나오는 연주, 울분 토해내기 같은 느낌으로 연주하고 있는 거라"

　이들의 지향을 어느 정도는 알 것 같다. 그렇다면 가사에는 어떤 내용을 담고 있을까.

　(계현) "가사는 부가적인 거예요. 가사 쓰는 거 너무 싫어해서 (웃음)"

(경록) "가사에 큰 의미가 있나요 혹시?"

(계현) "아니 아니야. 그냥 쫌 발음이 쎄게 나오면 돼 (웃음)"

가사에 큰 의미를 두고 있진 않다. 그렇다고 '분노와 싫어'의 정서를 벗어난 맥락 없는 가사를 쓰진 않을 것이다. 가사를 궁금하게 여기는 분들에게는 이게 뭔 소리인가 싶기도 할 것이다. '아니 무대 위에서 저렇게 발악을 하는데 대체 뭐라고 떠들고 있는 거고, 뭘 주장하고 있는 건데?' 하는 궁금증이 분명 생길 만도 하다. 책을 읽어 나가다 보면 이렇게 가사에 큰 비중을 두지 않는 밴드들을 만나게 될 테고 아무 설명 없이 지나가면 이내 의아함만 더해갈 것이다. 정리하자면 가사 즉, 메시지가 중요한 밴드가 있는가 하면 가사보다는 사운드 자체가 중요한 밴드가 있기도 하다.

사실 가사든 사운드든 하나로 엮여 휘몰아치는 거라 이를 떼어서 설명한다는 것 자체가 어불성설이긴 하지만 굳이 나눈다면, 전하고 싶은 언어적 메시지를 사운드가 받쳐 주는 밴드가 있는가 하면, 가사 즉, 보컬 자체를 하나의 사운드적 장치로써 활용하는 즉, 비언어적 사운드 자체가 메시지인 밴드가 있다. 이런 밴드들 역시 맥락을 벗어난 가사를 쓰진 않지만 이 밴드들에게는 가사가 그렇게 중요하지 않다. 말이 안 되는 이야기 같은가. 일단 의구심을 잠시 내려놓고 부디 책을 계속 읽어주길 바란다.

비컨에게도 가사는 사운드적 부가장치일 뿐이다. 보컬도 악기의 하나인 셈이고, 그 보컬에 '쎈 발음'을 실어 '분노와 싫어'의 정서를 다른 악기들과 함께 휘몰아치듯 엮어낸다. 그렇게 만든 거친 연주, 못 배운 연주로 이들은 밴드를 하고 있는 것이다.

" 그 냥 뛰쳐나가게 되는 거예요"

서울돌망치에게 물었듯 이들에게도 실력에 대한 이야기를 물어보자. '못 배운 기타, 테크닉적으로 모자란 연주'란 게 칭찬이긴 하지만 일명 형식 안쪽의 사람들은 그렇게 보지 않을 것이고, 이들 앞에선 꿀릴(?) 법도 한데, 비컨은 이 실력이란 것에 대해 어떻게 생각하고 있을까.

(계현) "저는 약간 고리타분하게 생각하는 건 있어요. 주변에 실용음악과가 많았어요. 걔들 연주 들어보면 진짜 테크닉적으로 안정돼 있는 느낌이 들고 실력이라고 하면 우선 이런 걸 떠올리는 건 있어요. 요런 결이 있고 또 다른 결로는 한 십 년 전에 '펜타포트[1]'에 '콘Koяn[2]'이 헤드라이너로 왔었어요. 콘을 그렇게 좋아하지도 않고 해서 그냥 뻗어 있었어요. 앉아서 들어야지 했는데 '아 유 레디?' 이러는데 저도 모르게 그냥 뛰쳐나가게 되는 거예요. (웃음) 이런 식으로 무대를 장악하고, 에너지를 끓어오르게 하거나 감동을 주는 능력, 이건 테크닉이랑은 진짜 다른 거잖아요. 저는 좋아하는 쪽은 이쪽이긴 해요. 이쪽은 정형화되는 실력이랑은 다른 영역이라고 생각하고 있어요. 취향도 많이 타고. 그래도 둘 다 약간 존중을 하는 느낌은 있어요. 저는 비록 막 치긴 하지만 정제된 사운드도 좋아하고 막 뭔가 굉장히 러프한 것도 좋아하고. 좋아하니까 이런 걸 하고 있긴 한데 (웃음) 그렇게 생각합니다. 여러 가지 기준이 있다"

실력에는 크게 두 가지의 결이 있을 거라는 이야기이다. 많은 시간과 노력을 통해 얻어진 정제되고 안정적인 연주의 결. 그리고 정제되지 않아 거칠고 취향도 타지만 사람을 뛰쳐나오게 만드는 흡인력의 결. 어떤 결을 실력으로 삼느냐는 기준 잡기 나름이라는 게 계현의 생각이다.

(경록) "드러머 개인의 실력이라고 하면 곡이 안 흔들리게 버텨주는 게 제일 좋

---

1 '인천 펜타포트 락 페스티벌(Incheon Pentaport Rock Festival)'을 말한다. 1999년 열린 '트라이포트 락 페스티벌(Triport Rock Festival)'이 그 전신이며 2006년 1회를 시작으로 현재까지 이어져 오고 있다. 매년 7,8월경 인천에서 열리며 현존하는 국내 락 페스티벌 중 가장 큰 규모를 자랑한다.

2 1993년 결성, 지금도 활동하고 있는 미국의 뉴메탈 밴드. 이젠 한물간 밴드로 여겨지긴 하나 뉴메탈이란 장르를 정립시킨 대표적인 밴드 중 하나이며 90년대 말, 2천년대 초 전성기를 누리며 국내에서도 큰 인기를 끌었던 밴드이다. 2007년에는 서태지 앨범 발매 콘서트에 헤드라이너로 초대되어 처음 내한하기도 했다.

겠죠. 박자 안 나가는 거, 그거만 잘 하면 저는 실력이 좋은 거라고 생각해요. 딱 곧
이곧대로 그걸 잘 유지하면 좋은데 제가 그걸 잘 못하고 있어서 (웃음) 가끔 빨라지
고 그럴 때가 있으니까"

드럼이 템포 유지 못 하고 빨라지거나 느려질 때 그걸 우린 '휴먼그루브'라고 부
른다.

(경록) "실력이란 게 어려운 얘기긴 한데, 밴드가 다들 개성이 있고 색깔이 있는
데 그 자기 색깔을 얼마나 잘 살리느냐, 확실하게 살려서 보여주느냐 그게 저는 밴드
의 실력인 거 같아요. 그 밴드가 전하려고 하는 메시지가 있다든지 보여주고자 하는
게 있다든지 이걸 확실하게 전달할 수 있는 게 실력이지 않을까"

밴드가 자신을 확실하게 보여 줄 수 있는 능력. 자신들의 개성, 독특한 색깔을
제대로 관객에게 어필할 수 있는 능력, 이게 경록이 생각하는 밴드의 실력이다. 마음
을 움직이는 메시지를 전달하든, 화려하고 안정적인 연주를 선보이든 퍼포먼스로 관
객을 압도하든 자기 밴드를 또렷하게 보이게 만드는 능력, 그게 곧 실력 아닌가라고
생각하는 것이다. 이건 사실 완벽한 테크닉을 갖추는 것만큼이나 아니 그보다 훨씬
더 어려운 것일 수도 있다.

'실력이란 무엇인가'에 대한 물음은 뒤잇는 밴드들에게도 계속해서 이어지는 질
문이다. 물음은 하나이나 답은 여러 가지인 질문이다. 그만큼 결도 견해도 생각도 다
양하다. 중요한 건 실력에 대한 기준이 결코 하나만 존재하는 게 아니라는 것이다.

"잘 못해도 상관이 별로 없고
음악 잘 몰라도 상관이 없으니까"

비컨은 2016년 경록이 합류하면서 현재의 '분노와 싫어' 3인조가 되었지만 그
전의 비컨 시기까지 포함하면 얼추 십여 년을 활동해 온 밴드이다. 그간 《Hater》(2

013), 《Trash》(2020), 《Friends》(2022) 이렇게 세 장의 EP를 발매했고 공연 횟수
도 늘려가며 점점 인지도를 높여가고 있다. 밴드의 길을 먼저 치고 나간 입장에서
이제 막 밴드의 길에 들어선 분들이나 준비 중인 분들 또는 마음은 있으나 어딘가
망설이고 있는 분들에게 해줄 수 있는 말이 있을지 들어봤다.

먼저 경록은 확실한 '취향'을 챙기라고 조언한다.

**(경록) "자기 취향을 아는 게 중요한 거 같아요. '난 이런 음악을 좋아해'라는 거,
본인 스스로한테만큼은 이걸 확실히 알아야 하는 것 같아요. 그것조차 모르고서는"**

'내 취향? 당연히 내가 제일 잘 알지'라고 생각할 수 있지만, 취향이란 의외
로 제대로 귀 기울이지 않고선 쉽게 알아채기 어려운 것이기도 하다. 타인의 취
향을 자기 취향으로 착각할 수도 있고 경험해 본 적이 없어 아직 알지 못하는
취향이 있을 수도 있다. 자신의 취향에 확실하게 귀 기울일 것, 스스로한테만큼
은 확신을 가질 수 있는 취향을 가질 것. 이게 경록의 당부이자 조언이다.

(계현) "난 오히려 취향은 확실하지 않아도 그냥 잘 못해도 상관이 별로 없고 음악 잘 몰라도 상관이 없으니까 일단 시작해 보는 게. 동아리만 해도 그거 되게 재밌거든요. 그래서 처음부터 막 뭔가 창작을 하고 뭔가를 막 제대로 해야 겠다 이런 생각도 전혀 필요가 없는 것 같아요. 일단 뭐든 시작하고 그러다가 휩쓸려서 뭔가 재밌는 걸 할 수도 있고 하다못해 밴드 하다가 뭐 그냥 연애라도 막 할 수도 있잖아요 (웃음)"

계현의 생각은 조금 다르다. 이거저거 따질 거, 갖출 거, 잴 거 없고 뭐든 시작해서 일단 거기 휩쓸려 보란 얘기다. 취향도 필요 없고 인생 모르니 휩쓸려 하다 보면 재미든 뭐든 전에 몰랐던, 가보지 않았던 길이 열릴 수 있는 거 아니겠냐는 얘기이다. 심지어 뭔가 이루겠다는 생각조차도 필요 없다. 꼭 뭔가 이루지 못하더라도 하다못해 연애라도 할 수 있지 않냐며 일단 뛰어들어 보라고 계현은 권유한다. 주저하는 이들에게는 이 또한 일리 있는 얘기일 것이다. 다만 '연애'는 장담 못하겠다.

"유명해지는 게 목표냐 아니면 내가 하고 싶은 쪽을 좀 더 뾰족하게 하는 게 목표냐"

인터뷰 마무리 즈음이다. 십여 년을 달려 왔고 이제 달려 온 만큼 아니 그 이상 비컨은 나아갈 것이다. 비컨의 이후를 가늠해 볼 수 있는 향후 계획에 대해 들어보자.

(계현) "일단 해외 공연 기회가 있으면 잡아 볼까 하고 있어요. 근데 약간 좀 거만해 보일 수 있지만 애들이 엉덩이가 무거워서 잘 움직이지 않으려 해요. (웃음) 그래서 이왕 갈 거면 한 방에 좀 멀리 가볼까 하는 그런 계획을 가지고 있고 기회가 되면 해보려고 컨택을 하고 있습니다"

'기왕 가는 거 한 방에 멀리'도 좋겠지만 내심 가까운 데부터 얼른 가봤으면 싶다. 확실히 해외 공연은 밴드의 시야를 넓혀주는 좋은 계기가 된다. 몰랐던 개방감을 얻게 되고 시야가 넓어지면서 크게 봤던 게 작게 보이기도 하고 안 보이던 것들이 보이기도 한다. 분명 밴드가 한 단계 더 성장하는 데 좋은 밑거름이 된다.

(경록) "저는 원래 웸블리Wembley[1]가는 게 목표인데 (웃음) 말이 그렇고 그얘기 떠나서 비컨이 언제까지 어디까지 갈지 모르겠지만 이게 만약 멈추게 되면 다른 밴드 들어가지 않고 여기서 은퇴할 생각이 있어요. 여기서 드럼 안 치면 이제 안 칠 거다라는 식이고 이 밴드가 갈 수 있는 데 끝까지 따라갈 생각이라. 누리 누나가 방향성을 가지고 가고 있는데 비겁하게 들릴 수 있지만 이 누님들을 잘 보필하고 끝까지 따라가야죠 (웃음)"

경록의 말에 눈이라도 시린 듯 계현은 잔을 들고 고개를 살짝 돌렸다. 이어서 계현은 근래에 드는 고민 하나를 털어놨다.

(계현) "뭐랄까 좀 더 유명해지는 게 목표냐 아니면 내가 하고 싶은 쪽을 좀 더 뾰족하게 하는 게 목표냐를 두고 최근에 좀 고민을 하고 있었어요. 스스로 한계를 좁힌 걸 수도 있어요. 사실 그냥 내가 하고 싶은 거를 더 제대로 하는 게 유명해지는 길일 수도 있고, 어설프게 막 대중성 같은 걸 고려하다가 맛이 갈 수도 있는 거고. 그러니까 이런 고민은 계속되는 것 같아요"

이윽고 비컨은 대중성을 고민하는 지점에 도달한 것일까. 유명해지는 걸 굳이 마다할 밴드는 없을 것이다. 다만 가능할까 싶지만 내 취향으로 유명해지느냐 아니면 대중에 맞춘 취향으로 유명해지느냐 하는 고민, 이 고민에서 밴드의 길은 제법 크게 갈라진다. 지금까지의 비컨이 그렇게 대중적인 음악을 연주해

---

1 웸블리 스타디움(Wembley Stadium). 영국의 축구 경기장이다. 비시즌에는 콘서트 장소로 활용되어 공연장으로도 유명하며 규모가 규모인 만큼 세계적으로 인정받는 스타급 밴드들만이 이 스타디움 무대에 선다.

온 것은 아니지만, 듣고 보니 이 밴드는 충분히 대중성을 고민해 볼 가능성을 가진 밴드라는 생각도 든다. 다른 얘기이긴 하나 이에 비해 내 밴드를 비롯해서 이 책에 참여한 밴드 대부분의 음악은 대중으로부터 워낙 동떨어져 있어 대중성을 고민할 필요도 여지도 없다. 그럼 그런 비대중적인 음악은 왜 하고 있는 건가 하는 의문이 들겠지만 그 이야기는 차차 풀어가기로 하고, 계현의 고민으로 돌아와서 비컨이 대중성을 고민해 볼 가능성을 가진 밴드라 해도 이제 와서 이런 고민을 하는 이유는 뭘까.

(계현) "저희 장르가 뭐 그렇게 대중적인 건 아니지만 나 같은 취향의 사람들이 분명 어딘가에는 있을 것이고 그러면 관객들 사이에 가끔씩 섞여 있는 나 같은 취향의 그런 사람들에게 내 음악을 더 듣게 하려면 어떻게 홍보해야 될까 고민하게 되고. 그럼 역설적으로 그걸 위해서 유명해져야 하지 않을까 이런 생각을 하게 되기도 해요"

쉽지 않은 고민이다. 관객들 중간중간 가끔씩 섞여 있는 나와 같은 취향의 사람들과 교감하고 싶다, 그리고 아직 우리 음악을 들어본 적 없는 어쩌면 같은 취향일지도 모르는 사람들에게도 우리 음악을 더 많이 알리고 싶다란 목표. 유명해지는 건 이 목표를 위한 수단인 것이다. 이 목표 아래 이런저런 고민이 있고 그 안에 결국 대중성이란 고민도 포함되어 있는 것이다.

정해진 방법도 답도 없는 어려운 이야기지만 이런 고민과 목표 의식이 있는 한 비컨의 음악은 수면 위 물결처럼 멀리 또 넓게 퍼져 언젠가는 강 건너 같은 취향의 관객들에게 더 전해질 거라 생각한다.

"자기가 뭘 할 수 있는지 내가 어디까지 갈 수 있는지 보일 거예요"

십여 년간 달려왔지만 비컨은 아직 안 해본 게 많다. 큰 페스티벌에 서고 싶

고, 해외 투어도 하고 싶다. EP 말고 정규앨범도 내야 된다. 안 해본 게 많다란
건 아직 이룰 게 많다는 뜻 아니려나. 십여 년 열심히 달려왔으니 앞으로의 십
년도 지금처럼 열심히 달려가길 바란다. 숨어있는 관객을 더 찾아내고 그들의
지지와 함께 더 멀리 나아가길 바란다.

끝으로 아직 이룰 게 많은 이들을 위해 경록의 말을 인용하며 인터뷰를 맺음
해 본다.

(경록) "막연히 밴드 하고 싶다, 음악하고 싶다 생각하지만 막상 아는 것도
적은 거 같고 뭘 하고 싶은지도 명확하지 않은 것 같아서 괜히 음악 관련 글이
나 만화나 밴드 영상 찾아보면서 대리 만족하곤 하는데 그래도 사실 허기는 채
워지지 않아요. 그 허기가 충족됐던 건 밴드 들어오고 나서부터 거든요. 혼자 기
타 치면서 뭘 만들어보고 하는 것도 나쁘진 않은데 진짜로 필드에서 딱 직접 부
딪쳐 보면 와닿는 게 있어요. 자기가 뭘 할 수 있는지 내가 어디까지 갈 수 있는
지 보일 거예요. 조금이라도 뭔가 잡히는 게 있다면 망설이지 말고 바로 확실하

게 몸으로 부딪쳐보고 느껴보고 그래봐야 알아요. 만족도 차가 훨씬 크단 말이죠. 혼자 끄적거리고 골머리 썩는 거보다는 직접 부딪치는 게 확실히 더 크게 다가오는 게 있을 겁니다"

어디까지 갈 수 있을지, 발을 떼어 볼 때이다.

"모방과 연구만이 살길"

피컨데이션

피컨데이션 Fecundation 2013~

드럼 템마, 보컬 겸 기타 정종하

피컨데이션

 '코드 세 개면 밴드 할 수 있나'란 질문에 앞의 두 밴드는 당연하다는 듯 '그 까이 거 우당탕탕하면서 하는 거'라고 말했고 '코드 없이도 하는 거'라며 답했 다. 하지만 분명 이와는 다른 의견을 가진 이들도 있을 것이다. 말이 그렇지 그 게 그렇게 쉽게 할 수 있는 게 아니라고. "그 의견 나는 반댈세"라며 이견을 보 일 이들이 있을 것이다. 이들 이야기도 들어봐야겠다. 어떤 밴드가 이런 견해를 들려줄 수 있을까 고민하다 문득, 탈 국내급 기타리스트 정종하가 참여하고 있 는 밴드 '피컨데이션Fecundation'을 떠올리게 됐다. 한 곡에 수십 개의 코드를 때 려 넣고 갈아버리는 무자비한 곡 진행, 혀를 내두르게 만드는 속주와 테크니컬 한 기타 연주, 난도질하듯 곡을 잘게 부숴버리는 살벌한 드러밍, 메탈의 극단적 형태 중 하나인 브루탈 데스메탈Brutal Death Metal[1]을 온전히 구현하고 있는 밴 드 피컨데이션의 종하라면 분명 다른 이야기를 들려줄 수 있을 것 같다.

 방금 구워낸 빵의 달콤한 내음이 식욕을 자극한다. 실내에 흐르는 음악도 빵 냄새만큼 달달하다. 영등포역 근처 한 커피 & 제과 전문점에 장발의 2인이 쌉싸 름한 커피 한 잔씩을 맞들고 앉았다.

---

1 80년대 후반 쓰래쉬 메탈의 극단적인 형태로 데스메탈(Death Metal)이란 장르가 탄생한다. 데 스메탈은 괴물의 울부짖음 같은 목을 굵는 그로울링(Growling) 창법, 디스토션 심하게 걸린 기타 사운드, 파워풀한 투베이스 드러밍 등이 특징이며 파괴, 죽음, 고통 등의 무거운 주제를 다루고 있 는 장르이다. 브루탈 데스메탈은 이 장르의 서브 장르로 기존 데스메탈보다 보컬, 드러밍이 훨씬 과 격하고 빠르며 연주 또한 훨씬 테크니컬한 특징을 갖고 있다.

"할 수도 있긴 하죠. 근데"

　　개인적으로 탈 국내급이라 생각하는 기타리스트 정종하는 실용음악 전문 대학으로 유명한 미국 MI[1] 출신 유학파이다. 뮤지션 종합 양성소인 MI는 기타뿐 아니라 베이스, 드럼, 보컬, 키보드, 레코딩, 엔지니어링 더 나아가 뮤직 비즈니스 전반을 아우르는 종합 과정을 통해 전문 음악인을 양성하고 있는 유명 학교이다. 과연 이런 엘리트 과정을 밟은 기타 스페셜리스트는 '코드 세 개' 운운에 대해 어떤 대답을 들려줄까.

　　"할 수도 있긴 하죠. (웃음) 근데 대부분 메탈 밴드 하는 사람들은 그걸 반대한다기보다는 세 개 가지고는 안 될 것 같은 그런 분위기죠. (웃음) 당연히 장르

---

1 MI(Musicians Institute). 미국 L.A에 위치한 실용음악 전문 대학.

차가 있긴 하죠. 심플한 곡이 꼭 나쁜 건 아니기도 하고요. 근데 조금 더 알고서, 좀 더 연구를 한 다음에 밴드를 해도 좋을 거 같아요. 뭐 상황에 따라 다를 것 같긴 해요. 근데 메탈 쪽은 확실히 코드 세 개만 알고 하면 안 될 것 같은 그런 식이죠 (웃음)"

마냥 반대하는 것은 아니다. 장르 차가 있겠고 상황마다 다를 수 있다, 펑크처럼 심플한 연주로 쉽게 쉽게 시작할 수도 있겠지만 그래도 메탈에 한해서 만큼은 고개를 조금 갸웃하는 입장이다. 무턱대고 시작하기보다는 재료를 모으고 익혀 표현력을 늘리고, 시간 들여 공부해 음악에 대한 이해와 깊이를 더한 후 시작하는 것도 좋지 않을까 하는 게 종하의 의견이다.

당장 메탈 곡 타브TAB[1] 악보를 한 번 펼쳐 보시라. 곡마다 조금씩 다르긴 하겠지만 물고기 떼 같이 촘촘하게 그려진 음표들과 물결치듯 출렁이는 그 음표들의 현란한 춤 그리고 이를 장식하듯 곳곳에 덧씌워 있는 각종 테크닉 표기들을 보고 있노라면 그 단단하고 경탄스러운 짜임새에 악보만으로도 감탄이 절로 나온다. 그 몇 장의 악보 안에는 빈틈없는 짜임새와 탄탄한 구성을 갖춘 한 곡을 완성하기 위해 공들인 연주자들의 지난한 시간과 남 모르는 노력이 고스란히 담겨있다.

실제로 내 주변 메탈 연주자 대부분은 연주에 한해서는 다들 대단한 실력파들이고 메탈 음악에 대한 자부심도 상당히 강한 편이다. 이들은 이런 연주력과 표현력을 갖추기 위해 많은 시간을 투자했고 긴 시간 노력해 왔다. 자부심을 느끼는 것도 당연하다.

사정이 이러하니 '코드 세 개' 운운하며 손쉽게 밴드 음악에 다가가려는 태도에 대해서는 선뜻 받아들이기 어려운 부분이 존재하는 것이다. '세 개만 알고 하면 안 될 것 같은 그런 식'이라는 종하의 이야기는 그런 분위기를 반영한 말이기도 하다.

이런 의견도 있고 저런 입장도 있는 것이니 참고가 되길 바란다. 하지만 나

---

1 Tablature의 줄임말이다. 음표가 그려진 오선지 대신 기타의 각 줄과 음표에 대응하는 프렛 번호를 표기하여 악보를 직관적으로 읽을 수 있도록 그려진 기타 악보의 한 종류이다.

는 메탈도 코드 세 개로 충분히 가능한 음악이며 하기 나름이라고 생각한다.

각설하고 계속 해서 종하와 이야기를 이어가 보자. 주목할 것은 종하가 인터뷰 동안 '연구'라는 단어를 자주 언급한다는 것이다.

"곡을 재미있게 만드는 게 실력"

'피컨데이션'은 2013년에 결성되어 현재 일본인 드러머 '템마Temma Takahata'와 함께 종하가 기타, 보컬을 맡으며 2인조로 활동하고 있다. 지금까지 정규앨범 3장 포함 총 8장의 음반을 발매했고 국내뿐 아니라 일본에서도 자주 공연을 갖고 있다. 최근엔 '옵신익스트림 페스트Obscene Extreme Fest[1]' 출연이 확정되면서 서서히 해외로도 그 활동 범위를 넓혀가고 있다. 어라 잠깐. 2인조? 둘이서 밴드를 한다고? 베이스 없이? 하며 의아하게 여기는 분들도 있을 것이다.

밴드가 꼭 3인조 이상이어야 할 필요는 없다. 마음만 맞으면 둘이서도 충분히 가능하다. 뒤에 다시 다루겠지만 내 밴드 '나후Nahu'도 2인조이고 국내든 해외든 요즘엔 2인조 밴드들을 심심치 않게 찾아볼 수 있다. 기타, 드럼 2인조 또는 베이스, 드럼 2인조 등. 심지어 일체를 혼자 도맡아 하는 원맨One Man 밴드들도 제법 눈에 띈다.

다시 종하의 이야기를 이어가자면, 아무리 MI 출신이라는 경력을 고려하더라도 그의 라이브를 보고 있노라면 경력 이상의 그 연주력에 압도되어 할 말을 잃게 되곤 한다. 연주 실력으로는 타의 추종을 불허한다. 그렇다면 과연 이 기타 달인은 '실력'에 대해서는 어떤 견해를 가지고 있을까. 실력을 뭐라고 생각할까?

"연주 실력도 연주 실력인데 근데 일단 곡을 재미있게 만드는 게 실력인 거

---

1 OEF로 줄여서 표기하기도 한다. 1999년 처음 시작해 현재까지 매년 체코에서 열리고 있는 익스트림 음악 전문 페스티벌이다. 데스메탈부터 극단적 빠르기의 그라인드코어 그리고 펑크, 하드코어까지 아우르고 있으며 익스트림 음악 페스티벌로는 세계적으로 가장 유명하다. 피컨데이션은 2025 OEF 라인업에 당당히 이름을 올렸다.

같아요. 코드 세 개로도 충분히 곡을 재미있게 만들 수 있는 거고 한편으론 재미 없게 만들 수도 있잖아요. 곡 센스. 곡을 많이 듣고 카피도 많이 하면서 그 센스 를 쌓아 올려야 하는 것 같아요. 재미있는 곡을 만드는 센스 그게 실력인 거 같 아요"

이 하이테크니션은 '실력이란 연주력이다'라고 고집스레 답하지 않을까 짐작 했건만 생각이 짧았다. 그 연주력도 결국 좋은 곡을 만들기 위한 수단인 거고 실 력이란 '곡을 재미있게 만드는 능력' 이게 진짜 실력이라 생각한다고 그는 답한 다.

곡은 누구나 만들 수 있다. 책 내내 이야기가 나오겠지만 작곡 그렇게 어려 운 거 아니다. 하지만 재미있는 곡, 좋은 곡을 만드는 건 조금 다른 이야기이다. 처음부터 좋은 곡, 명곡? 만들 수 있을 리가 없다. 시간이 필요하고 시행착오가 필요하며 그런 곡을 만들 수 있는 센스가 필요하다. 종하는 바로 그런 센스를 기 르기 위해서는 넓게든 깊게든 음악을 많이 들어야 하고 다른 이들은 어떻게 곡 을 만들고 있는지 카피를 통해 참고하고 모방도 정말 많이 해봐야 한다고 강조 한다. 그렇게 기르고 다듬으며 쌓아 올린 '작곡 센스'가 바로 그가 생각하는 실 력의 핵심이다. 그렇다면 과연 그 재미있는 곡, 좋은 곡이란 것의 기준은 뭘까? 뭘 기준으로 삼을 수 있는 것일까?

"물론 사람마다 좋은 곡에 대한 기준은 다르겠죠. 내 기준으로 만든 게 다른 사람도 좋아하게 되면 그게 제일 좋긴 한데, 막 난해한 곡들이 뜰 때도 있는 것 처럼 신경 안 쓰고 자기만의 세계에서 막 해도 되긴 돼요. 다만 그걸 너무 기대 해서 남들한테 주입하듯 하면 그게 잘 안될 수도 있다는 거죠. 근데 크게 상관은 없을 것 같아요"

좋은 곡이라고 느끼는 기준은 사람마다 다르고 취향도 저마다인데 그걸 어 떻게 전부 맞출 수 있겠는가. 일단 단순하고도 확실한 것 하나는 '내가 만족하는 곡이 가장 좋은 곡이다'라는 것이다. 장담컨대 밴드맨들 대부분은 그런 마음가짐 으로 곡을 만들고 연주하고 있을 것이다. 이런 자의식이야말로 작곡의 필수 요소이며 그렇게 만들어진 곡들은 그 자체로 이미 충분히 좋은 곡이고 당당한 곡이 될 것이다. 다만, 그럼에도 곡이란 어차피 누군가에게 들려줘야만 하는 것이고 세상에 내어놓아야만 하는 것이다. 음악 역시 하나의 전달 매체 아니던가. 이상적인 건 나도 좋고 너도 좋은 곡, 그런 접점이 생기는 곡을 만들어내는 것인데 그게 참 생각대로 잘되지 않는다.

"그거를 계속 연구하는 과정이 있어야겠죠. 밴드를 하려면"

어쩌면 밴드란 종하 말처럼 계속해서 청자와의 접점, 연결을 연구하는 일인지도 모르겠다. 이게 다소 어렵다곤 해도 미리 기죽을 필요 없다. 내놓기 전까지는 사실 아무도 모른다. 내놓는 순간 곡들은 밴드의 품을 떠나버리며 판단은 결국 듣는 사람의 몫이 된다. 내가 별로라고 생각했던 곡이 오히려 반응이 좋을 수도 있다. 그 반대의 경우도 허다하다. 어쨌든 이런 과정을 통해 뭔가 서서히 감이 오기도 한다. 알 수 없는 것, 어려운 것에 지레 기죽기보다는 종하의 말처럼 계속해서 연구하고 고민해 가는 과정, 그 과정을 거칠 수 있는 지구력을 갖추는 게 중요할 것이다. 지난한 과정일 수 있지만 또 그런 과정 안에 밴드의 쏠쏠한 재미가 있기도 하다.

"배드민턴으로 했어요. 통기타는 크니까 배드민턴 줄 잘라가지고"

종하는 현재 대학생, 일반인들을 대상으로 기타를 가르치고 있다. 구분하기 좀 애매하긴 하지만 밴드가 생업인 것은 아니니 전업 음악인보다는 자영업자에 가깝달까. 어쨌든 종하 역시 일하면서 음악을 하고 있다. 그가 이 길에 들어서게 된 계기가 궁금하다. 기타 하나 쥐어 잡고 당당히 들어선 길, 그 시작점 이야기를 들어보자.

"어릴 때부터 막연하게 락 음악을 좋아했어요. 신기하게도 네 살 때부터 넥스트N.E.X.T를 좋아해서, 나는 신해철을 좋아한다 계속 그런 게 있었는데 아마 네 살 때부터 이모가 그런 걸 많이 들려주셔서 그랬던 것 같아요. 어릴 때는 그냥 뭐 잘 모르잖아요. 막연하게 좋아했던 거 같아요. 비틀즈에도 빠졌었고. 그러다 초등학교 저학년 때 메탈리카나 이런 걸 듣게 되면서 점점 빠져들게 됐죠. 음악 하는 걸 아버지가 반대 많이 하셨지만 생각해 보면 아버지도 음악 엄청 많이 들려주셨어요. 퀸Queen부터 해서 AC/DC[1], 다이어스트레이츠Dire Straits[2], 메탈리카 DVD도 아버지가 가져오셨어요"

종하는 강원도 속초에서 나고 자랐다. 지금이야 해산물 유명하고 길도 잘 닦여 주말엔 관광객들로 북적이는 명소가 됐지만 종하의 어린 시절엔 주변에 락 음악 듣는 친구도 하물며 연주하는 사람들도 찾아보기 어려운 한적한 도시였다. 하지만 그에겐 좋은 음악을 들려주는 가족들이 있었다. 정작 음악을 하겠다고 선언했을 때는 아버지가 가장 심하게 반대하셨지만 돌이켜 보면 종하가 음악을 선택하게 된 계기, 결정적 원인을 제공해 준 사람도 역시 아버지였다. 아버지가 들려주셨던 음악, 아버지가 들고 오신 DVD들, 즉, 어려서부터 아버지로부터 받은 영향이 가장 컸다.

"중 3 때였던 거 같아요. 일렉 기타를 갖고 싶었는데 당시 절대로 안 사주시기 때문에 그냥 아버지 통기타 다 망가진 것 갖다가 뚱따뚱따하다가 나중엔 배드민턴으로 했어요. 통기타는 크니까 배드민턴 줄 잘라가지고"

집에 굴러다니는 통기타. 어느 집에나 하나씩 굴러다니기 마련(?)인 통기타에 이젠 배드민턴채까지 등장한다. 성인 품에나 안기는 통기타 대신 중학생 품

---

1 1973년 호주에서 결성된 전설적인 하드 락, 블루스 락 밴드. 앨범 판매 2억 장 이상을 기록하며 전 세계적으로 엄청난 인기를 얻었으며, 헤비메탈 음악 및 락 음악 역사에 지대한 영향을 끼친 위대한 밴드로 평가된다.

2 1977년 결성된 영국의 블루스 락, 팝 락 밴드. 대중과 평론가들 모두에게서 호평을 받으며 총 네 번의 그래미 어워드 수상 및 다수의 상을 받았고 2018년에는 로큰롤 명예의 전당에 헌액된다.

에 안길 만한 배드민턴 라켓에 줄을 옮겨 달아 뚱땅거리면서 기타 연주 흉내를 내기 시작했다. 무언의 시위였을까. 아버지는 결국 두 손을 드셨고, 대신 공부 열심히 하라며 졸업을 앞둔 중 3 겨울방학 때 그에게 일렉 기타를 선물해 주셨다. 그런 아버지의 바람과는 별개로 종하는 더욱 신나게 기타에 매달렸고 딱 6개월 만에 메탈리카 초기 앨범 포함 다섯 장의 앨범을 모두 카피해 낸다. 이런 열정은 당시 메탈리카를 카피하던 동네 메탈 아저씨들 눈에 띄었고 당장 스카우트 되어 고 1 때 처음 그들과 함께 메탈리카 카피 밴드를 시작하게 된다.

근데 그 어린 나이에 6개월이란 짧은 시간 동안 독학으로 메탈리카 앨범 다섯 장 전곡을 카피해 낸다고?

"그냥 미쳐버린 거죠. 거기에 미쳐버렸어요. 그냥 무작정 했던 것 같아요"

미쳐서 했다 치더라도 그럼 기타의 갖은 테크닉들은 어떻게 익힌 걸까?

"그걸 저도 잘 모르겠어요. 그냥 어떻게 했는지는 모르겠는데 그냥 무작정 했던 것 같아요. 그래서 그때는 자세나 이런 거 잘못된 게 좀 있었겠죠"

대단하다는 생각이 든다. 나는 아직도 메탈리카 솔로 같은 거 제대로 못 친다. 신동이 따로 있나. 재능이든 미친 열정이든 그게 주변 어른들을 나자빠지게 만들 정도라면 그게 신동이겠지.

"실력을 검증 받았는데 아 뭐 아무것도 없죠"

종하는 고등학교 졸업 즈음 이내 음악을 전공 삼기로 결심했다. 뒤를 이어 교육자가 되길 내심 바랐던 부모님도 이제는 더 이상 종하의 열정을 막을 도리가 없었다. 어느 대학에 가야 할지 고민하다 일단 서울에서 자신의 실력부터 검증 받아보기로 한다.

"일단 실용음악과라는 거를 알아봤죠. 어렵더라고요. (웃음) 우선 그 당시 쌓은 실력을 서울에 가서 검증 받아보자 해서 받았는데 아 뭐 아무것도 없죠. 뭐 (웃음) 내세울 거 없는 상태니까 좌절을 한 번 하고 '그럼 유학을 가야 되나' 이러면서 알아보다가 MI가 나온 거죠. (중략) MI에서 제일 많이들 하는 게 준학사 과정이에요. 학사과정은 너무 반복되는 게 많고 그냥 준학사가 거의 끝이긴 하거든요"

좌절 한번 빡 하고 심호흡 크게 한 뒤 해외로 눈을 돌려보니 이내 눈에 들어온 게 MI였다. 그렇게 그는 미국으로 건너가 2년 과정의 MI 준학사 과정을 수료, 만반의 준비를 마치고 이윽고 기타리스트로서의 길을 걷게 된다.

듣다 보니 애초에 이건 누가 막아선다고 막을 수 있는 길이 아니었던 것 같다. 음악은 많이 들었으나 부모님 말은 크게 듣지 않았던 것 같고, 빠져들면 미친 듯이 빠져들었으며 잠시의 좌절은 있었지만 나아가는 데 망설임은 없었다. 단신으로 그렇게 미국까지 다녀왔고. 이런 그에게 과연 음악 외에 다른 길이 있었을까?

"음악을 하지 않았다면 아마 그냥 부모님이 시키는 대로 선생님 같은 걸 하지 않았을까 싶어요. 근데 지금 어쩌다 보니 결국 선생님을 하고 있네요. (웃음)"

돌고 돌아 결국 종하는 누군가의 선생으로서 기타를 가르치는 삶을 살고 있다. 자식 이기는 부모 없다지만 이 정도면 어느 정도 윈윈 아닐까? 그의 선택을 가장 반대하셨던 아버지도 이제는 가장 든든한 지원자가 되셨고 요즘엔 취미로 기타 연주를 즐기고 계신다고 한다.

"계속 해보는 거죠. 계속 해보는 거고"

　　MI 졸업 후 그가 선택할 수 있는 다른 길도 있었을 것이다. 세션 연주자라든가 전문 강사라든가. 하지만 그는 안정보다는 도전을 택했다. 어디에도 속하지 않고 오직 그가 하고 싶었던 밴드 활동을 선택했고 생업으로 기타 레슨이라는 방법을 선택했다. 쉬운 선택은 아니었을 것 같은데.

　　"당장은 괜찮죠. 근데 이 상태로 노후까지 가면 어렵겠죠. 당장은 제가 결혼을 한 것도 아니라서 혼자 살기에는 괜찮은 편이에요"

　　그의 여정은 아직 과정 중에 있다. 학생들을 가르치고 있긴 하지만 혼자 하는 일이라 직장인들처럼 뭔가 미래에 대한 계산이 서는 것은 아니다. 그럼에도 아직은 자신의 길을 걷는 데 두려움이나 망설임은 없다.

　　"계속 해보는 거죠. 계속 해보는 거고. 저는 '부쳐에이비씨Butcher ABC'의 나루Naru상한테 영감을 많이 받거든요. 그분은 데스메탈을 35년 가까이 연주해 온 사람이에요. 레이블Label[1]도 같이 35년 가까이 운영하고 있고요. 그분 상황을 정확히는 모르지만 그걸 그냥 계속 맨땅에 헤딩하듯이 해오고 있는 것 같아요. 전업이 그거 거든요. 다른 수입 없이 계속 CD 유통하고 계속 공연 다니고. 돈은 잘 안돼도"

　　종하가 말한 '부쳐에이비씨'는 일본의 데스메탈 밴드로, 종하는 자신의 밴드 피컨데이션 외에 이 밴드의 정식 기타리스트로도 참여하고 있다. 이 밴드의 인터뷰도 책 후반에 실려 있으니 자세한 소개는 그때 다시 하기로 하고, 다만 종하가 언급한 이 밴드의 리더 '나루Narutoshi Sekine'씨에 대해서는 잠시 언급을 하고 넘어 가도록 하자.

---

1 초기에 앨범을 구분하기 위해 붙이던 색상, 디자인 라벨(Label)에서 유래된 용어로 이 라벨에 독자적인 브랜드명을 부여하면서부터 현재의 의미로 사용되게 됐다. 넓게는 음반을 기획, 제작, 유통하는 회사를 의미한다. 밴드 음악계에는 대형 레이블부터 군소 레이블, 1인 레이블까지 다양한 형태의 레이블이 존재한다.

나루씨는 35년 가까이 밴드 활동과 더불어 자신만의 독자 레이블을 운영하면서 씬의 발전을 위해 다양하게 헌신해 온 사람으로 일본 데스메탈 씬 나아가 일본 언더그라운드 씬에 없어서는 안 될 기둥 같은 역할을 하고 있는 인물이다. 그는 레이블 운영 외에 수십 년간 크고 작은 공연을 수도 없이 기획하고 만들며 씬의 공기를 순환시켜 왔고, 해외 뮤지션들의 음반을 일본 국내에 유통해 소개하거나 또는 자국 밴드를 발굴, 음반을 제작해 해외로 판매하는 등 음악이 고이지 않고 계속 사방으로 흐르도록 하는 일을 끊임없이 지치지 않고 해 오고 있다. 그것도 이 모든 걸 어디 기대어 하고 있는 게 아니라 일체 혼자 힘으로 하고 있다.

　　"나루씨 집에 가봤는데 와이프 분이 집이 그 정도인데 오케인 거는, 그냥 집이 아주 그냥 레이블 창고 같은. 이야 혼자 살지 않으면 그게 가능하지 않은데 (웃음)"

　　나루씨에 대한 더 자세한 이야기는 책 후반에 실린 인터뷰에서 다시 확인하기로 하고, 이런 그를 곁에서 지켜보며 종하는 삶의 방식에 대한 영감을 얻기도 한다. 자신이 좋아하는 것을 포기하지 않고 믿는 것, 그런 자신을 믿고 묵묵히 나아가는 것, 통념에 기댄 삶의 기준이 아닌 스스로가 제시하는 삶을 기준으로 사는 것. 35년 가까이 그 길을 걷고 있는 나루씨의 열정은 말이 아닌 행동으로 종하에게 전해졌고 그에게 수만 가지 말보다 더 큰 영감을 전해준 것 같다. 그나저나 나루씨보다는 나루씨 와이프 분이 더 대단한 분일지도 모른다는 생각도 잠시 든다.

"재즈 같지 않나? 익스트림 음악 중에서는"

　　인터뷰를 정리하는 와중 피컨데이션의 세 번째 앨범 《Moribund》(2024)가 한국대중음악상 시상식1 '최우수 메탈 & 하드코어 음반' 부문 후보로 선정되었

---

1 2004년 시작. 매해 2월, 전년도 발매된 앨범들을 평가하여 총 26개 부문에 대한 최우수 음반을 시상한다. 상업적 성공이나 대중성보다는 음악성을 기준으로 시상하고 있으며 한국 대중음악의 예술적 가치 회복, 다양성, 창조적 활력 진작을 그 모토로 하고 있다.

다는 소식이 전해졌다. 박수 받을 일이다. 더불어 한국대중음악상 시상식에 이런 소중음악(?)의 자리가 마련되어 있다는 것에도 큰 박수를 보내고 싶다.

흔히 "우리나라는 비주류 음악의 불모지다"라고 말하곤 하는데 일면 맞는 말이긴 하나 전적으로 동의하기는 좀 어렵다. 이들의 한탄 이면에는 '왜 이런 음악이 주류가 되지 못하는가' 하는 원망 섞인 울분 또한 섞여 있기 때문이다. 비주류, 언더그라운드 음악을 사랑하는 같은 애호가 입장에서 이런 원망에 충분히 공감한다. 하지만 비주류 음악은 전 세계 어딜 가도 비주류이다. 이런 비주류, 서브컬쳐는 주류와는 다른 서브컬쳐로서의 아이덴티티가 있다고 생각한다. 비주류 음악이 주류로 성장하지 못함을 한탄할 게 아니라 새롭고 다양한 음악이 쉽게 싹 틔우지 못함을 더 한탄해야 할 것이다.

그런 의미에서 주류, 비주류 가릴 것 없이 대중성보다는 음악성에 기준을 두고 시상하는 한국대중음악상 시상식은 다양한 음악에 균등한 자리를 만들어주는 의미 있는 시상식이라고 생각한다. 다만 시상 분야를 '메탈 & 하드코어' 하나로 퉁치지 말고 메탈 따로, 하드코어 따로 좀 나눠주면 좋겠다. 분명 다른 장르들인데 하나로 묶어 놓으니 어색하다. 물론 이 분야에 한 해에 쏟아져 나오는 앨범 수가 제한적이어서 그럴 수도 있고, 내부 사정 몰라 하는 소리일 수도 있겠으나 욕심 내자면 카테고리가 좀 더 세분화되고 섬세해지길 바라본다.

사실 말은 이렇게 해도 이게 또 카테고리만의 문제는 아니다. 기본적으로 다양한 장르의 밴드가 존재해야 하고 이들이 앨범도 많이 발매해야 이게 가능하지 않겠는가. 한마디로 정리하기 어려운, 복합적인 이야기이긴 하지만, 그래서 우선은 밴드가 더 많아져야 한다고 생각한다. 그래서 이렇게 밴드들 입을 통해 거듭 밴드를 권하고 있는 것이다.

서설이 좀 길어졌다. 피컨데이션의 앨범이 당당히 한국대중음악상 시상식에 자리를 하나 차지하긴 했으나 피컨데이션이 연주하고 있는 브루탈 데스메탈은 주류로부터 멀리 빗겨 있는 일명 비주류 음악이다. 그는 왜 이런 비주류 음악을 연주하고 있는 것일까. 브루탈 데스메탈의 어떤 부분에 종하는 이토록 매료된 것일까.

"그냥 어릴 때부터 막연하게 제일 좋아했던 장르인 거 같아요. 그리고 막상 연구하다 보니까 아무거나 넣어도 특이한 느낌이 나오는 게 있는데 그게 재밌었던 것 같아요. 아무거나 넣을 수 있는 거. 물론 그냥 아무거나는 아닌데 여러 가지를 넣을 수 있는 것 같아요. 쓰래쉬[1] 요소를 넣을 수도 있고 약간 펑크 같은 게 들어갈 수도 있고. 제일 좀 약간 재즈 같지 않나? 익스트림 음악[2] 중에서는. 막 박자 엄청 많이 바뀌고 그런 게 저는 제일 재밌었던 거 같아요"

어려서부터 가장 강렬하게 그를 끌어 당긴 음악이 브루탈 데스메탈이었다. 그 강렬함에 이끌려 막연하게 좋아했는데 카피도 해보고 모방도 하며 연구하는 마음으로 이 장르를 자세히 들여다보니 듣기만 하던 때와는 다른, 장르 특유의 재미가 보이기 시작했다. 아무거나 넣어도 특이한 매력이 뿜어져 나왔고 박자를 이리저리 다양하게 가지고 노는 음악적 재미 또한 컸다. 생각했던 것 이상으로 유연하고 자유로운 음악이었으며 심지어 재즈처럼도 느껴졌다. 가장 좋아하는 장르이기도 했지만 이젠 여기에 연주 자체에서 오는 즐거움, 곡 만드는 즐거움이 더해졌다. 이게 종하가 브루탈 데스메탈에 매료된 이유이고 이를 연주하고 있는 이유이다.

데스메탈을 듣다 보면 간혹 지루함을 느낄 때가 있다. 그 어떤 장르보다도 강렬하게 귀를 파고들고 심장을 요동치게 하지만 어떤 밴드들은 쉽게 귀에 익어 이내 '별 재미없네' 하며 듣기를 멈추게 되곤 한다. 개인적 감상이긴 하지만 피컨데이션은 그런 지루함을 느낄 틈을 주지 않는다. 테크니컬하다란 느낌에 압도되기도 하겠지만 듣다 보면 이내 곡 자체가 주는 숨 쉴 틈 없는 긴박감과 예상 못 한 전개를 통한 변화무쌍함에 혀를 내두르게 된다. 브루탈 데스메탈이란 장르 안에서 마음껏 헤엄치고 있다는 감상이 든다. 표현처럼 종하는 데스메탈로 재즈를 하고 있는 거 아닌가 싶을 정도이다.

---

1 쓰래쉬 혹은 쓰래쉬 메탈(Thrash Metal). 헤비메탈에서 뻗어져 나온 장르로 강렬한 금속성 리프를 중심으로 한 공격적인 사운드가 특징이다. 화려한 솔로가 함께 어우러지기도 하며, 메시지적으로는 하드코어 펑크의 영향을 받아 사회 비판적인 내용의 가사가 많다.

2 극단성(Extreme)을 추구하는 음악들을 말한다. 더 빠르거나, 더 파괴적이거나 때론 더 사악하거나 더 어둡거나 한 음악들을 이르는데 데스메탈, 블랙메탈, 둠메탈 등을 주로 이 범주에 넣는다.

음악상 후보 같은 거 괜히 되는 게 아니다. 그럼에도 종하에게 있어 좋은 곡 만들기는 여전히 어려운 과제이다.

"브루탈 데스는 제가 어느 정도 연구를 마친 쪽이고 또 계속 발전을 시켜 나가야 하겠지만, 좋은 곡을 만들어야 되는데 그러기가 어려워요."

종하는 여전히 부족함을 느끼고 있고 '실력'에 목말라 있다. 연구를 마칠 수는 있지만 발전이라는 또 다른 연구가 이어지고 좋은 곡 만들기라는 과제가 이어진다. 그렇게 종하에게 있어 연구의 그 끝이란 존재하지 않는다.

" 무 에서 유를 창조하는 거는 굉장히 힘든 것 같고"

이어서 종하의 작곡 방법에 대해 들어보자. '브루탈 데스메탈'이란 살벌한 익스트림 재즈곡(?)들을 만들고 있고 이 장르가 얼핏 듣기엔 마냥 복잡하고 어렵게 느껴질 수도 있겠지만 분명 그가 곡을 만드는 방식 자체에는 장르를 떠나 누구나 참고할 수 있을 만한 노하우가 담겨있을 것이다.

"사실 이게 맘먹고 각 잡고 할라치면 잘 안 나오는 것 같아요. 그냥 갑자기 어떨 때는 뭔가 고통스러울 때 나오기도 하고 또는 숙취에 막 시달리는 경우 갑자기 떠오르기도 하고 (웃음) 갑자기 아이디어가 떠올랐을 때 딱 만들고, 만들어 두고 하다가 되는 경우도 많고요"

다른 밴드들 인터뷰를 통해서도 듣겠지만 이들 이야기를 듣다 보면 곡을 쓰는 방식이 크게 두 가지로 나뉜다는 것을 알게 될 것이다. 퍼뜩하고 떠오르는 영감을 기반으로 곡을 쓰는 방식과 평소 꾸준히 곡의 재료가 될 소스를 모아 두는 방식. 전자를 영감형, 후자를 데이터 수집형이라고 명해보자. 물론 이 둘이 명확히 나뉘는 것만은 아니다. 영감형이라고 해서 그 영감들을 수집하듯 모아두지 않는 것은 아니며 수집형이라고 해서 퍼뜩 떠오르는 영감이 없는 것만도 아니다. 다만 의도적으로 어느 쪽에 더 치중해 곡을 쓰느냐를 가지고 편의상 구분을 해보자. 그런 면에서 보자면 종하는 영감형에 속한다고 볼 수 있다.

그는 순간 떠오르는 것들을 잡아내 곡을 쓰고 있다. 또는 '갑자기' 떠오른 영감의 조각들을 모아뒀다가 나중에 이것들을 연결해 곡을 만들기도 한다. 그렇다면 그 영감이란 과연 뭘까. 그냥 입 벌리고 고사라도 지내다 보면 툭하고 하늘에서 떨어지는 것일까.

"제가 '쳐봤던 것'들이 재생산되는 느낌이긴 하거든요. 아예 무에서 유를 창조하는 거는 굉장히 힘든 것 같고 손에 익숙한 그런 프레이즈Phrase[1]들이 섞이면서 뭔가 나오는 것 같아요"

무에서 유가 창조되듯 갑자기 하늘에서 툭 떨어지는 것은 없다. 그는 재생산을 강조한다. 평소 많이 쳐봤던 곡, 많이 들었던 곡. 이런 곡들이 무의식일지 어딜지, 보이지 않는 어딘가에 서서히 축적이 된다. 그러다 숙취 심해 고통스러운 어느 날 그 축적되었던 것들 중 뭔가가 갑자기 툭하고 터져 나온다. 그리고 터져 나온 그것은 원래 모습 그대로가 아니라 내 안의 어떤 고유성과 어우러지며 새롭게 재생산된 모습으로 터져 나온다. 영감이란 사실 이런 것일지도 모른다.

그래서 종하는 평소에 카피를 많이 해둘 것을 강조한다.

"네 카피를 통한 연구와 모방이죠. 카피의 중요성을 계속 느끼는 것 같아요. 하다 보니 '아 이거 음악적으로 대단한 사람이었구나'를 다시 발견한 경우도 많고요. 그런 음악적인 요소나 코드 진행을 '내가 다음 번에 곡 쓸 때 여기서 이걸 써봐야겠다' 이런 경우도 많고요"

종하는 지금도 카피를 많이 하고 있다. 단순히 흉내 내기 위해 카피하는 것이 아니다. 조각조각 면밀히 분석하기도 하지만 왜 여기서 이렇게 진행이 바뀌고 왜 여기서 이런 리듬이 쓰였는지 물음표를 달아가며 곡의 전체적인 흐름에도

---

1 기타 솔로에서 멜로디의 한 단위를 이루는 짧은 구절을 말한다.

주목한다. 즉, 그는 곡에 담긴 작곡자의 의도, 마음, 곡 만드는 센스를 읽어 내기 위해 카피를 하고 있는 것이다. 이게 그가 카피를 강조하는 궁극적인 이유이다.

"저는 레슨생분들이랑도 그런 걸 제일 위주로 하거든요. 그냥 단순히 카피하는 것보다는 이게 여기서 왜 이렇게 나왔는가 하는 그런 것. 어릴 때는 이런 거 신경도 잘 안 썼고 꽤 골치 아프다고만 생각 했었는데 지금은 그게 제일 재밌는 것 같아요"

작곡은 창작이지 창조가 아니다. 종하가 말하는 작곡의 노하우란 다름 아닌 모방과 연구이다. 다른 사람의 곡을 많이 연주해 보고, 연주하며 들여다보고 또 다양한 음악을 많이 듣다 보면 그것들이 곧 창작의 재료가 되고 곡을 완성해 가는 길잡이가 되기도 한다. 작곡은 연구와 모방 그리고 거기에 자신만의 음악적 개성이 어우러진 결과물이다.

"저는 가사를 들어도, 한국말이어도 가사가 아예 안 들려요"

브루탈 데스메탈을 비롯한 익스트림 계열의 빠르고 과격한 음악들은 사실 가사의 정확한 전달과는 거리가 먼 음악들이다. 비명처럼 내지르기도 하고, 목을 쥐어짜는 듯한 소리를 내기도 하며 심지어 짐승처럼 목을 긁어대는 창법을 쓰기도 하다 보니 무슨 소리를 하고 있는 건지 도통 알아 듣기 어려운 경우가 많다. 앞서도 언급했듯 이런 음악들은 또렷한 메시지 전달보다는 이들이 만들어내는 사운드 자체가 전달하고 싶은 것이고 표현하고 싶은 것이다. 그럼에도 간혹 가요에만 익숙한 분들은 이거 가사 내용이 뭐냐고 묻는 경우가 있다. 물론 궁금할 법하다. 일단 이야기를 들어보자. 피컨데이션의 경우 가사는 어떤 내용인지.

"곡마다 생각하는 대상을 딱 정해놓고 거기에 대한 곡을 쓰긴 하는데 가사에

대해서는 할 말이 별로 없습니다. 가사가 다 있긴 한데. 왜냐하면 허전하기 때문에 (웃음) 근데 그대로 부르지도 않고요"

　이런 데스메탈 계열의 장르들은 가사를 알아 듣긴 어려워도 이들이 지향하는 하나의 공통적인 콘셉트, 커다란 주제 의식이 있다. 장르명에서 알 수 있듯 '죽음'이 이들 장르의 가장 큰 주제이다. 더 나아가 사회 비판, 폭력, 인간 존재와 금기에 대한 탐구 등 다양한 테마를 주제로 삼고 있기도 하다. 이런 테마를 이들은 '언어적 메시지'보다는 '비언어적 사운드'로 표현하고 있다. 물론 가사에 공을 들이는 밴드가 없는 것은 아니지만 가사를 읊는 보컬 역시 사운드적 부가 장치, 콘셉트적 도구로써 비언어적 사운드를 만드는 데 일조한다.

"가사를 꽤 신경 쓰는 사람들이 있는데 저는 조금 공감하기 힘든 부분이 있어요. 어떤 사람들은 '클래식 듣기 힘들다, 아 재즈 어렵다' 하는데 왜 그러냐 물어보면 '아니 이거는 뭐 가사가 없잖아' 이러는 사람들이 많더라고요. 특히 가요 같은 경우 보면 연주보다는 보컬이 제일 크거든요. 연주보다는 가사에 신경을 쓰는 거죠. 그래서 가사가 좋아서 듣는다 이런 접근도 많이 있던데 저는 가사를 들어도, 한국말이어도 가사가 아예 안 들려요. 그냥 음으로만 들리지. 그냥 음으로밖에 안 들려요. 저는 보컬도 드럼이랑 비슷하다고 생각하거든요"

시처럼 아름다운 가사, 마음을 속속 대변해 주는 듯한 이해심 깊은 가사, 깊은 위로와 격려를 더해주는 가사, 용기와 힘이 되어주는 가사. 가사가 주는 힘, 울림은 결코 적지 않다. 하지만 모든 음악이 가요인 것도 아니고 모든 음악을 가요 듣듯 감상할 수는 없는 것이다. 이처럼 사운드가 전면에 선 음악들의 경우 이들이 도전하는 사운드의 한계치에 귀를 기울여 봐야 할 것이다. 말을 넘어선 영역에 귀를 열어 봐야 한다.

종하는 피컨데이션 가사를 한마디로 요약해 줬다.

"그냥 다 죽는 얘기예요 (웃음)"

"미국 씬… 한국보다 열악해요"

밴드가 하나 결성되고 그 밴드가 자신의 입지를 넓히기 위해 밟아가는 과정은 전 세계 어딜 가나 큰 차이는 없을 거라 생각한다. 여러 방법, 여러 과정이 있겠지만 그중에서도 우선 씬에 어울려 들어가는 것, 즉 설 무대를 찾고 자리를 잡는 것부터가 그 시작일 것이다. 비슷한 밴드들이 자주 모이는 라이브 공연장, 비슷한 성향의 밴드들이 모인 기획, 거기 함께 어울리기 위해 문을 두드려야 할 거고 그렇게 시작해서 서서히 문을 열고 단계를 밟고 이름을 알리며 경력을 쌓아가는 게 일반적 수순일 것이다.

종하는 미국에서 학업 외에 밴드 활동도 병행했었다. 즉, 미국 현지 씬에서 직접 활동을 했었다. 이참에 그가 겪은 미국 현지의 밴드 환경, 상황에 대해 들어보자. 과연 추측대로 어디든 비슷하고 어디든 별 차이가 없을까.

"네 어디든 비슷하긴 한 것 같아요. 다만 미국 씬은 메이저가 아니면 제 생각에는 제가 그냥 봤던 걸로 보면 한국보다 열악해요. L.A 씬 열악해요. 그냥 일단 큰 곳에서 공연을 하려면 돈을 내야 돼요. 또는 예를 들어 티켓을 한 40장을 팔아오면 오프닝을 시켜주거나. 근데 오프닝 밴드는 아무도 안 보죠. 그리고 로컬 씬들 보면 관중도 거의 없고 무대도 더 열악하고 그렇더라고요"

잠깐. 우리보다 열악하다고? 일단 처우 면에서 신생 밴드들에 대한 텃세가 훨씬 심해 보인다. 돈 내야 공연시켜 주고, 티켓 팔아와야 그나마 오프닝 무대에 설 수 있게 해준다니. 장비도 지역 공연장들의 경우 우리보다 훨씬 열악하고 관객도 잘 오지 않는다니. 기대와는 사뭇 다르다. 종하가 활동했던 L.A 지역만 그런 것 아닐까? 설마 데스메탈 씬만 그런 것 아닐까? 내가 알고 있는 '모두가 친구고 형제고 자매'인 너른 마음의 펑크, 하드코어 씬은 좀 다르지 않을까.

"펑크, 하드코어 그쪽도 아마 위쪽까지 올라가는 데까지는 힘들 거예요. 저번에 친구가 해준 얘기인데 보스턴에서는 한 사람이 씬에 들어오려면 농담 반 진담 반으로 1년 동안 아무 말도 안 걸고 가만히 그냥 공연만 와야 한다고 하더라고요. 그래야지 일 년 뒤에 이렇게 말 걸어온대요. '근데 넌 누구냐'고"

이건 또 이거대로 놀랍다. 이렇게 텃세가 심하다고? 물론 지역별 차이가 있을 수 있고 자신의 경험에 한정된 이야기일 수도 있지만 그럼에도 불구하고 미국 어디든 상황은 비슷할 거라고 종하는 덧붙인다.

"들어가서 보면 어디든 마찬가지인 거 같아요. 결국 밴드 하나가 크기가 되

게 어려운 거 같아요"

밴드가 오롯이 혼자 힘으로만 성장하는 건 꽤 어려운 일이다. 외적으로는 누구든 어렵지 않게 공연할 수 있는 환경이 어느 정도 받쳐줘야 하고 내적으로는 먼저 자리 잡은 내부인들의 선의에 기반한 인정과 끌어줌이 어느 정도 필요하다. 그런데 종하의 얘기에 따르자면 그런 내외적 환경이 미국은 우리보다 열악하고 차가우며 심지어 쌀쌀맞기까지 하다는 이야기이다. 믿었던 펑크, 하드코어 씬 얘기에서는 뭔가 힙스터스러운 기득권의 냄새마저 난다.

열악한 공연장? 사실 이런 것들은 큰 문제가 아니다. 그것보다는 새로운 밴드가 유입되고 그 밴드가 인정받고 서서히 커나갈 수 있는 환경 이게 훨씬 중요한 부분인데 미국은 그런 면에서 밴드 하나가 뚫고 들어가 커 나가는 게 결코 수월한 분위기가 아니라는 것이다.

"밴드 하고 있는 제 미국인 친구들이 있어요. 그 친구들 지금까지도 힘든 거 보면 미국은 우리가 생각하는 것보다 훨씬 더 심해요"

의외이다. 거대한 땅덩어리, 셀 수 없이 많은 밴드들이 매일같이 치열한 경쟁을 벌이는 세계란 결국 이런 모습인 것일까. 막연하게 품었던 로망이 하나 사라진다. 오히려 우리가 더 씬의 로망 같은 것을 여태 잘 간직하고 있는 것 아닌가 하는 생각마저 든다.

우리는 이 정도는 아니다. 물론 사람 모이는 곳이니 끼리끼리 뭉치다 보면 알게 모르게 울타리가 생길 수도 있고 거기에 좋게 말해 낯가림, 나쁘게 말해 텃세가 있을 수 있지만, 자주 보고 마주치다 보면 어느샌가 새로운 밴드들도 씬 안에서 같이 어울리고 활동하고 있는 광경을 어렵지 않게 볼 수 있다. 역시 한국인들은 정이 많아서? 그럴 수도 있겠지만 안타깝게도 사실 밴드 수가 적어서 그런지도 모르겠다. 그들만큼 경쟁이 치열하지 않아 그런지도 모르겠다. 어쨌든 국내 씬에는 아직 새로운 피의 수급이 필요해도 한창 필요한 상황이다. 새로운 밴드한테 일 년 동안 잠자코 있으라고 기를 죽이는 일은 있을 수가 없다. 미국보다 땅은 좁을지언정 밴드 하나 키우는 품은 우리가 훨씬 넓다.

"잘 맞는 사람 구하기가 제일 힘든 것 같아요"

종하가 L.A에서 했던 밴드도 나름 진지하게 임했던 밴드였다. 하지만 결국 MI 졸업 후에는 밴드를 그만두고 귀국을 하게 됐고 자연스레 종하는 L.A에서의 치열한 경쟁보다는 국내에서 활동하며 경력을 쌓고 한국 밴드로서 해외 문을 두드리는 방법을 선택하게 됐다. 그리고 이런 그의 선택이 이제 어느 정도 먹혀들고 있다. 피컨데이션은 일본과 러시아의 레이블을 통해 앨범이 발매되기도 했고 일본 공연을 이미 여러 차례 치렀으며 곧 '2025 옵신익스트림 페스트' 체코를 거쳐 유럽 투어를 돌고 올 예정이다.

"해외 컨택할 때 L.A 밴드였을 때보다는 오히려 한국 밴드로 음악 만든 걸 들려주는 쪽이 훨씬 더 쉬웠던 것 같아요"

2013년 처음 결성, 서서히 해외로 무대를 넓히고 있는 피컨데이션도 이제는 활동 십 년을 훨씬 넘긴 밴드가 됐다. 밴드가 멈춤 없이 나아가고 있지만 밴드 내적으로는 우여곡절도 여럿 경험했을 것이다. 그런 속 이야기도 좀 들어보자. 그에게 있어서 밴드를 멈출 수 없게 만드는 밴드의 즐거움이란 어떤 것이며 또 그간 어떤 어려움이 있었는지도 들어보자.

"일단은 제가 만든 곡을 같이 연주해 주는 사람이 있고 그게 합이 딱 나왔을 때 그게 제일 재밌는 것 같아요. 공연하는 것도 좋지만 우선 멤버랑 합이 잘 나왔을 때 그게 제일 재밌는 것 같아요"

곡 하나를 완성했다고 해서 끝이 아니다. 이제는 이 곡을 멤버들과 함께 연주하며 합을 맞춰야 한다. 밴드란 곧 이런 합을 맞추는 과정의 이름이기도 하다. 반복해 합주하면서 곡의 밀도를 높여간다. 이내 그 밀도가 서서히 차올라 합이 완벽히 맞아 들어가는 순간이 오면 그때의 쾌감은, 때론 그 쾌감 하나만으로도 그날 하루는 완벽한 하루처럼 느껴지기도 한다. 종하는 밴드의 여러 즐거움 중 이런 합이 맞아 들어가는 순간에 느끼는 쾌감, 즐거움을 제일로 꼽는다.

이런 즐거움을 만들어내기 위해선 당연히 연주도, 마음도 잘 맞는 멤버가 함께여야 하는데 그런 멤버 만나는 게 한편으론 제일 어려웠다며 어려움 또한 토로한다.

"어려운 거는 일단 멤버 구하기가 어려운 것 같아요. 실력 면보다는 아후 그냥 잘 맞는 사람을 구하기가 제일 힘든 것 같아요. 그러다 보니까 제가 모든 걸다 해야 되는 게 어렵고 힘들었죠"

실력 면보다는 같은 목표를 향해 같이 움직일 수 있는 마음 맞는 멤버 구하는 게 가장 어려웠다는 것이다. 실력, 연주력을 무시할 수는 없겠지만 무엇보다도 같은 목표를 향한 서로 견줄 만한 에너지를 품고 있고, 음악적으로 서로 교감하며 티키타카할 수 있는 멤버와 함께라면 밴드는 그 관계만으로도 지탱되고 나아갈 수 있는 것이다.

이런 사람, 이런 멤버가 눈앞에 딱 나타나 주면 좋겠건만 때론 그게 그리 쉬운 일만은 아니다. 찾는 노력도 꽤 필요하고 심지어 운이 필요하기도 하다. 다만 미리 걱정할 필요는 없다. 이런 멤버를 만난다면 최상이겠지만 '반드시'라고까지 말할 수는 없다고 본다. 서로 조금 안 맞아도 밴드는 돌아간다. 하다 보면 서서히 맞아 들어가기도 한다. 다들 서로 배려하고 이해하고 맞추려 노력하면서 밴드를 하기도 한다. 잘 맞는 멤버를 찾기도 하지만 잘 맞는 관계가 만들어지기도 하는 게 밴드이다.

종하의 이야기로 다시 돌아와서, 현재 2인조인 피컨데이션의 경우 멤버 교체가 잦은 편은 아니었지만 3인조로 시작했던 결성 초기의 멤버들은 이제 모두 밴드를 떠나갔다. 그 과정에서 종하의 음악적 목표 변경이 한 차례 있었고 기존 멤버들과는 이에 대한 합의를 이뤄내지 못했던 것이다.

"처음에는 한국에선 밴드 이 정도로 해야겠다 생각했었어요. 그러다가 미국을 한 번 더 갔다 왔거든요. 그냥 놀러 갔었어요. 그때 공연을 보면서 좀 충격을 받은 것 같아요. 아 레벨 차이가 확실히 있구나. 아예 곡 수준도 다르고 연주 자

체도 내가 생각했던 걸 그대로 하는 사람이 많구나 이런 걸 느꼈어요. 그래서 생각을 바꿨어요. 곡도 원래 제가 만들고 싶었던 대로 만들고 드럼도 하고 싶었던 그대로 만들기 시작했어요"

　미국 재방문은 그에게 충격이었고 이는 밴드의 목표 수준을 한 차례 상향하는 계기가 되었다. 사실 상향이라기보다는 초심으로 돌아갔다고 보는 게 더 적절할 것이다. 자신의 곡들을 온전히 연주해 줄 연주자가 흔치 않아 한국에서는 이 정도로만 하자던 생각을 고쳐 먹게 됐고, 더 이상 타협 없이 원래 자신이 하고 싶었던, 자신이 만들고 싶었던 그대로 곡을 만들기 시작했다. 그리고 그 곡들을 온전히 연주해 줄 수 있는 실력 있고 더불어 마음 맞는 멤버를 찾기 시작했다.

　"일본 투어 처음 갔을 때 공연하는 거 딱 보고 그냥 말을 걸었어요. '아 얘는 말을 걸어야겠다' 생각이 들더라고요. 뭔가 이 친구는 달랐던 거 같아요. (중략) 앨범 녹음은 합주도 안 해보고 원격으로 했어요. 그냥 음원 보내니까 알아서 쳐줘서 (웃음) 저는 이 친구를 믿기 때문에. 네 잘 맞는 것 같아요"

그렇게 만난 일본인 드러머 템마가 피컨데이션에 합류한 게 2019년이니 종하가 이렇게 믿을 수 있는 멤버를 만나기까지는 6년이란 시간이 걸렸다. 찾으려는 노력, 더불어 우연이라는 운도 필요했다.

밴드를 하다 보면 멤버 때문에 마음 고생을 할 때도 있을 것이다. 손바닥도 마주쳐야 하고 손발도 맞아야 하는데 그게 잘되지 않아 얼굴 붉히며 티격태격할 수도 있다. 그런데 밴드 뭐 대단한 사업 같은 것 아니지 않은가. 이러저러한 사람 만나는 나름의 재미가 있고 그러다 평생 이어갈 좋은 인연을 만나기도 하는 게 밴드이다.

"**결**은 다르긴 한 것 같아요"

합주실에서 가끔 예의 직장인 밴드 분들과 마주치게 되는 경우가 있다. 그저 스쳐 지나가는 정도지만 즐겁게 주고받는 대화를 우연히 듣게 되거나 간혹 방음벽을 뚫고 새어 나오는 이분들 연주를 듣다 보면 이분들 역시 열정만큼은 여느 밴드 못지않구나 하는 걸 느끼게 된다.

종하와도 직장인 밴드에 대한 이야기를 나눠봤다. 마침 종하의 레슨생들 중 다수가 직장인 밴드에 소속된 분들이기도 하고.

"직장인 밴드랑 우리 친구들 밴드, 우리 친구들도 다 직장인이지만 그 두 개가 결이 다르긴 하더라고요. 근데 사실 다 직장인 아닌가요? 어디서 연습만 해도 돈이 나오면 그거는 전업인 거고"

종하나 나나 우리 주변의 친구들, 밴드들은 모두 직장인이다. 모두 일하면서 음악을 하고 있다. 합주실에서 얼핏 엿본 수준이긴 하지만 직장인 밴드들의 열정이나 여건 또한 우리와 별반 차이가 없음에도 이분들과 우리의 결은 사뭇 다르다.

"레슨생분들 중에는 직장인 밴드를 하고 계시는 분들도 많은데 그냥 그것 자체가 좋으신 분들인 거 같아요. 딱히 자작곡을 만들어서 하고 싶은 것보다는 일단 밴드를 꾸려서 카피하고 합주하는 것 자체로 충분히 취미 생활로 좋아하시는 것 같아요. (중략) 직장인 밴드는 아무래도 아마추어의 영역이 조금 있긴 있는 것 같아요. 밴드는 자작곡을 하는 것부터 프로가 되는 거고, 직장인 밴드들은 자작곡은 하지 않지만 따로 직장인 밴드들로만 연합을 꾸려서 그쪽 분들만 거기 따로 또 모여 있는 것 같고. 한 번은 초대해 주셔서 그쪽 공연도 다 보고 했는데 조금 결은 다르긴 한 것 같아요. 연배가 좀 있는 쪽 공연을 보러 갔는데 아아아 그냥 일단은 생각조차도, 일단 보컬이 제일 커야 되고요. (웃음) 보컬 위주고. 그리고 뒤풀이가 주가 되는 것 같고 '나는, 나 이거 했다, 이런 걸 한다' 주변 지인들, 밴드에 관련 없는 분들 초대해서 보여주는 그런 느낌이랄까"

카피하는 것 자체가 즐겁고 크게 무리하지 않는 선에서의 취미 생활로 즐기는 밴드와 자작곡을 무대에 올리며 성체성을 다투는 밴드를 동일선에 놓고 비교하는 것 자체가 무리이긴 하다. 이 둘은 당연히 결이 갈리며 길이 전혀 다른 형태의 밴드 방식이다. 그리고 어떤 방식을 선택하든 그건 즐기기 나름이고 누가 이러쿵저러쿵할 수 있는 게 절대 아니다. 다만 이분들께도 자작곡의 즐거움을 어떻게든 전하고 싶은데, 그게 쉽지 않으니 글을 길게 쓰고 자꾸 잔소리처럼 반복하고 있는 것이다.

꼭 '자작곡을 하는 프로 밴드'처럼 전면적으로 활동할 필요는 없다. 부담 없는 아마추어 영역에서도 얼마든지 자작곡을 시도해 볼 수 있는 것 아닌가? 책을 읽어 나가다 보면 이내 알게 되겠지만 작곡에 꼭 대단한 능력이 필요한 것도 아니다. 기왕 즐기는 것 자작곡 만드는 재미, 자작곡을 멤버들과 합주하며 완성해 보는 재미 또한 느껴보길 바란다. 그렇게 만든 자작곡을 무대에 올렸을 때 환호가 돌아올 수도 차가운 무반응이 돌아올 수도 있지만 이게 다 밴드 활동의 재미 아닐까.

밴드의 방식도 갈리고, 밴드를 하는 이유도 저마다 다르지만 어떤 형태의 밴드든 모두에게는 똑같은 걸 하나가 있다. 바로 '재미'라는 결이 그것이다. 밴드 이거 다들 재미있어서, 즐기려고 하고 있는 거 아닌가. 그렇다면 재미를 더하는 방법, 즐거움을 더할 수 있는 방법이 있는데 그걸 망설일 이유는 없다고 본다. 여러분 밴드에 '자작곡'이라는 재미를 꼭 더해보길 바란다.

"**대**학생들 쪽에서 밴드 붐이 오긴 한 거 같아요"

최근 눈으로 보고도 반신반의한 기사들이 있다. '밴드 붐이 일고 있다'라는 기사들. 무슨 가당치 않은 설레발인가 싶어 코웃음을 쳤던 기억이 난다.

그런데 인터뷰 도중 종하의 입에서도 밴드 붐 이야기가 나온다.

"최근에 느낀 게 요즘 진짜 대학생들 사이에서 밴드 붐이 오긴 한 것 같아요. 생각보다 엄청난 것 같아요. 얼마 전에도 대학생 한 분이 오셨는데 기타에 별 뜻이 있는 것도 아니고 그냥 막연하게 밴드 붐이 와서 레슨 받고 그냥 밴드 하고 싶어서 오신 거예요. 그리고 얼마 전에도 기획 공연 하나를 봤는데 대학생 밴드들 공연인데 전혀 대충하는 느낌이 아니더라고요. 곡들이 엄청났어요. 기타도 되게 비싼 것도 많이 쓰고 (웃음) 자작곡이 있는 경우도 있었고 그냥 카피 곡들도 많이 했는데 진부한 곡들이 아니더라고요. 심지어 '슬레이어Slayer[1]' 이런 게 약해 보일 정도로. 한참 뒤에 나온 모던 락 밴드들 곡을 연주하기도 하고 하여튼 되게 신기했어요. 분위기가 새롭고 더 이상 뭔가 예전 분위기가 아니더라고요"

종하의 이야기를 들어보니 이쯤 되면 단순 설레발 정도로 넘길 수 없을 것 같다.

---

1 1981년 결성된 미국의 쓰래쉬 메탈 밴드. 메가데스(MegaDeth), 앤쓰랙스(Anthrax), 메탈리카와 더불어 쓰래쉬 메탈 4대장이라 불리며 쓰래쉬 메탈의 부흥을 이끌었던 밴드이며 신비주의, 사타니즘을 표방한 이들의 과격하고 포악한 음악과 이미지는 이후 데스메탈, 블랙메탈에도 영향을 끼쳤다.

"최근에 대학생 분들 몇 분이 '칠드런 오브 보덤Children of Bodom[1]' 뭐 이런 걸 카피하고 싶다고 하더라고요. 그래서 '에? 왜 이걸 하시려고요?' 물었더니 '아 그냥 해보고 싶다'고. 그리고 저희한테는 당연한 거지만 '아이언메이든Iron Maiden[2]'이나 이런 걸 카피하겠다고 들고 오기도 하는데 의아하더라고요. '요즘 대학생들이 이런 걸 왜 하죠?'라고 학생들에게 물어보진 못 했지만 (웃음) 이젠 2천년대나 2천십년대 이후 것도 많이 하더라고요. 조금 뭔가 공기가 바뀐 것 같아요"

대학생들에 한한 이야기이긴 하지만, 더 이상 이들의 카피 곡 리스트가 뻔하지 않더라는 것이다. 연주 리스트가 바뀐 걸 가지고 뭔 설레발이냐 싶겠지만 이건 이거대로 나름 의미하는 바가 크다고 본다.

전에는 카피를 해도 곡 리스트가 뻔했다. 멀게는 올드 락부터 그나마 가깝게는 메탈리카 정도랄까. 시간이 흐르고 시대가 변해도 대학생들이 카피하고 연주하는 곡들은 마치 정해 놓은 교본이라도 있는 양 큰 변화가 없었다. 수동적이며 눈에 띄는 활기 같은 것은 보이지 않았다. 그런데 여기 균열이 생긴 것이다. 그동안 해오던 뻔하디 뻔한 관행을 무너뜨리고 선배들이 답습하던 걸 벗어나 의식적으로 곡을 선택하고 연주하고 있다는 것이다.

앞서 누군가는 대학 때 뉴메탈을 연주하고 싶었는데 OB들 반대로 올드 락을 연주할 수밖에 없었다고 털어놨다. 이제는 뭔가 공기가 바뀐 듯하다. 더 이상 등 떠밀려 연주하고 있지 않으며 자신들이 연주하고 싶은 것들을 망설임 없이 바로 시작하고 있다. 이런 자발적이고 적극적인 활기야 말로 밴드 붐에 대한 방증 아닐까.

이는 분명 밴드 붐이 만들어낸 여파라고 생각한다. 분위기와 공기가 조금씩 바뀌고 있다.

---

1 1993년 결성된 핀란드의 멜로딕 데스메탈 밴드.

2 1975년 결성 현재까지도 활동하고 있는 영국의 헤비메탈 밴드. 상업적으로 엄청난 성공을 거둔 헤비메탈 밴드이며 후대의 메탈 음악에 지대한 영향을 끼친 전설적인 밴드이다.

"진짜더라고요. 요즘 대학가에 기타 들고 다니는 사람들 진짜 많아요"

이 붐이 얼마나 커 나가고 어디까지 그리고 언제까지 이어질지는 아무도 모른다. 쉽게 사그라들 수도 있고 알고 보니 착시였다고 생각하게 될 수도 있다. 하지만 한 때 대학가에 통기타 들고 다니는 사람들이 넘치던 시절, 그 시절에 가요가 무르익었듯 일렉 기타가 대학가에 넘치는 시절, 밴드 음악도 풍성하게 무르익기를 내심 기대해 본다.

"제가 뭘 하고 싶은지도 잘 몰랐거든요"

'어디서 연습만 해도 돈이 나오는' 전업 음악인은 아니지만 종하의 일상은 음악으로 가득 차 있다. 기타 레슨을 비롯해 한국과 일본을 오가는 밴드 활동 그리고 그가 강조하는 끊임없는 연구로 일상을 채우고 있다. 장르 가리지 않고, 꾸준히 다양한 곡들을 카피하면서 '손으로 듣고 귀로 치는' 연구를 쉬지 않고 있다. 그의 연주는 유튜브에도 공개돼 있으니 관심 있는 분들은 확인해 보길 바란다. 브루탈 데스메탈에 한정되지 않은 연주의 다양한 스펙트럼에 놀랄 수도 있을 것이다.

"일단은 밴드를 하려면 자신이 확실히 뭘 하고 싶은지는 알아야 할 것 같아요. '그냥 장르 구분 없이'가 제일 어려운 말인 것 같아요, 그러니까 안 좋은 쪽으로 제일 어려운 말인 것 같아요. '저희는 장르 구분 없이 다 합니다!' 물론 그게 섞여서 전에 없던 뭔가가 나올 수도 있지만 안 나오는 경우를 더 많이 본 것 같고 (웃음) 프로 밴드라면 그렇게 하면 안 될 것 같아요"

밴드 시작할 때 갖춰야 할 게 있다면 어떤 것이 있을까 물어봤더니 종하가 들려준 답변이다. 앞서 비컨의 드러머 경록도 똑같은 말을 하지 않았던가. 본인 스스로가 어떤 취향이며 어떤 음악을 좋아하는지, 밴드로 어떤 음악을 하고 싶은 것인지 그것 하나만큼은 확실히 알고 밴드를 시작하는 게 좋을 것이란 이야

기이다. 종하 말대로 가끔 그런 밴드를 본다. "저희는 장르에 얽매이지 않고 다양하게 연주합니다"라는. '장르에 얽매이지 않는다'까지는 이해할 수 있다. 다만 지켜보니 그냥 다양한 장르를 연주하고 있을 뿐 결과적으로는 '다양한 장르에 얽매인' 밴드가 그렇게 돌연 나타나기도 한다. 물론 장르에 얽매이지 않겠다는 각오로 진심을 다하다 보면 전에 없던 새로운 것을 발현해 낼 수도 있을 것이다. 그게 아직 뭘 해야 할지 확실히 몰라서 하는 말이 아니라면 그렇게 밴드를 시작하는 것도 나쁘진 않을 것이다.

"저는 첫 번째 냈던 앨범 같은 경우는 사실 막연했고 제가 뭘 하고 싶은지도 잘 몰랐거든요. 그러다가 연구를 하면서 계속 사운드를 좀 바꾸고 만들어가는 그런 과도기를 거쳤던 것 같아요. 밴드는 그걸 찾아가는 과정, 과도기가 있어야 해요"

취향을 어느 정도 알고 시작했다 하더라도 거기서 끝은 아니다. 아는 음악, 아는 장르라고 해도 본격적으로 파고들다 보면 밖에서 볼 때와 달리 모르는 게 많다 느껴질 때도 있고 너무 막연했던 거 아닌가 하는 생각이 들 때도 있다. 종하 역시 그런 시행착오를 겪었다.

어쩌면 이 시행착오가 사실 더 중요한 것인지도 모른다. 자신이 밴드를 통해서 '뭘 하고 싶은지', '뭘 표현하고 싶은지', '무슨 말을 하고 싶은 것인지' 확실히 알아야만 하는 것은 시작할 때뿐 아니라 밴드 활동 내내 놓지 말아야 할 화두 같은 것이기도 하기 때문이다. 이런 질문을 부여잡고 가다 보면 과도기가 찾아오기도 하고 밴드 음악을 전면적으로 바꿔 버리는 전환기가 찾아오기도 한다. 그러는 동안은 왠지 밴드가 버벅거리는 것도 같지만 결국 밴드는 이런 과정들을 통해 자신만의 독특한 개성을 다지고 정체성을 더 확고히 하게 된다.

현재 활동하고 있는 많은 밴드들이 짧든 길든 이런 과도기를 한 번쯤 거쳤고 지금도 어떤 밴드들은 여전히 이런 과도기와 시행착오를 통해 스스로를 다지고 있을 것이다.

"주변에 친구들 보면 제가 잘 모르는 장르도 있고 모르는 부분도 있지만 그들은 하고 싶은 걸 확실히 하면서 가고 있거든요. 서울돌망치 같은 경우 저는 되게 대단하다고 생각해요. 찬근이 형이 왜 그런 가사 그런 멜로디를 만들었는지 이해가 되고. 결국 자기가 하고 싶은 걸 정확히 전달하고 있다는 거 대단한 거 같아요"

결국 밴드는 저마다의 색깔을 입게 마련이다. 무슨 색이냐고 되묻는다면 어버버하겠지만 밴드는 분명 자신의 색깔로 변별력을 갖게 된다. 확연한 색깔을 지닌 밴드가 되기 위해선 어떤 음악을 하고 싶은지, 뭘 전달하고 싶은지 알아야 하며 알아내야 한다. 그래야 길을 덜 헤맨다.

처음부터 확신을 갖고 시작하기가 어려울 수도 있다. 과도기도 거쳐야 할지 모른다. 하지만 밴드를 어떻게 시작하든, 어떻게 이어가든 '어떤 음악을 하고 싶은 것인가?' 하는 질문만큼은 놓지 않길 바란다. 때로는 좋은 질문이 답보다 더 많은 것을 알려주지 않던가. 시간이 걸린다 해도 좋은 질문은 분명 변별력 있고 어울리는 색깔로 여러분 밴드를 색 입혀 줄 것이다.

"하 나라도 근사한 곡을 만들 수 있으면
공개를 안 하더라도 좋을 것 같아요"

개인적으로 피컨데이션은 좀 더 멀리 나아가야 하는 밴드이고 충분히 나아갈 수 있는 밴드라고 생각한다. 브루탈 데스메탈이란 음악이 주류 음악은 아니지만 고개를 들어보면 전 세계에는 이 장르를 아끼는 매니아들이 수도 없이 존재한다. 피컨데이션은 분명 이들의 귀를 번쩍 뜨이게 할 음악을 연주하고 있는 걸출한 밴드이다.

인터뷰를 정리하면서 마지막으로 밴드 피컨데이션뿐 아니라 '기타리스트 정종하'로서 이루고 싶은 목표나 계획이 있는지 들어봤다.

"다른 걸 시도하고는 있어요. 아직 연구 단계라 시간이 좀 걸리긴 하는데 저 같은 경우는 뭐든 어설프게 만들어서는 절대 공개할 수 없다고 생각하거든요. 일단 가요 쪽도 해보고 싶어서 계속 코드 연구를 하고 있는데 어렵더라고요. 그리고 기타 솔로 앨범을 생각하고 있기도 하고요"

브루탈 데스메탈이라는 극단적인 장르를 뾰족하게 다듬고 있다 해서 종하의 음악적 스펙트럼마저 섣불리 한정 짓는 건 곤란하다. 종하의 음악적 스펙트럼 안에서는 가요 또한 그의 중요한 연구 분야 중 하나이다. 게다가 기타 솔로 앨범 구상도 있다니. 이건 이것대로 또 기대되는 이야기인데.

"굉장히 어렵기도 해서 시간이 좀 걸릴 것 같긴 해요. 얼마 전에 기타 솔로 공연을 처음 해보긴 했거든요. 제 연주 곡들로만 했는데 역시나 쉽지 않구나 이런 생각을 했어요. 기타 솔로 음반들이 연주력 좋다고 그냥 나오는 게 아니라 이게 연구를 대단히 많이 한 것들이 많거든요. 테크닉보다는 코드 진행이나 곡의 흐름, 이런 음악 전체적인 부분들에 대한 상당한 연구 끝에 만들어지는 거라 이게 그냥 단순하게 접근 했다가는 나중에 제가 듣기도 힘들겠다는 생각도 들어요"

배드민턴 라켓으로 시작한 기타. 이내 그는 빼어난 기타리스트가 되었고 어엿한 기타 선생이 되었다. 인터뷰 내내 '연구'와 '모방'을 말하며 배움과 익힘을 강조한 그에게서는 때론 학자 같은 느낌마저 들었다. 그는 밴드맨 이전에 한 명의 기타 연구자, 음악 연구자이다. 그의 연구는 여전히 쉼이 없고 특정 장르에 국한되어 있지도 않다. 그의 다른 시도, 충분한 시간과 노력을 들인 숙성시킨 연구가 언젠가 또 다른 근사한 열매를 맺기를 기대해 본다.

"지금은 아직 어려운 것 같지만, 하나라도 근사한 곡을 만들 수 있으면 공개를 안 하더라도 좋을 것 같아요. 그러니까 공개할 정도가 되면 괜찮은 곡일 겁니다 (웃음)"

"의미 없는 시간은 없다"

컴배티브 포스트

컴배티브 포스트 / Combative Post 2006~

드럼 조진만, 기타 이일우, 베이스 연제학, 보컬 황규영

컴배티브 포스트

'일하지 않는 자 먹지도 말라'라는 말 어딘가 불편하다. 일에서 오는 보람, 성취, 노동의 공공적 가치 등 노동의 개인적, 사회적 의미를 가볍게 여기는 것 아니고 부당한 불로소득에 분노하지 않는 것 아니지만, 틀린 구석 하나 없어 보이는 저 명제가 어딘가 삶의 의미를 일방적으로 노동에만 옭아매는 듯한 느낌이 들기 때문이다. 뭔가 인간 존재의 정의가 납작해지는 느낌마저 들기도 한다. 존재의 의의가 노동에만 있는 것은 아닐 것이다.

앞서도 언급했듯 이 책에 등장하는 밴드 대부분은 일과 음악을 병행하고 있다. 어떤 면에서 이들은 이렇듯 일만으로는 결코 나를 설명할 수 없다며 자신의 또 다른 정체성을 음악으로 드러내고 있는 것인지도 모른다.

이번에는 이들의 일 그리고 음악 이야기를 좀 들어보기로 하자. 더불어 이들 일상에는 일뿐 아니라 가족, 결혼, 육아 같은 다양한 개인사가 함께 공존하고 있다. 각자의 상황, 여건 속에서 어떻게 일, 가정, 음악을 공존시키고 있는지 그런 이야기를 좀 들어보자. 어떤 밴드가 여기 답할 수 있을까, 그런 이야기를 들려줄 이야기꾼이 누가 있을까 생각하다 오랜 지인들이기도 한, 밴드 '컴배티브 포스트 Combative Post'를 떠올리게 됐다. 처음 만났을 때는 혈기 왕성한 혈혈단신 들이었는데 이제 모두 직장을 잡고 가정을 꾸리고 아이도 키우고 있다. 이야기를 나누기엔 딱이라는 생각이 들었다.

평일 퇴근 후 선릉역 인근 먹자골목. 어느 유명한 족발집에서 컴배티브 포스트의 드러머이자 소문난 이야기꾼인 조진만을 만나 맥주잔을 기울였다.

"할 수는 있죠. 근데 노래가 재미없겠지"

　　2006년 결성된 컴배티브 포스트는 현재 베이스 연제학, 기타 이일우, 보컬 황규영 그리고 드럼 조진만 이렇게 4인조로 구성된 '멜로딕 하드코어Melodic hardcore[1]' 밴드이다. 다음 장에서 다시 다루게 될 밴드 '잠비나이 Jambinai'의 멤버이기도 한 이일우는 음악을 전업으로 하고 있다. 전업 음악인의 일상도 궁금하겠지만 그 이야기는 다음 장에서 다시 다루게 될 것이고, 일우를 제외한 나머지 멤버들은 모두 평범한 직장인들이다.

---

1 멜로딕 하드코어(Melodic Hardcore). 하드코어 펑크의 서브 장르. 기존 하드코어에 비해 멜로디가 강조된 특성을 가지고 있다. 하드코어 특유의 공격성과 더불어 경쾌하거나 혹은 처절한 멜로디가 어우러지는 장르이다.

진만은 물류회사 과장으로 일하고 있다. 평소 부장 발 회식에 끌려 나가기 일쑤였는데 다행히 그런 불상사 없이 진만은 밝은 표정으로 인터뷰 자리에 나와 줬다. 함께 맥주를 들이키며 먼저 코드 세 개로 밴드 할 수 있다고 생각하는지 의견을 들어봤다.

"할 수는 있죠. 근데 노래가 재미없겠지. (웃음) 저희도 한 곡에 리프 한 세 네 개 있는데 사실 리프라고 하기도 좀 그렇고 코드 플레이로 하는 건데 코드 한 네 개 다섯 개? 그 정도에다가 일우 같은 경우는 약간 좀 세븐쓰[1]나 마이너 코드 같은 거를 좀 많이 쓰다 보니까 코드 네 다섯 개에 약간 좀 변주 같은 거를 넣거나 그렇죠"

노파심 섞인 당부처럼 들린다. 할 수는 있는데 하더라도 세 개로는 좀 아쉽고 거기 변주도 좀 섞어가면서 곡을 다채롭게 만들어보는 게 좋을 거다라는 이야기.

누군가는 정말로 코드 세 개로 돌려가며 곡을 만들기도 하고 또는 코드 의식 않고 곡을 쓰기도 한다. 좀 더 준비하고 익히는 시간이 필요하다고 말하는 사람도 있고 이처럼 세 개는 좀 부족한 감이 있다며 다채로움을 주문하는 이도 있다. 또는 만만히 볼 것 아니라며 지금까지의 이야기 모두에 이견을 제시하는 이들도 있을 것이다. 다 나름의 이유가 있고 일리 또한 갖췄을 것이다.

다만 음악이란, 밴드란 누군가의 전유물이 아니라는 걸 말하고 싶다. 코드 세 개는 누구나 익힐 수 있다. 눈치챘겠지만 이는 개수를 강조하는 이야기가 아니라 누구든 할 수 있다는 걸 강조하는 비유이다. 아는 것 별로 없어도 누구든 내고 싶은 소리, 외치고 싶은 말, 전하고 싶은 목소리가 있다면 코드 하나 들고도 언제든 시작할 수 있는 게 밴드이다.

"저 같은 경우 사실 지금 생각해도 많이 부족한 때였는데 운 좋게 좋은 밴드들에 들어가게 되고, 거기 들어가고 나서부터 하면서 늘었던 거지 처음부터 완성된 상태로 시작하진 않았거든요. 일단은 뭐가 됐든 시작을 해야 앞으로 나갈 수

---

1 세븐쓰 코드(7th Chord). 세 가지 음으로 구성된 기본 화음에 7도 음을 추가한 코드를 말하며 종류도 여럿 있다. 음이 더 추가되면서 풍성하고 다채로운 표현을 가능하게 해준다.

있다고 생각해요"

돌이켜 보면 부족한 상태에서도 진만은 용기 있게 뛰어들었고 그런 그를 좋은 밴드들이 품어줬다. 그의 밴드 이력은 그렇게 시작됐고 그와 함께 그의 연주력도 일취월장했다. 음악이 누군가의 전유물이기만 하다면 이런 일은 쉽게 일어나지 않았을 것이다.

'시작'이 의미하는 것은 생각 이상으로 상당하다. 뭐가 있을지 잘 몰라도 문 열고 들어가는 것과 지레짐작만으로 문에서 동동거리는 것의 차이는 커도 너무 크다. 내고 싶은 소리가 있다면 당당히 문을 열어젖혀 보길 바란다. 이때 코드 개수는 중요하지 않다. 부족하다 싶을 때, 필요하다 싶을 때 그때 더 익히고 늘려도 전혀 늦지 않다.

"**실**력이란 '잘 들려야 된다'라고 봐요"

부족한 상태에서 밴드를 시작했고 하면서부터 늘었다고 진만은 말하는데 그 '늘어가는' 과정 이야기가 궁금해졌다. 진만이 말하는 드럼 연주가 느는 과정 이야기를 들어보자.

"어렸을 때는 빨리 치는 게 최고라고 생각했어요. 연타를 엄청나게 빠르게 치면서 투베이스1 밟는 걸 잘 하는 거라고 생각했었어요. 그래서 모든 노래에 투베이스를 넣고 싶었고 공연 끝나고 '투베이스 되게 좋던데요'라는 얘기 들으면 뿌듯해하고 그랬죠. 그땐 그런 걸 잘하는 거라고 생각했었어요. 근데 나이가 들고 나서 그때 공연 영상 다시 보니 그냥 사족 달아 놓은 거 같더라고요. (웃음)"

---

1 드럼 중 가장 크기가 큰 베이스(bass) 드럼은 비터(beater)라는 페달로 연주하는데 이 비터가 두 개(two) 달린 페달로 베이스 드럼을 연주하는 것을 말한다. 잇따른 연타가 가능해지며 곡에 속도감 및 질주감을 더해준다.

사실 드럼은 빨리 치면 그냥 왠지 잘하는 것처럼 보인다. 빨리 치면 다들 대체로 '오오'하면서 엄지를 치켜세워 주다 보니 진만도 처음에는 스피드에 집착을 했고 그걸 마냥 실력이라고 생각했었다. 그러다 보니 이내 체력적인 한계에 부딪히는 경우도 생기는데.

"생각하고는 다르게 신체적 한계에 부딪히는 곡들이 있었어요. (웃음) 처음에는 힘들어서 뒈질 것 같고 (웃음) 이걸 녹음까지 할 수 있을까 싶더라고요. 근데 계속하다 보니 근력이 늘고 스피드도 더 붙고 댐핑damping1이 붙으면서 될까 싶었던 게 서서히 돼가는 걸 보면서 스스로 성취감을 느끼기도 했고요"

앞서 비컨 인터뷰 때 계현은 밴드 합류 당시 사진이라며 드러머 경록의 예전 사진을 한 장 보여줬다. '이 사람이 지금 이렇게 됐다'며 사진을 보여주는데 몸 크기가 눈앞 경록의 반 정도라 같은 사람 맞는 건지 놀랄 정도였다. 경록은 연주를 위한 근력을 높이려고 부러 벌크업을 했다고 한다. 확실히 드러머는 여러모로 근력이 필요한 파트이다. 합주 때 당연히 다들 땀을 흘리긴 하지만 유독 드러머만 땀을 비 오듯 흘리는 걸 보면 내심 미안해지기도 한다. 진만도 애초 처음 만났을 당시보다는 몸이 커지긴 했다. 벌크업 한 게 아니란 차이는 있지만.

"나이 먹으면서 점점 이제는 어울릴 때 어울리는 연주를 하는 게 중요하다는 걸 느끼게 되는 것 같아요. 테크닉은 그냥 양념이에요. 지금 족발을 먹고 있는데 두반장 소스 같은 거 여기 갖다 놓으면 안 맞잖아요. 두반장 소스가 굉장히 좋은 소스라고 하더라도 이건 안 맞죠. 본질은 자신들 음악 분위기를 잘 살릴 수 있도록 연주하는 거 그게 본질인 것 같아요"

스피드로 시작해서 근력도 키우고 댐핑도 붙여가며 무공 단련하듯 드럼 테크닉을 단련해 왔다. 그리고 이내 고수가 단련의 경지를 넘어 깨달음의 경지에 다다르듯 드럼 연주에 있어 정작 중요한 건 미칠 듯한 스피드가 아니라 곡 분위

---

1 원래 음향기기에 사용되는 용어이지만, 밴드 음악에서는 악기 소리가 리듬이 명확하고 탄성이 있게 들리는 경우를 '댐핑있다'고 말하곤 한다.

기에 잘 맞는 연주, 자신들 곡의 맛을 최대한 살릴 수 있는 양념 같은 연주를 하는 것 그게 테크닉의 본질이라는 생각에 다다랐다. 그런 맥락에 이어 그는 밴드의 실력에 대한 이야기도 이어갔다.

"실력이란 '잘 들려야 된다'라고 봐요. 의미가 좀 다중적이긴 한데 '노래가 잘 들려야 된다'란 의미도 있고 '악기 소리가 잘 들려야 한다'란 의미도 있고요. 기타도 그렇고 베이스도 그렇고 자기 존재감들이 확확확확 느껴져야 하는 거 같아요. 그러면 악기 소리도 잘 들리고 노래도 잘 들리고 '아 얘네는 진짜 잘하네' 그런 느낌이 들죠"

잘 들리고 존재감 있는 연주라. 마침 진만의 양념 비유를 빌어 연주를 음식에 비유하자면, 악기들 소리는 음식의 재료가 될 수 있을 것이다. 그 재료들은 각자 고유의 맛을 잃지 않은 채 서로 잘 어우러져야 하고, 테크닉이라는 양념으로 함께 버무려져야 할 때도 있다. 다만 모든 파트가 마냥 존재감을 다투면 되려 이도 저도 아니게 될 수 있다. 치고 나올 때를 알아야 하고 물러설 때를 알아야 한다. 그러려면 존재감을 내어주고 자리를 비워줄 줄도 알아야 한다. 그렇게 비워주고 치고 나오면서 서로 '어울릴 때 어울려줘야' 결과적으로 악기들 저마다의 존재감이 드러날 것이고 음악도 깊은 인상을 남길 것이다. 이런 것들을 잘하는 밴드가 악기 소리가 '잘 들리는' 실력 있는 밴드란 이야기로 이해된다. 제법 어려운 이야기이기도 하다.

"보컬을 예로 들자면 사람들이 가창력 얘기할 때 단순하게 고음 많이 올라가면 가창력 있다고 얘기하잖아요. 저는 꼭 그렇지는 않다고 봐요. 노래방에서 한두 키 낮춰 부른다고 해도 그걸 잘 소화하는 사람들 있잖아요. 전 그게 진짜 잘하는 거라고 봐요"

노래가 '잘 들리는' 것도 비슷한 맥락인 것 같다. 보컬을 예로 들었듯 맞지도 않는 곡을 억지 악을 쓴다고 해서 잘 할 수는 없다. 키를 낮추든 가성으로 부르든 곡을 자신에게 맞춰 멋지게 소화해 내는 사람들이 있다. 이와 마찬가지로 밴드는 저마다의 능력치와 더불어 각각의 개성과 독특한 분위기가 있어 잘 할 수 있는 것, 자신들에 어울리는 것, 저마다에 맞는 것들이 있기 마련이다. 이를 잘 소화해 내는 밴드, 그런 밴드의 노래가 잘 들리고 그런 밴드에게서 존재감이 느껴진다는 이야기이다. 이것 역시 쉽지만은 않다. 그러나 이는 분명 실력 있는 밴드로 나아가기 위해 어느 쪽을 향해야 할지 지향을 일러주는 귀 기울일 만한 팁이라는 생각도 든다.

밴드를 한다면 스스로의 특장점과 한계를 알아야 한다. 그런 자기 인식을 기반으로 저마다의 가능성을 탐구해 나가야 한다. 그러니 실력에 절대적 기준이란 있을 수 없는 것이고 다양한 실력을 갖춘 다양한 밴드들만 존재하는 것이다.

"집 근처 놀이터에 보니 폐타이어가 하나 굴러다니고 있는 거예요"

진만은 사실 컴배티브 포스트 외에 이전부터 여러 밴드에 몸담았었다. 그가 거친 밴드만 해도 한 손으로는 꼽기 부족할 정도이다. 많을 때는 두세 개 밴드에 동시에 참여하기도 했다. 그만큼 드러머가 부족해 여기저기 많이 불려 갔다는 이야기이긴 하지만 덕분에 진만은 다양한 장르, 다양한 밴드들에 섞여 계속해서 스스로 발전할 수 있는 기회, 시간을 가질 수 있었을 것이다.

앞서 어려운 얘기를 좀 했으니 이제 쉬운 이야기도 좀 들어보자. 어릴 적 이야기를 물어봤다. 긴 시간 여러 밴드를 거치며 드러머로 활동해 온 진만은 어떻게 처음 드럼 스틱을 잡게 된 것일까.

"고 1 때였나. 원래는 기타를 치고 싶었어요. 일렉 기타나 베이스를 사볼까 생각도 했었는데 고등학생이 그럴 돈이 없잖아요. 게다가 집에서 통기타 치다가 아버지한테 뒤지게 혼나기도 했고요. 근데 마침 집 근처에 악기상이 하나 있었는데 드럼 스틱은 고등학생 용돈으로도 살 수가 있잖아요. (웃음) 그렇게 스틱을 사서 집에서 처음 에어 드럼을 치기 시작했어요"

이쯤 되면 통기타는 무슨 국가 보급품쯤 되나 싶기도 하다. 어쨌든 원래 로 망은 기타였으나 고등학생 손에 잡힌 현실은 드럼 스틱이었다. 그렇게 용돈을 쪼개 스틱을 샀고 방안에서 이어폰 끼고 허공을 향해 드럼 스틱을 휘두르기 시작했다.

"에어 드럼을 치다가 집 근처 놀이터에 보니 폐타이어가 하나 굴러다니고 있는 거예요. 그걸 집에 굴려 들어와가지고 또 치기 시작했죠. (웃음) 그러다가 제대로 된 세트 드럼을 치고 싶었는데 그런 데가 어디 만만치 않잖아요. 마침 아는 친구가 교회에서 음향을 맡고 있었는데 그 교회에 드럼이 있어서 잠깐 마음에도 없는 신앙생활을 하기도 했어요 (웃음)"

고등학생 방에 폐타이어가 굴러다니는 걸 상상하니 눈물겹기까지 하다. 이런 막을 수 없는 열정은 곧 밴드로 이어졌다. 고 2 때 처음 친구들과 스쿨밴드를 결성하게 됐고 교회는 곧 개인 연습실이자 스쿨밴드의 합주실이 되었다.

"그때 당시에는 합주실이란 것도 없다 보니까 밴드가 연습할 데가 없는 거예요. 그래서 토요일 교회 비는 시간에 몰래 도둑고양이처럼 가서 한두 시간씩 합주하고 그랬어요 (웃음)"

비는 시간이라 해도 교회 어른들이 과연 몰랐을까. 보이지 않는 배려 속에 스쿨밴드는 주말마다 연습을 이어갔고 이윽고 당시 일산 호수공원 야외에서 매주 토요일 열리던 '청소년 대상 오픈 스테이지' 무대에 밴드 이름을 올리게 됐다. 신청만 하면 누구나 설 수 있는 주말 상설 무대이긴 했지만 무대에 오르기까지는 제법 용기도 필요했을 것이다. 그렇게 용기 내어 오른 첫 무대, 연주력 여하를 떠나 너무 재미있었다. 이후 고 2, 고 3 내내 이런 일련의 스쿨밴드 활동에서 오는 재미에 푹 빠져 지냈다.

성적이 나올 리가 없었다. 결국 수능을 거하게 말아먹고 말았다. 사실 그동안에도 부모님은 공부 안 하고 딴짓한다며 늘 나무라셨다. 모두 잠든 밤 드럼 스틱 부딪히는 소리라도 '틱' 하고 날리치면 어머니께 그렇게 혼이 났다고 한다.

그럼에도 더 이상 진만의 열정을 막을 도리가 없었던 부모님은 이내 승부수를 던지셨다.

"수능 망치고 재수할 때 부모님이 미끼를 던지셨죠. '대학 괜찮은 데 들어가면 밴드 하는 거 허락하겠다'. 기를 쓰고 공부했어요. 결국 대학에 들어갔고 합격 하자마자 부모님께 밴드 허락을 받아냈어요"

부모님 발 밴드 라이센스를 취득하긴 했지만 이후 그는 딱히 소속된 밴드 없이 혼자서 연습을 이어갔다. 그러던 중 밴드는 너무 하고 싶은데 아직 부족한 것 같아 답답하다며 당시 유행하던 다음 카페의 한 음악 커뮤니티에 투정 섞인 글을 올리게 된다. 그런데 웬걸 그 글이 누군가의 눈에 띄었고 그게 곧 계기가 되어 소개와 소개, 연과 연이 이어지며 마침 드러머가 공석이었던 '썰틴스텝스13 Steps'에 합류하는 연까지 이어지게 된다. 한국을 대표하는 하드코어 밴드라 부를수 있는 썰틴스텝스는 이 책 2부에서 다시 다루게 되는데 자세한 얘기는 그때다시 하기로 하고, 2천년대 초 즉, 진만이 합류할 당시의 썰틴스텝스는 큰 주목을 받으며 한창 주가를 올리기 시작하고 있던 밴드로서 이런 상승 기류를 타고 있는 밴드에 합류한다는 건 진만에게는 하나의 도전이기도 했지만 또 한편으론 큰 행운 같은 일이기도 했다. 물론 혼자서라도 꾸준히 준비해 온 진만이었기에 합류도 가능한 것이었지만, 썰틴스텝스에 합류하게 되면서 썰틴스텝스를 위시한 다양한 밴드들과 어울리게 되었고 이후 다시는 투정할 일 없이 밴드 이력을 이어가게 된다.

결과가 좋아서 하는 말은 아니지만 밴드 정말 하고 싶은데 방법을 몰라 답답하기만 하다면 진만처럼 애먼 투정이라도 여기저기 부려봐야 하는 거 아닌가 싶다. 이 모든 일이 커뮤니티에 올린 투정 글 하나에서 시작됐으니 사람 일 모르는 거고 인연 참 모를 일이다. 진만은 나와도 십여 년 이상 밴드를 함께 했다.

"**내**가 좋아하는 다른 하나 때문에 내가 사랑하는 사람들에게 피해를 줄 순 없어요"

진만은 대학생이던 이십대 초부터 본격적인 밴드 활동을 시작했고 졸업 후 직장 생활을 시작해 삼십대 즈음에는 반려자를 만나 가정을 꾸렸다. 지금은 아이가 자라 초등학교에 다니고 있다. 진만은 일, 가정 어느 것 하나 소홀히 할 수 없고 거기에 더해 음악 또한 절대 놓을 수가 없다. 여러 친구들이 일 때문에 혹은 가정 때문에 밴드 활동에 어려움을 겪기도 하고 부득이 그만두기도 한다. 포기해야 하는 게 있다면 당연히 음악이 일 순위가 되는 것이다. 밴드가 이렇게 일 또는 가정과 대립하게 되는 경우가 있는데 진만은 어떻게 이를 균형 잡아 공존시키고 있는 것일까. 먼저 일과 밴드에 대한 이야기부터 들어봤다.

"일 같은 경우는 그냥 월요일부터 금요일 안에 끝내는 거니까 사실 일 자체가 딱 그렇게 구애를 주진 않아요. 오히려 일 때문에 가족들에게도 밴드 멤버들에게도 가장 많이 양해를 받기도 하죠. 일이 있어서 공연을 못하면 그것도 다 멤버들에게 이해 받을 수 있고, 일 때문에 좀 늦게 들어가도 가족들에게 이해를 받

을 수 있으니까 그건 그렇게 중요한 팩터가 아니에요. 다만 매여있는 시간이 제일 많긴 하죠. (웃음)"

사실 밴드 대부분이 이렇다. 주중에는 일에 전념하고 서로 여건 맞는 주말에 모여 합주도 하고 공연도 한다. 여타 직장인들과 크게 다를 바 없다. 그 외 평일, 주말 가리지 않고 출장이 잦은 경우라든가 근무일, 퇴근 시간이 일정치 않은 일을 하는 경우, 또는 3교대로 일을 하거나 주로 야간에 일을 하는 경우도 있어 모이는 것 자체에 어려움을 겪는 밴드들도 있다. 그럼에도 불구하고 그들도 어떻게든 시간을 만들어내고, 어떻게든 밴드를 놓지 않고 유지한다. 밴드 지인 중 방송 PD인 친구가 있었는데 일 끝나는 시간이 도통 일정치 않아 합주를 해도 공연을 해도 시간 맞추는 게 어려워 멤버들에게 그렇게 타박을 들었었다. 그럼에도 그가 속한 밴드는 어찌어찌 멀쩡히 잘 굴러갔고 여기저기 공연도 왕성히 다녔고 근사한 앨범도 만들어 냈다. 다들 상황에 맞춰 명민하게 밴드를 운영하고 있다. 그렇다고 없는 시간 쪼개는 기분으로 밴드 하고 있는 것은 아니다. 좋아서 하는 거고 재미있어서 하는 것이다 보니 없는 시간 기꺼이 만들어서라도 한다. 그렇다면 역으로 밴드 때문에 일이 소홀해지는 경우는 없을까. 속속들이 알 수는 없지만 이 두 마리 토끼를 잡는 데 소홀한 친구들을 여태 본 적은 없다. 게다가 일이란 게 그런 어설픔이 통용될 리 없지 않은가.

'일하면서 어떻게 밴드도 하고 앨범도 내고 공연도 다니냐'고 묻는 사람들이 있다. 밴드 돌아가는 속사정을 잘 모르니, 그거 양립 불가한 거 아닌가 하고 막연히 생각하겠지만 들은 대로 일과 밴드는 충분히 양립 가능한 것들이다. 밴드맨들의 일상은 퇴근 후 또는 주말에 다양한 취미 활동으로 일상을 채우는 여타 직장인들의 하루와 크게 다를 바가 없다. 퇴근하고 술이나 한잔하고 들어가느냐 합주하고 술을 마시느냐, 주말에 엎드려 있느냐 낚시 장비나 캠핑 장비 들고 산으로 바다로 나가듯 기타 둘러메고 합주하러 나가느냐 같은 차이일 뿐 유별난 차이 같은 건 없다. 게다가 일과 음악이 반드시 상충하는 것만도 아니다. 이러니저러니 해도 밴드란 꿈꾸는 자들의 모임이고 그런 꿈들은 사람 마음을 조금은 현실로부터 붕 떠 있게 만든다. 일을 통해 현실에 탄탄히 발 딛는 법을 배우고 현실에 발 딛고 꿈꾸는 법도 알게 된다. 물론 기타도 좀 더 좋은 걸 살 수 있다.

일은 이렇다 하더라도 가정과 음악. 이건 조금 결이 다르다.

"나이 먹고 가정에 변화가 생기면서 주안점이 좀 달라지기는 하더라고요. 결혼 초까지만 해도 출산하기 전까지는 아직도 내가 우선이다, 아무리 결혼했다 해도 내가 우선이지 생각했었는데 이제 아이 낳고 기르고 하다 보니 절대 내가 우선일 수가 없어요. (중략) 내가 좋아하는 걸 포기하지 않고 내가 변하지 않으면 나랑 같이 사는 사람들이 더 많은 걸 포기해야 되고 그런 모습을 볼 게 너무 미안해지더라고요"

결혼 전까지 그렇게 왕성하게 활동하던 밴드도 결혼하면서 또는 아이가 생기면서 잠정적으로 밴드 활동을 멈추거나 아예 밴드를 접는 경우를 간혹 본다. 결성 당시의 컴배티브 포스트는 모두 미혼이었지만 이내 시간이 지나면서 하나둘 가정을 꾸리게 됐고 이윽고 아이도 갖게 되는 등 변화를 맞게 됐다. 일과 달리 가정과 밴드라는, 경우에 따라서는 양립하기 쉽지 않은 이 상황을 이들은 어떻게 유지하고 맞춰가고 있는 것일까.

"방법 없어요. 전부 다 죽어라 열심히 하는 수밖에 (웃음) 내가 좋아하는 것들에 대한 사랑이죠. 가족들을 사랑하고 또 내가 하고 있는 음악도 너무 사랑하기 때문에 (웃음) 내가 좋아하는 다른 하나 때문에 내가 사랑하는 사람들에게 피해를 줄 순 없어요. 공연하고 와서 너무너무 말 그대로 죽을 듯이 힘들어도 그다음 날 벌떡 일어나서 아침밥을 할 수 있어야 하고 청소를 할 수 있어야 되고 그럴 수 있어야 돼요. (웃음) 설거지요? 그건 원래 하는 거고요"

생각이 짧았다. 그건 원래 하는 거구나. 눈가가 조금 붉어지려 한다. 가정을 소홀히 할 수 있을 리 없고 그렇다고 이내 음악을 그만둘 생각 또한 해본 적이 없다. 그렇다면 음악 때문에, 밴드 활동 때문에 비우는 자리가, 빈 자리가 보이지 않을 정도로 평소에 가정에 충실하고 충실하고 또 충실해야 한다.

"평소에 집안일 눈부시게 열심히 해서 밖에 나올 수 있는 포인트를 차곡차곡 쌓고 있습니다. 그리고 옛날에 비디오 대여점 10번 도장 찍으면 한 번 무료로 빌릴 수 있었던 것처럼 와이프한테도 한 다섯 번 정도 자유시간을 주고 그럼 이제 제가 한 번 공연하러 나올 수 있는 그런 (웃음) 근데 그렇게 해도 '쟤는 가정을 위하고 나를 사랑해서 이러는 게 아니라 이거 다 자기 자신의 유흥을 위한 포석이다'라는 의심을 벗어나진 못해요 (웃음)"

울컥하다. 이게 밴드맨 입장에서는 눈물겨운 이야기처럼 들리긴 하지만 한편 가족들 입장에서는 여전히 서운하고 부족한 느낌이 드는 이야기일 수도 있다. 결국 이것만으로는 부족했다. 진만과 멤버들은 그동안 음악에 들였던 물리적인 시간도 대폭 줄였다. 매 주말에 하던 합주도 많아야 한 달에 두 번 또는 공연 앞두고 한 번 정도로 줄였고 한창 때는 월 2회 이상씩 하던 공연도 일 년에 다섯 번 이하로 크게 줄였다. 그렇게 멤버 모두 가정에 충실할 수 있는 시간을 더 늘렸다.

"심리적으로 좀 불안하긴 했어요. 공연 자주 못 하면 뭔가 밴드가 정체되는 거 아닌가 하는 느낌도 들고 뭣보다도 공연 거절도 한두 번이지 자꾸 거절하다 보면 다음부턴 안 불러줄 거 같고 그렇잖아요. (웃음) 그래도 이제는 주안점이 밴드보다는 가족 쪽으로 좀 더 기운 거 같아요"

밴드 활동도 루틴이 변경되면 불안해진다. 공연을 통해 계속 활동하고 있다는 것, 살아있다는 걸 보여줘야 하는데 갑자기 이게 대폭 줄게 되면 왠지 밴드가 정체되는 것 같고 존재감이 약해질 것 같아 불안해진다. 이내 더 이상 찾는 사람 없어지면 어떡하나 싶은 불안감마저 든다. 하지만 밴드 활동이란 것이 꼭 빈도에 비례하는 것만은 아니다. 물론 자주, 왕성하게 활동하는 것 중요하고 그래야만 할 때도 있다. 하지만 빈도를 줄이더라도 놓지 않고 계속하는 것, 상황에 맞춰 변화하는 것, 그리고 어떻게든 존재감을 표현할 방법을 찾는 것 또한 밴드를 일상과 양립시키는 현명한 방법 중 하나일 것이다.

"밴드를 전처럼 못 하는 거에 대해서 솔직히 만족은 못 하지만 (웃음) 불만은 없어요. 자주는 아니어도 공연이든 앨범이든 계속 살아있다는 신호를 주면되니까. 사실 작년 같은 경우 한 12번 정도 공연 컨택을 받았던 것 같은데 그중에 2개 했어요. (웃음) 거절해도 불러주는 데가 아직 있다는 건 그래도 여전히 우리가 공연에 부를 만한 퀄리티를 가진 밴드로 인정받고 있구나 그런 생각을 해요"

"무슨 목적을 가지고 한다기보다 그냥 진짜 우리끼리 놀려고 하는 밴드거든요"

포인트 쌓아 외출 찬스 얻어가며 밴드를 하고 있는 경우가 있는가 하면 가족들의 흔쾌한 지지를 받아 가며 밴드를 하고 있는 밴드맨들도 가끔은 있다. 근데 이건 정말 흔치 않은 예외적이고도 축복 받은 경우이고 대부분은 어떤 식으로든 가정과 밴드 사이 균형 유지를 위해 부단히 애쓰며 밴드 활동을 하고 있다. 어쨌든 밴드맨 저마다 처한 상황, 환경이 다르고 그 안에서 밴드 활동을 원만히 이어가기 위해선 일, 가정, 밴드를 아우르는 균형감각이 필요하다. 근데 굳이 이런 균형감각까지 챙겨가며 밴드를 놓지 않는 이유는 뭘까. 거기에 어떤 즐거움, 재미가 있기에 이들은 여러 수고에도 불구하고 밴드를 멈출 수 없는 것일까. 진만의 경우는 어떤지 들어보자.

"성취감이 제일 큰 것 같아요. 사실 저는 밴드 하면서 공연하는 것도 좋고 많은 인간관계를 만들어 나가는 것도 너무 좋긴 하지만 가장 중요한 건 앨범 만드는 거, 앨범 녹음하면서 내가 머릿속으로 그렸던 사운드가 점점 구체화되는 걸 지켜보면서 마지막에 제대로 구현돼서 최종 완성됐을 때 그때 느끼는 그 도파민 장난 아니거든요"

사람 만나는 것도 즐겁고 공연장에서 관객과 함께 땀 흘리는 것도 너무 재밌다. 하지만 그가 일 번으로 꼽는 즐거움은 앨범을 손에 쥐었을 때 오는 쾌감 즉, '성취감'이다. 머릿속에만 있던 추상적인 소리, 허공에 떠다니던 실오라기 같은 사운드적 이미지를 한 땀 한 땀 자아내어 앨범이라는 구체적이고 물리적인 형태로 완성해 냈을 때 오는 성취감, 그때의 쾌감을 진만은 최고로 친다.

"저 같은 경우 사실 녹음 과정 자체는 좀 고통스러워요. 이게 제대로 나올까 제대로 할 수 있을까 두렵기도 해서 (웃음) 근데 믹싱mixing[1]거치고 마스터링mastering[2]거치다 보면, 믹싱 들을 때 성취감 다르고 마스터링 들을 때 또 성취감이 굉장히 달라요. 그리고 나중에 완성된 앨범을 손에 잡았을 때 그때의 성취감이 제일 커요. (중략) 내가 만들고 싶었던 사운드를 만들어 앨범에 담아냈고 나름 하나의 족적을 남겼다는 거 그 성취감이 밴드 하면서 느끼는 것 중 제일 큰 것 같아요"

진만의 말대로 이게 잘 될까, 생각한 대로 나올까 하는 우려도 우려지만 녹음 과정이란 게 때론 그리 녹록지만은 않기도 하다. 녹음 전에 준비 철저히 하고 들어가서 일사천리로 되면야 좋겠지만, 사람 욕심이란 게 또 저마다여서 준비도 잘 했고 녹음도 잘된 것 같은데도 이게 결과물로 남는다고 생각하면 허투루 넘기기가 마냥 쉽지만은 않다. 수도 없이 '다시'를 외치며 똑같은 구간을 반복 녹음하기도 하고, 그러다 머리를 쥐어 뜯으며 이내 체력적으로 지쳐버리기도 한다. 그럼 그날은 거기까지다.

이런 지난한 과정을 거치는 탓이기도 할 것이다. 이윽고 완성물을 손에 쥐게 되었을 때 전해져 오는 그 가슴 벅찬 뿌듯함은 말로 전달하기가 어렵다. 더불어 진만에게 앨범이란 세상에 남기는 유일무이한 족적과도 같은 것이다. '나 여기 다녀감'. 그는 가도 앨범은 남을 것이다.

---

1 악기 각 파트의 개성 및 음색을 살리면서도 다른 악기와 잘 어우러지도록 조정하는 과정을 이른다. 앨범의 음질을 결정하는 중요한 작업으로 한마디로 말하자면, 말 그대로 각 악기를 서로 조화롭게 잘 섞어내는(mix) 과정이다.

2 믹싱된 음원의 음질을 최적화하고, 그 최적화된 음원이 다양한 미디어(CD, 스트리밍, 디지털 파일 등)에서 일관성 있게 재생되도록 조정하는 과정.

이런 커다란 성취감들이 결국 진만이 음악을, 밴드를 놓지 않는 가장 큰 이유이자 멈출 수 없게 만드는 가장 큰 즐거움인 것이다.

"이 밴드가 무슨 목적을 가지고 한다기보다 그냥 진짜 우리끼리 놀려고 하는 밴드거든요. 저희 네 명 다 또래라 저희는 만나면 서로 놀리기만 하지 연주적으로 뭐 서로 간섭하거나 그런 거 한마디도 안 해요. 어차피 뭐 다 알아서 잘하니까. 서로 알고 지낸 지도 무척 오래됐고 그러다 보니 서로에 대한 신뢰가 있어요. 이걸 언제까지 할까, 상황이 안 되니 밴드 깰까 뭐 이런 이야기를 한 번도 한 적이 없어요. 그냥 놀려고 하는 거니까요. 그냥 노는 건데 굳이 그런 얘기가 나올 이유가 없어요. 상황 안 될 때? 그냥 좀 덜 모이고 적게 하고 그런 거죠"

똑바로 보려고 하면 되려 잘 보이지 않는 것들이 있다. 약한 빛을 지닌 별들이 그렇듯 초점을 빗긴 주변시를 통해서만 얼핏 형태가 가늠되는 것들이 있다. 목적, 목표란 것도 도달하기 전까지는 그 희미한 별과도 비슷하지 않나 하는 생각도 든다. 의식하면 의식할수록 왠지 자꾸 비껴가는 것만도 같고.

목표, 목적의식 없이 밴드 하라는 이야기는 아니다. 밴드란 단기적이든 장기적이든 비전을 가져야 하고 그런 지향점이 있어야 지치지 않고 나아갈 수 있다. 하지만 밴드란 때론 목표, 목적 이전에 그 과정 자체에 더 큰 의미가 있는 것이기도 하다. 컴배티브 포스트 역시 이루고 싶은 목표, 목적이 전혀 없는 밴드는 아니다. 다만 이들에게는 그게 이들 초점의 중심에 있지는 않다. 주변시로 그것들을 바라보았고 오히려 노는 데(?), 밴드 활동 자체의 즐거움에 더 집중을 했다. 그렇게 서로 놀려 가며 한바탕 놀다 보니 어느새 앨범이라는 구체적인 성과물들을 손에 쥐게 됐고 큰 무대에 서보기도 했으며 TV에 나오기도 했다. 더 큰 무대에 서보고 싶은 욕심, 더 많은 이들에게 자신들 음악을 알리고 싶은 욕심은 있지만 페스티벌 나가려고 밴드 하고 있던 것도 아니고 TV 나오려고 밴드 하는 것도 아니었다. 이것들 다 그저 이들이 열심히 밴드를 즐기는 과정에서 얻어진 성취들이었다.

그나마 이들이 갖고 있는 뚜렷한 목적이라고 한다면 그저 친구들과 오랫동안 이 즐거운 놀이를 계속 이어가는 것이다. 밴드 자체가 목적이고 놀이, 재미,

그리고 즐거움이다. 그러니 이들에겐 일, 가정 그 안에 둘러 싸여서도 절친들과 함께하는 이 즐거운 놀이를 멈출 이유가 없는 것이다.

"**뎃** 초이스 막챠~"

컴배티브 포스트의 음악 이야기를 좀 이어가 보자. 이들이 연주하고 있는 장르를 굳이 구분 짓자면 '멜로딕 하드코어'라고 부를 수 있을 것이다. 펑크에서 갈라져 나온 하드코어는 부모 격인 펑크보다 '더 빠르고 더 과격하게'를 모티브 삼아 격렬하게 뻗어나갔다. 이후 그런 과격성 못지않은, 멜로디를 중심으로 한 격렬한 서정성을 더하며 기존의 하드코어와 구분되기 시작한 장르가 멜로딕 하드코어이다.

컴배티브 포스트의 음악 역시 과격하고 시끄럽지만 넋 놓고 젖어 들게 만드는 서정성 또한 갖추고 있다. 그럼 이들은 작곡을 어떻게 하고 있을까? 이들 음악의 특징 중 하나인 떼창 파트 즉, 싱어롱을 자연스럽게 유도하는 보컬 라인은 어떻게 만들고 있을까? 명확한 메시지 전달까지는 아니어도 분명 하고 싶은 이야기가 있는 밴드인데 과연 가사에는 어떤 내용을 담고 있는 것일까.

"곡은 일우가 다 써요. 웬만하면 리듬 파트까지. 아주 디테일하게는 아니더라도 여기는 스캥크skank[1], 여기는 8비트, 여기는 블라스트blast[2] . 그런 식으로 찍어서 데모를 뿌려요. 멜로디 보컬 라인도 일단 일우가 집에서 허밍으로 불러서 녹음을 해와요"

작곡은 일체 일우가 전담하고 있다. 쓰는 사람은 좀 힘들긴 해도 이렇게 누가 알아서 다 써오면 멤버들 입장에서 편하긴 하다. 원곡의 변형도 덜하고. 그렇다고 나머지 멤버들은 아무것도 안 하는가. 각자 잘 할 수 있는 걸 하는 거다. 저렇게 작곡이 능하면 작곡을, 곡을 이해하고 자신들 밴드에 맞게 연주하는 데 능하다면 연주를, 곡의 방향을 제안하고 편곡에 아이디어를 더할 수 있다면 편곡을. 온전한 한 곡은 각 멤버들이 자신들이 잘 할 수 있는 것들을 한군데로 모으는 과정을 통해 완성이 된다.

"일우가 녹음해서 뿌리면 나머지 3명이 다 '와 이거 좋다 좋다'하면 '오케이 이거는 연습으로' '어 이건 뭐 괜찮네' 하면 일우가 다시 다듬는다든가 그런 식으로 하고 있어요. 조금 다듬자고는 해도 대놓고 부족하다는 말은 못합니다 (웃음)"

---

1 펑크와 쓰래쉬 메탈에서 유래된 드럼 패턴으로 현재는 펑크, 하드코어, 메탈 등 다양한 장르에서 사용되고 있는 빠른 패턴의 드럼 비트이다.

2 최대한 빠르게 폭발적으로(blast) 연주하려는 시도에서 유래된 드럼 패턴. 시작을 재즈에서 찾기도 하나 그라인드코어, 하드코어(펑크)에서 명명되어 사용되고 있는 비트이다. 데스메탈, 블랙메탈 같은 익스트림 장르에서도 자주 사용된다.

일우가 곡 일체를 만들어 온다 해도 마냥 프리패스인 건 아니다. 우선 멤버들 입맛부터 만족시켜야 한다. 대놓고 뭐라 못 하는 소심한 뉘앙스의 저항일지언정 그런 저항을 넘어선 곡이 되어야 그제서야 연습에 올릴 수 있는 곡이 된다. 그렇게 연습에 올려진 곡은 합주를 통해 살이 붙고 힘이 붙는다. 보컬 라인도 일우가 허밍으로 기본 가이드를 잡아 오긴 하지만 부르기 좋고 들썩이게 만드는 리듬감 갖춘 보컬 라인을 만들기 위해 수정에 수정을 거듭한다. 개인적 감상이긴 하나 듣다 보면 보컬 라인에 상당히 공들인 듯한 인상을 받는다. 그 보컬 라인에 공들이는 과정이 문득 궁금해졌다.

"허밍 위에 제가 가사를 쓰면서 그걸 집에서 음악 작게 틀어놓고 불러봐요. '뎃 초이스 막챠~' (웃음) 이런 식으로 작게 부르면서 입에 맞는 가사를 찾아요. 일단 입에 맞아야 리듬감이든 뭐든 나오거든요. 그리고 어떤 부분은 그대로 부르기에는 호흡이 좀 딸리는 부분도 있고 또는 너무 급작스럽거나 하는 부분이 있어서 그런 부분들은 끊거나 다시 이어 붙이기도 해요. 이렇게 해가도 멤버들이 다 오케이를 해야 가는 거고. 사실 가사 뒤엎은 적도 꽤 많았어요"

'뎃 초이스 막챠'가 뭔지는 잘 모르겠다. 뭔가 울부짖는 가사 같긴 한데 가족 다 있는 집에서 갑자기 울부짖을 순 없다. 거친 음악한다고 만드는 과정도 거친 것만은 아니다. 골방에 들어가 음악 작게 틀어놓고, 소심하지만 작게 튼 음악만큼 작게 불러가며 입에 맞는 가사를 찾는다. 일단 입에 맞아야 자연스럽게 리듬도 탈 수 있기 때문이다. 입에도 맞고 리듬도 맞아야 하고 최종적으로 멤버들 귀에도 맞아야 한다. 그렇게 애초 일우가 깔아 놓은 라인 위를 춤추듯 뛰면서도 헉헉거리지 않고 자연스럽게 달릴 수 있는 보컬 라인, 덜컥거리지 않는 가사를 완성해 간다.

보컬 라인도 어떻게 보면 연주의 일종이다. 리듬에 맞아야 하는 건 기본이고 길게 이어가야 할 때가 있고 짧게 끊어가야 할 때도 있다. 더불어 표현하고 싶은 느낌에 따라 가장 어울리는 발음, 단어를 찾아내야 하기도 한다. 컴배티브 포스트는 이 부분에 굉장히 공을 많이 들이는 편이고 누가 보면 뭐 하는 건가 싶겠지만 집에서 음악 작게 틀어놓고 '뎃 초이스 막챠1'를 끊임없이 외쳐가며 지금의 곡들을 완성한 것이다.

결국 이 과정에는 작사자의 몫이 크다. 그렇다면 가사는 누가 쓰고 있는 것일까. 진만이 전담하는 것일까.

"2집은 제가 다 썼어요. 1집 할 때는 제학이가 그래도 한 4곡 정도는 썼던 것 같아요. 나머지는 제가 쓰게 됐고. 2집 제가 다 쓰게 된 것도 사실 제학이가 그때 너무너무 바빠서 가사를 쓸 여력이 없었던 게 좀 있었죠. 일우는 가사 생각은 전혀 없고 규영이는 잘 안 쓰려고 하고, 제학이가 가사에 대해서 욕심이 조금 있긴 한데 퇴짜를 많이 맞아요. (웃음) 얘는 뭔가 메시지가 스트레이트하게 꽂히는 게 아니라 약간 묘사를 할려고 해서 (웃음)"

작사는 하고 싶고 할 수 있는 멤버가 한다. 그러다 보니 진만과 제학이 주로 쓰고 있고 현재는 진만의 비중이 높은 편이다. 제학이 종종 욕심 내서 작사를 해와도 막연한 묘사에는 가차 없다. 멜로디를 품고 있는 나름 서정적인 밴드임에도 묘사보다는 하드코어적인 직접성을 갖춘 가사, 귀에 꽂는 직설적인 가사를 멤버들은 선호한다.

그렇다면 이렇게 공들인 과정을 거친 가사에는 어떤 내용을 담고 있는 것일까. 메시지가 아주 전면에 선 밴드는 아니지만 그럼에도 가사에 분명 의미를 두고 있는 밴드이고 보컬은 분명 입으로 거친 소리를 쏟아 내고 있다. 이들 가사의 메시지가 뭔지 들어봤다.

"전체적인 메시지는 개선, 진보 그리고 부조리에 대한 저주예요. 소재는 여러 가지에서 오죠. 뉴스 보면서 열받는 것들 많잖아요. 그리고 살면서 겪는 어떤 시스템에 대한 부조리 거기에 대한 분노, 저주 같은 거죠. 당장 손쓸 수 없는 것들에 대한 저주도 저주지만 조금씩 조금씩 그런 부조리함을 바꿔가면서 앞으로 나아가길 바라는 그런 내용이에요"

---

1 결국 궁금해서 나중에 물어봤다. 2020년 발매된 2집 앨범 《White Out》 수록곡 중 〈Poser〉란 곡의 가사 일부라고 하는데 여전히 뜻은 모르겠다.

　　듣기 좋은 멜로디라고 해서 그 멜로디에 꼭 듣기 좋은 이야기가 실리는 것만
은 아니다. 또 이들이 멜로딕한 연주를 한다고 해도 어디까지나 상대적으로 그
렇다는 것이지 이들이 하드코어 밴드라는 본질은 변함이 없다. 하드코어란 장르
는 정치, 사회에 대한 거침없는 문제의식을 드러내고, 때론 자신 내면의 이야기,
삶의 방식에 대해서도 직설적으로 내뱉기 좋아하는 장르이다. 컴배티브 포스트
는 멜로디 안에 이런 하드코어라고 하는 본연의 '가시'를 품고 있다. 그리고 그
'가시'가 곧 이들의 '가사'인 것이다.

" 눈치 보고 영향 받고 그런 거 없이
　　　내가 하고 싶은 것들 다 하려고 직장 다니는 거죠"

　　지금까지 네 밴드째, 이들 이야기를 읽다 보면 한편으로는 궁금한 생각도 들
것 같다. 그렇게 음악을 좋아하고 그렇게 밴드가 좋으면 과감하게 전업으로 삼
지 굳이 왜 애매하게 일과 음악을 겸하고 있는가 하는. 그런 열정이면 충분히 전

업으로 도전해 볼 수도 있지 않는가 하는.

일하면서 음악하는 이유는 자명하다. '내 음악'이 현실적으로 돈이 되는 음악이 아니기 때문이다. 전업으로 삼으려면 그 일로 생계를 유지할 수 있어야 한다. 그런데 당장 미디어에 노출되는 소위 돈이 되는 음악들을 한번 살펴보시라. 밴드 음악의 자리는 거의 없고 설령 있다손 치더라도 제한적이며 극히 일부일 뿐이다. 밴드뿐 아니라 어떤 음악이든 음악만으로 생계를 유지한다는 것 자체가 현실적으로 결코 쉬운 일이 아닐 것이다. 이건 시야를 해외로 돌려 보더라도 상황이 별반 다르지 않다. 다시 한번 상기시키자면 전 세계의 그 수많은 밴드들 중 음악으로 생계가 가능한 밴드는 1% 수준에 미치기나 할까 싶다. 물론 그 어려운 걸 해내는 밴드들이 분명 존재하고 지금도 그런 목표를 향해 쉼 없이 달리고 있는 밴드들도 있다. 길이 없는 것은 아니다. 다만 어느 누구도 그 길이 명확히 어디 있다고 쉽게 말하지 못 할 것이며 설사 길에 올라섰다 해도 저 1%에 들 수 있을 거라고 보장할 수도 없을 것이다.

이런 현실적인 이유가 일을 겸하는 첫 번째 이유가 될 것이고 하나를 더 꼽자면, 사실 이게 더 중요한데, 여러분 포함 우리의 취향 자체가 저 1% 안에 다구겨 넣어질 수 없기 때문이기도 하다.

"내가 하고 싶은 이야기, 표현하고 싶은 거 눈치 안 보고 할 수 있어야 하잖아요. 눈치 안 보려고 돈 벌면서 하는 거죠"

시인성 때문에 저 공인(?)된 1%가 간혹 99%처럼 보이기도 하겠지만 착시일 뿐이며, 나머지 99%에는 돈이 되진 않아도 밴드 저마다의 개성과 취향으로 가득 채워진 음악들이 용광로처럼 들끓고 있다. 돈이 되지 않는 세계에서는 타인의 취향보다는 밴드 자신의 취향이 훨씬 더 중요하다. 이 세계에서는 '내 음악'을 눈치 안 보고 마음껏 하는 게 중요하다. 청자들 또한 1%에만 열광하는 것이 아니다. 모두가 케이팝을 좋아하는 것도 아니고 케이팝'만' 좋아하는 것도 아니다. 밴드의 취향만큼이나 청자의 취향도 다양하다. 1%만으로는 모두의 취향이 설명될 수 없으며 우리 모두는 사실 취향이 마음껏 발휘되는 세상을 더 기대한다.

"앨범 100% 우리 돈으로 만들잖아요. 그러니 눈치 볼 거 없이, 하고 싶은 얘기 다 하고 표현하고 싶은 거 맘껏 하고. 눈치 보고 영향 받고 그런 거 없이 내가 하고 싶은 것들 다 하려고 직장 다니는 거죠. (중략) 결국 직장을 가지려고 하는 건 돈 걱정하지 않으려는 거고 그리고 어디 의존하지 않고 내가 하고 싶은 이야기들 맘껏 하려고 하는 거고요"

앨범 내는 과정에는 많든 적든 돈이 든다. 이거 누가 나서서 대신 내주겠다고 하는 사람 없다. 간혹 아티스트의 창의성과 취향을 최대한 보장하는 군소 레이블과 계약해 앨범을 내기도 하고 공공 지원을 받아 앨범을 내기도 하지만 대부분 스스로 직접 한다. 행여나 돈 때문에 아쉬운 소리 듣거나 아쉬운 소리 하기 싫어서라도 밴드가 직접 나선다. 간섭 없이 취향에 대한 침범 없이 자유롭게 음악을 하기 위해 돈을 번다.

이게 아마도 일과 음악을 병행하는 밴드 대부분의 생각 아닐까 싶다. 구겨지지 않고 납작하지 않은 음악들은 이런 식으로 세상에 나오고 있는 것이다.

"인생이 더 추잡해졌을 것 같아요"

인터뷰를 여기까지 이어오다 보니 새삼 밴드에 대한 진만의 애정이 누구 못지않게 절절하다는 인상이 든다. 문득 진만에게 밴드란 과연 뭘까라는 생각이 들었다. 그래서 뒤집어 질문을 해봤다. 밴드를 하지 않았다면 어땠을 것 같은지.

"돌이켜 보면 저는 밴드를 통해 여러 가지를 배운 것 같아요. 밴드 안 했다면 아마 그냥 평범한 아재가 되어 있을 것 같긴 한데 뭔가 인생이 더 추잡해졌을 것 같아요. (웃음) 여태 사회생활 하면서 하나둘씩 경멸하게 되는 것들이 생기더라고요. 꼽자면 뭔가 좀 솔직하지 못한 것들이 그렇고요. 그리고 공을 가로채 가는 게 그렇고요. 밴드는 이렇지 않잖아요. 그리고 아마 밴드를 하지 않았다면 뭔가 깊게 파보는 경험을 하지 못 했을 것 같아요. 그리고 결국 내가 좋아하는 게 뭔지도 모른 채 나라는 사람에 대한 성찰도 없는 그런 인간이 될 수도 있었을 거라는 생각을 많이 해요"

밴드에 대한 애정만큼이나 이것 또한 할 이야기가 많은 듯하다.

"첫 번째로 그 솔직하지 못한 것들이 뭐냐면 밴드 하면서 사실 의견 나누고 충돌하고 조율할 때가 많잖아요. 그 과정에서 다들 자기표현들 가감 없이 하고 저는 이런 게 자연스러웠단 말이죠. 그런데 회사원은 또 다르잖아요. 물론 사회생활에는 스킬이 필요하기도 하지만 솔직해야 할 때조차도 솔직하지 못할 때가 있단 말이죠. 밴드 경험 없이 회사원이 됐다면 저도 아마 윗사람이 시키면 무작정 예예거리기만 하는 솔직하지 못하고 줏대 없는 인간이 됐을 것 같아요. 두 번째로는 직장 생활 하다 보니 자기 공 아닌데도 그걸 가로채 가는 추잡한 사람들이 있더라고요. 밴드는 사회생활보다 투명해서 내가 한 게 확실하게 나온다고 생각해요. 직관적으로 평가할 수 있다고 생각하고요. 내 힘으로 온전히 이뤄내는 그런 면이 있고 세 번째가 뭐였지 기억이 안 나네 (웃음)"

세 번째는 '깊게 파보는' 뭐 그런 거였는데, 잊자. 길 것 같다. '성찰' 뭐 그런 네 번째도 있었고.

고등학교 스쿨밴드를 거쳐 대학 입학 후 바로 본격적인 밴드 활동을 시작한 진만에게 밴드는 사회 이전의 작은 사회이자 배움터였다. 사회에 뛰어들기 전에는 잘 몰랐지만 뛰어들고 나니 밴드를 통해 익혔던 좋은 것들이 더 도드라지게 보였다. 휘둘리지 않고 솔직하게 말할 수 있는 줏대가 그랬고 일에 대한 정직성이 그랬다. 밴드와 사회는 이렇듯 달랐다.

그나저나 밴드의 역할이 이 정도까지였나 싶어 왠지 자세를 고쳐 앉고 싶어진다.

"제가 드럼이다 보니 사실 뒤에 있어서 잘 안 보일 수 있긴 하지만 그래도 내 소리로 곡이 오가니제이션 되고 공연장 분위기를 좌지우지할 수도 있기 때문에 묘한 주인의식 같은 것도 생기더라고요. 그게 일하는데도 좋은 마인드가 되기도 했고요. (중략) 살다 보니 사람이 깊이가 중요하더라고요. 깊이가 없다 보니 자기가 뭘 좋아하는지도 모르고 인생에 주관도 없고 그러다 보니 철학도 없어지고. 밴드는 뭔가 깊게 파는 일이기도 하잖아요. 그러다 보니 밴드 하는 사람들 중엔 깊이 있는 사람들이 많은 것 같고 깊이가 있으니 자기 성찰이 된 사람들도 많고 그런 사람들을 많이 만나게 되면서 보고 배운 게 많았던 것 같아요"

이야기꾼들은 하고 싶은 이야기를 잊는 법이 없다. 주인의식, 자기성찰. 진만은 밴드를 통해 삶의 묵직한 것들을 많이 얻어간 듯하다. 의미 두기 나름 아닐까. 같은 뜻을 둔 마음 맞는 사람들이 모여 멋진 음악을 만들어내는 것이 밴드이지만 내적으로 어떤 의미를 두고 어떤 것들을 얻어 가는지는 의미를 부여하고 찾기 나름일 것이다. 어쨌든 진만은 밴드 활동을 통해 스스로 생각해도 좀 더 나은 사람이 될 수 있었다고 돌아본다.

아이 하나 키우는 데 온 동네 어쩌고 하는데 이 정도면 버젓한 사회인 하나 키우는 데는 밴드 하나면 족한 것 아닌지.

"수학 공식 10개 알고 있는 것과 200개 알고 있는 것 다르잖아요"

오랜 기간 밴드를 해오면서 진만은 많은 것을 얻기도 했고 스스로 익힌 것도 많다. 그렇다면 이제 누군가에게 전해주고 싶은 것들도 있을 것 같은데, 밴드를 준비하고 있는 분들이나 또는 막 활동을 시작한 밴드들에게 이것 하나만큼은 꼭 전하고 싶은 게 있다면 뭐가 있을지 들어봤다.

"많이 많이 들어야 돼요. 자기가 좋아하는 것만 많이 듣는 게 아니라 모르는 음악도 많이 들어봐야 돼요. 밴드를 잘 하기 위해서라기보다 좋은 음악을 하기 위해서는 꼭 그래야 한다고 생각해요. (중략) 많이 듣고 많이 알고 있어야 곡 만들고 표현하는 데 매너리즘에 덜 빠지게 되는 것 같아요. 비유를 하자면 수학 공식 10개 알고 있는 것과 200개 알고 있는 것 다르잖아요"

폭넓게 많이 들을 것. 이게 그가 꼭 전하고 싶은 그 하나이다. 음악이 제 아무리 장르가 다양하고 표현 방식이 천차만별이라 하더라도 기쁨, 슬픔, 분노, 환희 때론 멜랑콜리 같은, 손에 잡히지 않는 무형의 감정, 느낌, 정서를 표현한다는 면에선 모두 하나로 통한다. 사용 악기, 표현 방식, 구조만 달리할 뿐 기저에는 인간의 보편적 정서가 동일하게 흐르고 있다.

클래식 음악에서도 과격한 분노를 느낄 수 있고 맹렬하게 쏘아 붙이는 락 음악에서도 처연한 서정성을 느낄 수 있다. 즉, 곡에서 얻는 정서적 영감 자체는 장르를 초월하여 존재하는 것이다. 평소 즐겨 듣는 장르와 전혀 다른 장르의 곡들이라 하더라도 거기서 순간 내 음악에 적용할 만한 번뜩이는 아이디어가 튀어나오기도 하고, 낯선 음악을 통해서 매너리즘에 빠져 어둑하고 침침하던 머릿속에 빛처럼 자극이 쏟아지기도 하는 것이다.

공식 암기하듯 기계적으로 들으란 얘기만은 아닐 것이다. 물론 기계적으로 많이 듣는 것도 전혀 나쁜 방법은 아니다. 어떤 식으로든 폭넓고 다양하게 많이 듣되 '좋은 음악을 하기 위해' 많이 들으란 이야기이다. 어떤 장르의 음악이든 다 참고가 된다. 어떤 장르의 공식이든 좋은 음악을 만드는 데 나름의 해법을 제시하는 공식이 될 수 있다.

예전 모 음악 잡지에 응했던 인터뷰가 기억난다. "어떤 음악에서 영감을 받나?"란 질문이었던 거 같은데 "길 가다 주변 공사장에서 흘러나오는 소음, 바닥 뚫는 타공 음에서도 영감을 받는다"라고 답했던 기억이 난다. 귀를 열어두면 심지어 소음도 때론 음악이 되어 귓가에 앉곤 한다.

"한편으로는 많이 듣고 많이 알아야 자신에게 어울리는 음악이 어떤 건지도 알 수 있게 되는 것 같아요. 며칠 전 집 근처 합주실에 갔었는데 대학 밴드 같더라고요. 보컬이 약간 좀 허스키한 톤을 가지고 있던데 굳이 가성을 쓰는 곡을 카피를 하고 있더라고요. '몰라서 저러나, 카피를 하더라도 보컬의 그 허스키한 톤을 살리는 곡을 하면 훨씬 멋있을 텐데' 하는 생각이 들더라고요"

우리 밴드에 어떤 음악이 어울리는지 알기 위해서라도 많이 듣고 많이 알아야 한다. 락 음악만 한정하더라도 그 종류와 폭은 무수하고 다양하며 생각 이상으로 넓다. 처음에야 유명한 곡들, 주변에 많은 밴드들이 연주하고 있는 곡들부터 시작하겠지만 들여다보고 파보면 그간 알던 음악들이 이내 한 줌의 정보밖에 되지 않았다는 걸 곧 깨닫게 될 것이다.

이렇듯 락 음악 내에서도 폭넓게 찾고 들여다보며 탐색을 해야 한다. 그래야 그 안에서 자신들에 어울리는 음악을 찾고 가능성을 넓혀갈 수 있다. 좀 더 나아가자면 사실 어울리느냐 여부도 크게 중요하지 않다. 어울리든 그렇지 않든 '이런 음악을 하고 싶다'란 확신이 드는 그런 음악을 찾는 게 훨씬 더 중요하다. 그러려면 당연히 많이 들어봐야 한다. 알아야 선택도 할 수 있다. 진짜 하고 싶은 음악을 찾았는데, 그동안 몰라서 못 했던 거라면 게다가 그동안 해왔던 음악이 심지어 어울리지도 않았다면 꽤나 억울하지 않겠는가.

이렇듯 진만은 초입에 들어선 이들이라면 '좋은 선택을 하기 위해서' 그리고 나아가 '좋은 음악을 하기 위해서' 음악을 경계 없이 다양하게 많이 들을 것을 강조한다.

그 외에도 '폭넓게 많이 듣기'는 실력을 향상시키는 가장 손쉬운 방법 중 하나이기도 하다. 앞서 피컨데이션의 종하가 강조했던 '연구와 모방'은 귀에서부터 시작되는 것이다. 꼭 카피를 해보고 곡을 분석해 보지 않더라도 다양한 음악에 귀를 열어두는 것만으로도 실력은 향상된다고 생각한다. 그 실력은 어디 가지 않고 귀에서부터 시작해 손으로, 입으로 그리고 이내 음악으로 이어질 것이다.

그리고 '많이 듣는' 방법 중 가장 추천하는 방법은 다양한 밴드들의 라이브 공연을 직접 '보는 것'이다. 라이브는 귀뿐 아니라 온 신경을 자극한다. 공연장의 열기, 밴드들의 다양한 음악과 저마다의 퍼포먼스, 관객들의 분위기, 라이브만의 긴장감과 생생한 공기. 이런 것들 모두가 '좋은 음악'을 위한 '좋은 듣기'이자 '보기'가 될 것이다.

"코로나 때 좀 많이 바뀌었어요. 아 그냥 무대 자체가 좋다"

인터뷰 외에 간간이 진만에게서 멤버들 일상 얘기를 들을 수 있었는데 이들 일상은 생각 이상으로 바쁘게 돌아가고 있었다. 규영은 디자이너로 일하고 있는데 회사가 일이 많다. 제학은 학원을 운영하고 있는데 말이 운영이지 강의도 겸하느라 멤버 중 제일 바쁘다. 진만은 잦은 야근과 야근 못지않게 잦은 회식에 불려 나가기 일쑤다. 일우가 전업으로 음악을 하고 있다곤 하지만 여유 있는 상황은 아니다. 앞서 봤듯 이런 상황에 맞춰 공연도 줄였고 합주도 줄였다. 아쉬움이 없는 건 아니지만 불만 없고, 밴드는 여태 무탈하게 잘 돌아간다. 향후 계획과 목표도 확실하다.

"이전까지는 제가 상태가 완전히 메롱이었다 보니 밴드고 자시고 사람들한테 연락도 잘 안 하던 때가 있었어요. 그래서 한동안 밴드가 좀 정체되어 있었어요. 지금은 완전히 건강해져서 정체돼 있던 밴드를 다시 빡세게 좀 하려고 해요. 곧 밴드 생존 신고용으로 EP를 내려고 일우와도 얘기를 하고 있어요"

직장 생활 하면서 마음의 병을 얻는 사람들이 최근 십수 년간 부쩍 늘었다. 아니 원래 많았는데 이제 더 잘 보이게 된 건지도 모르겠다. 멀쩡하게 잘들 살고 있는 것 같지만 한쪽 구석에선 일에 집어삼켜져 몸이 갈리고 정신이 갈려 나간다. 일 뭘까? 직장의 미덕이 삶의 미덕은 아닐 텐데 삶 안쪽까지 밀착해 들어온 일이 삶 자체를 흔들고 있다는 생각에까지 다다른다. 만만치 않은 직장 생활, 진만도 여러 이유로 힘든 시기를 겪었지만 긍정적인 그의 성격처럼 터널을 잘 빠져나왔다. 이제 그는 잠시 주춤했던 밴드를 다시 재정비 하고 EP라는 성과물을 내놓을 계획이다. 이어서 향후 목표에 대해서는 전에 없던 생각 하나를 들려준다.

"목표. 솔직히 30대 때는 계속 큰 무대에 서고 싶었어요. 근데 코로나를 거

치면서 생각이 바뀌었어요. 아 그냥 무대 자체가 좋다. 무대 자체가 좋은 거구나. 코로나 풀리고 나서 그동안 미뤄뒀던 저희 앨범 발매 공연을 하게 됐는데, 한 2년 동안 공연을 전혀 못 하고 있다가 드디어 공연을 하게 되니까 솔직히 공연 전날에는 '현카¹' 나가기 전날보다 훨씬 더 떨렸어요."

밴드라면 누구나 큰 무대에 서보고 싶은 욕심을 한 번쯤은 가지게 마련이다. 진만은 일명 '현카' 공연 외에도 나와 함께 '나후Nahu'로 활동하던 2013년 당시 '옵신익스트림 페스트' 무대에 서며 세계라는 큰 무대를 경험하기도 했다. 진만은 컴배티브 포스트로 더 큰 무대에 더 자주 서고 싶은 생각, 목표를 가지고 있었다. 그러나 코로나라는 전례 없던 재난은 무대에 대한 개념 자체를 재고하게 만들었다.

"그날 공연장에 한 60명 정도 왔는데 우리도 우리지만 공연장에 온 관객들이 다 눈빛부터 달랐어요. (웃음) 첫 곡 시작하자마자 다들 달려 나와서 미친 듯이 따라 부르고 누가 밴드고 누가 관객인지 모를 정도로 혼돈스럽게 뒤엉키는 광경이 펼쳐지는 거예요. 다들 마구 뒤섞여가지고 AT 필드² 다 사라지고 결국에는 하나가 되는 듯한 광경을 보면서 '아 이게 내가 가장 좋아하는 거구나', 큰 무대에 서고 많은 사람들의 환호성을 받는 것도 좋지만, 수는 적어도 이 좁은 공간 안에서 우리가 연주하는 하드코어 음악을 알아주는 사람들하고 함께 뒤엉키는 거, '이게 내 무대구나' 하는 생각을 했어요"

코로나 때는 다들 그랬다. 밴드도 관객도 공연장도 다들 공연에 목말라했다. 그 시기의 거리두기는 익숙하고 당연한 것들에 대해 강제로 거리를 두게 만들었고 그 당연하고 익숙했던 것들의 의미 또한 돌아보게 만들었다.

공연할 수 있는 공간이 새삼 소중해졌고, 부러 공연장에 찾아와 주는 관객

---

1 2014년 서울 월드컵 경기장에서 열렸던 '현대카드 시티브레이크 2014' 공연을 말한다. 컴배티브 포스트가 여기 초대되어 참여했었다.

2 애니메이션 '에반게리온'에 등장하는 용어. 눈에 보이지 않는 물리적 방어벽을 의미하며 진만은 사람과 사람 간 심리적 방어벽을 뜻하는 의미로 사용했다.

한 사람 한 사람이 소중해졌다. 무대 위에서 혼을 태우는 밴드들이 그리워졌다. 막연히 좇던 것들에 대해서도 한 발짝 물러서 거리를 두고 볼 수 있는 계기가 됐고, 거리 없이 가까이 있던 것들의 소중함을 새삼 느끼게 하는 계기가 됐다.

그렇게 '하드코어 음악을 알아주는 사람들하고 함께 뒤엉키는 거'가 자신의 무대란 것을 진만은 다시금 느끼게 됐다. 수많은 사람들에 둘러싸여 그들의 박수와 환호 속에 펼쳐지는 큰 무대도 좋다. 하지만 아무리 작은 무대이고 적은 수의 관객이라 하더라도 '하드코어'란 음악 하나로 서로 마음의 빗장을 열고 몸으로 부딪치며 교감할 수 있는 무대만큼 커다란 무대는 따로 없다. 진만은 앞으로도 내가 서야 할 무대는 그런 무대이고 그게 '내 무대'라는 생각에 가닿았다. 그렇게 목표를 멀리만 두지 않고 가까이에도 두게 됐고 향후 목표라고 한다면, 무대 크기 상관없이 그런 재미있는 공연을 계속 해나가는 것이라고 진만은 덧붙였다.

펑크의 자식인 하드코어 또는 하드코어 펑크는 펑크의 DIY 정신을 이어 받았으며 정치, 사회를 향한 특유의 직설적이고 거침없는 비판 정신 또한 이어 받았다. 더불어 하드코어를 애호하는 사람들 간의 남다른 유대를 특징으로 하고 있는 장르이기도 하다.

하드코어는 빠르고 과격하며 시끄럽고, 묵직한 저음 비트로 사람들을 마구 움직이게 만드는 선동적인 음악이자 '하드코어 음악을 좋아한다'는 이유 하나로 밴드, 관객 구분 없이 서로를 흔쾌히 친구로 여기며 더 나아가 브라더, 시스터 곧 형제, 자매라고까지 부르는 강한 유대, 동질감의 커뮤니티성을 갖춘 장르이다.

그래서 하드코어 밴드들 공연장에 가보면 서로를 알아본 밴드와 관객들이 펑크 공연 못지않게, 아니 때론 훨씬 더 과격하게 모싱Moshing[1]과 써클 핏Circle Pit[2]을 펼치며 서로 아는 체하듯 호응한다. 밴드와 관객의 경계를 넘나들며 펼쳐지는 이런 장면들은 메탈 공연장에서의 헤드뱅잉 장면들하고는 결이 완전히 다르다. 워낙에 과격하다 보니 때론 다치는 사람들이 있을 정도다. 그래도 암묵적인 룰이 있다. 몸 휘두르다 다치지 않게 서로 적절한 거리를 둔다든가 넘어진 사람이 있으면 주변 모두가 잽싸게 달려들어 함께 일으켜 세워준다든가. 조금 과격하고 때론 살벌하긴 해도 이런 떼창과 모싱의 현장, 공연장의 뜨거운 열기를 느끼는 것도 하드코어 공연에서 느낄 수 있는 큰 재미 중 하나이다. 이윽고 AT 필드가 사라지고 관객과 밴드가 하나가 된다는 게 어떤 의미인지 실감할 수 있을 것이다.

"의미 없는 시간은 없다고 생각해요"

인터뷰를 마무리하면서 진만은 고 2 때 일산 호수 공원 '오픈 스테이지' 무대에 처음 섰을 때 이야기를 들려줬다.

"호수 공원에서 스쿨밴드 첫 공연하는데 반응이 꽤 좋았어요. 그래서 공연 끝나고 '고양넷' 락 동호회 게시판에 올라올 공연 후기를 굉장히 기대를 많이 했었죠. 근데 굉장히 가혹한 피드백들이 올라오는 거예요. (웃음) 가차 없는 피드백을 많이 받았었어요. 아니 고딩들 첫 공연인데! (웃음) '드럼이 중간에 겁나 빨라지더라', '기타 튜닝이 다 나가 있더라' 저희가 커버했던 곡 중에 김현정 노래 약간 기타 소리가 메탈 같은 게 있었어요. 아 '그녀와의 이별' 그걸 했더니 '무슨

---

1 하드코어 댄싱이라고도 불린다. 댄싱이라 하기엔 꽤 과격하고 폭력적인 형태를 띄고 있는데, 리듬에 맞춰 과격하게 손, 발, 온몸을 휘두르기도 하고 서로 밀치기도 한다. 폭력에 대한 패러디라고 설명되기도 하나 실제로 서로 멍들고 피 흘리는 경우도 간혹 있다.

2 곡의 특정 파트에서 무대 밑 관객들이 일정한 크기의 원을 만들어 빠르게 뛰며 도는 것을 말한다.

락 밴드가 가요를 커버하냐' 막 그런 식으로 욕을 엄청 많이 먹었었어요. 겁나 상처였죠 (웃음)"

진만이 고등학생이던 90년대 말 2천년대 초는 한창 PC 통신이 유행하던 시절이다. 당시에는 전국 각 지역마다 PC 통신 지역 커뮤니티가 있었고 그 안에 다양한 동호회들이 존재했다. 진만이 살던 일산에도 '고양넷'이라고 하는 지역 커뮤니티가 있었고 그 안에 락 동호회가 하나 있어 인근의 음악 좀 한다 듣는다 하는 이들이 모여들어 활발하게 활동하고 있었다고 한다. 진만도 그 동호회의 활발한 일원 중 하나였다. 아마도 "일산 호수 공원 무대에 저희 밴드가 나가니 많이 보러 오십쇼. 그리고 공연 후기도 많이 남겨주십쇼"라고 글을 올렸을 것이다. 공연 반응도 좋았고 후기에 대한 기대도 높았는데 돌아온 건 가혹한 독설들 뿐 향우애 따윈 없었다.

"가혹한 얘기 들으니까 기도 죽고 연습한 게 의미도 없는 것 같고 그렇더라고요. 근데 은근 다음부터는 공연 전에 멤버들 튜닝 체크 몇 번씩 다시 하게 되고 드러머가 중간에 빨라지면 노래 진짜 우스워진다라는 생각에 박자 지키는 연습에 더 몰두하게 되고. 가혹한 피드백들이 처음엔 그렇게 서운했는데 돌아보니 사실 큰 도움이 됐어요. 욕 많이 먹어봐야 하는 것 같아요. 처음엔 다 그렇게 시작하는 것 같아요. 그런 거 하나하나가 쌓이면서 조금씩 앞으로 나아가는 거죠. 처음엔 좀 그런 피드백들이 두렵고 왠지 더디게 가는 것 같고 그렇겠지만 결국, 의미 없는 시간은 없다고 생각해요. 기죽지 않고 천천히 나아지는 거지 처음부터 락스타는 없잖아요 (웃음)"

밴드 여정에는 환호 받는 시간도 있고 적잖게 욕 먹는 시간도 있다. 때로는 어느 누구도 욕하지 않지만 스스로 만족하지 못해 혼자 욕지거리를 내뱉는 시간도 있다. 환호에 감사하고 가혹한 피드백을 곱씹고 자괴감을 극복하며 지내가는 시간들이 곧 '밴드의 시간'일 것이다. 즉, 달콤한 순간도 쓰디쓴 순간도 모두 '밴드의 시간'이다. 그 시간들을 허투루 여기지 않는 한 밴드의 시간에 '의미 없는 시간'은 없을 것이라는 게 진만의 조언이다.

"별이 되어 돌아온다"

잠비나이

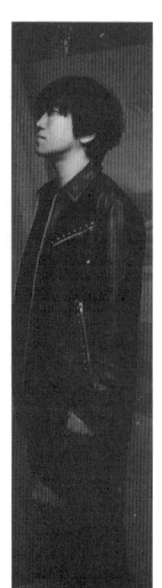

잠비나이 / Jambinai 2008~

해금 김보미, 거문고 심은용, 베이스 유병구, 드럼 최재혁, 기타 이일우

잠비나이

앞선 경우들과 달리 음악을 소명처럼 여겨 전업으로 삼은 이들이 있다. 하지만 누구 말대로 '연습만 해도 돈이 나온다'라는 전업의 명제는 극히 일부에만 해당하는 이야기이며 전업이라 해도 현실의 문제는 녹록지 않고 때로는 더 가혹하기까지 하다. 그럼에도 자신과 삶을 음악에 거는 사람들이 있다.

카뮈는 '겨울의 한복판에서도 꺾이지 않는 불굴의 여름이 자신 안에 깃들어 있다'고 말했다 한다. 냉랭한 현실에도 굽힘 없이 자신의 길을 걷고 있는 전업 음악인 들이야말로 이런 불굴의 여름이 내면에 깃들어 있는 사람들이 아닐까 싶다. 이번엔 전업 음악인이 주인공이다.

국악 전공자들이 모여 처음 결성을 했고 이후 드럼, 베이스를 더한 밴드 형태를 갖추며 활동을 넓히기 시작해 이제는 세계적 인지도를 자랑하는 밴드가 된 5인조 '잠비나이Jambinai'. 이들 다섯 명 모두는 음악 즉, 잠비나이가 전업이다.

이 밴드의 리더이자 작곡가이며 기타리스트인 이일우를 왕십리역 인근의 한 꼬치구이 집에서 만나봤다. 과연 음악을 전업으로 삼는다는 건 어떤 의미일지 그의 이야기 그리고 잠비나이의 이야기에 귀 기울여 보자.

"장 자장 자장장장 짜장장장 쯔좌자장"

잠비나이란 밴드를 이 책을 통해 처음 접하는 분들도 아마 있을 것이다. 일단 소개부터 하고 이야기를 이어가자.

잠비나이는 2008년 결성, 기타, 피리, 태평소를 다루는 이일우, 해금의 김보미, 거문고의 심은용, 베이스의 유병구 그리고 드럼의 최재혁 이렇게 5인조로 구성된 '포스트 락Post Rock[1]' 밴드이다. 포스트 락이라 해도 태평소, 해금, 거문고 같은 국악기를 사용하고 있으니 우선 '퓨전국악'을 떠올릴 수 있겠지만 이들의 음악은 흔히 생각하는 '퓨전국악'과는 결이 전혀 다르다.

---

1 락을 넘어선(Post) 락을 표방하는 장르. 기존 락의 어법을 탈피, 기타의 리프 전개보다는 기타나 여타 악기가 내는 음색, 질감, 느낌에 집중하며 사운드적 실험을 추구한다. 락적이지 않은 요소로 락을 표현한다고 설명되기도 하며 대체로 연주 곡이 많다.

결성 첫해였던 2008년에는 이일우, 김보미, 심은용 3인조로 시작을 했다. 한예종에서 각자 국악기를 전공했던 이들은 뭔가 기존의 틀을 벗어난, 답습을 멈춘 새로운 음악을 연주하고 싶었고 우연한 계기로 의기투합해 밴드 형태의 잠비나이를 결성하게 된다. 국악기와 기타라는 서양악기 그리고 이후에 드럼과 베이스를 추가하면서 누구도 들어본 적 없는 잠비나이만의 독특하고 개성 있는 사운드를 만들어내기 시작했다. 이들의 이런 실험적인 시도는 점점 세간의 주목을 받기 시작했고 그러던 차 해외에도 이들의 음악이 소개되면서 예상 못 했던 큰 반향을 불러일으켰다.

이들은 곧 2014년부터 코로나 이전까지 매해 해외의 다양한 페스티벌에 연이어 초대가 되는데 예로 2014년 영국의 '글래스톤베리 페스티벌Glastonbury Festival[1]', 2015년 미국 최대 음악 컨퍼런스인 'SXSW[2]', 2016년 프랑스의 그 유명한 메탈 페스트인 '헬페스트HellFest[3]' 그리고 2015, 2017년 국제 음악, 미술, 무용 축제인 '워마드 페스티벌WOMAD Festival[4]', 2018년 영국의 '멜트다운 페스티벌MeltDown Festival[5]' 등 이름만 들어도 귀가 번쩍 뜨이는 대형 페스티벌에 당당히 그 이름을 올리게 된다.

이렇게 쌓아 올린 인지도를 기반으로 유럽, 미국, 중국, 일본, 동남아 등 한 번 움직이면 최소 15~20개 국가 30~50개 도시를 일거에 돌며 한 달에서 두 달에 걸친 해외 투어를 거의 매해 이어오고 있다.

---

1 1970년부터 시작, 매년 영국에서 열리는 초대형 페스티벌. 오랜 역사와 규모 덕에 영국을 넘어 유럽을 대표하는 페스티벌로 자리 잡았다.

2 정식 명칭은 South by South West. 매년 미국 텍사스에서 열리는 세계적 음악 축제로 아티스트뿐 아니라 다양한 장르의 뮤직 에이전시들이 모이는 비즈니스 컨퍼런스 역할도 하고 있다.

3 매년 6월 프랑스에서 열리는 페스티벌로 유럽에서 가장 큰 메탈 페스티벌 중 하나.

4 World of Music Art and Dance. 약칭 WOMAD로 쓴다. 1982년 영국에서 시작된 페스티벌로 전 세계를 돌며 행사를 이어오고 있다.

5 매년 6월 영국 런던에서 열리는 음악, 예술, 영화 종합 축제. 매해 유명 아티스트들에게 행사 감독이나 큐레이션을 맡기고 있고 잠비나이가 참여했던 2018년은 밴드 'The Cure'의 기타, 보컬인 로버트 제임스(Robert James)가 큐레이션을 맡아 축제에 참여할 아티스트들을 선정 했다.

24년 파리 올림픽 개막식에 프랑스 밴드 '고지라Gojira[1]'가 등장해 많은 메탈 팬들을 놀라게 한 적이 있다. 전 세계인이 지켜보는 올림픽 무대에 서는 밴드, 분명 그 나라를 대표하는 밴드여야 할 것이고 해외 인지도도 높은 밴드여야 할 것이다. 기억을 더듬어 보시라. '2018 평창 동계올림픽' 폐회식 무대에 올랐던 그 밴드가 바로 '잠비나이'이다.

잠비나이가 해외에서 누리고 있는 높은 인지도에 비하면 사실 국내에서의 인지도는 의아할 정도로 낮은 수준이다. 해외 인지도와 국내 인지도가 반드시 비례하는 것도, 꼭 비례해야만 하는 것도 아니지만 적어도 이 책을 읽는 분들만큼은 더 이상 잠비나이를 모르는 분들이 없게 하고 싶다.

잠비나이가 국내를 넘어 해외로까지 무대를 넓히게 되는 이야기는 뒤에 좀 더 자세히 듣기로 하고 먼저 '코드 세 개 외웠으면 밴드를 하자'란 이 책의 타이틀에 대한 일우의 생각부터 들어봤다.

"한국에선 '작곡' 이러면 뭔가 굉장히 어려운 작업이라고 생각한단 말이에요. 그러다 보니까 뭔가 연주자들 많고 전공자들도 많은데 자기 음악하는 사람은 좀 적은 느낌이에요. 그냥 하면 되지. 전공자들도 보면 연주 되게 잘 하는데 뭔가 이제 교수님이 시키는 것만 잘하는 애들이 많단 말이에요. 카피도 잘하고 연주도 잘하는데 아쉽죠. 이제 어느 정도 알았으면 과감하게 음악을, 너의 음악을 하라는 그런 메시지인 것 같아서 저는 너무 당연하고 멋있는 생각이라고 봅니다"

말 그대로다. 이제 막 악기를 잡기 시작한 초보는 그럴 수 있다 쳐도 수준급의 연주력을 갖춘 이들도, 심지어 전공자들조차도 자기 소리를 내는 데 주저함을 보이곤 한다. 남의 소리는 아무리 잘 연주해 봐야 남의 소리일 뿐 단 한 순간도 내 소리가 될 수 없다. 초보든 숙련자든 전공자든 자기 소리를 낼 줄 아는 사

---

1 1996년 결성된 프랑스를 대표하는 메탈 밴드.

람들, 과감하게 자신의 음악을 펼치는 밴드들이 많아지길 바란다.

"하다 보면 실력이 느는 것도 있고. 이제 본인이 하다가 음악적으로 어떤 갈증이 있으면 코드를 네 개로 넘겨서 음악을 확장할 수도 있고 그러면서 또 음악적으로 성숙할 수도 있는 거고. 어떤 곡은 코드 두 개밖에 없고 그러던데 그래도 명곡들이 탄생하잖아요. (중략) E 마이너 코드 하나로도 '쟝자장 자장장장 짜장장장 쯔좌자장' 이렇게 리프를 만들 수 있단 말이죠. 그렇게 생각하면 쓰리 코드 정도면 많은 거 아닌가 (웃음)"

밴드 음악이 좋아 악기를 집어 들었는데, 익혀야 할 게 너무 많다며, 손, 발이 마음대로 움직여주지 않는다며, 역시 난 안 되는가 보다며 쉽게 주저앉지 말길 바란다. 그 모든 걸 다 알아야 하고 다 익혀야 할 필요는 없다고 생각한다. 하면서 천천히 필요할 때 익혀가면 된다. 그 모든 익힘은 자기 소리를 내기 위해 필요한 것들이지 익힘 자체가 목적은 아닐 것이다. 밴드는 자기 소리, 자기 목소리를 내는 데에 먼저 방점을 찍어야 하고 그를 좇다 보면 거기에 코드가 딸려 오고 실력이 딸려 오게 마련이다.

"코드를 더 확장해야 되는 음악이 있는가 하면 코드 몰라도 되는 음악도 있잖아요. 나는 그냥 기타는 들었지만 일반적인 연주는 안 할 거야 해서 되게 진짜 드라이브만 걸어서 막 긁거나 뭐 튜닝 다 틀어져도 아무 상관 없고 앰프에 막 비벼가지고 피드백 내고 그런 음악하는 사람들도 있는데 그런 걸 보면 코드 하나도 몰라도 음악 할 수 있죠"

밴드에 대한 고정관념을 조금 벗어나 보자. 세상엔 정말 다양한 형태의 밴드들이 다양한 방식으로 음악을 하고 있다. 어떤 밴드의 경우엔 정확한 리듬도 필요 없고 기타 소리와 드럼 소리, 보컬 등이 명확히 구분되지도 않는다. 튜닝이 틀어져도 '아 저건 일부러 저렇게 하는 거구나' 싶은 정도다. 어떤 밴드들은 코드의 다양한 변용보다는 단순한 코드의 무한 반복으로 긴 연주를 만들어내기도 한다. 이들에게도 나름의 연주 테크닉이 있지만 흔히 생각하는 화려한 테크닉은 이들에겐 그저 무용지물에 가깝다. 또는 잡음으로 치부했던 소리들을 '노이즈'라 명명하며 음악적 사운드로 승화시키는 밴드들도 있다.

실험 음악에 속하는 조금은 극단적인 예들이긴 하지만 이것도 분명 음악이고 밴드이며 심지어 높은 인기를 누리는 밴드들도 있다.

코드의 개념으로 접근하든 반복적인 리프의 개념으로 접근하든 노이즈의 개념으로 접근하든 밴드를 통해 자기 소리를 내는 방법은 다양하다. 상식에도 유통기한이 있다. 앞으로도 또 다른 형태의 밴드들이 언제든 새롭게 등장해 상식을 뒤엎을 수 있을 것이다. 그게 여러분의 밴드일 수도 있다.

"**기**타 배우면 담배 배운다고"

일우는 잠비나이 외에 앞 장 인터뷰 대상이었던 컴배티브 포스트의 기타리스트이기도 하다. 그리고 최근엔 활동이 뜸하긴 하지만 밴드 '49 몰핀스49 Morphines[1]'에서도 기타를 치고 있다.

국악을 전공한 기타리스트 겸 작곡가. 조금은 별난 이력인데 그는 어떻게 처음 기타를 잡게 된 것일까.

"중학교 들어가기 전에는 원래 피아노를 전공했었어요. 그러다가 중학교를 국악 중학교로 가게 돼요. 피리를 전공했고 사실 국악기, 피리 이런 거 뭔지도 몰랐는데 그냥 그 학교 화장실이 너무 깨끗하고 좋아서 (웃음) 그냥 시설이 너무 마음에 들어서 국악 중학교에 들어갔어요. (웃음) 근데 그동안 제가 했던 피아노도 그렇고 국악도 그렇고 어쨌든 내 감정을 내가 막 표현하고 연주하는 그런 음악이 아니라 정적으로 선생님들이 가르쳐준 대로 해야 되는 음악이잖아요. 그렇

---

1 2001년 결성된 하드코어 밴드. 비명처럼 내지르는 스크리밍(Screaming) 창법을 사용하여 하드코어의 격렬함과 감성적 처절함을 엮어 내는 밴드로 EP 《Most Important Value》, 정규 1집 《Partial Eclipse》를 발매했다. 사정상 왕성하게 활동하진 못 하고 있으나 멈춤 없이 활동을 이어 오고 있다.

게 알려주는 대로 배우고 듣다가 중 3 때 저희 형이 메탈리카 '어 이어 앤 하프[1]' 어쩌고 다큐멘터리 비디오를 가져와서 같이 보게 됐는데 모스크바였나 '몬스터 오브 락Monster Of Rock[2]'인가 거기서 사람들 수만 명이 있는 데서 공연을 하는 걸 보고 너무 충격을 먹은 거예요. 그리고 웸블리 스타디움에서 관중 꽉 들어찬 어마어마한 무대에서 메탈리카가 〈Enter Sandman〉[3]을 연주하는 걸 보고 너무 충격을 먹은 거예요. 음악도 너무 좋았고 그 어마어마하게 많은 사람들 앞에서 공연을 한다는 게 너무 충격이었어서 그때 처음 '아 기타를 쳐야겠다' 생각하게 됐죠"

정형화된 정적인 음악 세계에 둘러싸여 있던 그에게 메탈리카는 충격 그 자체였다. 메탈이라는 음악 자체도 충격이었고 무엇보다 밴드가 구름 같은 인파를 향해 자신의 소리를 마음껏 내고 있는 것 자체가 충격적이었다. 자신을 둘러싼 정형화된 음악 세계가 당연한 것인 줄로만 알았던 그에게 이 경험은 아직은 막연했지만, 숨죽이고 있던 그의 갈망을 일깨워 주는, 자각하는 계기가 됐던 것 같다.

"형이 또 '엑스재팬' 도쿄 돔 라이브 비디오를 가져와서 같이 봤는데 그것도 또 완전 충격인 거예요. 그래서 메탈리카랑 엑스재팬 비디오를 매일 봤어요. 매일 보면서 점점 '아 진짜 기타 너무 치고 싶다' (중략) 그래서 이제 중 3 때 기타를 치겠다고 부모님한테 얘기를 했는데 엄마가 되게 반대를 하는 거예요. 기타 배우면 담배 배운다고. (웃음) '기타를 배우는데 기타를 배우지 왜 담배를 배워!' 그러니까 '너 가면 기타 배우러 가면 그 형들이 다 담배 가르쳐 준다'고 그래서 극구 반대를 하시는 거예요 (웃음)"

---

1 다큐멘터리 영화 〈A year and a half in the Life of Metallica〉를 말한다. 1992년에 나온 메탈리카의 영화로 일 년 반 동안의 메탈리카 투어 과정과 앨범 제작 과정을 다큐멘터리 형태로 다루고 있다.

2 1980년 영국에서 시작된 하드 락, 헤비메탈 전문 페스티벌. 1991년 일회성으로 러시아 모스크바에서 개최되었고 이때 메탈리카도 라인업에 이름을 올렸다.

3 '블랙앨범'이라고 불리는 메탈리카의 정규 5집 앨범에 수록된 메탈리카의 대표곡이자 최고 히트곡.

귀한 자식을 물가에 함부로 내놓기 두려운 마음 오죽하셨겠냐만 일우는 굽히지 않았다. 인터넷 악기 중고 숍을 뒤져 '제임스 헷필드James Hetfield[1]'짝퉁 기타를 구했고 일렉 기타 가르쳐 주는 학원을 찾아내 중학교 3학년 겨울 방학 내내 학원으로 출퇴근을 했다.

"고등학교 가면 아무래도 기타 칠 시간이 없을 것 같아서 중 3 겨울방학 때 학원 가서 그 두 달 동안 미친 듯이 연습했어요. '크로매틱Chromatic[2]'만 4시간씩 하고 그때 거의 두 달 만에 메탈리카 솔로도 거의 다 쳤어요. 진짜 미쳐있었기 때문에 매일 한 7시간씩 연습했나"

뭐지. 피컨데이션 종하와 하는 말이 거의 똑같지 않은가. 서로 알고는 있어도 일면식도 없을 이 둘은 닮은 것처럼 비슷한 중 3 시절을 보낸 것이다. 중 3 겨울방학을 일우도 종하도 메탈리카를 완파하며 미친 듯이 보냈다.

일우가 누군가로부터 기타를 배운 건 저 두 달의 시간이 전부이다. 이후로는 그 두 달의 시간을 바탕으로 스스로 기타를 익혀갔다. 기타를 배우고 익히는 과정에서 그는 딱히 코드라는 개념으로 기타를 익힌 적은 없다고 한다. 예를 들면 이렇다.

"제 기억에 저는 코드를 따로 배운 적이 없어요. 그때 학원에서 일렉 기타 교본 이런 거로 배웠는데 맨 처음에 '크로매틱'으로 시작해서 그다음에 '풀링Pulling[3]', '해머링Hammering[4]' 그다음에 '쵸킹Choking[5]' 뭐 이런 연주 기법을 배우

---

1 메탈리카의 보컬 & 기타리스트이며 밴드의 프론트맨이다.

2 기타 연습법 중 하나. 왼손가락의 자세를 잡고, 박자를 맞추고, 적절하게 힘 조절을 하기 위한 연습법. 6번 줄부터 1번 줄까지 검지부터 반음씩 차례로 짚어가며 상향 하향으로 반복 연습한다.

3 기타 줄을 누르고 있는 손가락을 당기듯 떼어내면서 소리를 내는 주법.

4 피킹을 하지 않고 손가락으로 줄을 때리 듯 눌러 소리를 내는 주법.

5 밴딩(Bending)의 일본식 표현이다. 줄을 누른 채 잡아 올리거나 내려 음을 높이는 주법.

고 그다음에 딱 넘기면 이제 곡이 나와요. 〈Smoke on the water〉[1], 그다음에 넘기면 뭐 옛날 70년대, 80년대 메탈 음악들 나오고 그렇게 공부를 해서 코드 공부는 하나도 못 했거든요. (중략) 타브 악보 보면 이제 코드 잡는 게 타브 악보 식으로 적혀 있잖아요. 그러니까 020 (웃음) 아니면 022 뭐 이렇게 되겠죠. 근데 이게 코드인지도 모르고 그냥 '아 이렇게 잡으면 이 소리가 나는구나' 하고 쨍째쨍 막 그러면서 그냥 기타를 익혔던 것 같아요"

코드를 외운 것도, 음계를 외운 것도 아니고 스케일Scale[2]을 익히거나 화성학을 배운 것도 아니다. 그냥 소리로 기타를 익혔고 귀로 더듬으며 음을 알아갔다. 지금도 딱히 코드를 의식하며 곡을 쓴다기보다는 어떤 소리를 내고 싶고 그소리에 어떤 음, 어떤 음색이 어울리는지 귀로 찾아가며 곡을 쓰고 연주하고 있다.

---

1 1968년 결성된 영국의 전설적 하드 락 밴드 딥퍼플(Deep Purple)의 대표곡 중 하나.

2 근음에 따라 곡의 키(장조, 단조)가 정해진다. 해당 키, 해당 근음에 어울리는 음들을 모은 연속음계라고 볼 수 있으며 모아진 음계에 따라 그 수도 다양하다. 기타 솔로잉에 많이 활용된다.

중 3 때 우연히 보게 된 메탈리카, 엑스재팬의 영상은 그에게는 정형화된 세계 바깥으로부터 순간 쏟아져 들어 온 빛 같은 것이었다. 그리고 그 바깥세상의 악기 중 그의 눈에는 기타가 가장 빛나고 돋보였다. 그 빛나는 걸 갖지 않고서는 배길 수가 없었고 그렇게 그는 기타를 손에 거머쥐고, 품에 안으며 지금에 이르게 된 것이다.

후일담이라고 해야 할까. 그는 지금도 담배는 피우지 않는다.

"공연을 해도 국악인들만 오는 공연 말고 일반인들이 오는 그런 음악을 한번 만들어서 하고 싶다"

일우가 참여하고 있는 49 몰핀스나 컴배티브 포스트는 둘 다 하드코어 밴드이다. 하드코어 밴드에서 곡을 쓰고 기타를 치던 그가 돌연 국악기를 포함한 밴드 잠비나이를 결성하게 됐는데, 어떻게 전통악기와 기타를 엮어 밴드를 시작하게 됐는지 계기가 궁금했다.

"이제 국악을 전공하거나 아니면 서양음악 클래식을 전공 해도 마찬가지일 건데 뭐 공연한다고 그러면 교수님, 부모님, 친구들 그러니까 대체로 전공하는 사람들이 보러오지 일반인들은 보러오지 않는단 말이에요. 저는 이제 그게 너무 답답한 거예요. 49 몰핀스 공연하거나 하면 그냥 일반인들이 와서 보잖아요. 그렇게 국악기로도 홍대 클럽에서 그런 공연을 하고 싶더라고요"

빛을 따라 품에 안았던 기타란 악기는 그를 전공 밖 세계와도 연결해 주었다. 밴드로 활동하면서 전공 밖 세상, 일반인들과 함께 호흡하는 공연을 한껏 경험했다. 반면 오랫동안 갈고 닦고, 공부했던 전공의 세계에는 선생님, 교수님, 부모님, 친구들, 동료들이 늘 함께였지만 그게 다였다. 마냥 전공자들만의 리그인 것 같아 그게 아쉽고 갑갑했다. 그런데 그런 갑갑함을 느낀 게 일우만이 아니었다.

"동문 공연 끝나고 뒤풀이에서 동문들 모여 얘기하는데 '어 난 근데 맨날 이렇게 우리끼리 모여서 하는 것보다 뭔가 다른 걸하고 싶다' 이런 얘기들을 하게 됐어요. 근데 거기 마음 맞는 친구들이 몇 명 있었고 그 친구들이 지금의 멤버들인 거예요. 원래 친하지도 않았던 애들인데 (웃음) 그 뒤풀이에서 그랬죠. '졸업은 했고 앞으로 우리가 어떤 음악을 해야 될까' 뭐 그런 얘기를 하다가 '근데 만약에 공연을 해도 국악인들만 오는 공연 말고 일반인들이 오는 그런 음악을 한번 만들어서 하고 싶다' 이런 얘기를 서로 하게 됐고 '어 그래? 그럼 만나서 뭘 해보자' 이렇게 하고 모여보니 근데 얘가 악기가 해금이고 얘가 거문고고 이래서 그러면 여기 맞춰서 음악을 만들어보자 이렇게 된 거죠. 거기서 만약에 완전히 다른 악기의 애들이었다면 다른 음악이 나왔을 수도 있겠죠"

'전통악기와 양악기의 콜라보' 같은 별난 기획을 가지고 있었던 것도 아니었다. 악기들 간의 상성이라든가 이 악기들로 뭘 연주할 수 있을지 고려하고 시작했던 것도 아니었다. 그냥 답답함을 토로하던 뒤풀이 자리에서 같은 갑갑함을 가졌다는 이유 하나로 셋은 무작정 의기투합했다. 모여보니 거기 그냥 해금이 있었고 거문고가 있었고 일우의 피리, 태평소 그리고 기타가 있었다. 그래서 거기 맞춰 뭔가 만들어보려고 처음 합주실에 모였는데.

"아무런 계획 없이 그냥 모이자고 얘기 했었어요. 그래서 처음 모였는데 답답했던 게 만약에 우리가 펑크 밴드다 그러면 펑크 곡을 커버 하면서 합주를 해보고 이러겠는데 모였는데 이 셋이 할 게 없는 거예요. 그러니까 어떤 레퍼런스를 갖고 모인 게 아니라 그냥 일단 모여보자 해서 모였는데 막상 모여보니 할 게 없어서 맨날 술만 먹고 (웃음)"

꽤나 막막했을 것 같다. 국악기와 기타로 뭘 할 수 있을까. 참고할 장르도 없고 참고할 만한 밴드도 없다. 퓨전국악을 떠올리며 모여든 건 더더욱 아니었다. 할 게 없어 서로 멀뚱히 쳐다만 보는 무안하고 어색한 합주실 장면이 머릿속에 그려진다.

그렇게 술만 마시던 시간도 잠시, 빈 도화지에 선 하나 긋고 점 하나 찍는 심정으로 느리지만 천천히 접근 방식을 찾아갔고 이윽고 하나둘 기타와 전통악기를 엮은, 세상에 없던 잠비나이만의 그림을 그려나가기 시작했다. 그렇게 세상에 EP를 내어놓았고 2012년에는 1집 앨범 《차연/Differance》도 발표했다. 이 앨범은 2013년 한국대중음악상 시상식에서 '최우수 크로스오버 앨범'으로 선정되기도 했다. 이후 드럼과 베이스 멤버를 영입하며 악기 구성도 확장했다.

"처음 냈던 저희 EP 앨범 들어보면 드럼이 없다 보니까 되게 그냥 엠비언스음악[1] 같이 음악이 그냥 '촤아아아아악~' 펼쳐지거든요. 처음에는 만들어 놓고 보니까 우리는 너무 좋은 거예요. 근데 나중에 다시 들어보니까 허세도 너무 가득하고 일부러 '촤아아악' 노이즈를 막 깔아 놓고 피리에 루프 걸어서 펼쳐 놓고 그랬던 게 약간 좀 허세를 너무 부렸나 싶더라고요. (웃음) 근데 이게 저는 그게 좀 필요하다고 봐요. 음악을 만들었고 나만 취하는 거 그러니까 일단은 내가 좋아야 하는 건 맞아요. 맞는데, 나만 좋은 것보다는 남들이랑 같이 좋으면 좀 좋을 것 같은 거예요. 그래서 이런 거 말고 좀 압축을 시켜서 일반 사람 그러니까 일반적이고 보편적인 보편성을 좀 확보해 보자 그래서 음악을 좀 압축하고 축소하려다 보니까 드럼, 베이스가 이제 들어오게 됐죠"

만들어 놓고 보니 너무 마음에 든다. 취기가 오른다. 그런데 이게 나만 취하고 만다면 결국 '나'라는 틀에 자신을 가두고 마는 꼴이 된다. 국악이라는 틀을 깨고 나온 밴드가 스스로를 다시 가둘 수는 없는 노릇이었다. 다시 한번 틀을 깨고 싶었고 드럼과 베이스를 영입하며 변화를 시도했다.

"전 세계적으로 가장 보편화된 리듬 악기가 드럼이고 저음 악기가 베이스잖아요. 그리고 저는 어쨌든 국악이란 범주 안에서만 놀고 싶지 않았기 때문에. 멤버 세 명이 국악기를 한다고 리듬 악기도 장구 이런 거 쓰고 싶지는 않았어요"

---

1 엠비언트 뮤직(Ambient Music)을 말한다. 일반적으로 앰비언트 뮤직이란, 사람의 주의를 끄는 곡의 구조나 멜로디가 거의 없다시피 하며, 다양한 악기로 독특한 공간감, 음색, 질감, 분위기를 만들어내 공기, 환경 음 같은 느낌을 주는 데 집중한 음악이다. 감상에 따라 휴식감을 느끼기도 명상과 사색에 빠져들게 만들기도 하는 음악이다.

앞서 말한 대로 잠비나이의 장르는 주로 포스트 락이라 불리긴 하지만 누군가는 퓨전국악이라 부르기도 한다. 악기 구성, 모양만 놓고 보면 딱히 틀린 말은 아니지만 이들은 자신들의 음악을 '국악'이라는 범주만으로 한계 짓고 싶지는 않다.

"뭔가 멋있는 음악을 하고 싶었는데 전공이 국악이다 보니까 그냥 하는 거예요. (웃음) 뭐 한국 음악을 전 세계에 알리고 한국의 얼을 알리고 막 이런 거 하나도 없어요. (웃음) 하나도 없고 어떻게 하면 이 현대 동시대의 사람들과 같이 그냥 재밌게 멋있게 들을 수 있는 음악을 만들 수 있을까 이거밖에 없어요"

국악도 과거 한때는 대중음악이었다. 그랬던 음악이 서양악기에 밀리고 시대에 밀려 어느덧 이를 지키고 전수하고 유지하려는 일부만의 음악이 되어 버렸다. 그것도 중요한 일이고 누군가 해야만 하는 일이긴 하지만 기왕 의에 잡은 이 악기로 뭔가 더 멋진 음악, 국악이 한때 그랬던 것처럼 동시대의 대중과 함께 호흡할 수 있는 그런 음악을 하고 싶었다. 그런 바람으로 잠비나이는 시작됐고 빈 도화지 채워가듯 곡을 만들어 대중 앞에 섰다. 그렇게 잠비나이는 처음 바람대로 일반인들 앞에서 공연하는 밴드가 됐고 이윽고 '홍대 클럽'이라던 소박했던 바람을 넘어 세계를 클럽 삼아 활동하는 밴드가 됐다.

"무채색. 그러니까 예쁘고 이런 색이 아니라"

앞서 잠비나이의 장르를 포스트 락이라고 소개했다. 해외에서도 이들을 주로 포스트 락 밴드로 구분하고 있다. 그렇다면 과연 이 포스트 락이란 어떤 장르일까? 어딘가에서는 기존 락 음악의 구조, 즉, 코드나 리프 중심의 곡 진행 그리고 솔로잉 같은 기본적 구조를 벗어나 음색의 질감이나 사운드의 실험적 시도를 추구하는 장르라고 설명하고 있고 누군가는 '락 밴드의 형태를 갖추고 락 같지 않은 사운드를 만들어내는 음악적 시도'라고 다른 듯 비슷한 설명을 하기도 한다. 심지어 1세대, 2세대 구분도 있어서 1세대는 실험적 시도를 마음껏 했던 세대, 2세대는 그나마 정형성을 좀 갖추면서 락이라는 범주에 다시 끼워 줄 수 있는 세대라는 등의 추가 설명이 붙는다.

이런저런 설명들이 있지만 구분도 애매하고 범주도 상당히 넓어 직접 들어보는 방법 외에는 딱히 말로 설명하기가 참 어려운 장르이기도 하다.

어쨌든 잠비나이가 포스트 락 밴드로 불리는 데에는 나름 이유가 있을 것이다. 과연 이 밴드는 작곡을 어떤 식으로 하고 있는지 그리고 이 장르로 불리는 것에 대해 정작 당사자는 어떻게 생각하는지 일우의 생각을 들어보며 이 장르에 대한 감을 조금 잡아보자.

"퓨전국악 이런 거 보면 그냥 전통음악 아리랑 이런 거 깔아 놓은 다음에 거기다 재즈 코드 넣어서 코드를 되게 화려하게 한단 말이에요. 근데 저는 기본적으로 코드를 잘 모르기 때문에 그냥 코드는 하나로 가져가고 대신에 악기들이

줄 수 있는 사운드의 질감, 그 질감으로 곡을 끌어가요. 제가 전공한 전통음악 자체도 어떤 코드, 화성 바탕으로 만들어진 음악이 아니거든요. 저는 곡 쓸 때 이 코드 써야지 저 코드 써야지 이런 게 아니라 해금과 거문고 그리고 기타가 어우러질 때 어떤 소리가 멋있을지 그런 식으로 접근을 하고 있어요. 물론 제가 몰라서 그런 것도 있지만 코드보다는 어울리는 사운드를 찾는 거에 중점을 두고 있어요"

각 악기의 질감을 따져가며 어울리는 '소리', '사운드'를 찾아간다. 작곡의 주안점이 코드가 아닌 질감에 있다는 얘기다.

"보통 작곡가들이 바이올린으로 할 곡을 똑같이 해금으로 하는 거예요. 근데 그렇다고 해금이 더 멋있기만 한 건 아니에요. 마찬가지로 첼로로 할 곡을 거문고로 하는 거예요. 근데 이것도 차라리 첼로로 하지 국악기로는 안 되네 싶은 게 있단 말이죠. 바로 그런 걸 최대한 피하려고 해요. 그러니까 결국 이 부분은 바이올린으로 했을 때보다 해금이 훨씬 멋있고 첼로보다는 거문고가 훨씬 멋있다 싶은 것 그런 것들을 많이 생각하면서 하고 있죠. 그러니까 '이 악기여야만 한다'라는 걸 많이 찾으려고 하고 있어요"

악기의 질감을 좇으며 그 악기의 빛나는 순간을 찾는다. 다른 어떤 악기로도 대체될 수 없는 '이 악기여야만 하는' 순간을 찾는다. 해금이 그렇고 거문고가 그렇고 기타, 베이스, 드럼도 역시 마찬가지이다. 이어 이 악기들을 하나로 아우르고 어우르며 대체될 수 없는 결, 질감의 순간을 만들어낸다. 결, 질감, 그런 순간들을 좇아 곡을 끌고 간다.

코드를 쌓고 리프를 이어가는 락의 기존 방식과는 확연히 다르다. 이게 일우가 잠비나이에서 곡을 쓰는 방식이며 이와 비슷한 결을 가진 밴드들이 무리를 이루고 흐름을 만들면서 포스트 락이란 장르를 일궈낸 게 아닐까 싶다.

"딱히 예전에는 '우리는 퓨전국악이 아니야 포스트 락이야' 이랬는데 이젠 뭐 아무래도 상관없는 것 같아요. 어쨌든 국악기를 쓰고 있고 서양 악기를 같이 쓰고 있으니 누군가 봤을 때는 퓨전국악이죠. 또 외국 애들이 봤을 때 저거는 되게 둠Doom[1] 같고 암울하고 느리고 그래서 포스트 락, 포스트 둠 뭐 별의별 장르로 부르는데 근데 그렇게 불러주는 게 더 간지나서 좋긴 한데 (웃음) 아무래도 상관없는 것 같아요. 그런다고 제 음악이 변하는 것도 아니고 남들이 뭐라 하건 그냥 내 음악을 하는 게 중요한 것 같다 생각이 들더라고요. 그래서 뭐 아무렇게나 불러도 상관없어요"

퓨전이라 불리든 근사하게 둠이라고 불리든, 장르가 뭐라 불리든 상관 없다. 정체성이 변하는 건 아니니까. 그러니까 밴드의 정체성이란 건 장르 구분으로 인해 바뀌거나 하는 게 아니라며 일우는 설명을 덧붙인다.

"만약에 우리가 지금과는 다른 장르를 한다고 해요. 창작국악 같은 걸 예로 들면 보통 창작국악의 경우 국악이 너무 대중들이 안 들어 주니까 대중적으로 되게 밝게 접근하고 때론 오글거리는 음악을 하기도 한단 말이에요. 어쨌든 우리가 지금처럼 헤비한 사운드를 안 내고 다른 스타일을 한다고 해도 절대 그런 말랑하고 밝은 사운드는 안 나올 거란 말이에요. 그런 면에서 우리는 뭔가 확실한 정체성이 있다고 보거든요"

밴드는 장르로 구분되기 전에 먼저 자기 색깔로 구분이 된다. 그리고 이 색깔은 MBTI만큼(?) 변하지 않는 고유의 특성이고 개성이 될 것이다. 많은 밴드들이 자신들만의 개성을 정체성 삼아 밴드를 하고 있다. 그리고 이런 정체성이야말로 수많은 음악들 중에서도 유독 그 밴드의 음악에 귀 기울이게 하는 변별성이 될 것이다.

"제가 또는 멤버들이 갑자기 미쳐가지고 '우리 그냥 빨리 돈이나 벌자' 하고 음악 색깔을 확 바꾸지 않는 한 음악 스타일이 아무리 바뀌어도 색깔 같은 정체성, 핵심은 변하지 않을 것 같아요"

---

1 둠메탈(Doom Metal)을 말한다. 헤비메탈의 서브 장르로 암울한 분위기를 연출하는 저음 튜닝, 느린 템포와 연주, 무겁고 두꺼운 사운드적 특성을 가지고 있다.

일우는 '잠비나이'의 변하지 않는 정체성을 색깔에 비유한다.

"검정? 아 무채색 그러니까 예쁘고 이런 색이 아니라 무채색. 그러니까 어떨 때는 검정색 어떨 때는 회색, 어떨 때는 진회색, 어떨 때는 흰색 이런 식으로"

밴드의 색깔을 무채색으로 정의한다라. 이런 정체성이라면 말 그대로 어떤 장르를 해도 음악이 어두울 텐데.

"맞아요. (웃음) 뭘 해도 어둡더라고요. 안 바뀌더라고요 (웃음)"

"확실히 다들 '날'이 서 있는 것 같아요. 음악적인 날"

앞서 말한 대로 잠비나이의 멤버들은 모두 전업 음악인들이다. 즉, 이들에게 는 잠비나이가 일터이고 직장이다. 이제 음악을 전업으로 삼는다는 것, 음악에 온전히 승부를 건다는 건 어떤 것일지 그 이야기를 좀 더 가까이서 들어보자.

가장 궁금한 것 중 하나는 아마 생계 문제일 것이다. 해외에서 극찬을 받고 있고 국내에서도 인정을 받고 있는 밴드, 이 밴드는 과연 음악만으로도 생활이 가능할까? 일단 잠비나이의 수익에 대해 들어보자. 독자들도 궁금해할 것 같다.

"해외 공연보다는 사실 국내 공연이 돈이 돼요. 해외 공연은 사실 받는 돈하 고 쓰는 돈 생각하면 많이 안 남거든요. 국내는 알게 모르게 일명 행사라는 게 되게 많더라고요. 코로나 이후로 많이 줄긴 했지만. 그런 행사나 공연이 주말마 다 있을 때는 멤버당 한 달 몇 백씩 가져가는데 근데 공연이 매주, 매월 있는 게 아니잖아요. 그게 문제죠. 그래서 몇 개월 정도로 봤을 때는 괜찮아도 일 년으로 봤을 때는 힘들죠. 그래서 결국 부수적으로 돈을 벌 수 있는 방법을 찾아야 해 요"

얼핏 해외 투어로 돈을 좀 벌고 있지 않나 했는데 사정은 좀 다른 것 같다. 해외 투어의 경우 수익 못지않게 지출이 큰 비중을 차지한다고 한다. 돈이 되는 건 오히려 국내 전국 곳곳에서 열리는 민관 행사, 공연이라고 한다. 몰라서 그렇지 행사, 공연이라는 게 생각보다 많고 그런 공연에 참여하면서 얻는 수익이 이들의 주 수입원이라고 볼 수 있다.

다만 이런 공연, 행사라는 게 꾸준히 정기적으로 있는 게 아니다 보니 안정적인 수익이 보장되는 건 아니다. 결국 부수적으로 돈을 벌 수 있는 방법을 찾아 나설 수밖에 없다. 즉, 이들조차도 잠비나이만으로는 생계유지가 어려운 게 현실이다.

"다른 멤버들 자세히는 모르겠어요. 저는 다행히도 잠비나이의 작곡가로 알려져서 작품 의뢰들이 많이 들어와요. 잠비나이 음악을 무용수들이 되게 좋아해 주시더라고요. 그분들이 이제 자기 작품 하는데 음악을 좀 만들어 달라 해서 그런 작업을 하기도 하고 최근엔 울산이나 창원 쪽에서도 작품 의뢰가 들어와서 그쪽 일을 많이 하고 있어요. 그런 걸로 지금까지 버텨온 것 같아요. 멤버들도 나름 알아서 잘 버티고 있는 것 같아서 고맙고 신기하고 그래요"

일우는 잠비나이 외에 이렇게 다른 예술가들과 협업하며 부수익을 올리고 있다. 다른 멤버들도 자세히는 모르겠지만 상황은 비슷할 거라고 한다.

잠비나이라는 직장을 유지하기 위해 부수적으로 일을 하고 있는 아이러니한 상황. 그렇다면 여타 다른 밴드들처럼 아예 직장을 갖고 음악을 하는 방법도 있을 것 같은데.

"예를 들어 저희 드럼 치는 재혁이 형이 바에서 일을 했었는데 일을 해도 해외 공연을 가게 되면 한두 달 자리를 비워야 되잖아요. 가게 입장에서는 이 사람을 계속 쓰기가 힘든 것도 있잖아요. 물론 그 형은 다행히 그걸 이해해 주는 사람이랑 일을 했지만. 해외 투어를 가는 거 단점이 일을 꾸준히 하기가 어렵다는 거예요. 업주 입장에선 하루이틀 가는 건 뭐 그러려니 할 수 있어도 한두 달 비우는 건 좀 그렇잖아요. 그래서 어디 알바를 하고 싶어도 못 해요. 만약에 제가

어디 일을 구했는데 '근데 제가 가끔 한 달씩 없어집니다' 이러면 누가 저를 뽑 겠어요"

듣고 보니 그렇다. 잠비나이의 경우 해외 투어를 한 번 나가면 최소 한 달에 서 두 달 이상씩 공연을 하고 들어온다. 그것도 일 년에 두세 차례, 서너 차례 그렇게 한다. 이를 이해해 줄 직장이 있을 리가 없다.

그래서 해외에 나가 있는 기간을 좀 줄여볼까 생각도 해보지만 그것도 꼭 생 각대로만 되는 것도 아니다.

"그래서 요즘 잠비나이가 더 많이 여기저기서 불려질 수 있는 음악을 그러니 까 정체성을 버리지는 않지만 좀 더 보편성을 갖는 음악을 만들어보려고 생각을 하고 있어요"

결국은 다시 음악으로 돌아온다. 잠비나이로 좀 더 수익을 내는 수밖에 없다. 직장이 좀 더 잘 나가야 한다. 아직까지 멤버들 모두 잘 버텨주고 있긴 하지만 그래도 멤버들이 좀 더 마음 놓고 음악 할 수 있는 여유를 제공해야 하고 그러려면 잠비나이가 좀 더 많은 곳으로부터 러브콜을 받을 수 있는 그런 밴드가 되어야 한다. 정체성이 바뀌진 않겠지만 좀 더 대중적 이목을 끌 수 있는 그런 음악을 해야 할 것 같다.

이게 요즘 일우가 고민하고 노력하고 있는 부분이다. 밴드 리더가 사장 같은 고민을 하고 있다.

"다들 이 잠비나이라는 개미지옥에 빠져가지고 (웃음) 잠비나이가 해외 투어도 많이 돌고 막 활동도 그 당시에 많았으니까 정기적으로 돈 받아 가면서 편하게 잠비나이를 하고 싶었는데 근데 들어와 봤더니 그냥 노예의 삶에다가 돈도 많이 안되고 (웃음) 그래서 되게 멤버들한테 고맙기도 하고 그러다 보니 또 확실히 다들 '날'이 서 있는 것 같아요. 음악적인 날. 이게 취미로 음악하는 거랑 음악으로 진짜 승부를 보려는 사람들이랑 이게 좀 무대에서의 태도, 눈빛이 좀 다른 것 같아요"

'눈빛이 다르고 날이 서 있다'라. 내 주변 밴드 모두 누구 하나 빠지지 않게 날 선 무대, 날 선 공연을 보여주긴 하지만 확실히 유희로 퉁기는 기타와 생업으로 퉁기는 기타는 줄의 무게감이 확연히 다를 것이다.

아쉽지만 먹고 사는 문제는 이렇듯 전업 음악인에게도 쉽지 않은 문제이다. 그럼에도 불구하고 물러섬은 없다. 이게 전업 음악인들이 여타 음악인들과 비교되는 각오의 차이이다.

이들에게 깃든 '불굴의 여름'은 이렇듯 눈빛과 태도에 드러나는 '날'이 되어 무대 위를 춤추는 것이다.

"절대 쉽지 않아요. 그냥 월급 받는 게 제일 편해요 (웃음)"

"**악**기를 불 수가 없는 거예요.
그리고 진짜 막 토 나올 것 같은 거예요"

직장 다니면서 월급 따박따박 받는 게 제일 편하다고 얘기하지만 사실 그럴 일은 없다. 때론 차가운 얼음 바닥 위 맨발로 선 것 같은 기분도 들지만 일우는 이 길을 벗어날 생각이 없다.

냉혹하고 차가워도 굽히지 않고 스스로 온기를 만들어내는 힘, 일우에게 깃들어 있을 '불굴의 여름' 그게 궁금해졌다.

"너무 재밌어요. 너무 재밌고 그냥 나의 '숙명'이랄까. 듣는 것도 좋지만 그만큼 또 하는 게 좋으니까 하는 것 같아요. 물론 단점들, 리스크가 있겠죠. 안정적인 월급이 없을 수도 있고 수입이 불안정하기도 하고. 그렇지만 그걸 감내할 만한 어떤 즐거움, 무대에서의 행복감이 있기 때문에 하는 것 같아요. 결국에는 음악을 진짜 너무 좋아하니까 하는 거 아닐까. (중략) 영화 〈파벨만스The Fabelmans〉[1] 보면 주인공 어렸을 때 어떤 삼촌이 와서 '너 예술 되게 위험한 거다' 이런 얘기하는 장면이 나와요. 근데 그게 영화 볼 때는 몰랐는데 지금 인터뷰 하면서 돌아보니 되게 맞는 말 같아요. 예술 좋긴 해도 먹고 살기 힘들다 뭐 이런 구구절절한 얘기까지 영화에서 하는 건 아니지만. 근데 어쩔 수 없는 것 같아요. 그런 어려움, 위험함 알아도 '할 수밖에 없고' 그렇기 때문에 밴드를 하고 있는 것 같아요"

그에게 깃든 여름이란 음악이 곧 그에겐 거역할 수 없는 숙명과도 같은 것이라는 거다. 위험한(?) 거 알아도 할 수밖에 없고 이 길 위에 설 수밖에 없다. 자신의 온 존재가 이 길 위에 있고 이 길 위에서만 온전한 행복감을 느낀다. 그러니 하고 싶고, 하고 있고, 할 수밖에 없는 것이다.

일우는 한때 'KBS 국악관현악단'의 정식 연주자였다. 국악 전공자가 도달할

---

1 2022년 개봉한 영화. 스티븐 스필버그 감독의 자전적 이야기를 담고 있다.

수 있는 가장 안정적인 직장이랄까. 즉, 월급 따박따박 받는 정규직 사원이었다. 그러던 그가 어느 날 그 안정적인 직장을 마다하고 돌연 퇴사를 결심하게 된다. 밖은 위험했지만 도저히, 더 이상 그 울타리 안에만 머물 수가 없었다.

"회사 그 KBS 국악관현악단 일 때문에 잠비나이 투어를 못 갈 수도 있게 된 상황이 있었어요. 그래서 제가 멤버들한테 '야 회사에서 가지 말래. 어쩔 수 없다. 다음 기회에 더 좋은 기회에 가자' 이랬더니 '야 지금 아니면 안 되고 이럴 거면 우리 의미 없어. 우리 헤어지자' 막 이렇게까지 얘기가 나온 거예요. 그런 얘기를 하고 KBS 연습실에서 연습을 하려고 하는데 갑자기 악기를 불 수가 없는 거예요. 그리고 진짜 막 토 나올 것 같은 거예요. 그때 깨달았어요. 내가 진짜 너무 사랑하고 너무 하고 싶은 걸 못 하게 됐을 때 이렇게 되는구나. 그러니까 '진짜 이게 내 숙명이다' 느끼게 됐고 그래서 지금까지 하고 있는 것 같아요"

하고 싶은 걸 못 하게 됐을 때 몸 안에서 역류해 올라오는 비릿한 입맛, 토할 것 같은 심정. 눈이 붉어지고 목에 핏대가 섰다. 머리는 몰라도 몸은 알고 있었다. 있어야 할 곳이 어디인지.
그렇게 그는 '잠비나이'라는 숙명에 온몸을 실었다.

"한편으론 축복일 수도 있겠다는 생각도 해요. 안정적인 직장 때려치고 위험한 길에 뛰어들었으니 (웃음) 더 열심히 하게 되고, 어떻게든 유지시키려고 음악적으로 더 치열하게 고민도 하게 되고요. 굶어 죽지 않으려면 계속 고민을 해야되니까 뇌가 계속 살아있어야 되는 거예요. 몸은 고생스럽고 금전적으로도 고생스럽지만 음악인으로서 장기적으로 봤을 때는 오히려 축복이겠다 그렇게 생각해요"

음악을 전업으로 삼는다는 건 이렇듯 결이 다르다. 현실의 거센 강을 거슬러 올라갈 용기도 필요하고 각오도 남달라야 하며 심지어 자신의 숙명처럼 받아들일 수 있어야 한다. 그래야 그 숙명이 결국 축복처럼 느껴질 수 있을 것이다.

　한편으론 비록 전업까지는 아니라 해도 밴드 대부분 역시 음악을 숙명 비슷한 것으로 느끼고 있지 않나 싶다. 전업처럼 온전히 음악에 승부를 건 것은 아니지만 그렇다고 스틱을, 기타를 쉽게 내려놓을 생각은 다들 추호도 없을 것이다. 누군가 함부로 길을 막아서기라도 한다면 아마 목에 핏대가 설 것이다.

　아울러 이 책을 펼친 독자 역시, 여러분에게도 음악은 특별한 '그 무엇' 아니던가? 무언가를 특별히 여긴다는 것, 특별한 무언가를 가슴에 품고 있다는 것 또한 숙명과도 닮아 있다고 생각한다.

　생각이 쏠리고 마음이 끌리는 이 '무언가'가 우리를 어디로 데려갈지는 아무도 모른다. 정신 차려 보니 밴드를 하고 있을 수도 있고, 정신 차려 보니 전에 없이 공연장에서 떼창을 하고 함께 어깨동무를 하고 있을 수도 있다.

　숙명과도 닮은 이 무언가가 여러분을 훨씬 더 멀리 낯선 곳으로 이끌길 바란다. 가보니 알게 될 수도 있다. 생각보다 훨씬 더 이것들을 즐기고 좋아하고 있었다는 걸.

"**태**극기가 휘날리고 있는 거예요"

코로나 이후로 횟수가 조금 줄긴 했지만 그래도 잠비나이는 매해 두세 차례 이상의 해외 투어를 돌고 있다. 이제 잠비나이의 해외 투어 이야기를 좀 들어보자. 귀가 번쩍 뜨이는 정도의 유명 페스티벌에도 참여하고 있고 수많은 나라를 돌며 크고 작은 페스티벌에 빈번히 이름을 올리고 있는데 과연 잠비나이를 맞이하는 공연장의 분위기는 어떨까. 그리고 투어를 다니면서 느끼는 국내와 해외의 차이, 어떤 것들이 있을까?

"**프랑스의 헬페스트 나갔을 땐데, 무대 올라갔는데 아니 앞에 태극기가 휘날리고 있는 거예요. 우리는 딱히 교민들만 대상으로 공연한 적은 거의 없거든요. 다 현지인들을 상대로 하는데 그냥 현지 잠비나이 팬들이 태극기 들고 오고 한글로 뭔가를 막 써오고 한 거예요. 우리도 해외에서 유명 밴드 오면 관객으로 가서 그런 거 하잖아요. 제가 유럽이나 미국 애들한테 했던 일들을 걔네들이 우리한테 하는 걸 보고 되게 이상했어요. 되게 신기하고 고맙더라고요**"

오른쪽 사진이 헬페스트 공연 당시 사진이다. 수많은 인파 속, 무대 앞 오른쪽 한켠에 태극기가 보인다. 말로 표현할 수 없는 뭉클함이 밀려왔을 것 같다. 비행기 타고 열 몇 시간 걸려 먼 이국땅에 갔는데 현지에 자신들의 팬이 있다? 대체 어디서 구했는지 그 현지 팬들이 태극기를 들고 맞이해 준다? 이건 사실 해외 유명 밴드가 내한하면 우리가 그들에게 하던 것들 아닌가. 그런데 내 자신이 그걸 받는 당사자가 된다고? 중 3 때 밴드 라이브 영상을 보며 벅찬 충격을 받았던 일우 자신이 이젠 누군가에게 그런 충격을 안겨다 주는 당사자가 되는 경험을 하고 있는 것이다.

"**또 기억에 남는 게 저희 해외 활동 초기 때 호주 애들레이드[1]란 곳에 갔는**

---

1 2015년 호주 애들레이드(Adelaide)에서 WOMADelaide란 이름으로 WOMAD가 열렸고 이때 잠비나이가 초대되었다.

데 초기라 저희는 메인 스테이지가 아니라 서브 스테이지에 섰거든요. 처음에는 사람들이 잠비나이 뭔지도 모르고 보다가 어 점점 사람들이 우리 쪽으로 몰리더니 메인 스테이지에 안 가고 계속 우리 무대에만 있는 거예요. 끝났는데도 안 가고 계속 앵콜 요청하고 거의 막 뒤집으려고 하는 거예요. '앵콜 안 하면 뒤집는다' 막 이러고 (웃음) 아니 사회자가 공연 진행을 해야 하는데 '이러면 안 된다'며 막 쩔쩔매고 그랬던 게 기억에 남았죠. 고맙기도 했고요. 그리고 영국 갔을 때도 그때 포스트 락 페스티벌에 참여했는데 우리 다음이 '익스플로전스 인 더 스카이 Explosions in the Sky[1]', '보리스Boris[2]' 이런 애들이었는데 우리한테 계속 '텐 모어 송' 어 열 곡 더 해라 이러면서 안 가는 거예요. (웃음) 너무 감사하죠. 고맙고"

---

1 1999년 결성된 미국의 포스트 락 밴드. 감성적이며 서정성 강한 연주를 보여주는 밴드로 전 세계 가장 유명한 포스트 락 밴드 중 하나이다.

2 포스트 락을 비롯해 실험성 강한 다양한 사운드적 시도를 추구하는 일본의 밴드로 역시 세계적인 인지도를 자랑하는 밴드이다.

'익스플로전스 인 더 스카이'나 '보리스'라면 포스트 락 페스티벌의 헤드라이너급 밴드이자 세계적으로도 인정받고 있는 최고 레벨의 밴드들인데 '아 걔들 됐고 빨리 너네 노래나 더 내놔' 이런 상황이 펼쳐졌다는 건데 놀랍고 대단하다. 이런 반응들에 힘입어 처음엔 서브 무대에 배정 받았다가 무대를 메인으로 옮긴 적도 여러 차례 있었다고 한다.

"솔직히 해외 투어 가면 돈은 좀 못 벌어요. 국내가 낫지. 돈 천 받는다 해도 비행기 값 내고 숙박료 치르고 하다 보면 얼마 안 남거든요. 근데 관객의 에너지가 몇 억이 되는 거예요. 아무튼 해외 나가면 국내에서 못 받았던 애정을 거기서 받고 '너희 음악 잘하고 있어' 하는, 이런 보상을 크게 받고 오는 것 같아요. 그렇게 받은 게 다시 음악가로서 동기 부여가 되기도 하고요"

밴드 입장에선 관객의 뜨거운 호응만큼 값진 게 따로 없다. 돈 천을 써도 몇 억의 에너지를 받아 가는데 감사하지 않을 수가 없다. 누가 알아주지 않아 외롭고 흔들릴 때도 있었지만 이런 뜨거운 호응 덕에 '우리 잘 하고 있다'라는 자신감을 얻게 됐고 계속 나아갈 수 있는 힘도 얻게 됐다. 잠비나이는 이렇게 해외에서 몇 억의 호응을 벌고 있다.

그나저나 '국내에서 못 받던 애정'이란 말이 조금은 쓸쓸하게 들린다. 물론 국내에도 잠비나이를 응원하고 아끼는 팬들이 적지는 않다. 하지만 해외의 이런 뜨거운 반응에 비하자면 잠비나이의 국내 인지도는 앞서 언급한 것처럼 이상할 정도로 낮고 차가운 것 또한 사실이다. 당사자 입장에선 서운할 법도 할 것 같은데 이런 온도 차에 대해 일우는 어떻게 생각할까.

"예전에는 되게 서운했었어요. 서운했었는데, 그냥 우리 음악이 비대중적인 거죠. 그냥 우리 음악이 인기 없는 비대중적 음악이니까 어쩔 수 없는 거라 생각해요. 근데 유럽이나 미국 이런 데는 비대중적인 음악을 들어온 역사가 나름 깊은 거예요. 그러다 보니까 거기 가면 잠비나이 같은 음악을 들어 줄 사람들이 많은 거고 공연에 사람들도 엄청나게 많이 오고 환호도 많이 해주고. 부럽긴 한데 뭐 어쩌겠어요. 예전까지는 남 탓을 좀 했다면 (웃음) 지금은 내가 만든 음악이

그런 거니까 당연하지 뭐 그렇게 생각해요"

유럽, 미국은 이른바 비대중적인 음악을 듣고 즐겨온 역사가 길고 깊다. 그래서 사람들이 대중음악뿐 아니라 비대중적 음악에도 귀를 열고 호응하며 그런 음악을 듣기 위해 흔쾌히 발걸음을 옮기더란다. 이게 일우가 느낀 온도 차의 이유이다.

그렇다면 우리에겐 아직 시간이 더 필요한 것일까. 시간이 좀 더 지나면 우리도 이내 그들 못지않게 사람들이 비대중적, 비주류 음악에도 귀를 열고 뜨겁게 호응하게 될까. 일우의 이야기를 좀 더 들어보자. 듣고 즐겨온 역사 말고도 다른 점은 더 있다.

"그들의 씬이나 음악 환경을 자세히 알 수는 없죠. 공연하고 계속 다음날 다른 공연장 가고 다른 나라로 이동하고 하니까 정확히는 몰라요. 근데 이제 공연에 참여하는 밴드 라인업을 보면 대충은 알 수 있는 게 있어요. 라인업을 보면 너무 다양해요. 인기 있고 잘하는 밴드만 서는 게 아니라 못하는 애들도 되게 많고 이상한 애들도 되게 많아요. 진짜 말 그대로 코드 두세 개 알고도 무대에 막 올라가요. '어라? 얘네 들이 어떻게 이런 무대에 올라오지? 저 실력으로 올라간다고?' 생각했는데 저 실력이지만 쟤네는 저 '색깔'이니까 올라가는구나 그런 생각이 들었어요. 내가 봤을 땐 별로인데 근데 또 누가 보면 '오오 되게 좋다' 그럴 수도 있잖아요. 공연 관계자들이 단순히 인기 있는 밴드만 올리는 게 아니라 페스티벌의 다양성, 다양한 음악을 추구하는구나 그래서 전체적인 페스티벌을 건강하게 만드는구나 이런 걸 느꼈어요"

여러 나라, 여러 공연 다녀보니 그들은 주최 측, 기획자들 마인드가 애초 다르더라는 얘기다. 소위 잘나가는 밴드들에게만 무대를 허용하는 게 아니라 사람들의 다양한 취향을 반영하는 듯, 다양한 목소리를 가진 다양한 밴드들에게, 심지어 어떻게 저런 밴드가 공연을 하지 싶은 정도의 밴드들에게도 무대를 폭넓게 열어주고 있더라는 거다. 물론 잠비나이가 참여한 몇몇 페스티벌의 경우는 다양성 자체가 테마인 페스티벌도 있다. 하지만 그 외의 경우라 하더라도 전반적인 페스티벌 자체의 분위기에서 다양성이 느껴졌고 그런 다양성을 통해 페스티벌을 건강하게 만들려는 의도가 엿보이더란다.

별 차이 아닌 것 같아도 사실 큰 차이일 수도 있다. 국내의 대형 락 페스티벌의 경우 과연 이런 다양성이 담보되어 있던가. 이 페스티벌들에 매년 올라오는 밴드 라인업을 보고 있노라면 다양성보다는 대중적 인지도에 찍힌 방점만 확인하게 된다. 다만 락 페스티벌임에도 유명 가수가 라인업에 이름을 올리는 다양성(?)은 간혹 볼 수 있다. 수익을 내야 내년이 또 있으니 이해가 안 되는 것은 아니다. 한편으론 행여 인지도보다는 다양성을 좇아 다양한 무대로 페스티벌을 건강하게 만들어 놓았다 해도 사람들이 좋아하고 찾을지 그것도 아직 미지수라 망설여지는 것일 게다.

작은 차이 같아도 이게 소위 문화 선진국들과 우리 사이의 거리인 것이다. 사람들 욕구가 커진 것에 비해 다양성, 비주류 문화에 대한 관심은 여전히 적다. 그러다 보니 분위기가 만들어지지 않는다. 페스티벌이 다양성을 추구할 여유가 없다.

"케이팝만 주목하고 나머지는 주먹구구 이런 거는 그냥 비정상적인 상황인 거죠. 제가 봤을 때 우리가 진짜 문화 선진국이 되려면 케이팝 좋아요. 당연히 좋죠. 그런데 그 외에 다양한 서브컬쳐가 다 쫙 전반적으로 깔려서 같이 커 나가야 진짜 문화 강국이 될 것 같아요. 유럽이나 이런 데 갔을 때 그걸 진짜 많이 느꼈어요"

시간 지난다고 다양성에 대한 사람들 욕구가 절로 높아지고 깊어질 리 없다. 일우 말대로 몇몇 주류 외에 나머지는 모두 주먹구구인 상태가 결코 정상적인 상태는 아닐 것이다. 말 그대로 문화란 주류, 비주류 할 것 없이 전반적으로 함께 커 나가야 하는 것이다.

다양한 서브 스테이지를 마련해 페스티벌을 건강하게 만들듯 곳곳에 다양한 문화들이 설 수 있는 '자리'가 더 필요하다. 주류 문화만으로는 채울 수 없는 허기를 더 느껴야 한다. 그런 허기가 공기 중에 떠돌 때, 그런 허기를 채우려 보내는 시간들이 켜켜이 쌓일 때에야 비로소 케이팝 그 이상의 문화가 될 거라 생각한다.

"또 유럽 부러웠던 게 공연이 월요일이어도 사람들 많이 가고 화요일이어도 많이 가고. 우리는 주말만 가잖아요. 그러니까 이 사람들은 퇴근하고 '오늘은 전시회에 가야겠다', '오늘은 음악 공연을 보러 가야겠다' 막 이래요. 제 생각에 인간은 그런 어떤 예술적인 경험에 자신을 계속 노출시켜야 되고 그런 게 되게 중요하다고 생각하거든요. 평일에도 공연 보고 전시회 보고, 보고 나서 술 마시면서 또 공연 얘기, 전시회 얘기하고. '오늘 공연 어땠어?', '응 나는 좀 구린 거 같았는데 너는 어땠어' 막 이런 얘기하는 게 너무 부럽더라고요"

몇 년 전 출장 차 베를린에 다녀온 적이 있다. 일정을 마치고 남은 시간에 도심을 산책하는데 거리에서 느껴지는 분위기가 서울과는 사뭇 달라 놀랐던 기억이 난다. 같은 수도임에도 베를린의 거리는 훨씬 여유로워 보였고 아니 하다 못해 돌아다니는 개들도 여유로워 보여 충격을 받았던 기억이 난다. 서울의 속도에 매몰돼서 그렇지 바쁜 듯 휘적거리며 걷는 게 마냥 당연한 것도 아니고 다 그렇게 사는 것도 아니구나 하는 걸 느꼈던 것 같다. 물론 방문자의 눈에 잠깐 비친 감상이라 착시 같은 것일 수도 있겠지만 그때 느낀 그 낯선 감각은 지금도 인상 깊은 기억으로 남아있다.

문화의 힘이라고 봐야 할까. 꾹 참고 불금과 주말만 기다리는 일상과 평일에도 전시를 즐기고 음악을 즐기며 자신을 문화 체험에 계속 노출시키는 일상. 이런 일상이라면 착시라고 하더라도 거리의 분위기가 사뭇 다를 수밖에 없지 않을까.

일상을 헤쳐 나가는 건 때론 꽤 벅찬 일이기도 하다. 그야말로 버틴다란 표현 외엔 설명이 안 되는 날들도 있다. 일터에 나가 돈은 벌지만 종종 그에 못지 않은 상실감을 느끼기도 한다. 일상을 버티게 해줄 수 있는 힘, 꿈꿀 수 있게 해주는 힘, 상실감에 지친 자신을 좀 더 나은 존재로 확인할 수 있게 해주는 힘은 문화, 예술에서 비롯된다고 믿는다. 그래서 코드가 세 개가 됐든 네 개가 됐든 많든, 적든 과감하게 '자기 목소리'를 내는 밴드, 직접 문화 행위에 뛰어드는 밴드들이 훨씬 더 많아지길 바라는 것이다. 그리고 그런 밴드들을 보기 위해, '문화 행위를 하기 위해' 평일이고 주말이고 사람들이 공연장에 더 자주, 많이 모여들길 바라는 것이다. 그러면 개들도 한층 여유로워질 것이다.

"기회가 없고, 기회를 안 주니까
사람들이 모르는 거예요"

유럽이나 미국 같은 소위 음악 선진국들이 부럽긴 해도 어쨌든 우리도 서서히 변하고 있다. 심심치 않게 들려오는 밴드 붐 이야기도 그렇고 공연장을 찾는 관객들, 음악을 듣는 청자들의 반응에서도 변화가 느껴지곤 한다.

언더그라운드 음악, 비주류 음악이 여전히 누군가에겐 낯설고 익숙지 않은 음악일 수 있어도 그런 음악들을 대하는 방식이 마냥 전처럼 서먹하거나 냉랭하지만은 않다.

"얼마 전에도 경주에서 공연을 하고 왔는데 아니 관객들 반응이 너무 좋은 거예요. 깜짝 놀랐어요. 생각해 보니까 사람들이 평소 이런 걸 접하고 볼 기회가 없는 거예요. 어렸을 때도 그렇고 이런 거를 볼 기회, 기회가 없고 기회를 안 주니까 사람들이 모르는 거예요"

내 경우 공연에 지인을 부르는 일은 거의 없다. 잘 알지도 못 하고 관심도 없을 음악, 괜히 불러내는 거 아닌가 싶기 때문이기도 하다. 그러다 몇 차례 지인들을 초대한 적이 있는데 예상과 달리 다들 공연을 너무 재미있어하고 즐기고 있는 것을 보고 되려 놀랐던 기억이 난다.

일우 말대로다. 한발 물러서 생각해 보니 '아 사람들이 이런 음악을 들을 기회 자체가 많지 않았겠구나, 그냥 몰랐기 때문에 모를 수 있겠구나' 하는 생각이 든다. 욕구는 전에 없이 커졌지만 이런 음악, 이런 공연을 보고 들을 기회 자체가 적어 관심을 가질 기회조차 없었을 수도 있겠구나 싶다.

'대중'이란 단어는 그 단어가 가리키는 규모에 비해 뜻은 지나치게 협소하게 사용되는 듯하다. 그 속에는 규모만큼이나 다양한 취향, 다양한 욕구들이 존재함에도 불구하고 그 다양성은 불쑥 대중'성'이란 특질 하나로 재단되어 쉽게 잘려 나가고 다듬어져 의미가 축소 대표되곤 한다. 그렇게 정의된 대중성이란 일면

176

누구 하나 거슬리지 않게 잘 다듬어진 한 줌의 마모된 취향 같은 것 아닐까.

잘려 나가고 다듬어지면서 많은 것들이 기회를 잃고 경험 저 바깥으로 밀려 나 버리고 만다. 서로 기회가 더 필요하다. 몰라봤던 관객을 만날 기회, 몰라서 몰랐을 뿐 드디어 알게 되는 기회. 대중성보다 다양성에 방점을 둔 기회가 늘어 나야 하고 스스로 이런 체험에 자신을 더 노출시켜야 한다.

대중성을 무시하는 것은 아니지만 무엇보다도 대중성이라는 '특질' 하나가 여러분 취향을 쉽게 대표할 수 있도록 놔두지 않길 바란다.

"점점 더 바뀌지 않을까 싶은 게 락 페스티벌 이런 걸 다니던 우리 또래가 이제 부모들이 됐단 말이에요. 얘네들이 이제 애들을 데리고 오더라고요. 아이들 한테도 점점 이런 기회가 주어지고, 노출되고 페스티벌 문화, 음악 문화 이런 게 점점 노출되고 기회가 주어지다 보면 서서히 더 나아질 거 같긴 한데, 한편으론 인구가 줄고 있어서"

문화 강국을 향한 걱정이 끝이 없다. 인구가 줄더라도 다양한 기회를 경험하 며 자란 세대들이 중심이 되는 때에는 대중성이란 단어의 의미가 지금보다는 훨 씬 더 다양한 음악을 포용하는, 좀 더 넓은 의미를 가진 일상어로 사용될 수 있 을 것이라 기대해 본다.

"밴드만의 개성이 있다면 되는 것 같아요"

잠비나이는 일 년의 절반 가까이를 해외에서 투어로 보내고 있다. 매 공연 가능할 수 없을 정도로 큰 호응을 얻고 있고 그에 걸맞은 화제성 을 불러일으키고 있다.

잠비나이는 과연 어떻게 해외로 진출할 수 있었던 것일까. 그리고 어떻게 해 외에서 그렇게 높은 인지도와 호응을 얻게 된 것일까. 그게 궁금해졌다.

"여러 단체에서 진행하는 뮤직 콘퍼런스 같은 게 매해 있어요. 콘텐츠 진흥

원은 '뮤콘MU:CON[1]'이란 걸 하고 있고 울산에서는 '에이팜APAMM[2]'이란 행사를 하고 있고요. 이런 게 매해 계속 열려요. 그런 데에 저희가 참가를 한 거죠. 이런 거 할 때마다 해외에서 음악 관련 에이전시들이 되게 많이 와요. 저희가 이런 행사들에서 참여해서 쇼케이스를 했는데 거기서 해외 에이전시 눈에 띈 거죠. 지금은 같이하게 된 네덜란드의 '얼스비트Earth Beat[3]'란 에이전시에 처음 눈에 띄었고 그쪽에서 '너네 좀 관심 있는데 같이 워맥스WOMEX[4] 한번 나가보지 않을래?' 이렇게 처음 컨택이 된 거죠. 그렇게 영국에 가서 워맥스에서 쇼케이스를 했는데 그때 그게 대박이 난 거예요. 그때 같이 갔던 매니저 형이 진짜 명함을 이~ 정도로 받아왔거든요. 그때부터 이제 해외 활동이 시작이 된 거죠"

콘퍼런스, 에이전시, 워맥스 그리고 대박. 이런 과정을 거쳤던 거구나. 솔직히 이런 뮤직 콘퍼런스의 존재 자체를 잘 몰랐다. 그리고 적지 않은 밴드들이 여기 참여해 쇼케이스를 하고 있다는 것도 잘 몰랐다. 나와 내 주변의 밴드 대부분은 해외와 직접 교류하고 있다. 해외 기획자나 공연장, 밴드들과 직접 연락하면서 해외에 나가 공연하기도 하고 역으로 해외 밴드를 국내에 초대하기도 한다. 직접 들이는 노고가 적지 않아 때론 힘들기도 하지만 그만큼 보람과 재미도 적지 않게 느낀다. 반면 그간 몰랐을 뿐 이런 콘퍼런스 참여를 통해 해외 진출의 길을 모색하는 것도 좋은 방법이라고 생각한다. 어떤 방식이든 많은 밴드들이

---

1 한국콘텐츠 진흥원에서 진행하는 뮤직 마켓으로 국내 밴드들과 음악, 엔터테인먼트 기업의 해외 진출을 돕는 행사이다. 더불어 전 세계 음악 산업 종사자 간 교류를 돕는 창구 역할 또한 도모하고 있다.

2 매해 울산에서 열리는 뮤직 마켓으로 APAMM은 Asia Pacific Music Meeting의 약칭이다. '전통악기를 기반으로 한 아티스트의 글로벌 성장 플랫폼'을 모토로 2012년부터 울산에서 열리고 있으며 '아시아 태평양에 위치한 도시들 고유 창작 음악을 소개하는 국제 교류 음악 플랫폼'이라고 소개하고 있다.

3 네덜란드의 뮤지션 전문 에이전시. 유럽뿐 아니라 전 세계의 미래지향적이고 참신한 뮤지션들을 발굴하고 있다.

4 The World Music Expo의 약칭. 1994년 독일 베를린에서 시작된 세계 최대 규모의 월드 뮤직 박람회. 세계 각국의 밴드들, 음악 관계자들이 모이는 음악 비즈니스의 현장이다.

해외로 더 자주 더 멀리 나아가면 좋겠다.

"음악이 괜찮으니까 워맥스에 가보자고 했던 거겠죠? 그렇게 가져갔는데 잠비나이는 거기 이미 있는 음악 좀 그게 아니다 보니까 먹혔던 게 아닐까 싶어요. 국악기가 많이 도움이 되긴 했어요. 동양은 어쨌든 서양에 없는 게 있는 것 같아요. 일본 밴드도 일본 밴드만의 감성이 있잖아요? 동남아 밴드들도 그렇고. 그러니까 억지로 동양적일 필요 없고 억지로 한국적일 필요 없는 거 같아요. 억지로 하지 않아도 설명할 수 없는 뭔가를 원래 갖고 있어요. 되게 어렵네요. 어쨌든 그 밴드만의 개성이 있다면 되는 것 같아요"

잠비나이의 음악이 그렇게 대박이 난 이유, 해외 특히 서양인들이 열광하는 이유를 한마디로 설명하기는 어려울 것이다. 일우 말처럼 국악기의 덕을 보기도 했을 것이다. 해금과 거문고가 자아내는 독특한 음색이 그들 귀를 번쩍 뜨이게 했을 수도 있다. 하지만 이들 음악을 들어보면 알겠지만 잠비나이의 음악은 국악이 아니다. 사람들은 이들의 음악을 포스트 락, 심지어 포스트 둠이라며 즐기고 있지 않은가.

인정받는 이유를 콕 집어 말하긴 어렵지만 잠비나이의 음악은 부러 애쓰지 않은 한국, 동양 특유의 감성이 절로 배어있는 음악이었고 거기 아직 없던 변별력 있고 개성 강한 음악이었기에 이게 가능한 일이 아니었을까라고 일우는 답한다.

한때 '가장 한국적인 것이 세계적인 것'이라며 소리 높이던 사람들이 있었다. 솔직히 과연 그런지 그때나 지금이나 여전히 잘 모르겠다. 다만 다섯이 모여 이 악기가 아니면 안 되는 순간들을 찾고 멋지다고 느껴지는 사운드를 좇아 자신들 소리에 귀 기울이며 여기까지 온 잠비나이 경우를 보면서 누구 말대로 '가장 개인적인 것이 가장 창의적인 것이고 세계적인 것' 아닐까 다시금 생각하게 된다.

"**조**선은 일본의 식민지여서 '한'이 있다, 그냥 이게 다예요"

사실 전부터 국악 전공자를 만나면 묻고 싶은 게 하나 있었다. 흔히 우리 민족 고유의 정서가 '한恨'이라고 얘기하는데 과연 그 고유 정서란 게 도대체 뭔지 그리고 왜 '한'이 고유 정서이며 그 '한'이란 건 대체 뭐냐고. 꼬리에 꼬리를 무는 질문 같기도 하고 책의 주제와도 좀 벗어난 것 같아 넣어둘까 했지만 궁금증을 참을 수가 없었다.

"저도 몰라요. 근데 저도 궁금해서 좀 파봤어요. 파다가 어떤 음악학자한테 들은 건데 식민지 때 어떤 일본 음악평론가가 '중국 음악은 호방하다. 반면에 한국 음악은 일본의 식민지라서 그런지 애절함이 있다. 한이 있다.' 그러니까 어떤 평론가가 이렇게 그냥 한 줄 쓴 거래요. 이걸 갖고 아직까지 온 거예요. 그 평론가의 개인적인 생각 그냥 주관적 견해인 거예요. 근데 이걸 국악 하는 한국인들이 스스로 받아들여가지고"

물어보길 잘 한 것인가. 그는 울분을 토하듯 말했다.

"깨부셔야 돼요. 평론가가 쓴 조선은 일본의 식민지여서 한이 있다, 그냥 이게 다예요"

한 시대, 한 세대가 공감할 수 있는 공통의 정서 같은 것은 분명 존재할 거라고 생각한다. 그 정서는 그 시대의 문화, 사회, 역사의 동시대성을 관통할 것이고 때론 그 시대를 대변할 수 있는 가장 적절한 무언가가 될 수도 있을 것이다. 하지만 그것도 시대마다 바뀌는 유동적인 것 아닐까? 40년 지나고 50년 지나면 세대가 바뀌듯 그 또한 바뀌는 것 아닐까? 그런데 수백 년을 이어오는 변치 않는 고유 정서라는 게 있다고? 개인적으로는 영 이해하기가 어렵다.

분하고 억울했던 식민 시대 당시, 감히 유추해 보건대 나라를 빼앗긴 당시의 비통함, 분노와 억울함, 말 못할 슬픔은 '한' 맺힌 정서 외에는 대변할 수 있는 방법이 없었을 거라고 생각한다. 일본의 음악평론가도 당시의 분위기를 정확히 읽어내긴 한 것이다. 하지만 케이팝이 세계를 휩쓸고 있는 시대에 '한'이라는 정서가 시대를 초월해 여전히 변치 않고 통용된다고 말할 수 있을까?

"이게 진짜 스스로 우리 문화를 내려깎고 가두는 거예요"

시대를 초월하는 '민족 고유 정서'. 개인적으로는 존재할 수 없는 단어라고 생각한다. 한 시대가 가지고 있는 정서는 그 시대에 가장 밝게 빛난다. 그 정서는 그 시대를 대표하는 것이자 그 시대만의 것이기도 하다. 다음 세대에는 마땅히 다음 세대의 것이 있다. 그럼에도 여전히 막연한 유산처럼 받아들여 스스로를 깎아내리듯 가둘 필요가 있는지 의문이다.

잠비나이는 막연한 유산을 연주하는 밴드가 아니다. 국악기를 포함하고 있긴 하지만 국악에 담기는 음악도 아니며 이들 음악에는 고집스런 고유 정서 같은 것도 없다. 단지 동시대를 살고 있는 현대인들의 정서를 담으려 애쓰며, 동서양을 막론하고 함께 공감하고 즐길 수 있는 이 시대의 소리를 만들기 위해 국악기와 양악기를 엮어내고 있을 뿐이다.

"위로의 메시지예요"

개인적인 궁금증 해결하느라 얘기가 멀리까지 갔다. 부디 얕게라도 한 품지 말아 주시길. 다시 돌아와서 이번에는 잠비나이 음악의 메시지에 대해 들어보자. 연주 곡 위주의 밴드이지만 분명 사운드를 통해 표현하고 싶고 전달하고 싶은 것들이 있을 것이다. 그 메시지가 언어가 아닐 뿐 소리를 통해 그들이 청중 마음에 가닿고 싶은 지점은 분명 존재할 것이다.

"사실 우리가 처음에 강한 사운드를 내게 된 건 이유가 있어요. 젊은 마음에 깨고 싶은 게 있었거든요. 그러니까 '국악은 메탈 사운드나 그런 헤비한 사운드랑은 상대가 안 돼', '너네는 안방 음악, 안방 그리고 사랑방 음악 그 안에 어울리는 장르를 해야 돼. 너는 국악이니까' 이런 얘기를 많이 들었어요. 이런 편견

을 깨고 싶었거든요. 이후로도 계속 안 된다는 얘기 많이 들었어요. 1집 때도 그렇고, 2집 때도, 3집 때도. 안 된다는 사람들이 그래요. '그거 너네 돈 돼?', '그렇게 투어 하면 돈 돼? 돈 많이 버냐?' 이런 얘기들 들어가면서도 우린 계속 그 안 된다는 사운드를 만들었어요. 돈은 많이 안됐지만 그래도 계속하면서 한국에서 나름 영양가 있는 밴드가 됐다고 자부하거든요"

줄곧 편견과 비아냥에 부딪혔다. 깨고 싶었고 닥치라고 소리치고 싶었다. 이들 첫 정규앨범 《차연/Differance》의 타이틀 곡이자 대표곡 중 하나인 〈소멸의 시간〉을 감상해 보길 바란다. 편견과 비아냥 섞인 말들을 일거에 침묵시키기라도 하는 듯, 어떤 메탈 사운드와도 견줄 수 있을 만큼 강렬한 사운드를 맛볼 수 있을 것이다. 안방 음악, 사랑방 음악이라는 틀을 깨고 싶었고 돈 안 되는 음악 왜 하냐는 걱정 아닌 걱정에 굴하고 싶지 않았다. 그런 편견의 시간들을 맨몸으로 돌파하면서 자신들 음악을 들어줄 청자들에게 전하고자 하는 메시지는 단 하나이다.

"위로의 메시지예요. 저희 곡 중에 〈온다〉[1]란 곡이 있는데 이 곡에는 가사를 넣었어요. '그대가 지내온 수많은 아픔의 시간들이 축복의 별이 되어 온다' 이런 내용의 가사를 지니고 있어요. 우리가 도전하고 추구하는 그런 시간들, 꿈을 좇기 위해서 고생하는 그런 시간들이 어떨 때는 정말 지치고 의미 없이 느껴질 수도 있고 때려치우고 싶은 순간도 있지만 그런 고생하는 순간들이 언젠가는 축복의 별이 되어 온다. 이런 메시지를 가지고 있거든요. 너희가 하는 사운드 너희의 그 노력들이 헛되지 않다. 그리고 그게 언젠가는 축복의 별이 되어 온다. 이런 메시지를 늘 관객들에게 주고 싶었어요. 그게 잠비나이의 핵심적인 메시지예요"

이들 스스로가 지난한 시간을 지나왔기 때문일 것이다. 누구보다도 자신들에게 위로가 필요했고, 누구나 위로 받아 마땅하다는 생각도 하게 됐다. 음악을 통해 스스로를 위로하고 사람들을 위로하고 싶은 것, 음악을 통해 서로에게 위로

---

1 2019년 발매된 3집 앨범 《온다(ONDA)》의 타이틀 곡이다. 2020년 한국 대중음악 시상식에서 이 곡은 '최우수 록·노래'로 선정되었고 앨범은 '최우수 록 음반' 상을 받았다.

가 되고 힘이 되어 줄 수 있길 바라는 것이 잠비나이의 핵심 메시지이다.

"처음에는 관객 2명 오고 이랬던 순간도 있었어요. 근데 그런 순간들이 결국에는 빛나는 별이 돼서 지금은 국내 작은 공연장에서 해도 관객들이 한 백 명 이상씩 오거든요. 그러니까 이런 걸 보면 저희에겐 이제 관객들이 별이 되어 온 거죠"

희미하고 앞이 보이지 않아 갑갑했던 순간들이 있었다. 자신들이 선택한 길이 맞는 건가 싶어 스스로를 의심하던 순간들도 있었다. 그런 순간들이 켜켜이 쌓여 이제 별이 되어 돌아오고 있다. 잠비나이에겐 조명이 쏟아지는 무대 위보다 이들 앞에 펼쳐진 무대 아래가 더 밝게 느껴진다. 이들에겐 관객이 '별'이고 '락스타'이기 때문이다.

"**코**드 세 개로 밴드 하는 게, 진짜 연주 잘하는데 남의 곡 연주하는 것보다 이게 훨씬 힘들고 대단한 거예요"

꼬치구이를 여러 접시 비웠다. 시간 가는 줄 모르고 이야기를 나누고 있는 것 같다. 큼직한 이야기들 여럿 나눴고 이제 시선을 곁으로 돌려 우리 주변 이야기를 좀 해 보자.

밴드들 인터뷰를 이어오면서 줄곧 밴드가 지금보다 더 많아져야 한다고 소리 내고 있지만 사실 주변을 둘러보면 밴드 자체는 의외로 많다. 합주실 마다 차이가 있긴 하겠지만, 예약하려면 최소 일주일 전에 미리 예약을 해야 할 정도로 인기 있는 합주실도 제법 있다. 정말 밴드 붐인가 싶으면서도 합주실이 붐비는 것 자체는 사실 어제오늘 일이 아니어서 크게 새삼스럽진 않다. 그만큼 주변에 밴드 자체는 많다. 그런데 이에 비해 자기 곡을 연주하는 밴드들은 생각보다 많지 않다. 합주실 내에 열 개의 연습 공간이 있어 열 팀이 연주를 하고 있다 치면 개중 한 팀 내지는 많아야 두 팀 정도?

같은 합주실을 사용하고 같은 시간 연습하고 있는데 기왕 하는 거 자기 곡, 자기 목소리를 내봄 직하지 않은가 싶은데.

"음악이 문제는 아닐 것 같아요. 뭐랄까 살아온 분위기가 다들 그런 것 같아요. 내 목소리를 내고 싶어도 못하면 욕 먹을 거 같은 분위기, 내 목소리 내는 것 자체도 큰 용기를 내야 되는 분위기, 그런 게 문제 아닌가 싶어요. 시키는 대로 안 하면 욕 먹고 그래서 결국 누가 시키는 것만 하고. 흔히 말하는 주입식 교육 탓인가 그런 생각도 들고. 사람들 마인드가 아니라 어떤 살아온 분위기 그러니까 자기의 얘기를 개방적으로 하기 어려운 사회 분위기가 문제인 것 같기도 해요. 단순히 음악만의 문제, 사람들 생각만의 문제는 아닌 것 같아요"

주변 거스르거나 튀지 않고 얌전히 가르침 따르는 게 미덕인 사회 분위기 탓이 크지 않을까 하는 이야기이다. 시대가 어느 때인데 지르고 싶은 소리, 내고 싶은 목소리가 왜 없겠냐마는 그 분위기라는 게 아직도 시대를 압도하며 입틀막을 하고 있는 것 아니겠냐는 게 일우의 분석이다.

"결국에는 이 책 제목이 궁극적인 핵심이라고 봐요. 뭐라도 조금 익혔고 연주하고 있고 하면 자기 곡 만들어서 좀 하라 직장인 밴드? 직장인이면 부장 욕이라도 하고 그런 거라도 할 수 있잖아요. 유럽 애들 얘네들은 연주 못해도 자기 색깔대로 그냥 지 꼴린 대로 막 해요. 자기 목소리를 그냥 막 내는 거예요. 그러니까 이런 밴드 저런 밴드 다양하고 저는 그게 멋있는 거라고 생각해요. 제가 봤을 때 코드 세 개로 밴드 하는 게, 진짜 연주 잘하는데 남의 곡 연주하는 것보다 이게 훨씬 힘들고 대단한 거예요. 저는 진짜 유럽 갔을 때 '이런 애들이 공연을 한다고?' 이런 거 진짜 많이 봤단 말이에요. 한국에 이거보다 잘하는 애들 훨씬 많단 말이에요. 근데 문제는 유럽 애들은 얘네는 지들 얘기를 하고 있는 거고 우리는 그 좋은 실력으로 '메탈리카'나 '메가데스MegaDeth[1]' 아니면 '딥퍼플Deep Purple[2]' 이런 거 매일 똑같이 연주하고 있는 거예요. 너무 아쉬워요. 너무 아쉬워요"

나 역시 절절하게 아쉽다. 입을 틀어막는 분위기? 경험상 그런 분위기의 압박은 생각보다 오래가지 않더라. 처음에 한두 마디 잔소리 섞어 댈 순 있어도 결국

---

1 1983년 결성된 미국의 쓰래쉬 메탈 밴드. 쓰래쉬 메탈의 선구자 격 밴드이자 쓰래쉬 메탈 4대장 중 하나이다.

2 1968년 결성된 영국의 전설적인 락 밴드. 레드 제플린과 더불어 한 시대를 풍미한 밴드이며 하드 락, 헤비메탈에 큰 영향을 끼친 밴드이다.

다들 자기 걱정하고 살길 챙기느라 바쁘다. 누가 뭘 하든 사실 별 관심도 없다.

우리와 달리 거침없이 자기 목소리, 자기 색깔 당당히 내고 있는 유럽 애들이 부럽기는 해도 거기는 케이팝의 점령지 아니던가. 우리는 본토다. 그들 못지않은 다양한 음악, 다양한 자기 목소리를 내지 못할 이유가 없다.

"카피 밴드도 좋죠. 스트레스 없이 연주하는 거 거기에도 충분한 재미가 있고 그것 자체로도 대단한 거죠. 근데 그 사람들이 더 나아가서 자기 음악도 만들고, 자기 목소리를 좀 더 냈다면 우린 좀 더, 더 풍부했을 거다 저는 그렇게 생각해요"

문화 걱정이 끝이 없다. 합주실 바닥에 좋은 연주들이 마냥 쏟아져 버리는 것 같아 아깝다는 생각이 자주 든다. 꼭 앨범을 내야 하는 것도 아니다. 한두 곡이라도 자작곡이란 그릇에 목소리와 열정을 담아 올린다면 일우 말대로 우리 주변 공기는 음악으로 훨씬 더 풍부해질 것이고 덩달아 사회 분위기도 더욱 유연해질 거라 믿는다.

"체육, 예술은 똑같은 거예요"

슬슬 인터뷰를 마무리할 즈음이다. 2차로 자리를 옮기기 전 마지막 질문으로 잠비나이 앞으로의 계획에 대해 들어봤다.

"당장은 부산 락페스티벌 참여가 있고 또 이제 어디 지방에서 공연이 몇 개 있고요. 그런 게 종종 들어와요. 그런 계획이 있고 내년에는 아직 일정 확실하진 않지만 해외 공연이 또 있을 거고요. 그런 공연들 외에 계획하고 있는 게 하나 있는데 '적벽가'라고 적벽대전을 판소리로 한 게 있어요. 그걸 이제 노이즈도 넣고 해서 전쟁터 사운드로 만드는 작업을 해볼까 해요. 조자룡이 활 쏘고 어쩌고 하는데 '슈슈슉 콱' (웃음) 이런 식으로 약간 잠비나이 식으로 헤비하게 한 번 옮겨볼까 하는 계획을 하고 있습니다"

줄었던 공연이 서서히 코로나 이전 수준으로 늘어나고 있다. 잠비나이는 또 한 해를 국내, 해외 가릴 것 없이 바쁜 일정으로 보내게 될 것이다. 더불어 언제 가 될지는 모르겠지만 다음 앨범에 대한 힌트를 던져준다.

"근데 이 판소리를 가지고 뭔가 어레인지를 하려면 '판소리에 정통해야 된 다' 이럴 텐데 판소리 그냥 소리 듣고 이미지만 알고 뛰어들었어요. 코드 세 개 알고 뛰어드는 거랑 똑같은 상황인 거죠. (웃음) 그냥 곡 이미지만 알고 뛰어든 상황이에요. 밑에 코드 깔고 이런 게 아니라 사운드 위주로 '칙 쿠아아아악 크긋 샤아아아악' (웃음) 이런 식으로 판소리랑 막 다 뒤섞어서 적벽대전 전쟁 소리를 만드는 거죠. 판소리 하는 젊은 친구랑 같이 할 예정이에요. 판소리 아는 나이 든 분들은 용납 못 할 수도 있어요. '이거 감히 어디 쌍것이 말이야 이걸 해쳐?' (웃음) 완전 다 해체시켜서 할 거라"

판소리의 포스트 락 버전? 소리의 질감으로 표현되는 격렬한 전투의 아우 성? 밑돌까지 해체해 버리는 전복적 시도? 궁금하고 기대된다. 쌍것들의 유쾌한 파국을 예상해 본다.

자리를 털기 전, 일우는 여태 이야기한 모든 것들을 정리하듯 한마디를 더 보탰다.

"음악, 미술, 무용 이런 문화 예술 쪽에 대해서 사람들이 약간 삐딱하게 보 고 인색하게 구는 게 좀 있어요. 왜 그런지 모르겠어요. '예체능'이라고 말하잖 아요. 그러니까 내가 봤을 때 체육, 예술은 똑같은 거예요. 근데 체육 활동에 시 간 쓰면 자기관리 잘 한다 그리고 음악이나 예술 한다고 하면 조금 삐딱하게 보 고. 아니 러닝하고 헬스하면서 거기 돈 쓰고 시간 보내는 건 괜찮고 그러면 여기 예술 쪽도 그거랑 똑같이 잣대를 들이대야지. 퇴근하고 음악 할 수도 있는 거고 미술 할 수도 있는 거고. 음악 하면 돈 되냐고 하지만 러닝하고 헬스하면 돈이 돼요? 그것도 다 돈 쓰는데. 음악도 마찬가지라고 봐요. 자기 관리로 보자면 음 악하면서도 스트레스가 정리되고 건강하게 멘탈 관리가 돼요. 예술, 미술 이런 거 따로 갈게 아니라 체육처럼 같이 가야 돼요. 인간이 인류가 이만큼 발전해 왔

으면 이제는 당연히 그게 같이 가야 하는 거 아닌가 저는 그렇게 생각합니다"

문화예술 걱정을 끝까지 놓지 않는다. 고개가 끄덕여진다. 생활체육이란 단어는 있는데 왜 여태 '생활예술'이란 단어는 없는 것일까? 체육은 일상 안에 있다 생각하면서 왜 예술은 일상 바깥에 있는 것이라 생각하고 마는 것일까? 몸을 바삐 움직이지 않으면 살 수 없었던 시절이라면 모를까 이만큼 발전해 왔는데 이제는 정말 예체능이 같이 가야 할 때 아닐까?

예술이란 단어에 덧씌워진 막연하고도 거창한 무게감을 내려놓을 필요가 있다. 체육 활동 누구나 할 수 있다고 생각하듯 예술 활동 또한 마찬가지이다. 조깅하듯 악기를 배울 수 있는 것이고, 헬스하듯 그림을 그릴 수 있는 것이고, 자전거 타듯 무용을 배우며 땀 흘릴 수 있는 것이다. 스포츠 관람하듯 공연장도 가고 미술관도 가고 연극도 보러 다닐 수 있는 것이다. 이런 예술 활동에 참여하는 것 자체만으로도 우리의 비루한 일상은 예술이 된다. 일우 말대로 이제는 예체능이 함께 가야 한다. 사람은 그런 생활을 '살아야' 한다.

"사랑과 열정이란 이름의 방법"

메써드

메써드 / Method 2002~

드럼 김완규, 베이스 그레이, 기타 김재하, 기타 겸 보컬 우종선

메써드

'메써드Method'의 재하를 처음 만난 건 2천년대 초반 대구의 어느 라이브 클럽 대기실에서였다. 공연을 앞두고 서로 처음 짧게 인사를 나눴던 기억이 난다. 당시 메써드는 결성된 지 얼마 안 된 신생 밴드였지만 여기저기서 활발하게 활동하며 이름을 알려가고 있었고, 대구 공연 마치고는 곧 대만 공연도 앞두고 있던 터라 막 활동 시작한 밴드 치고는 수완이 꽤 좋다고 생각했었다. 그 이후로 가끔 공연장이나 술자리에서 만나 이야기를 나누곤 했는데, 언젠가 우연히 나눴던 대화 하나가 기억이 났다.

"난 소위 개나 소나 밴드를 했으면 좋겠어"
"아뇨. 전 그건 아니라고 봐요. 저는 반대입니다"

오래전에 나눈 대화였지만 이렇게 각을 세우고 답했던 그라 이 책을 기획하면서 재하를 꼭 섭외해야겠다고 생각했다. 반대 의견도 필요할 거 같았고, 마침 앞서 피컨데이션 인터뷰에서 종하는 '코드 세 개 메탈 쪽은 좀 곤란할 수도'라는 의견을 내기도 했고. 과연 어떨지 이 메탈 장인과 '코드 세 개' 이야기를 나눠보자.

　　처음 만났을 당시는 신생 밴드였지만 어느덧 이십여 년을 훌쩍 넘겨 이제는 한국 '쓰래쉬 매탈Thrash Metal[1]'을 대표하는 밴드 중 하나로 우뚝 선 '메써드'. '메써드'의 리더이자 작곡가 그리고 기타리스트인 김재하를 신촌역 근처 한 커피 숍에서 만나봤다.

"**메**탈도 코드 하나로 되는 음악이잖아요"

　　오랜만에 같은 맥락의 이야기를 다시 한번 꺼내 봤다. 코드 세 개 외우든 네 개를 외우든 과감하게 자신의 음악을 하는 사람들이 많아졌으

---

1 헤비메탈의 서브 장르로 빠르고 공격적인 사운드가 특징. 공격적인 기타 리프를 중심으로 곡이 전개되며 화려한 기타 솔로잉이 추가된다. 하드코어의 영향을 받아 가사에는 주로 사회비판적 메시지를 담고 있고 나아가 전쟁, 폭력성을 주 테마로 다루기도 한다. 메탈리카, 메가데스 등이 이 장르의 부흥을 이끈 대표적인 밴드들이다.

면 좋겠다, 소위 개나 소나 밴드 했으면 좋겠다고.

"그런 맥락 잊은 지 오래예요. 펑크 하는 친구들 코드 몇 개로 음악 만들고 계속하잖아요. 근데 그거 굉장히 매력적이잖아요. 전에는 이런 친구들에 대한 선입견이 있었는데 이제는 없어졌어요. '밴드 음악은 메탈처럼 기교가 필요하고 또 연습도 많이 해야 된다' 이런 어떤 자부심이 있었는데 이젠 그런 거 없어졌어요"

전에는 선입견이 있었다. 밴드란 많은 연습을 통해 갈고 닦은 기교와 실력이 필요한 것이고, 당연히 문턱이 높은 것이라고 생각했다. 그런데 메탈과 달리 펑크 같은 음악들은 쉽게 그 문턱을 낮추려는 듯 보였고 자신이 품고 있던 음악에 대한 자부심마저 낮춰 보는 것 같아 거슬렸다. 그런데 이제는 더 이상 그렇지 않다는 것이다.

반전이다. 반대 의견을 들려줄 거라 예상하고 섭외했건만 그런 생각 잊은 지 오래란다. 시간이 흘러도 너무 흐른 것인가. 그간 대체 무슨 일이 있었던 걸까.

"장르를 나눠서 누가 우월하고 그런 건 의미가 없는 것 같아요. 저희가 메탈을 오래 하고 있지만 그렇다고 얼터[1]나 다른 장르 연습을 안 한 게 아니거든요. 공진화라고 그러죠. 같이 커 나간다고. 지금은 메탈을 잘하기 위해서 오히려 더 여러 장르를 흡수해야 그래야 내가 하는 걸 더 잘할 수가 있어요. 그렇게 저도 변해가는 중이고 그게 중요하다는 걸 현실적으로 많이 느껴요. 그래서 코드 세 개? 펑크? 그런 맥락 이젠 잊어버린 지 오래다 뭐 그런 얘기죠"

한 줌이라도 시간을 허투루 흘려보내 온 게 아니다. 고민한 흔적, 더 잘하기 위해 애쓰고 노력한 흔적이 짙게 느껴지는 대답이다. 내가 하는 음악을 더 잘하기 위해선 변해야 한다. 어떤 음악, 어떤 장르든 존중하고 배워야 한다. 자부심에 취해 선 긋고 벽 만드는 건 결국은 자기 음악을 옹색하게 만드는 꼴밖에 되

---

1 얼터너티브 락(Alternative Rock)을 말한다. 강력한 기타 소리와 단순한 곡 구성을 가지고 있고 기존의 콘셉트 지향의 장대한 락이나 상업적 시도에 지나치게 매몰된 주류 락의 대안(Alternative)으로 떠오르며 90년대부터 2천년대 초까지 엄청난 인기를 끌었던 장르이다.

지 않는다. 계속 변해야 하고 여타 장르들의 장점을 흡수해 자기 음악의 자양분으로 삼아야 한다. 막연한 이야기가 아니라 그게 중요하다는 것을 현실적으로 체감하고 있다는 이야기이다.

"어떻게 보면 메탈도 코드 하나로 되는 음악이잖아요. (웃음) 리듬 바꾸고 템포 바꾸고 뭐 다양하니까. 막말로 뭘 하든 거기서 하나라도 뭐가 나온다면 그 것도 음악이라고 생각하거든요"

마냥 기교만 따지고 자부심만 고집했다면 감히 이런 답을 하지 않았을 것이다. 기교나 자부심이 긍지가 될 수는 있어도 그 자체가 음악인 것은 아니다. 내가 좋아하고 사랑하는 메탈을 더 잘하기 위해선 선입견도 깨야 하고 자부심도 내려놓아야 한다. 그렇지 않으면 아무리 좋은 것도 한낱 장애물에 불과할 수 있다고 털어 놓고 있다.

사실 이 책에 반대할 최종 보스로 재하를 꼽았었는데 이쯤 되니 조금은 허무해진다. 메탈 장인도 이렇게 얘기한다. 허투루 하는 얘기가 아니다. 중요한 건 막말로 뭐가 됐든 '자기 소리를 악기에 실어 내는 것'이다.

"의미를 만드는 거예요"

2002년 결성된 메써드는 김재하를 비롯해 보컬 겸 기타 우종선, 드럼 김완규, 세션으로 참여하고 있는 베이스 그레이grey[1]이렇게 4인조로 구성된 밴드이다. 결성 이후부터 지금까지 이 들은 보면서 정말 부지런한 밴드라는 생각을 했던 게 한두 번이 아니었던 것 같다.

2006년 첫 앨범《Survival ov the Fittest》발해를 시작으로 현재까지 총 5장의 정규앨범, 2장의 EP를 발표했고, 결성 초부터 홍대 클럽을 비롯해서 국내 곳곳 크고 작은 공연장 어디든 마다 않고 수많은 라이브 공연을 해오고 있고, 국

---

1 이렇게 본명이 아닌 예명 또는 활동명을 사용하는 밴드맨들도 있다.

내 굵직한 페스티벌 참여는 물론 최근에는 아시아 투어도 한 바퀴 돌고 왔다. 거기 더불어 요즘은 유튜브로 라이브 공연도 하고 있는데 이게 벌써 30회차 이상을 넘기고 있다. 나로서는 엄두가 나질 않아 어질어질한데 돌이켜 보니 대구 어느 라이브 클럽에서 처음 만났을 때의 인상 그대로이다. 늘 수완 좋게, 쉼 없이 일을 만들고 있다. 지칠 법도 하고 힘에 부칠 법도 한데.

"일단 생활이라고 생각하면 돼요. 생활. 네 좀 각오가 필요하죠. '연습하듯이 합주한다, 합주하듯이 공연한다' 이런 개념이 있긴 해요. 그걸 이제 멤버들과 딱 합의를 봐야지만 그걸 진행할 수 있죠"

재하는 음악을 전업으로 삼고 있다. 재하 외에 다른 멤버들은 모두 직장인들이다. 재하 즉, 리더가 전업인이고 다른 멤버들은 직장과 밴드를 겸하고 있는 상황이니 일 추진에 서로 간 괴리가 있을 것 같은데, 아무리 합의를 했다 해도 그 합의가 직장인 멤버들에겐 과하지 않을까 싶은 생각도 드는데.

"의미를 만드는 거예요. 그러니까 공연을 안 하거나 작품 활동을 안 하거나 합주도 안 하고 그렇게 되면 내 존재의 의미가 뭐가 돼요. 멤버들 다들 그렇게 생각할 걸요. 적어도 합주도 하고 공연도 하고 해야 그 순간만큼은 우리가 다시 음악하는 사람이 되는 거잖아요. 또 다른 한편으론 계속 뒤처지지 않으려고 하는 거예요. 늦춰지지 않게 뒤로 가지 않게 계속. 근데 그렇다고 뭐 실력이 늘고 이런 건 또 아니더라고요. 일만 많아지는 거죠. (웃음) 일을 많이 만들어내는 겁니다"

조금 과할 수도 있겠지만 그럼에도 계속 일을, 의미를 만들어내야 한다. 멤버들이 평소 직장인이란 가면(?)을 쓰고 지내곤 있지만 그들의 진짜 정체는 '음악인'이기 때문이다. 평소 어떻게 지내든 음악하는 순간만큼은 다시 온전한 음악인이 된다. 그렇기 때문에 계속 음악인이 되어 활동하는 순간을 만들고 늘리며 의미를 부여하고 있는 것이다.

한편으론 뒤처지지 않기 위해서라도 계속 뭔가를 만들어 앞으로 나아가야

한다. 이게 메써드가 자신들을 정의하는 '방법'이다. 아울러 서로가 간극을 극복하고 이뤄낸 합의의 핵심이 여기에 있을 것이다.

그래도 일이 많긴 한 것 같다며 웃는다. 하지만 멈추거나 줄일 생각은 없다. 이는 이들 밴드 이름 '메써드'에 걸린 주박 같은 것이라며 재하는 말을 잇는데.

"말 그대로 '방법'이란 뜻, 음악이라는 큰 카테고리 안에서 계속 한 곳에 머물지 않고 앞으로 나아간다, 방법을 찾아 전진한다 그런 의미예요. 이름을 잘못지었어요. 계속 찾아요 (웃음)"

메써드? 방법? 메탈 밴드의 이름이니 아마도 뭔가 주술적인 의미가 있겠지, 왜 저주 건다는 의미로 '방법 한다'는 말도 있고, 그런 류겠지 하고 짐작했건만 꼬지 않은 심플한 뜻을 갖고 있다. 그럼에도 불구하고 재하 말대로 밴드명이 주박처럼 작동하기라도 하는 것인지 방법 찾기가 끝이 보이지 않는다.

끝이 보이지 않지만 어쨌든 음악이라는 큰 틀 안에서 멈추지 않고 계속 나아갈 수 있는 '방법'을 찾는 것, 일을 만들고 고민하고 전진하는 것이 재하가 음악을 대하는 태도이고 밴드를 이끌어 가는 방식이다. 고되지만 왕도 같은 게 있을 리가 없다. 말 그대로 '계속 찾는' 수밖에. 이런 '방법'에 대한 고민은 인터뷰 말미까지 이어진다.

"버스 안에서 이거 꼭 안고 설레던"

방법 찾기에 나서게 된 재하의 여정, 그 시작점 이야기를 들어보자. 그는 어떤 계기로 처음 기타를 잡게 됐고 어떻게 음악이라는 길에 발을 들여놓게 된 것일까.

"그게 확실하게 기억은 잘 안 나요. 제가 14살? 15살 넘어갈 무렵에 키타를 처음 접하게 됐는데 처음부터 일렉을 잡았던 건 아니에요. 키타의 매력을 처음 부터 알진 못했어요. 몰랐고 이제 나중에 음악 들으면서 스스로 합리화를 좀 시킨 거 같긴 한데, '어라 키타 소리가 좋게 들리는데?' 이러면서 서서히 합리화 해가면서 매력에 빠져들게 된 것도 같고. 키타를 치게 된 명확한 계기 이런 건 잘 기억이 안 나요"

명확한 계기는 잘 기억이 나지 않는다. 이해해 달라. 그도 이제 곧 지천명知天命이다. 십대 때의 화질이 흐릿할 법도 할 나이이다. 그리고 기억하자. 강한 남자는 '기타'를 '키타'로 발음한다.

재하는 기타라는 악기가 가진 소리나 연주의 매력에 눈떠 빠져들었다기보다는 일렉 기타의 외양 자체에 먼저 더 끌렸다고 한다. 통기타나 클래식 기타와 달리 일렉 기타를 감싸고 있는 번쩍거리는 그 금속감과 들쑥날쑥 다양하고도 멋지게 빠진 목재의 바디감은 그에게 설명할 수 없는 로망을 불러일으켰다.

"그때는 오프라인 키타숍이 되게 많았잖아요. 그러니까 어떤 로맨스 같은 게 있었죠. 전자 키타 자체만의 설렘이 있었어요. 연주 그런 거보다 그냥 키타 자체가 되게 매력적이었어요. 그러다 V자 키타를 보니까 더 빠져 버리더라고요. 그

러면서 '백스테이지Back Stage[1]'에서 영상 본 거랑 겹치면서 나도 무대에서 저렇게 연주하고 싶다 그러니까 키타 연주 자체보다는 그런 어떤 설레는 이미지, 이미지가 먼저 있었어요. (중략) 당시 백스테이지 같은 게 많았어요. 지방이지만 그래도 한 20평 안되는 공간에 프로젝트 하나로 작게 틀어놓고 콜라 마시면서 뮤직비디오 보고. 금방 망했지만 그래도 거기서 봤던 뮤직비디오들이 큰 자극이 되기도 했거든요"

재하는 강원도 '동해'에서 나고 자랐다. 동해는 당시 강릉에서도 버스를 타고 40분 정도 더 들어가야 닿을 수 있는 곳이었다. 작은 소도시였지만 갖출 건 나름 다 갖추고 있었다. V자 기타가 걸린 기타숍도, 백스테이지와 비슷한 뮤직비디오 감상실도. 그렇게 번쩍이는 기타와 뮤직비디오를 보며 품게 된 로망은 그를 동해에서 서울로 이끌었다.

"많으면 한 달에 한 번, 적으면 두세 달에 한 번씩 서울에 왔었어요. 악보 사러. '마스MARS[2]' 있잖아요 신촌에. 그리고 복사 비디오 이런 거 사러 온 거예요. 그리고 낙원 상가 들러서 이거저거 사기도 하고. 버스 타면 6시간 걸렸던가. 당일치기해야 되니까 첫 차 타고 와서 짠짠짠짠 돌고 저녁에 그렇게 갔죠. 그런 기억이 많이 남아요. 막 그 버스 안에서 이거 꼭 안고 설레던 예 그런 기억"

선망하던 일렉 기타를 손에 쥐게 된 건 열일곱 무렵이었다고 한다. 이후 그는 장시간의 버스 이동도 마다 않고 서울을 빈번히 오가며 악보를 사고 복사 비디오를 구하고 갖가지 기타 장비들도 사 모으기 시작했다. 그렇게 그는 독학으로 기타를 익혔고 열여덟 무렵, 독학 일 년 만에 밴드를 처음 결성하게 된다.

---

1 90년대에 홍대에 자리했던 뮤직비디오 감상실. 당시 희귀했던 해외 뮤직비디오들을 볼 수 있는 곳이었고 이로 인해 나름 해외 음악이 국내에 유입되는 창구 같은 역할을 하기도 했던 곳이다. 90년대 홍대 씬을 상징하는 아이콘 중 하나로 여겨지며 그만큼 서울이나 지방의 밴드맨들, 리스너들이 많이 모여들었던 곳이기도 하다. 사람들이 모여들다 보니 이곳에 마련된 게시판을 통해 멤버를 구하기도 했다. 90년대에는 전국에 이와 비슷한 뮤직비디오 감상실이 여럿 존재했었다.

2 신촌에 있었던 악보 전문점. 당시 구하기 어려웠던 해외 밴드들의 악보 복사본을 판매했었다.

"그러니까 18살 무렵 처음 밴드를 시작했는데 '제우스'라는 밴드였어요. 고향 선후배들이 모였죠. 불알친구, 친동생, 동네 형 이렇게 해서 밴드를 만들고 바로 대학교 축제 공연도 하고 했었어요. 우리 동네에는 여건이 그 공연 문화가 없다 보니까 버스로 1시간 거리에 있는 강릉이나 삼척, 속초 이런 데 대학교 축제에서 공연하고 그랬어요. 그렇게 활동하다가 이제 저 혼자 서울로 온 거죠. 그렇게 2001년에 제우스는 해체가 되고 2002년에 메써드를 시작해서 지금까지 하고 있네요"

제우스는 짧게 활동하고 해체됐지만 당시 만들어 연주했던 곡들 중 다수가 메써드 1집 《Survival Ov the Fittest》에 수록되었다고 한다. 그나저나 기타 독학 일 년 만에 밴드를 결성하고, 결성하자마자 여러 대학 축제에 불려 다닐 정도로 실력을 인정받았고, 심지어 그때 만든 곡들이 메써드 앨범에 수록될 정도의 완성도를 갖췄다고? 이 정도면 뭐 여기도 신동 아닌가 싶다. 아니면 재하야말로 이것저것 재는 거 없이 과감하게 밴드를 시작한 모범 사례(?)가 아닌가 싶기도 하고.

두근거림에서 시작됐다. 악기숍에 걸려있는 번쩍이는 일렉 기타를 보며 알 수 없는 설렘에 사로잡혔고, 뮤직비디오 속 연주자들을 보며 밴드에 대한 가슴 뛰는 이미지를 품에 담았다. 6시간 걸려 집으로 돌아오는 버스 안, 십대 시절의 그의 품에 가득 안겨있던 악보와 뮤직비디오는 기대감으로 그를 들뜨게 만들었다. 밤길을 달리던 그 시절 버스 안, 차창 밖으로 내다보이는 어두운 풍경, 그 풍경을 어슴푸레 비추는 밤하늘의 빛나는 별들. 설렘과 기대감으로 부푼 그에게 그 어두운 풍경은 연주자를 기다리는 불 꺼진 무대처럼 보이지 않았을까. 그렇게 두근거림으로 시작된 여정, 가슴을 '쿵'하고 치던 그때의 첫 맥박은 지금도 여전히 뛰고 있다.

"합주만 하려고 해도 지금도 막 가슴이 두근두근 거려요 (웃음)"

"벽 위에다가 '틱' 하고 하나만 쳐도 '우와' 둘이 뭔가 교감이 생기잖아요"

밴드 뭘까? 뭔데 그렇게 재미있고 재미있다는 거고 합주만 하려고 해도 여전히 가슴이 뛴다고 말하는 걸까. 뭔데 자꾸 코드 세 개 외웠으면 밴드 하라고 보채는 걸까. 재하의 경우를 들어보자. 밴드 왜 하냐고 물어보면 저마다 다른 듯 비슷한 답을 또는 비슷한 듯 다른 답을 내곤 하는데 재하의 경우는 어떤지 들어보자.

"뭐 단순하죠. 혼자 연주하기 싫어서. 여러 악기들이 만났을 때 나오는 그 맛을 봤잖아요. 그래서 하는 거죠. 맛을 봤기 때문에. 혼자라면 그냥 혼자만 생각하고 느끼고 뭔가 오고가는 교감이 없잖아요. 근데 모여서 하면 뭔가 하나 그냥 벽 위에다가 '틱' 하고 하나만 쳐도 '우와' 둘이 뭔가 교감이 생기잖아요. (웃음) 그게 밴드라고 생각합니다. 그게 가장 본질적이라고 저는 봐요. 서로 화합하고 그런 건 나중 문제고 같이 있다는 것 자체만으로도 뭔가 든든하고 뭐 그런 거"

'혼자는 외롭고 교감이 없잖은가. 교감하려고 하는 거다'라는 답. 너무 액면 그대로 답하는 것 아닌가라는 생각이 들다가도 어쩌면 이야말로 밴드를 하는 가장 본질적인 이유 아닐까 하는 생각도 든다.

서로 공감하고 이윽고 공감을 넘어 교감하면서 느끼게 되는 왠지 모를 짜릿함과 숨동 드이는 느낌. 이것만큼 사람을 고립감으로부터 해방 시켜주는 감각이 따로 있을까. 이런 교감이야말로 우리가 맺는 수많은 관계 속, 바라 마지않는 높은 수준의 감각이겠지만 아쉽게도 모든 관계가 이런 교감에 다다를 수 있는 것도 아니고 모든 관계가 이런 교감을 추구하는 것도 아닐 것이다.

밴드는 다르다. 교감을 목적으로 한다. 교감할 준비가 되어 있는 사람들이 작정하고 모여 음악적 교감을 추구한다. 그러니 벽에 '틱' 하고 소리 하나만 내도 '우와'하는, 불에 기름을 부은 듯한 화학작용이 일어나는 것이다. 이게 재하가 밴드를 하는 이유이자 밴드에서 느끼는 가장 본질적인 재미이다.

"일단 뭐든 마음껏 펼칠 수 있는 공간이 있는 게 중요해요. 조금 어렵더라도 으쌰으쌰해서 작더라도 같이 모일 수 있는 공간, 그 공간을 만드는 게 중요하고 거기서 다 시작된다고 봐요. 합주실이라는 게 꼭 합주만 하는 게 아니잖아요. 한 두 시간씩 일찍 와서 서로 일상 얘기도 하고, 서로 일상 얘기하고 합주하는 거랑 그거 없이 하는 거랑은 완전히 다릅니다. 끝나고도 또 오늘 합주에 대해 얘기하고 그런 시간을 가질 수 있는 공간 그런 공간이 중요하더라고요"

그런 재미, 교감을 마음껏 나누기 위해선 무엇이든 마음껏 펼칠 수 있는 자신들만의 공간이 필요하다. 그래서 밴드는 어렵더라도 꼭 그런 공간, 자신들만의 합주실을 갖추는 게 중요하다고 재하는 강조한다. 일리 있는 이야기이다. 오래전 일이긴 하나 나 역시 밴드 처음 시작할 즈음에는 합주실을 직접 꾸렸었다. 멤버들과 지하실을 보러 다녔고, 계약하고, 지하실에 방음벽 대신 계란판을 붙여가며 우리들만의 공간을 만들었다. 그러다 비 오면 지하에 고인 물 퍼내고, 합주하다 전기도 먹고, 때론 시끄럽다고 민원이 들어가 경찰차 뜨고 등등등. 결국 이런 일련의 반복되는 과정에 너무 지쳐 지금은 합주실을 포기한 지 오래다. 그래도 곰팡내 나는 합주실에서 멤버들과 도란도란 얘기 나누고 술 사다 마시고 했던 일들, 그렇게 멤버들과 음악과 일상을 교감했던 일들은 지금도 그리운 기억으로 남아있다.

합주실을 갖추고 있는 편이 여러모로 이점이 있는 것은 분명하다. 가능하다면 재하의 조언대로 직접 꾸려 보기를 권한다. 다만 여의치 않다면 여타 밴드들이 그렇듯 한두 시간씩 유료 합주실을 대여해 사용하는 것도 방법이다. 전용 공간이 있는 게 당연히 최상이긴 하겠지만 밴드 저마다 자신의 상황에 맞게 잘 운용하는 게 결국엔 최상의 방법이다.

"그 공간이라는 게 꼭 다 같이 모이지 않더라도 혼자 가서도 할 수 있잖아요. 혼자 가더라도 멤버가 4명이라고 치면 그 나머지 3명은 누군가 혼자 가서 연습하고 있다는 걸 알잖아요. 거기서 무언의 어떤 믿음 같은 게 생기는 거죠.

저는 합주실이라는 공간을 그렇게 보거든요. 꼭 다 모여서가 아니라 누가 혼자 가더라도 나머지 친구들이 같이 있다고 생각을 하거든요"

어쨌든 합주실이 따로 있다는 건 집-회사-집-회사-집-회사 외에 마음 둘 곳 한군데가 더 있다는 것이다. 항상 '같이 있다'란 감각이 어딘가 좀 부담스럽긴 하지만 그 감각은 결국 신뢰라는 이름으로 공간에 쌓일 것이다. 멤버들과 함께 일상을 공유하고 음악을 쌓아가며 마음껏 교감할 수 있는 공간, 재하에겐 그 공간이 무엇보다도 중요하다.

"거기서 다 시작된다고 봐요. 모일 수 있는 우리만의 장소, 거기서부터 시작되는 거니까"

"음악적인 색깔? 건방지게 얘기하면 이제 조금 알 것 같아요"

2002년 결성된 메써드는 이제 어느덧 활동 햇수 이십여 년을 훌쩍 넘긴 밴드가 됐다. 결성 당시의 메써드 그리고 이십여 년이 흐른 지금의 메써드, 이 사이에는 쓰래쉬 메탈이란 장르를 좇아 한결같이 달려온, 방법을 찾아 고민하며 보내온 두터운 시간이 자리하고 있을 것이다. 한 장르 안에는 수많은 밴드들이 존재하며 밴드는 저마다의 방식으로 그 장르를 재정의하고 있다. 메써드는 자신들의 쓰래쉬 메탈을 어떻게 정의하고 있을까. '메써드의 쓰래쉬 메탈'이 궁금했다.

"사실 저는 쓰래쉬 메탈이 본질은 아니에요. 물론 뿌리는 거기에 있죠. 시작은 쓰래쉬로 했죠. 근데 그 안에 갇히고 싶지 않았어요. 흔히 '쓰래쉬 빅 포Big Four[1]'라고 하잖아요. 그 틀이 너무 싫었어요. 뿌리는 같되 뭔가 우리만의 스타

---

1 메탈리카(Metallica), 슬레이어(Slayer), 메가데스(MegaDeth), 앤쓰랙스(Anthrax)를 말한다.

일을 하고 싶었고, 쓰래쉬가 미국 음악이긴 하지만 저는 유럽 쪽을 더 차용하고 싶었어요. 그런 고민을 많이 해왔고 지금도 마찬가지로 고민하고 있고요. 예전엔 좀 삽질하고 그러던 때도 있었죠. 근데 이제 좀 찾았다고 해야 되나. 음악적인 색깔? 건방지게 얘기하면 이제 조금 알 것 같아요”

같은 뿌리에서 흘러나온 음악이지만 다른 결을 갖고 싶었다. 특정 스타일에 의존하고 싶지 않았고 틀에 갇히고 싶지 않았다. 기존과는 다른, 변별력 있는 자신만의 스타일을 갖추고 싶었고 그렇게 계속 방법을 찾아 고민하고 노력해 왔다. 내적으로는 멈춤 없는 변화를 추구하고 과감한 차용을 더하며 스스로를 갱신하는 데 노력을 기울였고 외적으로는 틀 밖으로 음악을 확장하려 애썼다. 그러다 보니 삽질처럼 보였던 때도 있었지만 그런 과정을 거쳐온 지금, 이제서야 자신들 음악에 어떤 색깔을 어떻게 입혀야 할지 붓질을 조금은 할 수 있게 된 것 같다고 재하는 이야기한다.

“저는 드라마틱한 걸 좋아합니다. 구성력 있는 곡이랄까. 하다 보니 제가 유럽 쪽하고 좀 맞다 점점 그걸 알게 되더라고요. 내 스스로 만족하는 정도가 이런 거구나 하는 걸 서서히 알게 되더라고요. 그래서 요즘은 곡들마다 테마가 있긴 해도 다양한 색깔이라기보다는 한 색깔로 다양하게 이런 느낌을 주려고 해요”

다양한 테마를 드라마틱하게, 하지만 결국 하나의 색깔로 어우러지는 일관성을 갖게. 이런 것들이 요즘 재하가 주목하고 있는 부분이라고 한다. '다양한 색깔보다는 한 색깔로 다양하게'라니 그거 어떻게 하는 건지 조금 궁금하긴 하다만 두터운 시간 거치며 결론지은 재하만의 작곡 모토일 것이다. 근래엔 작곡 방식에도 조금은 변화가 생겼다.

“전엔 약간 무식한 방법으로 곡을 썼어요. 마음에 드는 어떤 한 구간을 만들면 그걸 끊임없이 반복해서 들어요. 그리고 거기 계속 덧붙여서 그림을 만드는 스타일이에요. 그게 이제 정리가 되고 나면 그때 이제 채보를 해서 악보로 옮기고 녹음, 데모를 만들어서 또 모니터를 해봐요. 이게 막상 데모 만들어서 들어보면 생각했던 거랑 또 다르거든요. 수정을 하고 또 하고. 그런 훈련을 오랫동안 해왔어요. 근데 하다 보니 이런 과정 없이 그냥 한 번에 딱 하는 게 가장 좋다는 생각이 들더라고요. 수정하면서 계속 끼워 맞추는 것보다 그냥 나오는 그대로 '짠짠짠' 가는 게 낫더라고요. 그래서 지금은 이상하더라도 그냥 그 느낌 그대로 가려고 합니다"

그간 고수해 오던 정공법만으로는 어딘가 성에 차지 않았다. 그래서 이젠 정공법도 조금은 내려놓았다. 수정에 수정을 거듭하며 공들여 끼워 맞춰 나가기보다는 조금 이상하고 어색하더라도 손끝에서 터져 나오는 순간 그대로를 포착하는 방식으로 곡을 쓰려고 노력하고 있다.

들다 보니 〈꽃밭에서〉란 곡의 가수 '정훈희'의 인터뷰가 생각난다. 그녀는 작곡가에게 곡을 받으면 연습을 한두 번 정도만 하고 바로 녹음에 들어간다고 한다. "연습을 너무 하면 곡이 오히려 생기를 잃는다. 곡이 아직 낯선 상태, 음미할 것이 남아 여전히 스스로에게 감흥을 불러일으키는 상태여야만 곡에 생기를 불어넣을 수 있기 때문이다"라고 그 이유를 밝혔던 것으로 기억한다. 재하도 이와 비슷한 노력을 기울이고 있는 것 같다.

사실 곡 쓰는 데 정해진 규칙, 더 나은 방법 같은 건 따로 없다. 작곡자 저마다 자신에게 맞는 방법이 있을 뿐이고 그 방법이란 것도 생각에 따라 상황에 따라 취하기 나름이다. 나는 애초 채보 같은 걸 해본 적이 없다. 작곡에 그나마 정해진 게 하나 있다면 어떻게 하면 곡의 느낌을 더 잘 살릴 수 있을까, 어떻게 하면 더 감흥으로 가득 찬 곡을 쓸 수 있을까 하는 고민 하나만큼은 곡 쓰는 사람 모두에게 정해진 듯 주어진 것 아닐까 싶다.

"음악 저는 굉장히 많이 듣는 편입니다. 그거밖에 없더라고요. 곡 만들기 위한 재료, 소스는 음악을 많이 듣고 스스로 많이 느껴야 하는 거 그거밖에 없어요. 많이 듣되 그냥 흘려보내지 않고 좀 더 깊이 듣는 거지. 좋은 음악들 너무 많이 쏟아져 나오잖아요. 사운드도 거의 뭐 상상 초월하는 사운드도 나오고. 많이 듣는 게 중요한 거 같고, 근데 최근에 저는 옛날 음악들 다시 찾아 듣습니다. 다시

들으면서 전에는 몰랐던 그 시대의 진정성 이런 걸 다시 느끼게 되기도 하고, 그러면서 영감을 받게 되기도 하더라고요. (중략) 저는 카피도 여전히 많이 하는 편이에요. 게다가 예전에 카피했던 곡들도 다시 연주해 보면 예전 느낌하고 또 달라요. 진짜 몸으로 바로 느껴지는 게 있기도 하고 톤 메이킹Tone Making[1]도 달라지고요. 네 맞아요. 작곡은 그렇게 익힌 것들로 해석을 또 다르게 하는 거죠"

　　메써드의 쓰래쉬 메탈은 뻔한 걸 답습해서는 안 된다. 드라마틱한 전개를 갖춰야 하고 그 전개는 끼워 맞춘 듯 인위적이어서는 안 되며 자연스럽고 폭발적인 에너지를 담고 있어야 한다. 곡마다 테마를 다르게 하고 있어도 메써드라는

---

1 일렉 기타의 소리, 질감을 만들어내는 것을 말한다. 일렉 기타로 연주되는 곡들은 톤 즉, 기타 소리의 질감이 굉장히 중요하며 질감 자체만으로도 곡의 이미지가 결정되기도 한다. 저마다 다른 특성을 가진 기타 앰프 자체로 질감을 만들기도 하고 전기 신호를 변형하는 다양한 이펙터를 활용해 연주자 저마다의 독특한 질감을 만들어내기도 한다.

하나의 색깔로 덧칠되어야 하며 때로는 쓰래쉬 메탈이라는 범주마저도 벗어나 과감하게 넘나들 수 있어야 한다. 여기까지가 재하의 입을 통해 들을 수 있었던 메써드의 쓰래쉬 메탈이다. 그가 말하려던 걸 온전히 이해한 건지는 모르겠지만 메써드의 쓰래쉬 메탈을 만들기 위한 그의 노력, 방법 찾기가 끝이 없음은 이해 할 수 있을 것 같다.

한편 재하는 답습하지 않기 위해 답습을 한다. 그의 답습은 많이, 깊이 듣기 그리고 많이 따라 해 보기이다. 다시 말하지만 작곡은 창작이지 창조가 아니다. 평소 다양한 음악을 들으며 주의 깊게 답습한다. 신구 가릴 것 없이 많은 곡들을 카피하며 손으로 몸으로 익힌다. 이것들 모두 창작을 위한 재료가 되고 영감이 된다. 앞서 피컨데이션의 종하는 작곡을 '재생산'에 비유했고 재하는 '재해석'에 비유하고 있다. 재생산, 재해석 하기 위해 이들이 특별한 것에 시간을 들이고 있는 것은 아니다. 그저 많이 들어보고 많이 해보고 있을 뿐이다. 작곡을 위한 워 밍업은, 물론 계속 이어가야 하는 워밍업이긴 하지만, 이 두 가지로 충분하다. 첨언하자면 카피도 꼭 곡 전체를 다 할 필요도 없다고 본다. 마음에 드는 구간이 있다면 그 구간들만 연습해 보는 것도 좋은 방법이 될 것이다. 재생산, 재해석 혹은 다른 무엇이 되었든 여러분만의 무언가를 손에 쥐길 바란다.

"한 편의 영화를 본 것 같다"

메써드는 지금까지 총 5장의 정규앨범과 2장의 EP를 발표했 다. 앞서 말한 대로 라이브도 정말 왕성하게 하고 있는 밴드이다. 메써드는 앨범 그리고 무대를 통해 어떤 이야기를 하고 있는 것일까. 이들이 음악으로 표현하 고 싶은 것, 전달하고 싶은 것은 뭘까. 메써드의 메시지에 대한 이야기를 이어가 보자.

"짧은 영화 한 편, 메탈 사운드로 가득한 영화 한 편 보는 것 같은 느낌 그런 걸 주고 싶어요. 사실 이어폰으로 음악 듣는 거랑 라이브로 공연 보는 거는 조금 다를 수 있잖아요. 그 둘이 갭이 좀 있지만 욕심을 낸다면 공통적으로 '아 한 편의 영화를 본 것 같다' 그런 느낌을 주고 싶어요. 그런 느낌을 좀 추구하고 있는데 그러다 보니 자꾸 곡이 길어지는 것 같아요. (웃음) 아직 그게 좀 숙제이긴 해요. 어떻게 하면 짧으면서도 인상적인 타격감을 줄 수 있는 곡을 만들 수 있을까 그런 고민을 하고 있죠"

'느낌을 주고 싶다'. 이게 메써드 메시지의 핵심인 것 같다. 가사를 통해 전달되는 명확한 메시지보다는 메탈 사운드로 가득한 한 편의 영화를 본 것 같은 느낌, 청자들로 하여금 그런 체험을 하게 만들고 싶다라는 게 이들이 표현하고 싶고, 전달하고 싶은 메시지이다.

"흔히 보컬이 뭔가 잘 표현해야 된다고 하지만 난 메탈에서는 좀 그건 아니라고 생각하거든요. 보컬보다는 그 사운드 진짜 '쇳소리'가 저는 먼저라고 보기 때문에 그 쇳소리 안에서 사람들이 뭔가 느꼈어 저는 그게 중요하다고 생각해요."

메탈 음악이 들려주는 철이 날리고 불꽃이 튀는 소리, 묵직한 타격감, 때론 쇠가 갈리는 듯한 표독스러운 소리, 쇳가루가 귀에 쏟아지는 듯한 그 소리에서 사람들은 뭘 느끼게 될까. 저마다 감상은 다르겠지만 귀를 파고드는 그 소리는 분명 청자들 마음속, 철 같은 무언가에 닿아 금속이 서로 공명하듯 몸을 떨게 할 것이다. 그런 의미에서 보컬 역시 메써드에게는 철의 일부일 뿐이다.

대사만 읽으러 영화관에 가는 사람은 없다. 암전된 공간 안에서 눈앞에 펼쳐지는 두 시간여의 가상 체험. 그 체험이 사람들을 열광하게 만들고 눈물 짓게 만들며 분노하게 만들고 결국 무언가를 느끼게 만든다. 메써드는 음악으로 바로 그런 지점에 가닿고 싶은 것이다. 길게는 한 시간, 짧게는 삼십여 분 동안의 쇳

소리 안에서 사람들이 뭔가 하나 느낄 수 있게 만드는 것, 체험하게 하는 것, 이게 메써드가 추구하는 메시지이다.

"가사는 제가 테마 정도만 잡고 보컬이 거의 다 써요. 사회 비판적 이야기 그리고 인간 내면 이야기를 많이 다루고 있지만 너무 깊게 가지는 않고요. 보컬 라인도 보컬이 쓰는데 이것도 꽤 시간을 많이 들여 작업을 해요. 우선 보컬한테 데모를 엄청 많이 듣게 해요. 그리고 어느 시점에 이제 다음 단계로 넘어가야 되잖아요. 근데 그때 시간을 더 줘요. 모니터링 충분히 할 수 있게. 많이 듣고 바꿔가면서 보컬이 곡에 딱 녹아 들게끔 시간을 충분히 더 들여요"

영화 대본처럼 가사에 테마를 담는다. 그리고 테마를 실은 보컬 라인을 용광로에 쇠 녹이듯 사운드에 섞어 담금질을 한다. 이윽고 보컬 라인이 사운드에 딱 녹아드는 그 지점, 거기 도달할 때까지 시간을 충분히 들여 수정에 수정을 거듭한다. 방법 하나 서툴리 하는 법이 없다. 그야말로 제철소 작업 공정 같은 이야기다.

처음에 짧은 영화 한 편 감상한 듯한 느낌을 주고 싶다란 말을 듣고 일본의 소설가 마루야마 겐지가 떠올랐다. '영화 같은 소설을 넘어 영화를 대체할 수 있는 소설 쓰기를 추구한다'던 그의 발언을 어디선가 봤는데 메써드의 추구가 이와 닮은 듯하다. 다만 영화는 영화의 영역이, 소설은 소설의, 음악은 음악의 영역이 있는 터라 대체까지는 어렵지 않나 싶지만 무언가 하나 느끼게 되는 체험이란 측면에선 모두 접점이 있는 것 같다. 메써드의 그런 영화적 추구가 앞으로 또 어떤 식으로 표현될지 청자로 하여금 어떤 체험을 얻게 만들지 기대하게 된다.

"**그**건 주도자가 있어야 돼요"

앞서 잠깐 소개했듯 메써드는 재하의 두 번째 밴드이다. 재하의 첫 밴드는 제우스였고 재하는 그때부터 이미 자작곡을 쓰기 시작했다. 어떻게 보면 재하나 나나 밴드에게 자작곡이란 너무도 당연한 것이라 이걸 굳이 밴드와 따로 떼어내 생각해 본 적이 없다. 그래서 간혹 카피에만 만족하는 밴드들을 보면 아쉬운 생각이 드는 게 사실이다. 왜 더 욕심내지 않을까 하는 생각이 들어 재하에게 얘기하니 이야기 하나를 들려준다.

"저도 이제 연주 잘하는 친구한테 한 번 물어본 적이 있어요. '너는 왜 곡을 안 만드냐?' 하니까 '아 몰라 모르겠어. 난 카피가 좋아. 곡 만들려니까 머리 아파' 그냥 단순하게 이거예요. '창작까지 하면서 내가 이거 해야 하나?' 뭐 그런 거예요. 걔 얘기가 다는 아닐 수 있지만, 이게 창의적인 거랑 카피하는 거는 괴리가 좀 굉장히 큽니다"

음악을 즐기는 방법은 저마다 다양하니 사실 왈가왈부할 여지가 있는 이야기는 아니다. 그래도 대기실에서 다른 밴드들의 연주를 듣다 보면 연주력이, 잠재력이 아깝단 생각을 지우기가 어렵다.

"그렇긴 하죠. 근데 그건 주도자가 있어야 돼요. 그러니까 예를 들어서 그 밴드 중에서 한 명이라도 누가 곡을 만들려고 노력을 하면 그렇게 시작되는 거잖아요. 베이스가 만들 수도 있고 드러머가 만들 수도 있고 보컬이 만들 수도 있고"

어떤 밴드들은 실제로 이렇게 시작이 됐다. 카피만 하다가 누군가 불쑥 나서면서부터 시작이 된 경우가 여럿 있다. '창의적인 것과 카피의 괴리감'이란 게 좁히기 어려운 큰 것처럼 보이기도 하지만 이렇게 누구 하나 덜컥 한 걸음 나서면 의외로 바로 좁혀지는 거리일 수도 있다. 그렇게 시작되기도 한다.

그 결과 드디어 누군가 곡을 하나 만들어 왔다면 또는 테마가 되는 메인 리프를 합주실에 들고 왔다면 거기에 함께 뼈를 덧대고 살을 입혀 보는 것도 음악을 즐기는 또 다른 방법이 될 거라 생각한다. 줄곧 카피만 하란 법도 없지 않은가. 뒤잇는 밴드들의 인터뷰에서도 언급이 되겠지만 '처음부터 명곡' 이런 건 없다. 창의성에 대한 스트레스 이전에 좋은 곡을 써야 한다는 압박감을 먼저 내려놔야 하는지도 모른다.

작은 것부터 하나하나 쌓아가는 거고 그러다 보면 어느덧 괴리감이 뭔지 잊은 채 그 과정을 즐기고 있는, 음악을 다르게 즐기고 있는 자신들을 발견하게 될 수도 있다.

"합 이죠. 코드 하나로 네 명이서 연주하든 세 명이서 연주하든"

밴드도 사람 모이는 곳이다. 원하든 원치 않든 사람이 들어오고 또 나가게 된다. 재하의 이야기에 따르면 메써드는 지난 이십여 년 간 일고여덟 명 정도의 멤버가 밴드를 거쳐 갔다고 한다. 보기에 따라 많게도 적게도 보일 수 있지만 이렇듯 몸담았던 밴드를 탈퇴하게 되는 데에는 사람 일 그렇듯 저마다의 사정이 있기 마련이다. 일 때문에, 결혼, 육아 같은 가정사 때문에, 성격 차 또는 말 못할 사정으로 등등. 어쨌든 재하는 일고여덟의 멤버들을 떠나보내는 과정을 겪으며 이윽고 본인 스스로도 변하게 됐다고 말한다.

"인원수는 중요한 게 아니고 그렇게 떠나보내면서 제가 생각하게 된 게 있어요. '아 이대로 가다가는 이거 계속 반복되겠구나' 하는. 그래서 바꾼 게 뭐냐면 날 낮췄어요. 집착하니까 결국 부서지더라고요. 리더들이 좀 집착이 심하잖아요. (웃음) 결국 인간적인 게 좀 맞아야 하는데 그거 없이 음악이란 카드만 내밀면 결국 멀어질 수밖에 없더라고요"

리더는 멤버들 중 가장 부지런할 수밖에 없다. 집착처럼 보일지 몰라도 리더로서 음악적으로 바지런히 수를 준비하고 카드를 내밀었는데 그것만이 리더의 역할은 아니었던 것이다.

"곡 다 만들어서 악보까지 다 만들어주는데 연습 안 해오면 '내가 지금 뭐하는 거지?' 그러면서 속에서 열불이 터지는 거예요. '내가 지금 이 밴드에서 뭐하는 거야?' 하면서. 근데 내려놓은 게 어마어마하더라고요. 사실상 이제 다 동생들이잖아요. 그런데 지금은 동생들이 리더 역할을 해줘요. 그게 처음에는 굉장히 힘들었어요. 원래 내 영역이었잖아요. (웃음) 그걸 조금씩 나누니까 뭔가 서서히 합이 되더라고요"

재하는 밴드 A부터 Z까지 다 챙기며 멤버들 멱살 잡고 끌고 가는 독재형 리더였던 것 같다. 가장 많은 일을 하고 가장 많은 에너지를 쏟는다 자부하며 밀어붙이다 보니 그 에너지에 상응하는 반작용, 호응이 따라주지 않으면 속에서 열불이 터져 버리고 마는 것이다. 주변에서는 "밴드 그렇게 하면 멤버들 못 버틴다. 집착 버리고 권력을 좀 나누라"고 조언할 수도 있겠지만 정작 당사자에겐 그게 그렇게 쉬운 일이 아닐 것이다. 재하도 일고여덟 잃고 나서야 겨우 깨달았다.
그렇게 재하는 멤버들 간의 인간적인 '합'을 이루는 데에 좀 더 의미를 두게 됐다. 그리고 그 변화가 불러일으킨 차이는 어마어마하더라고 털어 놓고 있다.

"합이죠. 코드 하나로 네 명에서 연주하든 세 명에서 연주하든 합이 맞으면 그건 잘하는 거라고 생각해요. 그게 실력이다. 전에는 그걸 몰랐어요. '나만 잘하면 되지 뭐. 저 놈은 왜 나만큼 못하지?' 그런 생각했던 때가 있기도 했는데 결국 실력은 다 같이 나누는 거잖아요. 밴드에서 한 사람만 딱 잘한다는 거는 있을 수 없는 거죠"

밴드의 실력을 묻는 질문에도 재하는 그 또한 '합'이라고 답한다. 합이 곧 실력이라고 말한다. 인터뷰에 싣진 않았지만 잠비나이의 일우는 실력이란 곧 '팀워크'라 생각한다고 말해줬다. 합, 팀워크 결국 같은 이야기이다. 관객이 듣는 건 합과 팀워크로 어우러진 밴드 음악이지 특정 연주자의 난다 긴다 하는 화려한 연주가 아니다.

　재하와 일우가 말하는 합, 팀워크는 실력을 가리키는 중요한 키워드 중 하나이다. 재하 말대로 코드 하나 두고 셋이 연주하든 넷이 연주하든 실력 있는 밴드는 '합을 이룬 연주'를 보여준다. 그리고 그 합은 때로는 '인간적인 합'이라는 전제 없이는 버거운 것이기도 하다.

"**하**겠다는 마음만 상대에게 제대로 표출한다면 설 데는 충분히 많다고"

　자작곡도 어느 정도 준비가 됐고 합도 어느 정도 다져졌다. 이제 슬슬 관객들 앞에서 공연을 하고 싶은데 어디서부터 어떻게 시작해야 하는 걸까? 이제 막 시작하는 우리 밴드가 어떻게 하면 다른 팀들과 어울려 공연을 할 수 있는 것일까?

　앞서도 다뤘던 이야기이지만 재하의 생각도 들어보자.

　"예전에 좋았던 게 형들 얘기 들어보면 90년대나 이럴 때 락월드Rock World[1]에서는 신인 밴드는 무조건 오프닝 무대에 서고 그다음에 다섯 시 밴드, 여섯 시 밴드, 일곱 시 밴드 이렇게 올라갈 수 있었다는데 저는 반강제적이어도 그런 시스템도 필요하다고 봐요. 시작점에서 어떻게 가야 되고 그다음 어떤 단계로 가야 되고 이런 일종의 밴드 성장 과정에 대한 매뉴얼이 되는 시스템이 그게 이제는 없어졌잖아요. 클럽들도 신인 밴드들을 쳐다보고 어떻게 움직이는지 봐야 된다고 생각해요"

　방법을 말하기에 앞서 우선 시스템의 부재에 대한 아쉬움부터 이야기한다. 반강제적이긴 해도 하나하나 밟아 올라가는 시스템이 여전했다면 밴드 입장에서

---

1 93년 오픈, 97년 IMF 여파로 폐업한 신촌의 라이브 클럽. 신촌 인근을 포함한 일명 홍대 앞 라이브 클럽 중 최초로 오픈한 곳으로 알려져 있다.

는 그게 하나의 매뉴얼이 됐을 텐데 하는 아쉬움이고 그런 무대가 사라지다 보니 클럽 입장에서도 새롭게 등장하는 밴드들을 파악할 기회 자체가 적어지지 않았나 하는 아쉬움이다.

시작하며 처음 노크해 볼만한 구체적인 시스템, 눈에 보이는 매뉴얼이 사라진 게 아쉽긴 해도 클럽이 사라진 것은 아니다. 모르긴 해도 클럽 수는 90년대보다 훨씬 많아졌을 것이고 매 주말 곳곳에서 열리는 공연 수도 최소 그때의 배이상은 될 것이다. 그러니 구체적인 방법이 잘 안 보인다며 손 놓고 있을 필요는 없다.

"뜬금없긴 해도 그냥 공연장이든 클럽이든 찾아가서 '없는 오디션이라도 볼게요' 막 이런 용기가 필요하다고 저는 생각해요. 사실 웬만하면 '하지 마' 그러는 사람 없을 겁니다. 예를 들어 제가 하고 있는 헬라이드 Hell Ride[1]**공연에 누가 와서 '저희 헬라이드 서고 싶어요' 그러면 '어 근데 우리는 엄격한데' 이럴 테지만, 그래도 일단 한번 들여다볼 거 아닙니까. 저는 이게 중요하다고 생각하는데, 들여다본다고요. 또는 우리랑 안 맞아도 아는 후배들이나 동생들 중에 '아 얘들하고는 잘 맞을 수 있겠다' 그러면은 또 다른 기획하는 친구한테 소개시켜 주고 그런 구조잖아요. 처음이 제일 힘든 거고, 그 외에도 지금은 미디어가 좋잖아요. 그러니까 어떤 식으로 접근을 하든 내가 하겠다는 마음만 상대에게 제대로 표출한다면 설 데는 충분히 많다고 저는 생각합니다. 근데 이런 것도 걔네들만 할 수 있는 거예요"**

시스템이 없고 매뉴얼이 없다 해도 길은 분명 있다. 사라지는 추세라 해도 여전히 오디션 제도를 운영하고 있는 클럽들이 있고, SNS 같은 미디어를 활용한 홍보를 통해 그야말로 간접 오디션을 볼 수도 있다. 기획자나 클럽에 직접 메시지를 보내 볼 수도 있고 저만치 가고 있는 밴드들에게 같이하자고, 끼워 달라고 졸라 볼 수도 있다. 재하 말대로 마음, 열정만 제대로 상대에게 전달할 수 있다면 어떻게든 설 수 있는 무대를 찾을 수 있을 것이다. 시스템이 없고 매뉴얼이

---

1 2013년부터 시작, 매해 열리고 있는 헤비메탈 전문 기획 공연. 지금은 간접 참여하고 있지만 김재하가 처음 기획하고 시작한 공연 시리즈이다.

없다 해도 이 길에는 여전히 사람들이 있기 때문이다. 그런데 이게 의외로 아무나 할 수 있는 게 아닌 듯도 하다. 그러니 '걔네들만 할 수 있는' 대단한 일이라고 재하는 말하고 있는 것이다. 절로 되는 일에는 용기가 필요 없다. 설 무대는 용기로 찾는 것이다.

"**이** 씬은 마르지 않아요. 성장만 못 할 뿐이지"

씬에 막 진입하려는 밴드들에게 필요한 게 뭘지 이야기를 나눠봤고 그렇다면 메탈 씬에서 이미 수십 년의 시간을 보내온 밴드, 그 공기를 수십 년간 마셔온 밴드 메써드는 자신들이 속한 메탈 씬을 어떻게 바라보고 있을까. 메써드가 생각하고 느끼는 메탈 씬의 공기, 분위기에 대해 들어봤다. 누군가에겐 이제 앞으로 경험하게 될 분위기가 될 수도 있다.

"전과 다르게 뭔가 눈에 확 띄는 그런 변화는 없는 것 같아요. 새로 유입되는 관객들이 있긴 해도 크게 많아졌다는 느낌은 잘 안 들고 근데 최근 느끼는 건 젊은 친구들이 많아졌다는 걸 자주 느껴요. 20대 중반 관객들이 전보다 많아졌다는 걸 느껴요. 그리고 가끔 공연이 매진되는 경우가 생기기도 하거든요. 메탈 공연이 매진된다는 거 흔한 일 아니잖아요? 그래서 뭔가 큰 변화는 못 느껴도 뭔가 느낌이 나쁘지는 않다고 봐요"

케이팝이 다 쓸어 간 줄 알았던 20대가 공연장을 찾고 있고, 메탈 공연 매진 사례가 하나둘 늘고 있는데 이게 눈에 띄는 변화가 아니라고? 얼마나 큰 그림을 그리고 있길래 이런 배부른(?) 소리를 하나 싶기도 하다. 긴 시간, 큰 호흡으로 바라보다 보니 변화를 느낄 순 있어도 섣불리 동요하지는 않게 된 것일까. 어쨌든 분명 변화는 존재한다.

"전보다 관객이 많이 늘긴 한 것 같아요. 23년도 펜타포트 락 페스티벌 나갔을 때 한 3만에서 4만 명이 무대 앞에 모였는데 거의 20대들이더라고요. 그때 페스티벌 관계자랑도 얘기를 잠깐 나눈 적이 있었는데 이런 경우 처음이라고 자기들도 몰랐다고 '메탈이 이렇게 뽕이 있고 사람들이 좋아하는 줄 몰랐다'고 하더라고요. (웃음) 그러니까 이제 그쪽에서도 뭔가 느낀 것 같아요. '우리가 너무 메탈에 대해 선입견을 가졌나 이렇게 반응이 좋은데'. 이렇게 관계자들 선입견 같은 걸 깨부쉈다는 거에 대해서 저희도 굉장히 기뻤죠"

　즐기는 사람들이 많이 늘었다. 취향은 다양해졌고 더 열린 마음으로 다양한 음악을 경험하고 있다. 락 페스티벌이라고 해서 '락'이 걸림돌이 되지 않는다. 이제 사람들은 이를 페스티벌 자체로 즐기고 있다. 이렇듯 음악에 대한 대중의 수준은 높아졌는데 이걸 여태 몰라보고 선입견에 갇혀 있는 건 되려 공연 당사자들인지도 모르겠다.

　메써드에게 펜타포트 락 페스티벌은 대중의 수준을 확인한 자리이자 메탈이라는 비주류의 길을 묵묵히 걸어온 자신들의 존재감을 다시 한번 확인하는 자리였을 것이다. 더불어 3,4만 명이 메써드의 음악을 즐기고 있는 광경을 상상해보니 이런 공연, 이런 문화를 대중이 '접할 기회'에 대해서도 다시 한번 생각해보게 된다.

　"메탈 씬, 이 씬은 마르지 않아요. 성장만 못 할 뿐이지. 그러니까 활동하고 있는 많은 밴드들이 좀 더 파이팅을 해서 일을 더 만들어내면 사람들 그 선택권이 더 넓어지잖아요. 그렇게 그 새로운 친구들이 뭔가 접할 기회가 더 많아지게 되면 그렇게 되면 다행일 거라고 생각합니다"

　돌고 돌아 참 비슷한 얘기들을 한다. 재하도 잠비나이의 일우도 사람들, 대중이 이런 공연을 '접할 수 있는 기회'가 많아진다면 다행, 곧 모두가 행복해지지 않겠냐는 이야기를 하고 있고 그런 면에서 보면 문화 걱정이 끝이 없기는 재하 역시 마찬가지다. 그러기 위해서는 활동하고 있는 밴드들이 더 분발해야 한다고 주문하는데 이게 또 밴드들만의 몫은 아닐 것이다. 어쨌든 사람들에겐 아직 접할 기회가 충분히 주어지지 않았다, 접할 기회가 더 필요하다는 문제의식만큼은 더 널리 공유되길 바란다.

재하가 돌아본 근래의 메탈 씬 분위기, 공기는 대략 이렇다. 분명 변화가 감지되고 있다. 전례 없던 매진 사례가 생기고 있고 20대가 찾아들며 세대가 이어지고 있다는 뿌듯함이 든다. 마침 외적으로는 밴드 붐이라는 바람도 불고 있으니 변화에 크게 동요하진 않아도 바람을 탄 변화가 얼마나 크게 번져 나갈지 기대감을 품게 한다.

여담으로 재하는 실제로 '접할 기회'와 '선택권'을 넓히기 위해 여러 방면으로 분발하고 있다. 유튜브 스트리밍 공연도 그렇고 헬라이드도 그런 시도의 일환이다. 근래에는 '기타 도미네이션Guitar Domination[1]'이라고 하는 전례 없던 메탈 기타리스트 전문 공연도 만들어 선보이고 있다.

"'기타 도미네이션'도 여러 차례 하고 있는데 제 나름대로 기타라는 테두리 안에서 방법을 찾아 몸부림치는 겁니다. (웃음) 헬라이드를 했던 거는 이게 사실 아무도 안 불러주니까. (웃음) 그리고 사실 안 불러주는 것보다는 이제 좋은 무대, 좋은 환경을 밴드들에게 제공하고 싶었어요. 하다못해 무대 세팅 같은 것도 내 손으로 직접 해보고 싶었던 거죠. 잘 만들어진 무대 그게 밴드들한테 얼마나 기쁨을 주는지 알고 있으니까요. (중략) 그리고 국내에 메탈 교본 같은 게 없잖아요. 아직 그런 책이 없는 것 같아요. 고수들이 아니라 딱 처음 잡는 사람들이 메탈을 쉽게 이해할 수 있게 하는 그런 기타 교본을 만들고 싶어요. 그리고 기타 전문 레이블을 하고 싶은 생각도 가지고 있어요"

선택권을 넓히는 것, 접할 수 있는 기회를 만드는 것. 이건 대중의 기회이자 만드는 당사자에게도 역시 기회이다. 이렇듯 서로 간의 접점을 만들어내기 위해 재하는 몸부림을 치고 있다. 메탈 교본도, 기타 레이블도 마찬가지이다. 토네이도를 일으키는 나비의 날갯짓까지는 아니라 해도 몸부림이 일으키는 바람은 분명 그 접점에 가닿아 긍정적인 나비효과를 불러일으킬 것이라 생각한다.

---

1 김재하가 기획, 운영하고 있는 공연으로 2023년부터 시작, 매회 김재하 포함 4명의 전문 기타리스트들이 참여해 자신만의 개성 있는 연주를 선보이고 있다. 2025년까지 11번의 공연을 치렀다.

"역할을 한 50% 이상만 지켜준다면"

인터뷰를 조금씩 마무리 해야겠다. 밴드 메써드를 만든 장본인이자 리더로서 긴 시간 한 길을 부지런히 달려왔다. 밴드란 것도 어찌 보면 결국 사람 만나는 일이다. 그간 많은 사람들을 만나왔고 한편으론 부득이 멤버를 떠나보내야 하는 일이 생기기도 했다. 그 과정에서 밴드도 인간적 합이 얼마나 중요한지 새삼 느끼게 됐고 이제는 그런 합으로 밴드를 하고 있다. 좀 더 들려줄 이야기가 있을 것 같다. 특히 밴드를 준비하고 있거나 이제 막 시작한 분들에게 '합'에 대해 더 들려줄 이야기가 있을 것 같다.

"개개인이 만나서 밴드가 되는 거니까 각자 자신의 역할을 한 50% 이상만 지켜준다면 그러면 뭐든 할 수 있지 않을까요. 어떤 목적으로 뭉쳤던 간에 밴드의 시작은 그렇게 해야 된다고 생각합니다. 자기 할당량이라고 해야 될까요? 누구 하나가 30% 하고 나머지가 또 으쌰으쌰해서 할 수도 있지만 그래도 한 사람만 니나노 하면 안 되는 거잖아요. (웃음) 서로 최소 반만 자기 역할을 해준다면 뭐든 할 수 있을 거라고 생각합니다"

50%의 마음가짐. 과할 것도 부족할 것도 없다. 그 이상이면 물론 좋겠지만 멤버들이 각자 자기의 역할을 최소 50%만 해준다면, 그 역할이 음악이 됐든, 밴드 운영이 됐든, 서로 간의 배려가 됐든, 잡다한 뭐가 됐든 그때마다 50%의 마음가짐을 갖고 같이 힘을 모은다면 밴드는 어디든 갈 수 있을 거라는 게 재하가 전하는 당부이다.

고개가 끄덕여진다. 과할 것도 없지만 그렇다고 맥 없이 느슨해서도 안 된다. 중심 잡힌 저런 마음가짐으로 합을 맞춰나간다면 밴드라는 길을 좀 더 가볍게 걸을 수 있을 것이다.

"**세**포들이 방법을 찾아줍니다"

메써드는 현재 다음 앨범을 준비 중이다. 순조롭게 진행된다면 2025년 내에 그들의 여섯 번째 앨범을 손에 쥘 수 있을 것 같다. 앨범 발매 후에는 바로 그 앨범을 들고 해외 투어를 돌 예정이라고 한다. 그러기 위해 현재 국내외 여러 지인들과 긴밀히 협의 중이다.

"밴드는 그냥 앨범 매번 꾸준히 내는 거 그거밖에 없는 것 같아요. 제일 중요하달까. 앨범이 있으면 라이브도 하게 되고 투어도 하게 되고, 앨범이 나오면 사람들한테 욕을 먹든 칭찬을 받든 피드백이 있을 거고. 그러니까 앨범을 통해 존재감이 생기는 거고 밴드의 활동은 거기 다 함축되어 있다고 봅니다"

밴드는 앨범이다. 아무리 자작곡을 연주하고 있고 라이브를 멋들어지게 하는 밴드라 해도 앨범이 있는 밴드와 그렇지 않은 밴드는 존재감부터 다르다. 당연히 밴드 프로필에서부터 차이가 나고 그러다 보니 공연 불러주는 횟수가, 불러주는 주체가 달라진다. 밴드 내적으로도 앨범을 녹음하고 발매하면서 겪는 모든 과정 자체가 밴드를 한 단계 성장시키는 큰 경험이 된다. 밴드와 음악을 바라보는 시야 자체도 달라진다.

더불어 재하 말대로 앨범이 있어야 좋은 소리든 싫은 소리든 사람들 입에 오르내리게 되고 이윽고 밴드의 존재감도 더 넓게 멀리까지 확장될 수 있다. 앨범은 라이브 하우스 하나 없는 저 벽지까지 밴드를 대신해 도달하기도 하고 가본 저 없는 이국땅으로 밴드를 훌쩍 데려가기도 한다. 밴드에게 앨범은 분신과도 같은 것이다. 모쪼록 메써드의 여섯 번째 분신이 메써드를 더 멀리 더 큰 곳까지 데리고 가길 바란다.

오케이 인터뷰는 여기까지. 이제 일어나자. 아 혹시 추가로 더 하고 싶은 이야기가 있을까?

"제가 뭐 사랑이라는 말을 잘 안 쓰는데 (웃음) 밴드든 음악이든 방법 몰라 고민스럽다 해도 애정과 사랑을 더 쏟는다면 충분히 방법들이 보일 거라 생각합

니다. 그저 움켜잡고 있다고 다는 아니잖아요. 잡고 있어도 열정이 없으면 애정이 없으면 이거 잡아 봤자 사실 지푸라기밖에 안 되잖아요. 그러니까 좀 더 사랑하자. 애정을 갖고. 그렇게 하면 세포들이 방법을 찾아줍니다 (웃음)"

쇳소리 나는 거친 음악, 외길 걷는 상남자가 인터뷰의 엔딩에 도달하자 갑자기 사랑 운운하니 조금은 당황스럽다. 게다가 너무 모호하잖은가! 세포도 그렇고. 드라마틱한 전개는 좋았다.

그래서 결국 '방법은 사랑과 열정에서 나온다'라는 것인가. 여태 했던 현실적인 이야기들에 비하자면 너무 비약적이고 모호한 결론 아닌가 싶기도 하지만 긴 시간 방법을 찾아 애쓰고 노력해 온 끝에 얻은 재하 나름의 결론일 것이다. 재하의 당부처럼 자신의 열정을 사랑하듯 믿고 나아간다면 세포들은 내내 잠들 틈이 없을 것이다.

2

코드 '세 개' 너머

"내가 즐거운 게 최고"

바세린

바세린 / Vassline 1996~

드럼 조형민, 베이스 이기호, 보컬 신우석, 기타 조민영, 손동우

바세린

누군가 '씬'에는 세 가지 요소가 필요하다고 말했다. 밴드, 클럽, 팬진Fanzine[1]. 개성 있고 매력 있는 밴드들이 존재해야 하고 그 밴드들이 고정적으로 서는 클럽이 있어야 하며, 여기 모여든 사람들이 서로 의견을 교환하고 관심사를 공유하는 자발적 팬진이 있어야 비로소 씬이라고 부를 만한 일종의 문화가 만들어진다는 이야기이다. 이 정의에 따르자면 2천년대 초부터 후반까지 국내 하드코어 씬은 그런 이상에 꽤나 근접한 씬을 갖고 있던 시기라고 볼 수 있다.

당시 흐름의 선봉장 역할을 했던 서울의 'GMC 레코드[2]', 로컬 씬의 성공적인 발전 가능성을 보여 줬던 청주의 'MFCrew[3]', 대구의 'OMADO 레코드[4]',

---

1 팬들이 서로 관심사를 공유하기 위해 자발적으로 만드는 출판물 또는 인쇄물. 간단히 말해 팬들이 만드는 음악 잡지이다. 자신들이 좋아하는 밴드나 음악에 대한 기사, 가십을 직접 작성하고 공연이나 음반 홍보를 싣기도 하며 이를 공연장에서 배포하곤 한다.

2 1999년 설립된 하드코어 펑크 전문 레이블. 바세린이 이 레이블 최초 소속 밴드였으며 이후 굵직한 한국 하드코어 펑크 밴드들이 다수 소속되어 활동하게 된다. 2천년대 한국 하드코어 씬을 이끌었던 가장 영향력 있는 레이블이었다고 해도 과언이 아니다. 2009년 이후 활동이 뜸하다.

3 탈 서울 중심주의를 외치며 2001년 청주에서 결성된 하드코어 펑크 크루. '내가 사는 곳이 곧 서울이다'라는 모토로, 청주에 제대로 된 씬을 만들고자 결성되었다. 나후, 썰틴스텝스, 공격대를 비롯한 청주 밴드들 외에 대전의 언루트, 제주의 99앵거 등 로컬 밴드들이 다수 참여했던 밴드 연합체이다. 서울을 비롯한 타 지역 밴드들과 함께 청주에서 30회 이상의 큰 공연들을 만들었고, 소속 밴드 모두가 참여한 컴필레이션 앨범을 자체 제작하기도 했다. 서울 외 타 지방과도 활발하게 교류하였고 이들의 왕성한 활동은 지역 씬 활성화의 가능성에 대한 영감을 주었다. 2008년경 공식 해산했다.

4 2천년대 초반 설립됐던 대구의 하드코어 펑크 전문 레이블.

후발 주자이긴 했어도 이후 전국의 하드코어 밴드들이 모여드는 시청 같은 역할을 한 안양의 'Town Hall 레코드1' 등 앞장서서 흐름을 주도한 레이블 및 크루Crew가 존재했고 이에 호응하듯 곳곳에 크고 작은 크루나 레이블들이 생겨났다. 이들이 세워 올린 깃발 아래에는 매력적이고 개성 있는 밴드들이 다수 모여들었고 이런 열정에 호응하듯 관객들도 그 깃발 아래로 모여들었다. 몇몇 클럽들은 이들이 공연하는 단골 클럽이 되었고 팬진의 역할은 인터넷 커뮤니티들이 대신해 주었다.

커뮤니티의 성격을 짙게 띠는 하드코어 펑크의 특성상 레이블, 밴드, 관객은 공연장 안팎에서 모두 하나의 공동체라고 느꼈고 브라더, 시스터였으며 모두 친구였다. 밴드, 관객 간 서로 허물이 없었고 락스타는 존재하지 않았다. 당시 공연장에는 관객, 밴드 구분 없이 함께 씬을 일궈가고 있다는 자긍심이 흘렀고 그런 감각은 모두의 가슴에 벅찬 뿌듯함을 안겨주기도 했다.

언제까지고 계속될 것 같았던 그 십여 년의 시간이 지금은 꿈처럼 기억된다. 많은 밴드들이 사라졌고 공연장에서 같이 땀 흘렸던 많은 얼굴들이 이젠 더 이상 보이지 않게 됐다. 굳건해 보였던 씬이 더 이상 전 같지 않지만 그래도 그때의 열기는 씨앗처럼 남아 지금도 여전히 자라고 있고 열매를 맺고 있다.

많지는 않아도 뒤를 잇는 매력적인 밴드들은 꾸준히 등장하고 있고 그때의 기라성 같던 밴드들 중 몇몇은 여전히 건재하다. 자주 보던 얼굴들이 더 이상 보이지 않게 되었지만 새로운 얼굴들이 공연장을 찾아와 열기를 더해주고 있다. 뜨거웠던 2천년대와는 사뭇 다르지만 분명 새롭고 신선한 열기가 공연장에 고이고 있다. 그리고 그 공기에는 2천년대의 온기가 어렴풋이나마 여전히 이어지고 있을 것이다.

2천년대 씬을 뜨겁게 달궜던 그 중심, 한복판에는 당연히 이를 이끈 밴드들

---

1 2004년 설립된 안양의 하드코어 펑크 전문 레이블. 안양에서 설립됐지만 수도권이란 지역 특성상 서울에서의 이벤트가 많았고 굵직한 해외 아티스트 내한을 자주 이뤄내기도 했다. 뜸하긴 하지만 현재도 활동을 이어오고 있다.

이 있었다. 당시 한국 하드코어 씬을 최전방에서 이끌었고 여전히 위용이 건재한 밴드 '바세린Vassline'. 그 바세린이 이번 인터뷰의 주인공이다.

어느 햇살 좋은 오후 바세린의 베이시스트이자 리더인 이기호를 갈매역 근처 커피숍에서 만나봤다.

"카피 밴드만 해도 즐겁잖아?"

본격적인 질문에 앞서 밴드 인터뷰를 엮은 책을 만든다는 얘기를 듣고 오랜 지인으로서 어떤 생각이 들었는지부터 들어봤다. 인터뷰 대상자들에게는 기획 의도를 담은 간단한 자료를 먼저 보냈고 이후 승낙을 받아 인터뷰를 진행하고 있는데, 나름 크게(?) 벌인 일에 대한 오랜 친구의 의견이 궁금했다.

"기획 의도는 잘 모르겠고 형의 비싼 취미 생활이란 건 알겠어 (웃음)"

가차 없다. 그래도 취미일 리가 있나. 것보다 기획 의도를 좀 이해하고 나름의 의견을 들려주길 바랐는데, 진지한 거 거북해서 에둘러 딴소리로 새는 것일 게다. 얘기가 진행되면 아마 슬슬 속 깊은 얘기들을 꺼낼 것이다. 근데 얘는 처음 만났을 때부터 반말이다. 알고 지낸 지 어언 이십여 년 지났으니 잊지 않고 형이라 불러주는 것만도 감사한 일이려나.

"자작곡을 뭐 꼭 할 필요는 없지. 카피 밴드만 해도 즐겁잖아? 나 얼마 전에

는 아는 형이랑 잠깐 쌍팔메탈1 합주하고 끝냈는데 그것도 되게 재밌었어. 좋아했던 '본 조비'〈Run Away〉같은 곡 카피하고, '화이트 스네이크White Snake2' 〈Here I go again〉이런 거 카피하고 놀았는데 옛날 생각도 나고 재밌더라고. 합주만 해도, 그렇게만 만족을 느껴도 좋지 뭐. 꼭 관중 앞에서 하고 이런 것만 만족스러운 게 아니라 요거 마음 맞는 사람들끼리 쳐보면 재밌겠다라고 해서 합주만 해도 재밌지"

일단 기획 의도는 접어두고, 주변에 밴드는 많은데 자작곡 하는 밴드가 적어 아쉽다고 한숨을 내뱉으니 이런 대답을 돌려준다. '자작곡이든 뭐든 강요할 게 뭐 있나, 어떻게 즐기든 즐거우면 된 거 아닌'가라는 대답이다. 그렇다면 코드 세 개로 밴드 하자는 견해에는 어떻게 답할까.

"좋아해야 하는 거지. 코드가 중요한 게 아니라 좋아하는지 안 좋아하는지 그게 중요한 거지. 코드 세 개? 돈만 있으면 뭐든 할 수 있는데도 안 하는 거랑 똑같잖아. 돈 있으면 그냥 편하게 지내고 싶고 어디 놀러 가고 싶고 그런 거 먼저 하지 '이거 해야지' 했던 거 안 하잖아. 좋아하면 뭐 코드 한 개로도 하지. 좋아한다면. (중략) 근데 좋아하는 것도 사실은 수박 겉 핥기 정도로 좋아하면서 약간 '나 이런 거 좋아하는 거 같아'라고 해서 시작해 놓고 막상 잘하고는 싶고 이상은 또 현실에 비해서 높고. 그러면 좀 문제가 되지"

돈만 있으면 뭐든 할 수 있는 상황과 똑같다. 정작 돈 생기면 놀러 가고 쉬기 바쁘지 하고 싶다던 거 안 하지 않냐, 그건 좋아하는 게 아니다. 정말 좋아한다면 돈이 있든 없든 코드가 하나든 두 개든 언제든 할 수 있는 게 음악이고 밴

---

1 1980년대 초부터 90년대 초까지는 헤비메탈의 시대였다. 이 당시 활동했던 유명 헤비메탈 밴드들과 그 음악을 쌍팔메탈이라고 부른다. 88년을 헤비메탈의 최전성기로 보는 견해에서 쌍팔메탈이라 불리게 된 듯하지만 용어의 유례를 정확히 알 순 없다. 언제부터인가 SNS 등에서 사용되기 시작한 단어이다.

2 1978년 결성된 영국의 하드 락/헤비메탈 밴드. 밴드 딥퍼플(Deep Purple)의 보컬리스트였던 데이비드 커버데일(David Coverdale)이 속한 밴드이기도 하며 거물급 기타리스트들이 많이 거쳐간 밴드로도 유명하다. 종종 역사상 가장 위대한 하드 락 밴드로 손꼽히기도 하는 밴드이다.

드다라는 이야기. '나 이거 좀 좋아하는 거 같아'가 아니라 정말 좋아하는 게 맞는지 자신만이 답할 수 있는 질문에 제대로 답할 수 있다면, 코드 하나로도 밴드는 언제든지 시작할 수 있는 것이라는 게 기호의 생각이다.

그런데 '수박 겉 핥기'도 시작 단계에서는 마냥 나쁜 것만은 아니라고 본다. 좋아하는 게 뭔지 알아내는 데에는 시행착오가 필요하고 시간이 걸리기도 한다. 겉을 배회하다가 무언가를 찾아내 점점 중심으로 나아갈 수도 있는 것이다. 다만, 과도한 이상으로 현실을 괴롭히지 않는 겸허한 현실 감각이 필요하다는 기호의 지적은 담아둬야 할 필요가 있다. 중심으로 나아가지 못하게 하는 것, 계속 겉만 맴돌게 만드는 건 그 이상 탓일 수 있다는 것이며 이런 지적은 인터뷰 중 다시 한번 반복된다.

"베이스가 일단은 단기적으로는 굉장히 쉽기도 하고"

밴드를 결성하려고 마음먹고 주변을 둘러보면 아마 가장 많이 눈에 띄는 파트가 기타일 것이다. 그다음이 베이스. 그리고 이내 드러머 구하는 게 정말 어렵다는 것을 금방 알게 될 것이다. 어렵게 구한 드러머는 밴드 내에서 거의 상전처럼 모셔진다. 모심 받으면서 밴드를 하고 싶다면 드럼을 배우시라.

기타 치는 사람은 많고 드러머는 적고. 이런 불균형은 왜 생길까. 드럼에 비해 체력적 부담이 덜 든다는 체력적 이유? 방구석에서 마음껏 할 수 있다는 연습 용이성? 여러 이유가 있겠지만 무대에서 가장 돋보이는 파트, 그런 악기에 손이 먼저 간다는 게 더 직관적인 이유가 아닐까 싶다. 불균형 탓에 드러머 부족 현상(?)을 자주 보다 보니 드러머 위치를 앞으로 당겨야 되나 싶을 정도이다.

누가 뭐래도 곡에 생명력을 불어넣는 건 결국 드러머이다. 두근거리는 리듬과 적절히 조절된 속도로 곡을 요동치게 하고 베이스, 기타, 보컬과 함께 연주를 쌓아가며 거기에 숨을 불어넣는 건 드러머가 하는 일이다. 스포트라이트가 덜 미칠뿐 드러머가 앉은 무대 안쪽 그 자리는 밴드의 '코어'가 위치한 자리이다. 어떤 악기를 연주할까 고민하고 있다면 부디 밴드의 '코어'를 많이 선택하길 바란다.

어쩌다 드러머 부족에 대한 넋두리를 늘어놔 버렸다. 인터뷰로 돌아와서, 기호는 바세린의 베이시스트이다. 왜 밴드의 코어인 드럼이 아니고, 왜 무대서 제일 눈에 잘 띄는 기타가 아니고 베이스를 잡게 됐는지 그리고 밴드는 어떻게 시작하게 됐는지 소싯적 이야기를 들어보자.

"고등학교 때 원래는 내가 메탈은 많이 안 들었었거든. 기껏해야 '포이즌Poison[1]', '신데렐라Cinderella[2]', 메가데스 같은 것만 좀 듣다가 고등학교 때 무슨 학교 밴드부가 공연하는 거 보는데 멋있더라고. 그래서 '나도 나중에 밴드 같은 거 한번 해 봐야겠다'라고 생각을 했었지. 그러다가 이제 대학에 들어갔는데 주변에 기타 치고 막 이런 사람들이 있었어. 거기 맞춰서 밴드 만들고 티켓 파는 공연도 하고 뭐 그랬었지. (중략) 베이스가 일단은 단기적으로는 굉장히 쉽기도 했고 대학 들어갔을 때 주변에 다른 파트들은 다 있는데 베이스가 없어서 베이스를 하게 된 계기도 있고"

고등학교 때 우연히 본 스쿨밴드가 멋져 보였다. 그래서 언젠가는 나도 밴드를 해봐야지 생각만 하고 있었는데 그 막연했던 생각에 이끌렸던 것인지 대학 가서 정신 차려 보니 어느덧 기타 치는 사람들 사이에 자신이 끼어 있더란다. 기타 연주자는 많아도 베이스 연주자가 없었고 그 형편에 맞춰 자신이 그냥 베이스를 잡게 됐다. 특별한 이유 같은 건 없었다. 또한 베이스가 단기적으로는 기타보다 익히기 쉬운 악기였으니 이전까지 악기를 다뤄 본 적 없던 기호에게는 무난한 선택이었다. 베이시스트들 중 의외로 이런 이유로 시작한 경우가 제법 있다. '밴드 들어갔는데 마침 베이스가 없어서. 그리고 기타보다는 쉬우니까'

베이스가 단기적으로는 익히기 쉽다고 해도 장기적으로는 만만하게 볼 수 있는 악기가 아니다. 멀리 보고 어렵게만 여겼다면 시작도 못 했을 것이다. 기호는 마침 베이시스트가 없었고 쉬워 보여서 시작했다고 무심한 듯 말하지만 그

---

1 1983년 미국 L.A에서 결성된 글램메탈 밴드.글램메탈(Glam metal)은 기존 헤비메탈에 비해 경쾌하고 팝(Pop)적인 성향이 강하며 이로 인해 대중에게도 큰 인기를 끌었던 장르이다. 장발에 현란한 헤어스타일, 메이크업, 장신구 사용 등의 외모적 특성을 갖고 있는 장르이기도 하다.

2 1982년 미국 필라델피아에서 결성된 글램메탈 밴드.

역시 뭣 하나 없는 상태에서 재는 거 없이 과감하게 시작한 것이다. 훗날 바세린이라고 하는 큰 일은 이렇게 가볍게 집어 든 베이스 기타에서부터 시작됐다. 기호는 바세린의 원년 멤버이자 밴드의 창립자이다.

그렇게 시작하게 된 밴드 활동, 처음에는 카피 밴드부터 시작을 했다.

"카피 밴드 하면서 표 파는 공연1도 하고 극장에서 소규모 공연도 하고 대학교 축제 같은 데서도 공연하고, 그러면서 되게 많이 돌아다녔던 것 같아. 근데 갈수록 뭔가 '내가 좋아하는 걸 멤버 꾸려서 직접 한번 해보고 싶다'라는 생각이 들기 시작하더라고. 그래서 그때 같이 미술학원 다니던 우석이, 그때는 우석이랑 노래방도 자주 갔었거든. (웃음) 우석이가 보컬을 맡고 기타는 소규모 공연할 때 같이했던 잘 치는 형이 있어서 도와 달라고 했었고 드럼은 이제 지금은 없어졌지만 백스테이지에 광고 문구 붙여서 구인 광고를 냈지. 그랬더니 연락이 와서 그렇게 이제 시작을 하게 됐지. 그게 96년도야"

카피 밴드를 하면서 나름 경력과 내공을 쌓았다. 여기저기 공연하고 돌아다니다 보니 문득 더 이상 카피 말고 내가 좋아하는 음악을 멤버 꾸려서 직접 해보고 싶다란 생각이 들었다. 그래서 당시 학원 친구였던 현 멤버이자 원년 멤버인 신우석을 불렀고 아는 형을 끌어들였고 구인 광고를 통해 드러머를 구했다. 그렇게 1996년, 한창 홍대에 밴드 문화와 클럽 문화의 훈풍이 불던 시절 바세린이 결성됐다.

---

1 밴드들이 직접 공연 티켓을 팔아 공연 비용을 충당하는 공연. 지인, 가족들이 주관객이다.

"**우**리는 막 대충 치고 드럼만 좀 빡세"

처음부터 완성된 형태로 밴드가 존재할 수는 없다. 느슨하게 조여둔 나사가 덜컹거리다 보면 제자리 찾아 들어가고 적절하게 조여지듯 밴드도 덜컹거리면서 서서히 자리를 잡고 합이 맞아 들어가며 밴드로서의 매무새가 가다듬어진다. 막 결성된 초기 바세린은 어떤 모습이었을까. 이들에게는 어떤 덜컹거리는 과정이 있었을까. 처음부터 제대로 된 연주력을 갖추고 시작했을까? 처음부터 확고한 음악적 방향성을 갖추고 시작했을까?

"실력? 실력은 뭐 그냥 그랬지. 근데 그 당시 약간 포인트 같은 거는 드럼만 잘 치면 뭔가 다 잘해 보이는 그런 게 있었지. (웃음) 기타나 베이스는 운지 그냥 1 2 3 1 2 3만 하더라도 드럼만 막 '휘거더휘거더' 하면 밴드 되게 잘해 보이고 약간 그런 게 있어서 드럼 퀄리티가 되게 중요했던 시기였지. 우리는 막 대충 치고 드럼만 좀 빡세 (웃음)"

처음엔 일단 드럼을 잘 갖추고(?) 시작했다. 기타나 베이스가 다소 밀렸다 해도 포인트는 그게 아니었다. 드럼 잘 치는 사람이 드문 시기이기도 했고 일단 드러머가 잘하면 밴드도 잘해 보였다. 사실 지금도 이건 어느 정도 유효하다. 괜히 밴드의 코어라고 말하는 게 아니다. 어쨌든 바세린 초기의 연주력은 그냥 그랬다. 그냥 그랬지만 드럼의 커버를 받으며 줄곧 달렸다.

"그때 초창기에 했던 드러머가 센스가 좀 있었어. 그리고 그 친구가 음악도 많이 알았어. 그래서 그 친구한테 다양하게 추천도 받고 많이 배우고 약간 교화되기도 했지. '아 이런 것도 있구나', '이런 게 있구나' 하고. 그때는 또 인터넷이 그렇게 많이 발달한 때가 아니었잖아. 근데 어떻게 아는지 몰라도 해외 음악을 되게 많이 알더라고. 그래서 우리가 많이 배웠지 그 친구한테"

덜컹거리면서 달렸고 덜컹이면서 음악적 방향도 서서히 잡아갔다. 기호는 원래 메탈도 하드코어도 잘 듣지 않았었다. 앞서 말한 대로 고등학교 때는 '글램메탈' 혹은 'L.A메탈[1]' 정도만 좋아했었고 대학에서도 본 조비 같은 밴드들 즉, 팝적이고 경쾌한 메탈들 위주로 카피를 하곤 했었다. 그런데 드러머가 들어보라며 들고 온 음악들은 충격적이었다. 그 음악들은 그간 기호가 알고 있던 경쾌한 음악들과는 달랐다. 심지어 국내에 소개조차 되지 않은, 듣도 보도 못한 음악들도 있었다. 덕분에 전엔 몰랐던 다양한 음악을 새롭게 접하게 됐고 당시로썬 최신 문물이라고 할 수 있는 하드코어도 알게 됐다.

정보가 귀하던 시절 그렇게 듣게 된 음악들은 이내 밴드가 음악적 방향성을 잡아 가는데 귀한 양분이 됐다. 이런 과정을 거치며 바세린은 조금씩 지금의 우리가 알고 있는 바세린의 매무새를 갖추게 된 것이다.

바세린뿐 아니라 밴드 초기는 대부분 이런 것 같다. 음악적 방향성이 있든 없든 방향성이 생기고 자리를 잡는 데까지는 이리저리 덜컹이는 과도기를 겪게 마련이다. 그리고 이 과도기를 과도기로서 의미 있게 만드는 것은 음악적 시야 확보일 것이다.

시야 확보? 어렵게 생각할 것 없다. 단순하다. 음악도 하나의 정보이다. 결국 많이 알수록 많이 보인다. 알아야 방향도 잡을 수 있는 것이다. 세상엔 정말 다양한 밴드, 다양한 음악이 넘쳐난다. 나 음악 좀 듣는데, 나 좋은 밴드들 꽤 아는데라고 해도 내가 알고 있고 가늠하고 있는 게 전부가 아닐 수 있다.

불과 몇십 년 전만 해도 바다 건너 음악들은 더 자세히 알고 싶어도 알기가 어려웠다. 하지만 지금은 누구나 마음만 먹으면 전 세계의 음악을 실시간으로 손쉽게 찾아 들을 수 있다. 귀만 열면 수많은 음악을 알아 낼 수 있다. 더불어 특정 장르의 음악을 안다는 건 때론 그 장르를 둘러싼 문화, 태도를 알게 되는 것이기도 하다. 앞서 잠깐 소개했던 펑크나 하드코어가 특히 그렇다. 이들 장르와 거기서 뻗어나간 세부 장르들에는 이를 둘러싼 독특한 문화가 자리하고 있다. 음악이 하나의 문화 현상에까지 이르는 것이다. 이런 문화에 동의하든 동의하지 않든 음악을 많이 듣고 그 음악이 사회에 일으키는 반향을 이해하는 것 또한 밴드에게는 자신들 음악을 가다듬고 세련되게 만드는 좋은 양분이 될 것이다.

---

1 글램메탈의 일본식 표현이기도 하다. 1980년대 초부터 90년대 초반까지 미국 서부 특히 L.A에서 활동한 글램메탈 밴드들을 일컫는 분류이며 글램메탈의 서브 장르로 보는 견해도 있다.

덜컹거리는 얘기하다 여기까지 왔다. 바세린의 처음은 그랬다. 연주력도 방향성도 막연했지만 밴드는 자신들이 좋아하는 그 무엇이었고 좋아하니까 막연해도 아무 문제 없었다. 막연함은 되려 아직 가보지 않은 길에 대한 설렘처럼도 느껴졌을 것 같다. 이렇듯 바세린의 초기는 연주적으로도 음악적으로도 덜컹이며 자리를 잡아가는 과도기였다.

"멤버들끼리 별로 안 친한 게 큰 것 같아"

현재의 바세린은 보컬 신우석, 기타 조민영, 손동우. 드럼 조형민 그리고 베이스 이기호 이렇게 5인조로 구성되어 있다. '국내에서 밴드로서 이룰 수 있는 건 다 이뤘다'고 기호는 자평한다. 한국대중음악상 시상식에서 거둔 여러 차례의 수상, 셀 수 없을 정도로 많은 횟수의 라이브 공연, 국내의 손꼽히는 대형 락 페스티벌 단골 참여, 그리고 4장의 정규앨범과 EP, 다수의 싱글들. 긴 시간 부지런히 활동을 이어오며 존재감을 놓친 적이 없다.

이렇게 활동을 이어오다 보니 어느덧 곧 밴드 결성 30주년을 앞두게 됐다. 그 긴 시간 멈춤 없이, 누구보다도 부지런히 활동을 이어왔다는 게 새삼 대단하다고 느껴진다. 창립자이자 리더로서 기호는 이 긴 시간 밴드를 어떻게 이끌어 온 것일까. 롱런의 비결(?)이 궁금하다.

"밴드 운영에는 한 세 가지 정도 스타일이 있어. 하나는 독불장군이 멱살 잡고 끌고 가는 스타일, 두 번째는 이제 민주적인 스타일로 모두가 의견을 내고 의견 합의 하에 뭔가 한다 그런 거고 세 번째는 두 개가 약간 섞인 그런 느낌. 예전에는 우리도 약간 독불장군 스타일이었다면 요새는 이제 민주적인 스타일로 가고 있지. 다만 내가 멤버들 의견을 조율하고 그리고 밴드 비전을 제시하고 이런 걸 하고 있지"

바세린은 밴드를 이끌어 온 시기가 독불장군 시기와 민주적 시기로 나뉜다. 독불장군 시기는 '박진'이라고 하는 기타리스트가 참여하던 때였다. 그때는 박진이 주로 밴드를 이끌던 시기로 바세린이 본격적으로 이름을 알리고 커나갔던 초중기 즈음이 될 것 같다. 박진은 일머리가 좋았고 추진력이 있었다. 기호는 그런 그를 인정하고 힘을 실어줬다. 오래지 않아 결별하긴 했지만 그렇게 밴드를 한껏 밀어붙이던 시기가 있었고 그런 시기를 지나온 지금은 기호가 나서서 의견을 취합하고 조율하며 밴드를 이끌고 있다고 한다. 기호는 때와 상황에 맞춰 그에 적합한 방식으로 밴드를 이끌어 온 것이다.

밴드 운영에 어떤 방식, 어떤 리더가 적합한지는 정해진 답이 따로 없다. 독불장군이든 민주적이든 아니면 그 중간의 무엇이든 밴드 저마다의 방식이 있을 것이다. 하물며 때로는 한 가지 방식만 고집하는 게 무리일 때도 있다.

민주적이라 해도 상황에 따라서는 과감하게 밀어붙여야 하는 때가 있고 제아무리 독불장군이어도 멤버 모두가 만족하는 의견을 도출하는 게 바람직한 때도 있다. 상황과 멤버들 간 상성에 따라 리더와 멤버가 머리를 맞대고 같이 움직여야 할 것이다.

다만 어떤 방식이 되었든 리더가 수행해야 할 공통된 역할 하나는 있다.

"리더의 가장 중요한 요건 중 하나가 비전 제시라고 생각하거든. 우리는 앞으로 뭘 할 거고 그래서 어떻게 할 거고. 그리고 눈앞 현실만 보지 말고 앞으로 향후 몇 년 정도는 뭘 하고 우리가 뭘 이룰 것인가 이런 것들을 고민하고 있어야 그래야 밴드를 끌고 갈 수 있는 거지"

비전 제시. 긴 시간 밴드를 이끌어 오면서 기호가 가장 신경 쓰고 공들였던 건 바로 이것이다. 밴드가 앞으로 어떤 길을 갈 것이고 그러기 위해 뭘 해야 하고 또 멀리까지는 어떤 계획을 갖고 있는지 멤버들에게 끊임없이 제시하며 지금껏 밴드를 이끌어 온 것이다. 그렇게 계획을 갖고 꿈을 갖도록, 쉬이 지치지 않고 매너리즘에 빠지지 않도록 자신과 멤버들을 다독이는 것이 리더의 공통된 역할이다.

어떤 밴드든 크건 작건 비전이 필요하고 그 비전이 밴드를 앞으로 나아가게 한다는 것에는 이견이 없을 것이다. 다만 비전이라고 해서 뭔가 크고 거창한 것만 떠올릴 필요는 없다. 심지어 이제 막 시작한 밴드의 입장에서는 기호의 말처럼 구체적이면서도 멀리까지 내다보는 체계적 비전을 세운다는 건 지나치게 무리한 일일 것이다. 막 시작한 밴드라면 비전을 목표로 바꿔 써도 좋을 것이다.

가까운 것부터 목표 삼아 보길 바란다. 이번 주, 이번 달에는 뭘 목표로 하고 두세 달 후에는 어디에서 공연을 해보고, 상반기에는 어디까지를 목표로 하고 올해에는 이러이러한 것들을 이뤄보자는 단기적인 계획, 단기 목표를 멤버들과 공유한다면 밴드 스스로에게 동기 부여가 될 것이고 우왕좌왕하는 일도 줄어들 것이다. 그리고 서서히 더 큰 목표를 세워 볼 수 있는 때가 오게 될 것이다.

이어서 기호는 밴드를 긴 시간 이어온 수 있었던 또 다른 이유 하나를 털이 놨다.

"제일 큰 거는 멤버들끼리 별로 안 친한 게 큰 것 같아. (웃음) 자주 만나고 자주 얘기하고 이러면 뭔가 잘 융합되고 그럴 것 같잖아. 안 그래. (웃음) 오히려 더 의견 충돌 생기고 싸우거나 하고. 그렇게 되기 때문에 우리는 공연 때 아니면 거의 안 봐. 이슈 있을 때만 만나. '안 보면 싸울 일이 없다' 뭐 그런 얘기지 (웃음)"

안 만나니 싸울 일이 없고 싸울 일이 없으니 위기도 없다. 그러니 오래 할 수 있는 거다라는 건데 의아하게 들릴 수도 있을 것 같다. 그럼 연습은 어떻게 하는데? 그리고 싸우든 어쩌든 자주 만나야 아까 말한 비전도 나누고 미래도 도모하고 하는 거 아닌가?

이건 바세린의 방식이다. 오랜 시간 함께 호흡하고 합을 맞춰왔기 때문에 가능한 방식이지 막 시작한 밴드 또는 뭔가 한창 밀어붙여야 하는 시기에 놓인 밴드들에게 적합한 방식은 아니다.

근데 사실 나조차도 그렇고 주변에 오래 활동하고 있는 밴드들 중 다수가 이와 비슷한 방식으로 밴드를 운영하고 있다. 서로 자주 안 만난다. 평소 다들 자기 할 일 하면서 일상에 집중하며 지낸다. 합주는 어떻게 하냐고? 공연을 앞두고 있거나 신곡이 나왔거나 또는 안 만나도 너무 안 만난 거 같아 머쓱할 때 그때 모인다. 단, 연습하려고 합주실에 모이진 않는다. 연습은 미리 각자 알아서 빈틈없이 해둬야 한다. 합주는 말 그대로 합을 맞추기 위해서만 한다.

밴드의 시간만큼 개인의 시간도 흐른다. 나이도 이전보다 들었고 가정의 무게감도 전보다 더하다. 일과 음악을 병행하는 경우 특히 밴드 외에도 신경 써야 할 것들이 점점 더 많아진다. 그러다 보니 '서로 안 친한' 방식을 취하게 된 것인지도 모른다. 하지만 무엇보다도 오랜 기간 서로 합을 맞춰오면서 쌓인 서로에 대한 신뢰, 그 신뢰가 바탕에 깔려 있기 때문에 이런 방식이 가능한 것이다.

물론 오래 활동하고 있는 밴드가 다 이런 방식을 취하는 건 아니다. 매일, 매주 합주실에 모여 머리 맞대고 고민하며 곡 작업을 하고, 음악에 집중하는 밴드들도 상당수이다. 각자 상황과 형편에 따라 자신의 밴드에 맞는 적합한 방식을 취해 활동을 이어가고 있다.

이제 막 시작했거나 왕성한 시기를 보내고 있는 밴드의 경우는 자주 모여서 같이 연습하고 때론 싸우기도 하며 격론을 벌이는 시간이 당연히 필요하다. 나도 그렇고 바세린도 그렇고 '서로 안 친한' 밴드들도 처음에는 다 그랬다.

"그렇지. 이건 오래된 밴드들이 할 수 있는 그런 거고 시작한 지 얼마 안 된 밴드 같은 경우는 계속 만나서 이야기 하고 치고받고 해야지. 그래야 발전을 하겠지. (중략) 자주 만나지만 않을 뿐 끈은 항상 놓지 않고 있지. 해야 할 거라든

가 이슈나 이런 것들 가감 없이 단톡으로 계속 이야기를 나누지. 평소 그런 대화를 많이 하고 서로 항상 생각하고 있지"

바세린이 롱런할 수 있었던 데에는 끈 놓지 않고 항상 앞을 도모하는 노력과 행여 싸울까 서로 멀리한 전략적 친목(?)이 그 배경으로 자리하고 있었던 것이다.

"반 취미지 뭐. 반 취미"

바세린이 이뤄온 성과만 보자면 얼핏 전업 음악인처럼도 보이지만 이들 역시 일과 음악을 병행하고 있다. 보컬인 우석은 영상 제작 관련 일을 하고 있고 기타의 동우, 민영은 회사원이며 드러머인 형민은 아직 이십대로 한창 아르바이트를 하면서 지내고 있다. 기호는 다니던 직장을 그만두고 아이들을 대상으로 한 미술학원을 연 지 이미 꽤 된 것 같다.

"직장 안 다니면서 밴드 하는 사람이 어디 있어. 일하면서 하는 거지"

음악에 승부를 건 전업 음악인이 아닌 이상 일하면서 음악하는 건 당연한 거다. 그래야 나도 살고 음악도 산다. 일하면서 음악하는 게 얼핏 힘들 것 같지만 그렇지 않다. 공연하고 앨범 내고 해외도 나가고 이런 일련의 밴드 활동 일하면서 다 할 수 있다. 오히려 일을 하기 때문에 앨범도 낼 수 있고 공연도 다닐 수 있다.

밴드만으로도 먹고 살 수 있다면야 아마 다들 빛의 속도로 일을 내팽개치겠지만 그렇지 않은 현실에선 밴드 못지않게 때론 그 이상으로 일이 중요하다.

기호도 하루 대부분의 시간을 일터에서 보내고 있을 터, 밴드 하는 기호를 본 적은 있어도 일하는 기호를 본 적은 없으니 문득 궁금해졌다. 기호에게 밴드는 과연 어떤 의미일까?

"물론 전업으로 음악하는 사람들 있지. 근데 솔직히 이 분야에서 성공하려면 그렇게 해야 돼. 성공하기가 어려워서 그렇지 '뭔가 여기서 내가 빛을 보겠다'라고 생각하면 거기에 올인해야 돼. 그게 맞아. 근데 그렇지 않고 거기에 확신이 없다 그러면 여러 군데 발을 걸쳐야 돼. 나 같은 경우도 그렇지 뭐. 일을 하고 있기도 하고, 나도 음악으로 여기에 올인해서 끝을 보겠어 그랬던 게 아니라 내가 좋아하니까 시작한 거잖아. 그래서 그림에도 그래피티에도 발을 걸친 거지. 물론 그림도 그래피티도 좋아하니까 하는 거지만. 밴드도 반 취미, 그래피티도 반 취미, 일러스트도 반 취미지. 이젠 학원으로 돈 벌면서 이런 반 취미를 계속 하고 있는데 요즘 운영이 좀 어렵다 이거지 (웃음)"

우선 밴드를 하려면 전업이 아닌 이상 여러 군데 발을 걸쳐서라도 현실에 발 디디려 노력해야 한다란 이야기이다. 기호는 밴드 외에도 말 그대로 여러 군데 발을 걸치고 있다. 본업인 학원 운영 외에도 아트워크, 일러스트 디자이너로서 다양한 일러스트 작품들을 선보이고 있으며 종종 밴드들의 앨범 자켓 디자인, 공연 포스터 디자인을 돕고 있기도 하다. 그래피티 작가로도 오래 활동해 왔다. 최근엔 그래피티 관련 강의에도 나가곤 한다.

좋아서 시작했던 것들이고 돈을 쫓았던 건 아니었지만 그가 직장을 얻기 전까지, 이후 학원을 열기 전까지는 이런 것들 모두가 나름 현실에 발 디디려는, 발밑을 든든하게 하려는 노력의 일환이기도 했을 것이다.

노력의 일환이기도 했지만 애초 좋아서 시작했기에 일 하면서도 절대 놓고 싶지 않은 것, 그걸 기호는 '반 취미'라고 표현한다.

"밴드 반 취미지 뭐 반 취미. 취미라고 얘기하기에는 좀 너무 약하고 전업이라고 하기에는 좀 모자라고 중간이지 (웃음)"

'반 취미'로서의 밴드. 마냥 틀린 말도 아니고 수긍도 가는 말이지만 밴드 당사자들 입장에서는 어딘가 좀 부족하고, 서운한 감이 들기도 할 것이다. 전업에 비할 바는 못되지만 다들 밴드로서의 자긍심과 정체성, 성취욕만큼은 전업 못지 않다고 자부하기 때문일 것이다.

어쨌든 이런 반 취미를 즐기기 위해선 일상 안으로 음악을 더 들여야 한다. 일과 음악이 동떨어진 별개의 것이 아니라 그냥 평범한 하루 안에 함께 어우러 질 수 있는 것이란 걸 이해해야 한다. 그리고 음악 못지않게 일도 중요하다는 것을, 자신의 발밑을 잘 살피고 든든히 해야 한다는 것 또한 이해해야 한다.

이 책을 펼친 독자들 중에는 학생도 있을 것이고 직장인도 있을 것이다. 모 쪼록 '반 취미'로서의 밴드 활동이 여러분 일상에 자연스레 어우러지길 바란다. 그리고 반 취미의 밴드가 어디까지 갈 수 있는지 그 한계를 시험해 보길 바란다.

" 소 수여도 음악 좋아하고 메탈 좋아하는 사람들 있잖아. 그 사람들이랑 같이 호흡하고 싶다는 거지"

앞서 소개한 대로 바세린은 2천년대 한국 하드코어 씬의 아이콘 같은 존재 였고 당시 씬을 맨 앞에서 이끈 선봉장 같은 밴드였다. 하지만 바세린의 음악을 단순히 하드코어라고만 규정하기는 어렵다. 밴드도 하나의 생명체와 같아서 시 간의 흐름과 함께 내적 갱신, 외적 확장을 겪으며 성장하고 변화한다. 바세린도 나름의 변화를 겪으며 성장해 왔다. 근래에는 이들의 장르를 종종 메탈코어Metal core[1]로 분류하곤 하는데.

"장르를 콕 집어서 이걸 해야겠다라고 생각해서 한 건 아니고 내가 메탈의 전반적인 걸 좋아해서, 메탈을 좋아해서 한 거지. (중략) 우리는 '이모셔널 하드 코어Emotional Hardcore[2]'다 이렇게 규정해서 애기하기 싫고 우리는 그냥 메탈의

---

1 메탈코어 혹은 메탈릭(Metalic) 하드코어. 하드코어의 서브 장르. 하드코어의 선동적 에너지를 고스란히 품고 있지만 하드코어에서 주로 쓰는 펑크적인 기타 리프보다 메탈에서 자주 사용하는 리 프를 주로 사용하기에 이렇게 불린다.

2 하드코어의 서브 장르. 하드코어로 대표되는 과격성에 더해 멜로딕하고 감성적인 선율을 강조하 고 있는 음악이다. 사회적인 메시지 중심이었던 기존 하드코어와 달리 개인의 감정, 내면을 가사로 자주 쓰기도 한다. 이후 이모(Emo)라고도 불리며 하나의 문화 현상화 되기도 한다.

범위 안에 있다 이 정도로 나는 얘기하고 싶어. 뭔가에 딱 갇혀진 거는 싫어"

바세린의 초기 앨범들은 확실히 감정 선이 살아있다. 거칠게 질주하는 연주 곳곳에 특유의 멜로디 라인이 침투해 들었고 거기에 비명 같은 보컬이 더해지면서 청자로 하여금 처절한 감성에 깊이 젖어들게 하는 매력이 있다. 그래서 당시에는 이모셔널 하드코어 혹은 줄여서 이모코어 계열의 밴드로 분류되기도 했었다. 하지만 기호가 애초부터 늘 바라고 지향해 왔던 건 메탈이라는 큰 범주였다.

오래전 박진이 바세린에서 활동하던 당시 그와 나눴던 대화가 하나 기억난다.

"형 '주다스 프리스트Judas Priest[1]' 음악에 다 있어요. 그거 거꾸로 쳐보면 다 나와요 (웃음)"

바세린의 작곡은 예나 지금이나 메인 기타리스트를 중심으로 이뤄진다고 한다. 멤버 모두 작곡에 참여하고 있지만 곡을 완성하고 방향을 이끌어 가는 키는 메인 기타리스트의 손에 쥐어지는 것이다. 박진은 초기 앨범들에 참여했던 메인 기타리스트였다. 당시의 바세린 음악에서 많은 사람들이 하드코어 특유의 과격함과 더불어 격정적이고 처절한 감성을 느끼고 열광했지만 그 음악적 기저에는 분명, 박진의 우스갯소리긴 해도 메탈이라는 면도날 같은 금속이 레일처럼 깔려 있었던 것이다.

---

1 1969년 영국에서 결성된 헤비메탈 밴드. 메탈의 신이라고 칭송 받을 정도로 후대 메탈 음악에 어마어마한 영향을 끼친 밴드이다.

"우리는 예전부터 약간 그런 게 있었거든. '아 요 장르야 요 장르만 파야 돼' 이런 것보다도 '다양하고 두루뭉실하게 모든 걸 아우르고 싶다'라는 그런 욕심이 있었어. 예전에 보면은 '세풀투라Sepultura[1]'라든가 슬레이어라든가 메탈리카도 그렇고 다 그냥 1번부터 마지막 트랙까지 그냥 한 곡 듣는 느낌으로 쭉 듣잖아. 우리는 그게 좀 별로더라고. 쭉 듣다가도 '어 요런 스타일도 나오네, 어 갑자기 이렇게 바뀌네' 이런, 한 장의 앨범 안에서도 한 곡 듣는 느낌이 아니라 뭔가 다양한 희로애락도 느껴지고 다른 느낌을 계속 들려주고 싶은 그런 생각이 예전부터 있어서"

장르가 뭐라 불리든 상관없지만 특정 장르에 갇히고 싶진 않다, 우리 음악 중심엔 메탈이 자리하고 있지만 메탈도 다양하지 않은가, 메탈이라는 큰 범주 안에서 다양한 것들을 다양한 시도를 통해 두루뭉술 아우르고 싶다, 앨범 한 장에서 꼭 하나의 감상만 줄곧 느껴야 하나, 지루하지 않게 희로애락을 느낄 수 있는 풍부한 음악을 하고 싶다. 이게 기호가 생각하는 바세린의 '음악'이고 바세린의 '장르'이다

듣다 보니 '앨범을 하나의 영화처럼 만들고 싶다'던 바세린의 인터뷰를 어디선가 읽었던 기억이 난다.

---

1 1984년 브라질에서 결성된 쓰래쉬 메탈 밴드. 변방으로 인식되던 브라질에서 탄생한 걸출한 밴드이며 이후 쓰래쉬 빅4와 견줄 만큼의 인지도와 인기를 얻었던 밴드이다. 국내 메탈 매니아들에게도 엄청난 지지를 받고 있는 밴드이다.

　"응 그런 기승전결을 중요하게 보지. 그래서 앨범 하나 만들 때 여기서는 이제 강하게 때려주고 여기서는 약간 눈물 쪽 빼주고 (웃음) 감동을 느끼는 그런 방식으로 앨범을 구성하려고, 그런 구성을 나는 되게 중요하게 생각하거든. 그거 할 때는 굉장히 좀 집요하게 체크하는 편이야"

　메써드 재하의 생각과도 거의 비슷하다. 앨범을 통해 기승전결을 담은 한 편의 영화를 본 것 같은 느낌을 주고 싶은 게 바세린, 메써드 이 두 밴드의 공통된 바람이다. 그렇다면 바세린의 경우는 이 단편영화(?)를 통해 청자에게 뭘 전달하고 싶은 것일까?

　"기본적으로는 우리가 좋아하고 즐거운 거 그게 첫 번째 포인트지. 관객들이 좋아할 만한 것들에 대한 노림수도 없지 않아 있지. 이 정도는 뭔가 킬 포인트가 되지 않을까? 이런 약간 잔잔바리는 메탈, 락 좋아하는 이들한테 어필하지 않을까? 고민도 하고. 근데 그건 다양한 고민 중 아주 일부일 뿐이고 그걸 메인으로 생각하진 않아. 제일 중요한 건 우리가 듣고 좋아야지. 우리가 듣고 좋으면 그게 최고지. 그게 뽕짝이 됐든 뭐가 됐든 우리가 듣고 최고면 그거 하는 거야"

바세린의 경우는 관객, 청자보다 먼저 앞서는 게 있다. 바로 자신들 스스로가 즐길 수 있는 음악을 만드는 것, 그게 무엇보다도 우선이다. 이들 음악의 최초 감상자는 자신들이다. 난데없는 뽕짝이 되더라도 스스로 납득하고 즐길 수 있다면 그게 최고다. 그리고 그 음악을 무대에서 연주한다.

"철학적으로 뭔가 뼈대가 있고 깊이 있는 얘기를 하는 건 아니고 그것보다는 이렇게 우리가 좋아하고 즐기는 음악을 가지고 관객들과 같이 호흡하고 싶은 거 그게 제일 크지"

바세린은 자신들 스스로가 좋아하고 즐기는 것, 그 자체를 관객들에게 메시지로 던진다. 같이 좋아할 수 있냐고, 같이 즐길 수 있겠냐고, 그렇다면 같이 호흡하자고. '우리와 같이 호흡하자'. 이게 바세린이 표현하고 싶고 전달하고 싶은 핵심 메시지이다.

"메탈은 기본적으로 사람들이 별로 안 좋아하잖아. 가요 듣고 팝송 듣지 요새 누가 메탈을 들어. (웃음) 이런 상황이지만 그래도 소수여도 음악 좋아하고 메탈 좋아하는 사람들 있잖아 ㄱ 사람들이랑 같이 호흡하고 싶다는 거지. 즐기려고 하는 거잖아. 재미없으면 이거 안 하지. '이번 공연도 즐겁게 해보자'라는 마음으로 다들 무대에 올라가. 그렇게 우리가 즐겁고 관객들이 재미있으면 그게 제일 좋다"

"**이**런 게 어른들도 있을 수 있단 말이지"

앞서도 잠깐 얘기했지만 바세린은 대대로 메인 기타리스트가 작곡의 '키'를 쥐고 있다. 여기에서 키란 메인 기타리스트 혼자 곡을 쓴다는 의미가 아니라 누가 써오든 곡의 진행, 방향성, 테마 등을 결정하는 것은 메인 기타리스트의 몫이라는 의미이다.

"곡은 이제 보컬하고 드럼 빼고는 각자 다 조금씩 쓰고 있지. 물론 메인 기타가 써 오기도 하고. 메인 기타가 멜로디 만들면 우리가 살을 붙이는 요런 개념도 있고 나랑 민영이가 써오는 경우도 있고. 근데 주로 완성의 키는 메인 기타가 가져가지"

어쨌든 기호도 멤버들과 함께 오랫동안 곡을 써왔다. 그 과정에서 나름의 요령, 자신만의 노하우도 터득했을 것이다. 혹 작곡을 마냥 어렵게만 여기는 분들, 그런 분들에게 참고가 될 만한 이야기를 들려줄 수 있을까.

"많이 해보는 게 제일 중요하긴 한데, 어떤 일을 하든 처음 태어났는데 달릴 수는 없잖아. 많이들 태어나자마자 달리는 것도 아니고 날아갈라 그런다고. 태어나면 기는 것부터 해야지. 기고 이제 일어나고 그다음에 걸어가고 달리고 이렇게 단계별로 밟아 올라가야 되는데 태어나자마자 날아갈라 그러니까 이제 현실과 이상의 괴리 때문에 벽에 부딪히고 마는 거지. (중략) 내가 학원에서 아이들을 가르쳐 보면서 느끼는 게 아이들 특징 중 하나가 현실과의 괴리가 굉장히 크다는 거야. 이상은 굉장히 높아서 '선생님 저 저거 만들고 싶어요'한다고. 근데 저거는 선생님들이나 고학년 형들이 만든 진짜 높은 퀄리티의 작품이란 말이지. 일단 이 친구가 막 해보다가 '와 똑같이 안 되네' 그러면서 좌절해 버린다고. 근데 이런 게 어른들도 있을 수 있단 말이지. 그럼 이런 아이를 어떻게 대응하느냐면 일단은 이상을 좀 나눠줘. 단계별로. '저거는 6학년 형아가 10단계에 걸쳐서 한 거야. 1단계부터 해보자' 1단계는 요만큼만 해도 되게 충분하거든. 이렇게 제시를 한단 말이야. 1단계 마치고 '어때요 선생님?' 그러면 '어 멋져 이제 2단계

가도 되겠다' 이런 식으로 칭찬도 해주고 격려도 해주면서 단계별로 끌어가면 할 수 있단 말이지"

　처음부터 근사한 곡을 쓰고 싶은데 막상 해보면 한없이 부족한 것만 같고 그나마 만들어 놓은 뭔가는 마냥 초라하게만 느껴진다. 좀 해봤는데 멋진 곡은 잘 안 나오고, 해도 안 될 거 결국 '아 몰라 포기'.
　아이들한테서만 현실과 이상의 괴리가 보이는 게 아니다. 어른들도 이럴 수 있다는 것이다. 이상에 닿기 위해선 그에 준하는 과정, 절차가 필요하다는 것을 알면서도 아이처럼 쉽게 잊는다. 그러다 보니 작곡이 마냥 어렵게만 느껴지는 것 아니겠냐고 기호는 지적한다.

　"처음부터 날라갈라 하지 말고 지금 할 수 있는 거 제일 간단한 것부터 해보는 거지. 아주 간단한 노래부터 만들어보는 거야. 코드 두 개 짜리로도 한 번 만들어보자 해서 만들어 볼 수도 있는 거고. 그렇게 당장 할 수 있는 것부터 천천히 단계를 거치고 그렇게 그렇게 계속하다 보면 슬슬 센스도 생기고, 음악 많이 듣고 참고하면서 뼈대도 좀 만들고 살을 붙이다 보면 결국 곡이 하나 완성이 되겠지. 계속 만들어보고 시도해 보고 해야 그게 내 게 된단 말야. 내 게 되면 내가 만들려는 방향대로 뭘 만들 수가 있게 돼. 근데 그게 다 어느 정도 시간이 걸리는 일이라는 거지. 말했지만 처음부터 날라갈 수는 없어"

　1층에서 갑자기 10층으로 뛰어 오를 수는 없다. 1층부터 시작해 그 사이의 모든 층을 하나하나 거쳐 올라가야 10층에 도달할 수 있다. 그런 마음으로 당장 밟아 올라갈 수 있는 계단부터 밟기 시작해야 한다는 이야기이다.

　"분명 얘기했지만 당장 간단하게 할 수 있는 그런 것들을 먼저 하는 거지. 아주 처음부터 예를 든다면 뭐 일단 악기를 산다, 도레미파솔을 쳐본다, 음악을 많이 듣고 아주 쉬운 것부터 카피를 해본다. 그게 2단계. 3단계는 뭐 코드를 쳐본다, 그걸로 대충 곡을 한번 만들어 본다, 이어서 레코딩 프로그램을 접해본다 등등. 건너야 할 단계들이 많을 수도 있어. 근데 그 단계를 하나씩 정복해 가는 맛도 있으니까 그렇게 한번 해보면 좋지 않을까"

　　원장 선생님답다. 이상을 잘게 쪼개고 목표 수준을 낮춰 하나씩 습득하며 정복하는 재미를 얻어가도록 유도하고 있다. 모두가 높은 이상 때문에 곡 쓰는 걸 어려워하는 것만은 아니겠지만 그럼에도 어른들도 분명 아이 같은 우愚를 범할 수 있다. 어른에겐 어른의 방식이 필요하다.

"**오**래 할 수 있다라는 거 그거 되게 감사한 일이거든"

　　개인적으로 '언더그라인드UnderXGrind[1]'라는 기획 공연을 십여 년 이상 운영하고 있는데 이 공연 시리즈에는 국내의 내로라하는 시끄러운 밴드들의 참여를 비롯해 미국, 일본, 독일, 싱가포르 등 시끄럽기로는 둘째가라면 서러울 해외 밴드들도 여럿 참여해 줬다. 바세린도 물론 이 공연의 헤드라이너로 자주 참여했다. 한번은 바세린과 함께 공연에 참여하게 된 일본 밴드가 "바세린 엄청 대단한 밴드 아니냐? 같이 공연하게 돼서 기쁘다"며 기쁨을 표현한 적도 있었다.

　　앞서 기호의 말처럼 바세린은 국내에서 이룰 수 있는 건 나름 다 이룬 밴드이다. 국내를 벗어나 일본이나 동남아 쪽 인지도도 상당한 수준이다. 심지어 그 이상 해외로 더 뻗어나갈 기회도 있었다. 직장인이라는 현실 때문에 그 기회를 적극적으로 잡지 못한 아쉬움이 있긴 하지만 그건 그거대로 또 어쩔 수 없었던 부분이 있다.

　　"그 당시에는 뭐 맘만 먹으면 여러 번 갈 수도 있었지. 해외 투어 얘기도 있

---

1 날것의 빠르고 시끄럽고 극단적인 사운드의 공연(Raw, Fast, Loud, Blackend, Extreme Underground Festival)을 표방, 2013년 'Sun Eaters Fest'란 타이틀로 처음 시작했다. 현재까지 도합 30여 회 가까이 공연을 진행했고 그간 'Full Of Hell(미국)', 'Unholy Grave(일본)', 'MagruderGrind(미국)', 'Wormrot(싱가포르)' 같은 헤드라이너급 해외 뮤지션들의 참여를 비롯해 국내외 많은 시끄러운 밴드들이 다수 참여했다.

었고. 그때 '야 우리 다 직장 관두고 투어 한번 갔다 오자' 그랬는데 '아니야. 갔다 오면 직장이고 뭐고 다 끝이야' 하는 어떤 불안, 그런 불안감이 좀 컸어 당시는"

어쨌든 바세린은 국내에서 언더그라운드 밴드로서 도달할 수 있는 정점까지 올라섰던 밴드이다. 이걸 이른바 '성공'이라고 불러도 될까. 밴드에게 성공이란 뭘까. 기호는 성공에 대해 어떻게 생각할지 궁금했다.

"어떤 사람들은 대중적인 인지도를 많이 넓히고 유명해지고 이게 성공이라고 생각할 수도 있겠지만 물론 그렇게 되면 좋지. 좋긴 한데 그것보다는 우리가 좋아하는 걸 길게 오래 할 수 있다라는 거 그거 되게 감사한 일이거든. 감사하기도 하고 나는 그게 성공이라고 생각해. 짧게 하고 사라지는 밴드 많잖아. 생활고 때문이라든가 아니면 여러 가지 이유로"

해볼 수 있는 것 다 해봤고 정점에도 서봤고 인지도도 어느 정도 누려봤다. 다 좋은 일이긴 하지만 기호가 생각하는 성공이란 그런 것들보다 '자신이 좋아하는 걸 도중에 못 하게 되거나 하지 않고, 길고 오래 할 수 있는 것' 이게 그가 생각하는 밴드의 성공이다. 얼핏 그게 뭐 대단한 일일까 싶을 수도 있겠지만 밴드가 흐트러짐 없이 이십 년을 넘어 삼십 년을 바라보며 꾸준히 활동을 잇는다는 것, 그 하나의 이름을 끊김 없이 이어오고 있다는 건 결코 쉬운 일이 아니다. 그렇기에 여러모로 감사할 일이고 더더욱 성공이라고 생각한다는 것이다.

"멤버 여럿이 사정이 생겨서 갑자기 못 하게 된다거나 집안에 가세가 기울어서 밴드고 뭐고 다 접어야 된다거나. 우린 이러지 않았잖아. 그런 부분이 감사하지. 지금 이렇게 아직도 밴드를 할 수 있는 환경이 이루어진 것만 해도 감사하지. (중략) 짧게 끝나는 밴드들이 많은데 그것보다는 이제 길게 가면서 우리가 그거를 많이 길게 즐길 수 있느냐 없느냐 그게 성공의 어떤 핵심 포인트라고 생각하는 거지. 물론 아까 얘기했듯이 인지도, 인기 올라가면 좋지. 근데 그것보다는 같이하는 밴드들이랑 길게 내가 좋아하는 음악을 즐길 수 있다면 그것보다 더 좋은 게 없지"

기호가 의식했든 의식하지 못 했든 인터뷰 내내 그가 누차 강조하고 있는 것은 '즐거움'이다. '재미 없으면 뭣 하러 하냐'라는 생각이 그의 답변 대부분에 깔려 있다. '인지도 높아지고 유명세 타는 것도 좋겠지, 그걸 성공이라고 부를 수도 있겠지, 하지만 그것보다 중요한 건 즐기는 거고 그 즐거움을 어떻게 많이 오래 유지할 수 있느냐 하는 거지'라는 게 기호가 생각하는 밴드의 성공 포인트이자 그가 밴 취미를 멈추지 않는 이유이기도 하다.

즐거움을 좇아온 바세린의 긴 여정, 그 즐거움이 비단 바세린의 것만은 아니었던 것 같다. 이들을 오랫동안 지지하고 좋아해 온 관객, 청자들에게도 이들의 여정은 즐거움이고 추억이고 감사한 일인 것 같다.

"공연 후기 댓글에 그런 게 있더라고. '아직도 공연해 주셔서 감사합니다' 이렇게 자기랑 매칭 시켜서 우리를 보는 경우들도 있더란 말야. 그러니까 자기는 이제 삶에 치이고 힘들게 전투적으로 살고 있는데 '바세린이 여전히 나랑 같이 살아있구나', '바세린도 이렇게 하고 있는데 나도 열심히 해봐야겠구나' 하는 그런 댓글들"

밴드는 음악으로 감동을 주기도 하지만 때론 이렇게 존재 자체로 감동을 줄 수도 있는 것 같다. 이런 존재감을 가진 밴드가 성공한 밴드가 아니라면 어떤 밴드를 성공한 밴드라 부를 수 있을까.

"울림이 있어야 되지 않아?"

공연은 단독 공연이 아닌 이상 적으면 대여섯, 많으면 일고여덟 밴드가 함께 참여하게 된다. 이런 공연에 참여하게 되면 나 또한 밴드이자 관객으로 다른 밴드들의 공연을 보게 되는데, 근래는 정말 잘하는 밴드들이 부쩍 늘었다는 것을 실감하게 된다. 어디서 그렇게 보고 듣고 익혔는지 몰라도 확실히 자기 무대를 즐길 줄 알고, 공연을 이끌어가는 힘을 보여주는 밴드들이 많아졌다. 내 기획 공연인 '언더그라인드'에는 거리상 이점 때문에 일본 밴드들이

자주 참여하고 있는데 전에는 이런 일본 밴드들에게 한 수 배우는 느낌을 자주 받았다면 근래는 그들이 한 수 배워가는지 어떤지는 모르겠지만 의외로 기가 죽는 듯한 인상이 들 때가 간혹 있다. 그만큼 근래는 잘하는 밴드들이 부쩍 많아진 것 같다. 다만 내 기준에서 그렇다는 것이고 잘 하는 밴드, 실력 있는 밴드에 대한 기준은 사람마다 다를 수 있다. 오랜 시간 밴드이자 관객으로 수많은 밴드들을 지켜봐왔을 기호이다. 그가 생각하는 잘하는 밴드, 실력 있는 밴드란 무엇인지 이야기를 들어보자.

"표면적인 합이라든가 이런 게 잘 맞으면 실력이 좋아 보이긴 하겠지. 근데 그거는 이제 일차원적인 거고 더 깊게 들어가면 잘하고 못하고 섹션을 정확히 맞추고 이런 거 떠나서 관객들이 딱 보기에 어떤 울림이 있어야 되지 않아? 멜로디가 나오는데 우리가 전달하고 싶은 그런 감성이 전달된다든가 이 부분에서는 사람들이 미쳐서 모싱을 했으면 좋겠어 하는데 그렇게 움직여 주고 빝다운 파트beat down[1]를

---

1 하드코어나 메탈코어 등에서 종종 사용되는 리듬 및 연주 파트로 비트다운, 브레이크다운(break down)이라고 불린다. 내내 빠르게 진행하다가 브레이크 걸린 듯 멈춰 서 무겁고 느린 박자로 묵직하게 연주한다. 이때 낮은 튜닝의 뮤트된 기타 소리에 공격적인 보컬이 얹히며 관객들로 하여금 절로 몸을 흔들게 만든다.

넣었다 하면 거기서 사람들이 마음이 동해서 움직이게 되는 그게 실력 아닐까"

실력 있는 밴드라면 관객의 마음을, 몸을 움직이게 할 수 있는 울림이 있어야 한다는 대답이다. 당연한 얘기 같지만 이거 그리 쉬운 게 아니다. 하드코어나 메탈코어 같은 경우는 관객의 몸을 움직이게 하는 데 나름 특화된 장르이긴 하다. 원체 선동적인 음악이고 더불어 그에 어울리는 리듬과 퍼포먼스를 갖추고 있기도 하다. 다만 그렇게 특화되어 있다 해도 정말로 관객의 마음을 동하게 하고 움직이게 할 수 있느냐, 그런 힘을 가지고 있는 밴드냐 하는 것은 다른 차원의 이야기이다.

극적인 대비이긴 하나 모싱도 어떠한 떼창도 없는 음악들도 있다. 이런 음악이 연주되는 공간에서조차도 울림이 있는 밴드는 관객의 내면으로 그 음악을 흘려보내고, 관객은 흘러 들어온 음악이 불러일으키는 마음의 동요를 즐길 수 있게 될 것이다. 눈에 보이지 않지만 무대 위에서는 관객들의 그런 동요를 분명히 느낄 수가 있다.

마음이든 몸이든 관객과 청자의 동요를 불러일으키는 울림. 밴드라면 응당 갈고 닦아야 할 '실력'이자 쉽지 않은 기준이긴 하지만 생각해 보면 그건 이미 음악이 본래 지니고 있는, 음악 자체의 속성 중 하나가 아닌가 싶다. 음악이란 원래 우리를 두둠칫거리게 만드는 것 아니던가.

'감정을 부추기어 움직이도록 한다'는 뜻의 '선동煽動'은 음악의 그런 속성을 가장 잘 표현한 단어 중 하나가 아닐까 싶다. 어려운 기준이긴 하지만 음악이 가지고 있는 이런 본래의 속성을 응원 삼자. 본래의 힘에 기대어 잘 묻어가다 보면 분명 여러분 밴드도 누군가에게 울림을 주는 선동적(?)인 밴드의 반열에 올라 설 수 있을 것이다.

"잘 내려오는 걸 잘 해야 되지 않을까"

지난 24년 9월 바세린은 2004년에 발매해 이듬해 한국대중음악상 시상식 '최우수 록 음반상'을 수상한 2집 앨범 《Blood of Immortality》

발매 20주년 기념 공연을 치렀다. 이 앨범은 바세린의 음악적 수작이자 밴드의 인지도를 크게 확장하는 계기가 된 앨범으로 바세린 스스로에게도 기념비적인 앨범이기도 하다. 그러고 보면 바세린도 늘 뭔가 끊임없이 일을 만들고 있다. 이제 곧 결성 30주년을 앞두고 있는데 이에 맞춰서 따로 준비하고 있는 게 있을까? 그리고 30주년 그 너머에는 어떤 것들이 있을지 바세린의 향후 계획에 대해서도 들어봤다.

"일단 30주년에 맞춰 앨범을 하나 생각 하고는 있는데 그게 쉽지는 않단 말이지. 우리가 지금까지 해왔던 패턴을 보면 앨범 하나 만드는데 몇 년은 걸려. 그래서 기한 안에 30에 딱 맞춰서 해낼 수 있을까 하는 생각이 좀 들고 그게 아니면 어떤 식으로든 다른 방법으로라도 30주년 기념을 표출해 보려고 생각을 하고 있다. (중략) 어쨌든 공연 있으면 다 하고 섭외 마다 않고 다 들어가면서 계속 살아있다는 거 보여주는 거. 그게 향후 계획이지. 길게 살아남는 게 강한 거 아닌가 (웃음)"

가능하다면 30주년을 기념할 수 있는 앨범을 내는 게 최우선 목표이긴 하나 그렇지 못하더라도 어떤 식으로든 이를 기념할 방법을 찾아 표출할 예정이다. 그리고 무엇보다도 바세린이 살아있다는 걸 계속해서 보여주고 싶다.

"2집 앨범 발매 20주년 기념 공연을 한 것도 우리가 계속 살아있다는 걸 보여주자는 의미였거든. 그래서 앞으로도 이런 건수를 더 만들어서 보여주려고 하고 있어. 알게 모르게 한 명이라도 우리를 지지하고 있는 사람들이 있다면 우리는 계속 공연을 하고 싶고 계속 할 거야. '활동해 주셔서 고맙습니다' 이러는 사람들이 있잖아. 그런 사람들 위해서 계속 살아있다는 걸 보여줘야지. 공연도 만들고 앨범 작업도 하고"

바세린은 매번 기념할 것들을 챙기고 매번 건수를 만들어 왔다. 그건 자신들을 위한 것이기도 했지만 자신들을 지지해 주는 사람들을 향해 보내는 성실한 바이탈 사인이기도 했다. '아직 우리 건재하니 당신들도 일상에서 건재하길 빈

다'라는 응원, 밴드가 할 수 있는 무언의 위로 행위. 그게 바세린이 계속 이어갈 향후 계획이다.

"스무 살였을 때는 '서른 살 되면 밴드는 어떤 느낌일까' 생각했었거든. 그러다가 서른 살 되고는 '아 마흔 되면 못 할 거 같은데' 그랬다가 뭐 이제 마흔이 넘었어. 오십이 코앞이야. (웃음) 애들 앞에서 재롱잔치 할 나이야. 그러니까 오십이 코 앞인데 '이게 오십 넘어 육십까지도 할 수 있을까' 이런 생각도 들고. 근데 뭐 그런 식으로 계속 해를 넘기고 있는 거지. (중략) 지금은 이제 우리가 잘 내려오는 것도 고민해야 되지 않을까 하는 생각이 들거든. 우리가 일단은 피크를 한 번 찍었단 말이지. 우리가 할 건 다 했어. 크게는 아니어도 만족할 만한 인기도 누려 봤고 인지도도 경험해 봤고. 이제는 길게 가면서도 요거를 정말 깔끔하게 어떻게 내려올 수 있느냐 요것도 굉장히 중요한 포인트거든. 그래서 언젠가는 잘 내려오는 걸 잘 해야 되지 않을까 그런 생각도 들어"

처음 시작할 때는 이렇게 오래까지 밴드를 하고 있을 거라 생각하지 못 했을 것이다. 나이를 먹어 가면서도 십 년 후에는 할 수 있을까, 이게 가능할까라는 생각을 하며 해를 넘겨왔다. 그러다 보니 앞일 알 수 없는 거란 생각도 들고 밴드 또한 아직은 멈출 생각이 전혀 없다. 하지만 언젠가는 무대에서 내려오는 때를 맞게 될 것이다. 언제가 될지 모르겠지만 이윽고 그때가 되면 그 마무리를 소문 내서라도 깔끔하게 짓고 싶다고 한다.

"은근슬쩍 사라지기보다는 뭔가 아낌없이 다 주고 끝내고 싶은 느낌, 그런 생각이 있어. 그게 뭐 언제가 될지 모르겠지만 마지막 공연을 만약에 하게 된다면, 자금 관리를 내가 하고 있는데 공연 수익이라든가 이런 거 따로 모아서 그 수익으로 앨범도 내고 영상도 찍고 그렇게 활용해 왔단 말야. 마지막 공연하게 된다면 그 돈 다 들여서 공짜 공연으로 하고 티셔츠도 주고 그런 식으로 모았던 거 다 투자하고 다 풀어버리고 끝내고 싶어. 언제가 될지 모르지만 그런 생각이 어느 정도 있어. 확정된 건 아니고 (웃음)"

　언젠가는 그런 때가 올 것이고 그때에는 '다 주고 끝내고 싶다'는 그 마음에
는 여정을 마친 후련함이 아닌 감사의 마음이 가득할 것이다. 알게 모르게 응원
하고 지지해 주며 긴 여정을 변함없이 함께 해준 이들에 대한 감사의 마음.

　음악만이 밴드의 전부는 아니다. 바세린과 이들을 아끼는 사람들이 함께 해
온 '시간' 또한 '밴드' 안에 포함된다고 생각한다. 긴 시간은 누가 뭐라 해도 이
들이 함께 해온 시간이고 함께 걸어온 여정이었으며 음악만으로는 설명할 수 없
는 밴드라는 이름의 신 울림일 셋나.

"열정이 높은 거는 큰 동력이 되니까"

　　　　　　슬슬 인터뷰를 마무리 해야겠다. 겉핥기식으로 하지 말아라,
이상을 너무 높게 잡지 말아라, 멤버랑 너무 친하게 지내지 말아라 등 따끔한 얘

기를 많이 들려준 그다. 마지막으로 더 들려줄 따끔한 이야기가 있을까.

"시간에 쫓기기도 하고 그렇겠지만 모든 것들은 결국 다 엉덩이가 퀄리티를 좌우하잖아. 문제는 그거 같아. 동력인 것 같아. 내가 좋아하는 걸 끝까지 할 수 있는 동력, 좋아하는 걸 계속 좋아해서 끝까지 밀고 갈 수 있는 지구력. 그게 있느냐 없느냐 그 차이인 것 같아. 일 하고 와서 대충 쉬게 되잖아. '시간 없어' 이건 핑계고 시간 쪼개서 하면 충분히 할 수 있단 말이지. '내일부터 운동할래' 이런 사람들 많잖아. 근데 할 거면 당장도 할 수 있잖아. 앉아서 뭐라도 할 수 있잖아. 그러니까 다 핑계고 정말로 좋아한다면 시간을 무조건 내는 거지. (중략) 어쨌든 열정이 높은 거는 큰 동력이 되니까 그 동력을 바탕으로 단계별로 접근하면 성과가 있지 않을까라는 생각이지"

어떤 일이든 일단 의자에 앉아야 뭐든 시작이 된다. 그런데 종종 그 의자까지의 거리가 그렇게 멀게 느껴질 수가 없다. 이유도 많고 또 제법 그럴싸하다. 그래도 소파에 누워 리모콘을 만지작거리는 와중에도 밴드를 떠올리면 반사적으로 심장이 '두근' 하고 반응한다면 나는 그걸 열정이라고 불러도 좋을 거라 생각한다.

과한 욕심일지 몰라도 한 분이라도 더 그 열정을 믿고 엉덩이를 의자에 붙일 수 있길 바란다. 퀄리티가 엉덩이에서 나오듯 음악은 결국 엉덩이로 하는 것인지도 모르겠다. 그래서 밴드 누구나 할 수 있는 거라 계속 말하고 있는 것이다.

기호와의 두 시간 가까운 시간이 훌쩍 지나갔다. 엉덩이를 털고 일어나려는데 기호가 한마디 더 덧붙인다.

"형 이 책 왜 만들어? (웃음) 이런 책 만드는 것조차 다른 사람이 모를 수도 있잖아. (웃음) 근데 작은 시도라고 해도 이게 다 도움 되는 게 있긴 한 거 같아. 낚시도 마찬가지더라고. 낚시도 고기가 물게 하기 위해 여러 가지 방법을 시도한단 말이야. 미끼를 바꿔도 보고 이 시기, 요 수위에는 이렇게 한다거나 다 각각의 방법들이 존재한단 말이지. 근데 나는 이게 처음에는 다 의미 없는 거라고 생각했어. 그냥 있으면 물고 배고프면 물겠지 뭐 이렇게 생각했는데 아니더라고.

나는 한 마리도 못 잡는데 친구는 대여섯 마리 잡고 그러는 거야. 그 이유를 봤더니 걔는 뭔가 내가 시도하지 않았던 것들을 계속 시도하고 있더라고. 그런 작은 시도들 하나하나 모여서 조과에 영향을 주더라고. 자잘자잘한 시도들. 그런 시도 중에 하나가 형의 책이 되지 않을까. 그래서 뭔가 좀 이런 시도들로 씬이 활성화되는 어떤 발단이 되면 좋겠어 (웃음)"

인터뷰 시작하면서 기획 의도 그런 거 모르겠다던 그가 마지막에는 책의 기획 의의까지 짚어준다. 너는 다 계획이 있었구나.

시도해 보지 않았기 때문에 알지 못하는 것들이 있다. 가본 적 없기 때문에 보지 못하는 풍경들이 있다. 씬의 활성화까지는 모르겠고 여러분이 뭔가를 시도하려 마음먹는 데, 새로운 풍경을 열어젖히려 마음먹는 데에 책이 자잘한 계기가 될 수 있다면 더할 나위 없을 것 같다.

"코드에 분노를 싣고"

썰틴스텝스

썰틴스텝스 / 13 Steps 2000~

드럼 이철효, 기타 고경호, 베이스 임태연, 보컬 김동경

썰틴스텝스

98년도였을까. 직전의 두 개 밴드 모두 해체하고 그즈음 나는 '나후'를 준비하고 있었던 것 같다. 2부 끝자락에 내 밴드 얘기를 다시 하겠지만 나후는 99년 청주에서 결성된 밴드이다. 90년대 말, 98년 즈음 당시 청주에는 '브로큰Broken'이라는 헤비뮤직 전문 라이브 클럽이 존재했다. 유일무이한 클럽이다 보니 소위 청주에서 음악 좀 한다 듣는다 하는 사람들이 다 거기 모여들곤 했다. 모였던 어느 날 한 밴드가 화제에 올랐다. 고등학교 스쿨밴드인데 눈에 확 띄는 밴드가 있다고.

당시 인구 50만, 번화가 나가면 아는 사람 한두 명은 꼭 만난다는 대도시(?) 청주였지만 밴드들은 서로 제각각에 마냥 뿔뿔이었다. 당시로는 막연했지만 뭔가 밴드들 사이의 응집점, 연결이 필요하다고 생각했던 나는 비록 나이 차 있는 어린 친구들이긴 해도 그들에게 어떤 접점을 기대하고 친구 몇몇과 그 화제의 밴드를 보러 공연장을 찾아갔다. 지금 생각하면 공연장이라고 부르기도 민망한 수준이었지만, 어쨌든 당시 청주는 그랬다. 대여섯 밴드가 함께 참여한 공연이었고 공연장에는 이례적으로 꽤 많은 사람들이 모여 보기 드문 열기를 뿜어 내고 있었다.

마침 무대에는 화제의 그 스쿨밴드가 '판테라Pantera[1]'의 곡을 연주 중이었

---

1 1981년 미국 텍사스에서 결성된 메탈 밴드. 글램메탈이 한창 성행하던 시기상 결성 초기에는 글램메탈로 시작했으나 이후 자신들만의 정체성을 확립, 헤비메탈 씬에 획기적인 변화를 불러일으키는 밴드로 성장한다. 상업적으로도 큰 성공을 거두며 90년대 중반까지 전 세계적으로 엄청난 인기를 누렸던 밴드이다. 국내 메탈 씬에도 큰 영향을 끼쳤고 수많은 밴드들이 '판테라'를 카피하곤 했다.

는데 흡사 '필립 안젤모Philip Anselmo[1]'를 연상케 하는 보컬이 단연코 눈에 띄었다. 그런 보컬 톤, 창법은 타고 나지 않은 이상 쉽게 흉내 내기 어려운 거라 생각하는데 이를 시원하게 불러 재끼는 모습을 보며 '난 놈이네'란 생각을 했던 기억이 난다.

이렇게 청주의 작은 공연장에서 처음 만난 게 '썰틴스텝스13 Steps'의 보컬 김동경이다. 막연하게 기대했던 접점은 이후 나와 동경을 인연이란 아교로 긴 시간 엮어준다.

결은 조금 다르지만 말할 때 중저음의 베이스 톤을 사용하는 둘이 충무로역 근처 한 맥줏집에서 오랜만에 회동을 했다. 손님이 우리뿐이라 그랬겠지만 일하는 아주머니는 웅웅거리며 떠드는 우리 둘을 인터뷰 내내 호기심 어린 눈으로 끝까지 지켜봐 주셨다. 상당히 부담스러웠다.

" 듣는 사람이 많은 게 중요한 게 아니라 밴드가 많아야 듣는 사람이 생긴다고 생각해요"

밀했듯 내 밴드 나후와 썰틴스텝스는 모두 청주에서 결성된 밴드나. 시금은 나나 동경이나 여러 이유로 서울로 이주하게 됐고 멤버들도 모두 서울에 거

---

1 판테라의 보컬, 프론트맨. 그의 톤, 창법을 브루탈 창법이라고도 부르는데 필립은 그 허스키하고 거친 보컬 톤으로 저음과 고음을 자유롭게 넘나드는 자신만의 특징을 가지고 있다. 이런 그의 독특한 창법, 톤은 90년대 메탈 팬들에게 신선한 충격을 안겨다 주었고 보컬들에게도 큰 영향을 끼쳤다. 필립은 판테라 외에 다운(Down), 슈퍼조인트(Superjoint) 같은 굵직한 밴드에서도 활동을 하고 있다. 보컬 외에 무대에서 보여주는 카리스마, 퍼포먼스도 압도적이며 어떤 이들은 그를 메탈 밴드 역사상 가장 위대한 프론트맨으로 꼽기도 한다.

주하고 있으니 서울 밴드로 간주되곤 하지만 청주에서 결성된, 청주에서 시작한, 청주 출신 밴드란 사실만큼은 나나 동경의 마음속 변치 않는 자긍심으로 자리하고 있다.

그게 왜 자긍심이 되냐고? 나름 애향심이 큰 탓도 있지만 우선 당시의 분위기를 좀 짚어볼 필요가 있다. 나후가 결성된 1999년, 썰틴스텝스가 결성된 2000년 당시는 '서울 밴드', '지방 밴드'에 대한 이분법적 인식이 존재하던 시절이었다. 특히나 지방 스스로가 더 그랬다. 서울에 대한 일종의 열등감 같은 것이었는지도 모른다. 정작 서울은 그런 게 적었을 것이다. 중심이고 부족할 게 없었으니까. 여하튼 서울 밴드에 대한 막연한 동경, 지방 밴드에 대한 막연한 낮춰봄이 보이지 않게 존재하던 시절이었다. 심지어 지방 밴드라고 하면 무대 바깥으로 나오는 소리의 볼륨을 슬쩍 낮춰 버리는 음향 엔지니어도 있었다.

우스웠다. 막연한 열등감도 갑갑했다. 여러 군데 공연을 다녀보니 어느 밴드든 지역은 보이지 않았고 그들의 개성 넘치는 음악만이 귀에 가득 들렸다. 무대에서 흘리는 땀은 서울이나 지방이나 동일했고 어느 지역을 가든 밴드들은 훌륭했다.

우습고 갑갑한 생각을 끊어내고 싶었다. 그래서 '서울이 따로 있나. 내가 있는 곳이 서울이고 여기가 우리의 중심이다. 청주가 나의 서울이다'란 생각을 당시의 청주 밴드들과 공유하게 됐다. 어쩌면 근거 없이 혹은 쓸데없이 주눅 들지 말고 어디서든 꿀리지 말자는 일종의 각오 같은 것이었는지도 모르겠다.

치기 어렸지만 지역에 대한 이런 '자긍심'은 당시 청주에서 같이 활동하던 밴드들을 묶어주는 계기가 되기도 했고, 이후 흩어져 각자도생할 때에도 지역에 대한 자긍심을 넘어 자신들 음악에 대한 자긍으로서 스스로를 다지는 힘이 되어주지 않았나 하는 생각을 한다.

사설이 좀 길긴 했지만 그렇게 같이 청주에서 활동했던 십여 년 남짓의 시간 동경은 나와 뜻을 같이해주고 함께 움직여준 동생이자 친구이자 동료였다.

"사실 이게 조금 불리한 게 서로 너무 많이 아니까, 그러니까 내막 잘 모르는 사람들이랑 하면 좀 재미있을 텐데 형이 저는 좀 재미없어 하는 거 같은데요. (웃음) 다 아는 얘기잖아요. (웃음) 근데 뭐라고 요거 키니까 평소에 얘기하던 말

투가 안 나오네요 (웃음)"

　멋쩍긴 하다. 매번 술이나 마시고 농담이나 주고받다가 녹음기 켜고 진지하게 마주 앉으니 어색하기도 하고. 그래도 너무 잘 알아서 불리할 거까지야. 되려 담백하고 좋은 인터뷰가 될 것 같은 느낌이 든다.

　이러이러한 책을 쓰고 있다 설명도 했고 자료도 보내줬다. 책도 책이지만 이런 이야기를 책으로 엮는다는 것 자체에 대해 오랜 친구인 동경은 또 어떻게 생각할지 그 의견이 궁금했다.

　"되게 의외다 싶었어요. 형이 어떻게 보면 약간 비주류 그런 거 좋아하는 형이잖아요. 완전 우리보다 형이 훨씬 더하잖아요. (웃음) 근데 의외로 주류에 있는 다른 사람들을 이쪽으로 데리고 오려고 하는 의도 같은 게 보였고 의외긴 해도 그거 되게 좋은 것 같아요"

　좋게 봐 줘 고맙다. 한편으론 잘 알긴 한다. 전엔 그랬다. 한창 치기 어릴 때는 관객들이 내 곡을 따라 부르는 것도 싫었다. '들을 놈들만 들어라'며 협소한 오기를 부리던 때도 있었다. 주변을 잘 둘러보지 못하던 시절였던 것 같다. 내 길만 깊게 파다 보면 이윽고 나를 이해해 주는 새로운 뭔가가 기어코 열릴 거라며 막연히 도취해 있던 때였던 것 같다.

　"옛날에는 그냥 내가 최고인 줄 알고 나만 잘하면 된다고 생각했었어요. 근데 주변에 아무도, 아무것도 없으면 내가 잘하는 게 의미가 없는 것 같더라고요. 주변이 받쳐주고 친구들도 있고 밴드들도 많아야 그게 좋은 건데 옛날에는 그냥 내 생각만 했던 거 같아요. '내 밴드만 잘하고 내 밴드만 살아남으면 돼'라는 어린 나이의 옹졸함 그런 게 있었던 것 같아요. 근데 지금은 확실히 이게 사이즈가 좀 있어야 뭐든 더 재미있는 게 나오고 더 재미있어지지 않나 그런 생각을 해요"

　책에 대한 생각을 듣다가 결국 '사이즈가 필요하다, 사이즈를 키워야 한다'란 생각에 도달했다. 마치 책의 의도를 그대로 옮긴 듯한 답변이다. 이 책은 밴드 진입에 대한 문턱을 낮추려는 시도를 담은 책이다. 사람들을 밴드로 이끌어 밴드, 음악 씬의 사이즈를 키우려는 시도이기도 하다.

잘 아는 만큼 눈치도 빠르다. 그렇다고 부러 눈치 본 대답일 리는 없다. 동경도 이미 이십 년 넘게 아니 이제 삼십 년을 바라보며 밴드를 해오고 있다. 그러다 보니 시야 좁고 옹졸했던 시기도 지나고 이젠 주변을 둘러보며 조망할 수 있는 여유를 갖게 된 건지도 모른다. 결국 책을 누가 쓰느냐의 차이였을 뿐 생각은 다들 비슷한 지점에 도달해 있었던 것 아닌가 하는 생각도 든다.

동경은 사이즈를 이야기하면서 옆 나라 일본의 예를 더 이어갔다.

"우리가 이제 옆에 일본이라는 큰 나라가 있잖아요. 거기는 또 음악 씬이 미쳤잖아요. 클럽만 예를 들어도 우리는 토요일, 일요일 같은 주말 공연, 끽해야 금요일 공연이 다라면 일본은 일주일 내내 공연이 꽉꽉 차 있고 한 달 내내 꽉꽉 차 있잖아요. 비는 날이 거의 없어요. 그 말은 뭐냐면 밴드가 많아서 그렇거든요. 듣는 사람이 많은 게 중요한 게 아니라 밴드가 많아야 듣는 사람이 생긴다고 생각해요"

일본, 유럽 같은 일명 문화 선진국들 부러워하는 것도 이젠 지친다. 밖에서 보면 우리도 이미 선진국이다. 준비는 다 됐다고 본다. 이제는 문화도 좀 치고 나가야 할 차례 아닐까. 듣는 사람의 많고 적음을 탓할 거 없다. 단순한 산수지만 동경 말대로 밴드가 많아지면 당연히 듣는 사람도 많아질 거다. 정확히 비례하진 않는다 하더라도 분명 늘어날 것이고 하물며 밴드 또한 듣는 사람 즉, 관객 아니던가. 앞서 언급했던 '접할 기회' 역시도 밴드가 많아지면 당연히 늘어날 것이다. 밴드가 많아지면 주말 공연만으로는 이를 다 소화하기 어려워진다. 그게 평일로 이어질 수 있는 것이고 더 나아가 새로운 클럽들이 생겨날 수도 있다. 그렇게 접할 기회가 더 많아지게 될 것이다.

이런 일련의 선순환의 시작은 결국 동경의 말처럼 밴드의 숫자, 즉 '사이즈'에서 비롯될 것이다. 거창하게 보자면 밴드를 새롭게 결성하고 활동을 시작하는 것 자체가 문화 선진화(?)에 동참하는 일이라고 말하고 싶다. 그리고 밴드는 분명 우리 사회의 문화적 자산이다.

"**쉽**게 써서 어렵게 들리면 성공한 거 아닌가요?"

썰틴스텝스는 하드코어 펑크 밴드이다. 앞서 2천년대 한국 하드코어 씬을 이끌었던 밴드로 바세린을 꼽았는데 썰틴스텝스는 당시 바세린과 함께 한 축을 이루며 2천년대 하드코어 씬을 뜨겁게 달궜던 대표적인 밴드이다. 현재도 명실공히 한국 최고의 하드코어 밴드라는 데 이견을 달 사람은 거의 없을 것이다. 지금까지 3장의 정규앨범과 2장의 EP를 발매했고 한국대중음악상 시상식 후보에 오르기도 했다. 국내 대형 페스티벌에는 거의 빠짐없이 참여했으며 일본 투어도 여러 차례 돌았다. 결성 이후 현재까지 장소 불문 그간 치러온 라이브 횟수는 셀 수 없을 정도이며 하드코어 밴드로서 씬 내에서 보여주고 있는 존재감과 영향력은 여전히 건재하다.

이런 베테랑에게도 예의 그 질문을 던져 봤다. '코드 세 개'로 밴드 할 수 있다고 생각하는지.

"무조건 할 수 있죠! 세 개만으로도 평생 할 수 있고 그걸로 만들 수 있는 조합은 무궁무진하잖아요. 요즘 저 곡 쓰는 방식이 좀 바뀐 게 있는데 가끔은 코드 진행 자체를 아예 무시하면서 곡을 쓰기도 해요. 예를 들면 E 코드가 나왔으면 그다음 D가 나와야지 하는 어떤 흐름이 있잖아요. 그걸 무시하고 어라? 여기서 이 코드가 나온다고? 하는 그런 식으로 만들곤 해요. 반음도 많이 쓰고요. 이렇게 어떤 형식을 무너뜨리면 또 너무 쉬워지죠. 무궁무진하고 세 개만으로도 충분하지"

다시 말하지만 솔직히 개수는 중요하지 않다. 게다가 코드라고 불리지 않는 것으로도 곡은 얼마든지 만들 수 있다. 얽매이지 않으면 동경 말대로 조합은 더 무궁무진해진다. 그렇다고 배움을 게을리하라는 얘기는 아니다. 알고 있는 것, 할 수 있는 게 많아지면 당연히 표현할 수 있는 방법도 많아진다. 방법도 풍부해지고 한계도 넓어진다. 시간을 투자할 가치가 충분히 있다. 다만 여기서 중요한 것은 '표현'이다. 익히고 배우고 숙달시키는 것은 결국 표현을 위한 과정이다.

코드 세 개로도 밴드는 충분히 자신을 표현할 수 있다. 조합을 바꿔가며 리듬과 템포를 바꿔가며 때론 코드란 틀을 벗어가며 다양한 방법으로 밴드는 자신이 표현하고 싶은 걸 포착해 낼 수 있다. 꼭 복잡하고 어려운 곡만이 밴드를 표현력 있어 보이게 만드는 것도 아니다. 업계 비밀이긴 하지만 몇 개 안되는 코드로도 곡을 어렵게 보이게 만들기도 한다.

"저 노래 무조건 짧고 쉽게 써요. 코드 어렵게 잡는 거 없고 어렵게 진행하는 거 하나도 없어요. 제 나름대로 노하우를 쌓아 온 거죠. 쉽게 써서 어렵게 들리면 성공한 거 아닌가요? 사람들이 들어봤을 때 썰틴스텝스 이렇게 쉬운 거였어? 그러면 성공한 거죠 (웃음)"

대중적 인기를 누리고 있는 밴드들의 곡도 가만 뜯어 보면 사실 몇 개 안되는 코드로 구성된 곡들이 의외로 많다. 속임수를 쓰는 게 아니다. 이게 바로 밴드 음악의 마법이다. 악기 각 파트가 어우러지고 보컬이 그 사이를 춤추기 시작하면 듣기에 따라 쉬운 곡도 왠지 복잡하고 어려운 것처럼 들리고 곡이 뭔가 짜임새 넘치고 표현력 있어 보이기도 한다.

그러니 행여라도 애써 만든 곡, 어딘가 부족한 것 같고 유치해 보일 것 같다며 지레 겁먹지 말길 바란다. 지금 할 수 있는 최선의 표현을 담았다면 과감하게 무대에서 연주해 보길 바란다. 밴드 음악의 마법을 한번 믿어 보시라. 게다가 그렇게 연주된 음악은 뒤도 안 돌아보고 여러분 곁을 떠난다. 여러분이 어떻게 생각하든 감상은 결국 관객의 몫이기 때문이다. 때론 가차 없는 반응이 돌아오기도 하지만 그것 또한 밴드의 재미이다.

"이 길이 내 길인가 싶었던 거죠. 착각을 한 거죠"

각 장르에는 저마다 어울리는 보컬 톤 즉, 보컬의 음색이 있다. 나른하고 몽환적인 음악에 잠을 확 깨게 하는 보컬 톤이 필요할 리 없고 선동적이고 강렬한 음악에 솜사탕 같이 부드러운 보컬 톤이 필요할 리 없다. 물론 막상 해보면 의외로 어울릴지도 모르겠다. 어쨌든 동경은 선동적이고 강렬한 음색을 요하는 하드코어란 장르의 보컬리스트로서 적합한 톤, 뛰어난 음색을 가지고 있다. 동경이 보컬을 시작하게 된 계기를 들어보자.

"고등학교 때 이야기로 거슬러 가게 되는데요. 그 당시 '스키드 로우Skid Row[1]', '본 조비', '헬로윈Helloween[2]' 이런 거 듣긴 했는데 어떻게 보면 그게 나름 트렌드였잖아요. 근데 왠지 저는 애들 다 듣는 거 따라 듣기가 좀 싫더라고요. 저는 전부터 그런 게 좀 있었어요. 남들이 입는 옷들은 입기 싫고, 그런 거 비슷한 거죠. 뭔가 다른 특이한 옷을 입고 싶었던 거죠. 그러다 갑자기 '판테라'를 들었는데 이게 훨씬 죽여주는 거예요. (웃음) 그거 듣고서 바뀌었죠. 물론 당시 판테라도 엄청나게 큰 밴드였지만 그때는 그걸 커버하는 고등학생들이 없었단 말이에요. 그래서 고등학교 때 처음 그걸 커버를 하면서 '난 이런 목소리를 낼 수 있는 사람이구나' 느꼈고 그때 '이 길이 내 길인가' 싶었던 거죠. 착각을 한 거죠 (웃음)"

어렸지만 이리저리 휩쓸리며 무리와 구분이 안 가는 건 싫었다. 그래서 특이한 음악을 찾았고 남들이 쉽게 흉내 내지 못할 것들을 좇았다. 그러다 판테라를 접하게 됐고 동경에게 그건 하나의 사건이었다. 드디어 자신에게 맞는 특이한 옷을 찾은 것 같은 느낌마저 들었다. 물론 판테라도 메탈 듣는 사람이라면 모르는 사람이 없을 정도로 다 듣는 밴드가 되었지만 연주는 흉내 낼 수 있어도 필립 안젤모의 보컬은 누구도 쉽게 흉내 낼 수 없었다. 그런데 동경은 그걸 할 수 있었다. 아무도 쉽게 못 하니 심지어 이게 내 길인가 싶기까지 했다

---

1 1986년 결성된 미국의 글램메탈 밴드. 파워풀한 연주와 격정적인 락 발라드로 국내에서도 많은 인기를 얻었던 밴드이다.

2 1983년 결성된 독일의 파워메탈 밴드. 파워메탈은 주로 SF나 판타지적 세계를 묘사하고 연주하는 특징을 가지고 있다. 헬로윈은 특유의 빠르고 경쾌하며 파워풀한 연주로 국내에 많은 팬을 만들어냈다.

　"왜냐하면 다른 친구들은 이걸 못하니까. 근데 지금 생각해 보면 참 한심한 게 저보다 잘하는 보컬도 수두룩하고 요즘 젊은 친구들은 또 너무 잘하잖아요. 하여튼 그때 그게 보컬을 하게 된 계기였어요. 심지어 저는 뭐 해 먹고 살지 생각도 안 했어요. 제 재능 믿고 음악으로 그냥 확 한 건 할 줄 알았어요. (웃음) 이제 와서 보면 되게 한심한 생각이죠"

　'난 이런 목소리를 낼 수 있는 사람이구나'라는 자각, '이 길이 내 길인가 싶었던' 그리고 '음악으로 확 한 건 할 거라고' 생각했던 착각. 동경은 자각과 착각을 오갔지만 누군들 그렇지 않을까. 게다가 이런 류의 착각을 사람들은 꿈이라고 부르기도 한다.
　동경의 착각은 여기서 끝이 아니었다.

　"판테라 듣다 보니까 이제 또 판테라 듣는 애들이 너무 많은 거예요. (웃음) '좀 짜치는데. 뭐 더 없나, 다른 거 없나' 그러다가 그때 서울로 공연 자주 보러 다니고 음악 많이 듣던 친구가 '야 이게 진짜 하드코어야'라면서 '씩오브잇올Sick

Of It All[1]'을 들려주는 거예요. 듣고 바로 그 당시 가장 좋아하는 밴드가 됐어요. 그리고 '아 이게 내 길이다'라고 그때 또 다시 한번 느껴서 노선을 살짝 틀었는데 그렇게 점점 마이너하게 가게 된 거죠. 근데 저는 무슨 생각인지 모르겠는데 그 마이너한 음악으로 가면서도 '이 길로 가면 성공할 거야'라는 이상한 생각을 갖고 있었어요. (웃음) '내가 하면 이거 우리나라에서 문익점처럼 되는 거 아냐?' '아무도 안 하는 걸 내가 해야지' 막 이런 느낌. (웃음) 되게 웃긴 거잖아요. 마이너한 음악을 찾아가면서 메이저가 될 거라는 생각을 한다는 게 (웃음)"

판테라에 이어 '씩오브잇올'을 듣게 되면서 길이 또 한 번 바뀌었고 점점 하드코어란 음악에 빠져 들었다. 이건 이거대로 또 자신에게 어울리는 옷 같았다. 그렇게 마이너한 음악으로 더 파고들게 됐고 그럼에도 자신감이 넘쳤다. 목화씨 뿌리듯 하드코어란 장르를 앞장서서 뿌리면 이윽고 성공하게 될 거란 착각에 마치 선구자라도 된 듯 득의양양해졌다.

당시를 떠올리며 착각과 모순된 생각으로 가득했던 우습던 시절이라고 말하지만 나름 음악을 자신의 길로 삼은 고등학생에게 패기 말고 더 중요한 게 뭐가 있겠는가. '나는 이런 목소리를 낼 수 있구나' 하는 자각에서 시작, 때론 대책 없는 착각에 빠져들기도 했지만 이제 그는 누구보다도 멋들어지게 하드코어를 대변하는 목소리가 되었다. 목소리뿐 아니라 그가 무대 위에서 보여주는 퍼포먼스 또한 압도적이다. 어쩌면 오래전 그가 판테라를 보고 받았던 충격을 이제는 누군가에게 돌려주고 있는지도 모른다.

"실력 없어도 같은 것 좋는 사람이 좋아요"

썰틴스텝스의 경우 현재까지 밴드에 남아있는 원년 멤버는 동경 혼자이다. 25년 가까운 긴 시간, 나름 곡절도 많았을 것이다. 애초 어떻게

---

1 1986년 뉴욕에서 결성된 하드코어 펑크 밴드. 미국의 하드코어는 지역에 따라 구분되기도 하는데 보스턴과 뉴욕 씬이 대표적이다. '씩오브잇올'은 뉴욕 하드코어를 대표하는 밴드이며, 지금도 여전히 활동하며 살아있는 전설로 통하고 있다. 국내에도 두 차례 내한한 바 있다.

모이게 된 건지 궁금했다. 그리고 결성 초기, 당시의 썰틴스텝스는 스스로 보기에 어떤 모습이었는지도 궁금했다. 더불어 그간 멤버 교체가 잦았는데 그래야 했던 내막, 우여곡절에 대해서도 들어봤다.

"결성 계기라기보다는 그냥 주변에 걔들이 있었어요. (웃음) 걔들이 있어서 시작했어요. (웃음) 처음에는 그냥 밴드 하는 거 좋아하고 원래 친구기도 했고, 뭐 술 친구들이었죠. 다들 매일 보니까 '야 그냥 우리끼리 뭐 해보자' 이런 식으로 시작했던 것 같아요. 그렇게 했던 처음 1, 2년은 엉망진창였죠. 합주한답시고 맨날 술이나 마시고 막 그러다가 딱히 뭔 계기가 있진 않고 그냥 꾸준히 하다 보니까 이게 너무 재밌는 거예요. 밴드만큼 재밌는 게 없는 거예요. 썰틴스텝스는 그냥 재밌어서 계속 했어요"

계기? 아니 그냥 주변에 걔들이 있었다, 스쿨밴드를 하며 생겼던 인연들이고 졸업 후 자연스럽게 술친구가 됐던 애들인데 그냥 같이 어울리다 보니 어느새 그들과 함께 썰틴스텝스가 되어 있었다. 그렇게 자연스럽게 모여 술 마시고 합주하고 같이 놀고 하다 보니 밴드 이거 너무 재밌더라 그래서 그 재미를 놓지 않고 계속 이어갔다.

"마냥 재밌고 즐거웠던 것 같아요. 그때 썰틴스텝스 음악은 좀 과도기였어요. 하드코어로 완전히 간 것도 아니었고. 그러니까 판테라 같은 것도 있고 씩오브잇올 같은 것도 약간 짬뽕 되고, 이상하게 오이 펑크 이런 것도 막 넣으려고 하고 뭔가 아직 정립이 안 된 상태였는데 그래도 그거 자체가 즐거웠어요"

밴드 결성 초기엔 정립 안 된 채 마냥 헤매기도 한다. 술만 마신 것 같지만 이런 과도기도 진지한 밴드에게나 찾아오는 거다. 때론 과도기를 과도기로 여기지 못하고 '우리 너무 헤매고 있는 거 아니냐'라는 자괴감이 들 수도 있지만 그 과정을 동경처럼 즐길 수 있어야 한다.

"밴드란 어쨌든 앙상블이잖아요. 각기 다른 생각을 가진 이들이 모여서 몇 개 되도 않는 코드로 같이 내가 만든 곡을 연주해 주는 거잖아요. 거기서 첫 자작곡에 대한 어떤 희열이 생겼던 거 같아요. 근데 이 자작곡으로 공연하면 처음에는 당연히 반응이 없죠. 모르는 노래니까. 그러다가 조금 조금씩 사람들이 알아주고, 결국엔 내가 만든 노래를 누군가가 따라 불러 준다? 그런 거에 대한 희열을 점점 알게 되더라고요"

썰틴스텝스도 처음엔 카피 곡을 연주했다. 그러다 어떤 음악이 우리에게 어울리는지, 어떤 음악을 연주해야 할지 고민하고 탐색하는 과도기를 거치고 마침내 자작곡을 연주하기 시작했다.

자작곡의 희열, 그걸 말로 표현하기는 쉽지 않다. 집에서 혼자 만들고 들었을 때의 희열과 그 곡을 가져와 멤버들과 같이 합을 만들어 냈을 때 오는 쾌감은 같은 곡이어도 그 감상은 천지 차이이다. 앙상블의 힘에 전율하게 된다. 더불어 그렇게 만들어 무대에 올린 곡이 생명체처럼 살아 나가 이윽고 사람들 입에 가서 붙는 곡이 될 때 오는 뿌듯함은 자작곡을 무대에 올려보지 않고서는 느낄 수 없는 희열이다. 그리고 그 희열이야말로 도무지 밴드를 멈출 수 없게 만드는 즐거움이기도 할 것이다.

그렇게 썰틴스텝스는 자작곡의 희열을 깨달아 가며 조금씩 더 앞으로 나아갔다.

"당시 실력은 저 지금 발로 치라고 해도 칠 거 같아요. (웃음) 제가 혼자 이렇게 장구 등에 지고 북 메고 연주하라고 해도 할 거 같아요. (웃음) 그 정도로 엉망진창이었고 보컬도 마찬가지였어요. 저는 사실 제가 보컬감이 아니라고 친구들한테 얘기를 하거든요. 성대도 잘 쓸 줄 모르고 목도 금방 가버리고 약간 생목으로 노래 부르는 그런 사람이란 말이에요. 요즘은 조심해서 공연을 잘 치러 내는데 그때는 이제 리허설만 하러 가도 거기서 세상 집어삼킬 듯이 노래해 놓고 공연 때는 빽빽거리는 (웃음) 본 공연 때 망치는 그런 경우가 많았죠"

자작곡은 있었지만 아직 연주 실력도 공연 노하우도 부족했다. 과도기를 거치자 다음 스텝으로 경험기가 나온 것이다. 밴드라면 누구나 이런 경험기 또한 거치게 된다. 이 시기에 밴드는 실전에 걸맞은 실력도 쌓고 공연 노하우도 서서히 익히게 된다. 보컬감 아니라며 자책도 하고 혼자 하라 해도 할 수 있을 것 같다며 당시를 되돌아보지만 동경도 그런 경험기를 거쳐왔기에 지금은 웃으며 말할 수 있는 것이다.

한편, 과도기나 경험기라는 게 또 한 번 겪고 마는 것만도 아니다. 밴드가 지속되는 한 이런 비슷한 시기들이 다시 찾아오기도 한다. 다만 노하우가 쌓이면서 처음과 달리 이를 숙성기라는 이름으로 부를 수 있게 될 것이다.

엉망진창였다고는 하지만 2천년대 초중반의 썰틴스텝스는 분명 하드코어 씬의 한복판에서 가장 역동적으로 활동한 밴드였다. 그렇게 활동할 수 있었던 힘, 동력은 뭐였을까?

"그냥 뭐 에너지로 했죠. (웃음) 진짜 그때 하드코어 공연은 지금의 하드코어 공연장하고는 또 전혀 다르잖아요. 다 그냥 연주가 뭐가 중요해 그냥 막 날라다니고 막 뒤집어 엎어지고 앰프도 얼마나 형편 없었어요. (웃음) 스컹크에서는 애들 마이크에 전기 오를까 봐 바짝 긴장해서 공연하고 그래도 노래 부르다 전기 먹어서 '카갸갹' 이러고 그랬어요 (웃음)"

부족하고 엉망진창인 시기였지만 에너지로 밀어붙였다. 믿을 건 그거밖에 없었다. 그때는 관객이고 밴드고 같이 무대를 날아다녔고 앰프를 뒤집고 악기를 집어 던졌다. 에너지가 딸리면 전기 충전도 했다. 그때의 하드코어 공연장은 연주가 중요한 게 아니었다. 함께 몸을 부딪치고 뒤엉키고 떼창하며 밴드, 관객 모두 우리는 하나라는 동질감을 공유하는 게 공연의 핵심이었다. 관객도 밴드도 모두 에너지로 하던 시절이었다.

당시 펑크 밴드들의 성지이자 하드코어 밴드들의 아지트 같았던 클럽 스컹크헬. 거기서 활동했던 밴드들 중 스컹크헬의 전기 맛을 모르는 밴드는 아마 적을 것이다. 마이크에 쩍 붙으며 순간적으로 입술이 부어터질 것 같은 그 짜릿한 맛을 지금도 잊을 수가 없다.

클럽도 관객도 밴드도 모두 역동적이었던, 그랬던 시기가 한편으로 썰틴스텝스에게는 잦은 멤버 교체가 이뤄진 시기이기도 했다. 밴드를 떠나거나 멤버를

떠나보내는 데에는 저마다 사정이 있게 마련인데 당시 썰틴스텝스에겐 어떤 사정이 있었을까.

 "완벽한 멤버 만난다는 건 사실 '하늘의 별 따기'잖아요. 이유 다 다르고 여러 가지 이유가 있긴 한데 의지가 안 보이는 멤버, 저는 그런 걸 잘 못 참더라고요. 지나고 보면 실력 없어도 그냥 같은 것 좇는 사람이 좋아요. 실력이 아무리 좋아도 의지가 안 보이면 밴드를 쉬더라도 과감하게 이별한 거 같아요. 의지가 있는데 걷어찬 적은 별로 없는 것 같아요. (중략) 하다가 이러저런 이유에서 밴드에서 낙오되고, 그런 걸 보면서 저도 이런 식으로 25년 동안 할 줄 몰랐어요. 그게 계속 반복이었는데 이제 나이 들면서 확실히 제 가치관 이런 게 뚜렷하게 서니까 오히려 이젠 그런 일들이 적어졌어요. 근 10년 안쪽으로는 멤버 구성에 대해 고민 별로 없었던 것 같아요"

 앞서도 몇몇 밴드들이 밴드의 어려움 중 하나로 마음 맞는 멤버 구하는 것을 가장 큰 난제로 꼽기도 했다. 사람 모이는 곳이니 어쩔 수 없지 싶다. 연도 닿아야 하고 나름 운도 따라야 한다. 마음도 맞아야 하지만 존중하고 이해하며 서로 노력해야 하는 부분도 적지 않다.

사실 완벽한 멤버라는 게 존재하는지조차도 가끔은 잘 모르겠다. 다만 곡절을 겪긴 했어도 지금의 썰틴스텝스는 분명 같은 것을 함께 좇고 있는 멤버들이 모여 합을 이루고 있는 것만은 분명한 것 같다.

"처음부터 앨범에 실릴 곡! 이거 완전 명곡! 이런 거 누가 쓸 수 있겠어요"

동경은 썰틴스텝스의 작사, 작곡을 도맡아 하고 있다. 초기에 다른 멤버들이 쓴 곡이 몇 곡 있긴 하지만 그 외에는 전부 동경이 쓴 곡들이고 현재도 작사, 작곡을 동경이 전담하고 있다. 지금까지 한 백여 곡 쓰지 않았을까 싶은데, 곡을 처음 쓰게 됐던 당시 이야기부터 지금껏 곡을 써 오며 느낀 것들을 바탕으로 작곡을 고민하고 있는 분들께 들려줄 이야기가 있을지 들어봤다.

"곡을 써봐야겠다고 처음 생각한 건 고등학교 1, 2 학년 때인데 그때는 기타 칠 줄도 모르고 뭐 아무것도 모르니까 일단 가사를 쓰자고 생각했어요. 난 노래를 잘한다고 착각하고 있었기 때문에 (웃음) 가사를 엄청 썼어요. 지금도 기억나는 구절이 '내 혓바닥의 썩은 냄새를 맡아봐라' 이런 말도 안 되는 가사를 공책에 빽빽하게 썼어요. (웃음) '백악관에 가서 싸우자' 이런 말도 안 되는 걸 영어로 쓰기도 하고. 그러던 어느 날 학교 끝나고 집에 왔는데 마당 한구석에 잿더미가 하나 있는 거예요. (웃음) 엄마가 '동경아 너 이리 와 봐라. 넌 너무 불순하고 불온한 생각을 갖고 있다' (웃음) 오해하실 수 있죠. 엄마가 볼 땐 이거 뭐"

그렇게 그의 첫 시집은 하얗게 불타버렸다. 동경은 작곡보다는 작사를 먼저 시작한 셈이다. 그나저나 오해라곤 해도 어머니 마음을 잿더미로 만들어 버리는 '락'이란 음악은 이 얼마나 불온한 음악이란 말인가.

"기타보다는 베이스를 먼저 배웠어요. 중학교 졸업하고 고등학교 들어가기 전까지 이제 마가 뜨잖아요. 기타는 초보자한테는 줄이 너무 많고 코드라고 잡아보면 손가락이 너무 아프고, 베이스는 굵으니까 그나마 덜 아프잖아요. 그래서 그때 베이스를 배웠고, 작곡은 고 3 때 처음 해본 것 같아요. 썰틴스텝스에 들어간 노래 중 하나였던 거 같은데 그게 첫 자작곡이었고 그전까지는 자작곡은 쓸 생각도 못 해봤고 어떤 음악을 해야 할지도 몰랐고요. 어떤 음악을 해야 할지 모르니까 뭘 써야 될지도 몰랐던 거고요. 그전까지는 그냥 부모님이 오해할 만한 쓰잘데기 없는 가사만 계속 써왔던 거죠"

작곡이 어렵게만 느껴진다면 동경처럼 글을 먼저 써보는 것도 방법이겠다. 작사도 만만치 않은 일이긴 하지만 작곡보다는 허들이 낮지 않은가. 크게 보자면 사실 작사 자체로 이미 작곡은 시작된 거라 본다. 심지어 가사가 적힌 쪽지가 때론 오선지처럼 보이기도 한다. 가사에는 보이지만 않을 뿐 이미 리듬, 멜로디, 기타 리프가 숨어 있기도 하다. 뭔 말인가 싶겠지만 곡을 쓰겠단 각오를 꾸준히 잇다 보면 이윽고 안 보이던 것들, 안 들리던 것들이 가사에서 보이고 들리는 순간이 찾아올 것이다. '내 혓바닥의 썩은 냄새를 맡아봐라'만 해도 이미 씰룩거리는 리듬이 떠오르지 않는가. 이렇듯 글 자체가 가진 힘이 곧 곡을 쓰는 영감이 되기도 한다.

이어서 동경은 처음에 작곡을 어떻게 시작하면 좋을지 가이드를 하나 제시한다.

"초기 썰틴스텝스랑 지금의 썰틴스텝스는 어떻게 보면 곡들이 좀 많이 다르잖아요. 뭐랄까 아무래도 점점 세련돼 간다고 할까. 그 이유가 제 기타 실력이 느는 것 때문이기도 해요. 곡 만들던 초기에는 그거밖에 칠 수 있는 게 없어서 정말 코드 세 개의 심플한 곡들 그런 거밖에 할 수 없었다면 기타가 느니까 '어라? 요것도 되네', '아 요것도? 요것도' 하면서 점점 늘어간 거고요. 처음부터 거대한 성을 한 번에 쌓을 수는 없잖아요. 한방에 완성할 수 없단 말이죠. 모래성부터 시작하자, 작은 것부터 만들어가자 그러면 나중에 네가 진짜 커다란 성을 쌓을 수도 있고 아니면 초가집에서 끝날 수도 있지만 처음에는 모래성부터 갑시다 이런 생각을 얘기하고 싶네요"

작곡 어렵다 느끼는 거, 그거 현실과 이상의 괴리 때문에 생기는 거고 욕심 버리고 단계적으로, 그러니까 '기는 것부터 시작하자'던 바세린의 기호 이야기와 표현만 다를 뿐 똑같은 이야기 아닌가.

"처음부터 앨범에 실릴 곡! 이거 완전 명곡! 이런 거 누가 쓸 수 있겠어요. 세상에 없잖아요. 저는 일단 카피를 많이 해보라고 권하고 싶어요. '무조건 카피 많이 해봐라' 그냥 이거 같아요. 카피를 통으로 안 해도 돼. 그냥 조금씩이라도 자기가 좋아하는 노래 연주해 보다 보면 어? 아! 이게 뭔가 공식 같은 것들이 느껴진단 말이죠. 공식 같은 걸 느낄 수도 있고, 좋은 노래라고 생각했는데 연주해 보니 재미가 없네 이런 걸 느낄 수도 있고, 별로인 거 같았는데 연주해 보니 의외로 좋네 이런 것도 있고. 어라? 코드 세 개로 이게 돼? 이런 걸 알게 될 때도 있단 말이죠. 무조건 카피 많이 해보라고 하고 싶어요. 그런 것들을 하다 보면 한편으로는 내가 어떤 음악하고 맞는지 자기 스타일, 자기 취향을 찾는 것도 훨씬 쉬워질 거라고 생각해요"

동경이 강력하게 권하는 작곡의 첫걸음마는 카피이다. 카피의 중요성에 대해서는 더 설명이 필요 없을 것 같다. 카피라고 해서 꼭 전체를 통으로 안 해도 되고 마음에 드는 구간만 카피해 보는 것도 좋은 방법이라는 것에는 동경도 같은 의견이다. 그렇게 재료를 모으고 패턴을 익히며 남의 곡을 통해 곡 쓰는 요령을 쌓아 봐야 한다. 그리고 처음엔 '모래성부터 갑시다'라는 동경의 가이드 또한 잊지 않길 바란다.

물결에 휩쓸려 사라져도 괜찮을 모래성 쌓는 기분으로 작곡을 시작해 보길 바란다. 처음부터 명곡은 없다. 앞서 말한 동경의 최초 자작곡도 물결에 휩쓸려 흔적도 없이 사라졌다.

"노래가 너무 구리니까. (웃음) 연주는 했는데 노래가 너무 구리니까 데모조차도 녹음 안 했을 걸요. 뭔 노래인지 이젠 기억도 안 나고 (웃음)"

"연습은 집에서, 합주는 합주만"

현재 썰틴스텝스는 동경을 비롯해 베이스 임태연, 기타 고경호, 드럼 이철효 이렇게 4인조로 구성되어 있다. 이들 역시 모두 직장인들이다. 태연은 건물 외벽 시공 관련 일을 하고 있고 경호는 기타숍에서 일하고 있으며 철효는 주방 일을 하고 있다. 동경은 스스로는 바지 사장이라고 말하지만 광화문에서 부인과 함께 식당을 운영하고 있다. 평소 다들 바쁘다. 이젠 일분만 아니라 가정이 생기기도 했고 아이들이 자라고 있기도 하다. 모여서 연습할 수 있는 시간, 공연할 수 있는 물리적인 시간이 대폭 줄어들 수밖에 없다. 이렇듯 시간 부족이라는 상황을 맞닥뜨리면 밴드는 어떻게 균형을 잡고 나아가야 할까. 썰틴스텝스의 경우는 어떻게 대처하고 있을까.

"확실히 이제 시간적인 부분에서는 힘들죠. 특히 저는 다른 멤버들처럼 직장 때문이라기보다는 육아 때문에 시간 내기가 더 힘들고. 그래서 저 빼고 합주할 때도 있어요. 확실히 나이 들수록 음악에 투자하는 시간은 줄 수밖에 없는데 그럼에도 어찌어찌 하게 되는 것 같아요. 시간 내기 어려워도 뭐 실력이 떨어지거나 그런 걸 느끼진 못하니까요. (중략) 전에는 상상도 못 했는데 요즘엔 온라인으로 곡을 서로 맞춰보고 하잖아요. 내가 곡을 써서 보내면 알아서 서로 자기 파트 맞춰놓고 때로는 내가 이만큼 써놓으면 더 채워서 보내오기도 해요. 그런 식으로 이제 만날 수 있는 시간은 줄었지만 그걸 보완할 다른 루트를 찾는 것 같아요"

비교적 자유로웠던 이십 대 때라면 모를까 이젠 자주 만나는 것 자체가 부담스럽다. 하지만 방법은 다 있다. 그간 모여서 하던 것들을 이제는 평소 각자 알아서 따로 해둔다. 신곡 만들면 모여서 머리 맞대고 연습하는 대신 음원으로 만들어 배포한다. 그리고 그 음원을 듣고 각자 자기 파트를 연습한다. 때론 자기 파트를 다시 녹음해서 더 개선된 음원을 보내오기도 하고 곡에 아이디어를 더 채워 넣어 다시 배포하기도 한다. 전에는 상상하기 어려웠던 방법이지만 이젠 간단한 장비만 갖추면 누구나 어렵지 않게 이 방법을 활용할 수 있게 됐다. 합주도 자주 안 한다.

"저희는 합주 진짜 안 하는 편이에요. 제 모토가 개인 연습은 집에서, 합주는 합주만. 저희는 합주실을 한 시간 렌트해도 30분 정도만 연습하고 술 마시러 가거나 빠빠이예요. 오래 한다고 느는 게 아니거든요. 그렇게 하다가 공연 잡히면 공연 전에 한두 번만 해도 이미 다들 숙련이 된 편이기 때문에 무리가 없어요. (중략) 공연도 예전에는 한 달에도 뭐 여러 번씩 했지만 요즘은 1년에 두세 번? 근데 솔직히 '왜 이렇게 공연 안 했지?' 이런 생각 전혀 안 들어요. 그냥

그 몇 개만이라도 되게 소중하게 잘 하고 있다고 생각하고 있고 즐겁게 하고 있어요. 그 두세 번만으로도 밴드는 유지가 되잖아요"

파트 연습, 개인 연습은 집에서 미리 해두고 합주실에서는 그야말로 연습이 아닌 합만 맞추기, 공연을 줄이고 공연이 줄어든 대신 그 한 번의 공연을 소중히 하기. 이런 식으로 방법을 찾고, 보완할 수 있는 건 보완하고, 놓을 건 놓아가며 일, 가정, 밴드의 균형을 맞추고 있다.

앞서도 언급했듯 오래 해왔기 때문에 그리고 그 시간만큼 쌓아 놓은 것들이 어느 정도 있기 때문에 이렇게 조금은 느슨한(?) 방식을 취할 수 있는 것이다. 막 시작하는 밴드, 한창 활동에 박차를 가해야 하는 밴드들이 시도하기에는 적합하지 않은 방식일 수도 있다. 어쨌든 오래 활동을 유지하고 있는 밴드 대부분은 어떤 식으로든 각자 자기 상황에 맞는 방법을 찾아 명민하게 밴드를 유지하고 있다. 여전히 자주 모일 수 있는 밴드는 자주 모일 것이고 그렇지 않은 상황이라면 썰틴스텝스처럼 쳐낼 건 쳐내고 대체할 건 대체해 가며 일, 가정, 밴드의 균형을 잡아 나가고 있다.

그런데 과연 뭣 때문에 이렇게 균형까지 신경 써가며 밴드를 하고 있는 걸

까. 왜 도중에 놓거나 포기하지 않고 부러 시간 만들어가면서까지 밴드를 하고 있는 것일까. 밴드 뭔데?

"이것만큼 저한테 삶의 원동력을 주는 게 없는 것 같아요. 그냥 저는 딱 하나예요. 음악이 진짜 재미있는 거구나. 밴드가 진짜 재밌고 저는 모든 스트레스의 배출구가 음악인 거 같아요. 거기다 약간의 술? (웃음) 그게 저는 전부예요. 혼자 하는 건 의미가 없더라고요. 저도 하드코어만 관심 있는 게 아니라 관심 있는 음악이 몇 개 있단 말이에요. 그런 것늘 제가 아무리 창작 해시 뽑이늬도 혼자 그렇게 만들어 놓는 거하고 밴드로 연주하면서 느끼는 희열하고는 완전 다르더라고요"

일상 대부분의 시간을 일터에서 보낸다. 일을 통해 삶을 조직하고 살아갈 수 있는 재화를 얻는다. 하지만 일을 통해 살맛을 느끼고 일에서 삶의 원동력을 얻고 있다고 말할 수 있는 사람은 극소수에 불과할 것이다. 안타깝게도 우리를 즐

겁게 해주는 건 일 외의 다른 활동에 있다. 사실 일만 아니면 다 즐겁지 않은가. 동경은 음악 특히 밴드에서 삶의 동력을 얻고 있다. 이것만큼 즐거운 게 세상에 따로 없고 이것만큼 자신에게 삶의 활력을 불어넣어 주는 게 따로 없다. 그렇기 때문에 계속 해야 할 이유는 많아도 그만둘 이유는 없다.

밴드를 멈출 수 없는 이유가 저마다 다를 수 있고 혹은 입이라도 맞춘 듯 공통된 이유가 있을 수 있지만 그 배경에는 반드시 밴드는 자신의 일상 여러 가지 것들 중 하나라는 자세, 밴드를 일상 안으로 들인 자세가 자리하고 있다. 그렇기 때문에 일하면서 밴드 하고 육아하면서 밴드를 한다. 각 잡고 해야 하는 마냥 특별한 것이라고 생각하면 그만큼 수고가 더 든다. 하지만 일상, 일과 중 하나라면 얘기는 달라진다. 퇴근하고 또는 주말에 시간을 어떻게 보내느냐의 차이일 뿐, 누구나 밴드를 자신의 일상 안으로 들일 수 있다. 처음에 수고가 좀 들긴 하겠지만 이윽고 그 수고를 잊고도 남을 만큼의 즐거움을 밴드 안에서 찾을 수 있을 것이다.

동경에게 밴드는 삶의 동력을 주는 원천이다. 멈출 수 없게 만드는 활력의 근원이다. 더불어 그에게 밴드는 일종의 성공과도 같은 것이다.

"옛날엔 성공이 되게 중요하다고 생각했어요. 그런데 제가 이 음악을 계속할 수 있다는 거, 소수의 인원이지만 우리를 찾는 사람들이 있다는 거, 제가 아무리 이상하게 곡을 써와도 이걸 이해해 주고 같이 연주해 줄 수 있는 멤버들이 있다는 거. 저는 이게 성공 아닌가 하는 생각이 들어요"

"**저**는 성공한 거 같아요"

말이 나온 김에 성공에 대한 이야기를 더 이어가 보자. 썰틴 스텝스에게 있어서 성공이란 더 구체적으로 어떤 것인지, 더 유명해지고 싶진 않았는지, 상업적 성공 같은 걸 바랐던 적은 없는지 이야기를 들어봤다.

"광명, 인천, 지산 락 페스티벌 다 나가봤는데 저는 그냥 유명해져야지 이런 게 아니라 유명해질 줄 알았어요. (웃음) 또 착각을 했던 거죠. 비록 비주류 음악을 하고 있지만 이 단계 지나가면 더 큰 게 보이겠지 보이겠네 했는데 어? 어? 어? 나와야지 이쯤이면 나와야지? 했는데 아무것도 안 나오더라고요. 더 위로 올라갈 계단이 없었어요. 뭐가 없더라고요. 그냥 '우리가 할 수 있는 건 이제 다 했어. 하드코어 밴드로서 할 수 있는 건 다 했어'. 심지어 비주류 아닌 밴드들이 못 해본 것들도 저희는 해봤단 말이에요. (중략) '이 음악으로는 여기까지구나. 여기 이상 뭐 더 할 게 없네' 하면서 한 번 부딪힌 적이 있었던 것 같아요"

당연히 유명해질 줄 알았다. 국내 대형 페스티벌에 거의 다 나가봤고 심지어 주류 음악 밴드들이 서보지 못한 무대에도 서봤다. 그렇게 위를 보며 착실히 계단을 밟아 올라갔는데 어느 순간 더 올라갈 계단이 보이지 않더란다. 이게 비주류, 마이너 음악의 현실이다. 어느 단계까지는 올라갈 수 있고 꽤 도약했다고 생각하지만 거기까지이다. 갑갑할 것도 허탈할 것도 없다. 비상업적 음악이 도달할 수 있는 지점은 거기까지인 거고 거기까지 갔다는 것만도 대단한 거다. 게다가 이런 현실이 국내에만 적용되는 것도 아니다. 전 세계 어디든 상업성을 갖추지 않은 음악이 도달할 수 있는 지점은 제한되어 있다. 결과적으로 주류 음악과 비주류 음악은 각자 길이 다르다. 어쨌든 이런 갑갑한 현실에 부딪힐 때 밴드는 해외로 눈을 돌리기도 한다.

"일본 투어도 엄청 많이 했어요. 공연을 한 수십 번 했죠. 근데 똑같더라고요. 거기 가서 우리가 성공적인 투어를 마쳤다고 해도 우리가 거기 무슨 차트에 오른다거나 그런 게 아니잖아요. 그냥 갔다 와도 똑같더라고요. 물론 투어 가면 재밌죠. 일본 친구들 만나서 공연하고 술 먹고 다 좋은데 결국에는 거기서도 또 다른 계단을 찾지 못했다는 거죠. 미국엔 가보지 못했지만 그렇다고 우리가 미국이나 더 큰 시장을 간다고 해서 나아질 거냐. 저는 그냥 그때 '아 세상이 이렇게 돌아가는구나' 하는 걸 어떻게 보면 살짝 알게 된 거죠. '비주류로 여기까지 온 것도 꽤 한 거구나. 오케이 납득'까지는 아니지만 돌이켜 보면 너무 행복한 경험들이었고 후회는 전혀 안 합니다"

비주류, 마이너한 음악은 규모의 차이만 있을 뿐 전 세계 어딜 가나 비주류이고 마이너이다. 다만 우리나라의 경우 비주류 음악에 대한 처우가 다소 노골적(?)인 반면 소위 밴드 선진국들 같은 경우는 비주류를 비롯한 다양한 음악들이 싹 트고 같이 숨 쉬고 성장할 수 있는 토양 즉, '인정'이라는 측면에서 처우가 다르다고 생각한다. 이런 차이는 결코 무시할 수 없는 차이일 것이다. 케이팝 물론 대단하고 가슴 웅장해지게 만들지만 케이팝만으로 과연 우리가 문화 강국이라고 말할 수 있을까.

어쨌든 이런 문제의식을 품은 사람들은 많고 그래서 이 토양을 더 다지기 위해 쉼 없이 묵묵히 힘쓰는 사람들 또한 적지 않다. 공연 기획자, 해외 밴드를 국내로 불러들이는 공연 프로모터, 클럽, 군소 레이블, 밴드 들 아울러 공연장에 찾아드는 관객들까지 이들 모두가 이 토양을 밟아가며 다지고 있는 주역들이다. 눈에 띄게 드러나진 않지만 이들 덕분에 국내 음악 환경도 계속해서 양질의 토양을 갖춰 가고 있다. 그리고 이런 토양에 뿌릴 씨앗은 결국 밴드이다. 밴드가 많은 게 그래서 중요하다.

"성공이란 것도 각자 생각하는 게 다르잖아요. 제 기준에 저는 성공한 것 같아요. 모르죠 좀 더 메이저한 음악을 했으면 더 많은 사람이 좋아해 줬을 수도. (웃음) 어쨌든 저희 음악은 되게 마이너하잖아요. 근데 이런 마이너한 음악을 이해해 주고 좋아해 주고 응원해 주는 사람들이 분명 있는 거잖아요. 너무 고맙죠. 소중하고 행복하죠. (중략) 뭔가 히트를 하고 큰 무대에 서고 그런 게 성공일 수도 있죠. 대다수는 그렇게 생각할 수도 있는데 제가 이렇게 같은 밴드의 이름으로 25년 넘게 하고 있고, 앞으로도 몇 년은 충분히 더 할 수 있는 에너지가 여전하다는 거 그리고 우릴 응원해 주는 사람들이 주변에 있다는 거 그거 자체로 저는 성공이라고 생각합니다"

어쩜 이렇게 바세린과 똑 닮은 이야기를 하는가. 그 정도로 친해 보이진 않는데. 어쨌든 바세린 못지않게 썰틴스텝스도 비주류 장르를 연주하는 밴드로서 국내에서 나름 할 수 있는 것은 다 해본 밴드이다. 그러다 벽에 부딪혔고 더 이상 올라갈 사다리, 마땅한 자리가 없어 속상하기도 했다. 그럼에도 동경에게 썰틴스텝스는 대단히 성공한 밴드이다.

"내가 좋아하고 할 수 있는 음악을 오랫동안 할 수 있다는 거 그거 쉬운 게 아니잖아요. 메이저 음악을 해도 이렇게 오래 20년 넘게 하기 쉽지 않잖아요. 그리고 형이나 저나 20년이 뭐야 이제 30년을 향해 가고 있잖아요. 그게 되게 대단하다고 생각해요"

음악을 이렇게 오랫동안 할 수 있다는 것, 그 마이너한 음악에 변치 않는 응원을 보내주는 사람들이 있다는 것, 그 응원에 음악으로 보답할 수 있다는 것, 그 음악을 이해해 주고 함께 연주해 주는 멤버들과 소중한 인연들이 주변에 있다는 것, 이 모두가 결코 쉽지 않은 대단한 것들이고 모두 성공의 요소들이다. 더 고무적이고 성공적인 건 썰틴스텝스에게는 이 성공을 계속 이어갈 에너지, '앞으로도 몇 년은 충분히 더 할 수 있는' 에너지가 여전하다는 것이다.

"어 떤 음악을 하고 싶은지 알아내는 거 그걸 찾는 과정 그게 제일 중요한 거 같아요"

　밴드를 오랫동안 할 수 있다는 것 자체만으로도 일종의 성공이다라는 동경의 생각에 전적으로 동의한다. 밴드가 많이 생기는 것도 중요하지만 모처럼 결성된 밴드가 쉽게 무너지지 않고 오랫동안 단단하게 유지되는 것 또한 중요하다. 그렇다면 오래 하기 위해 애초 고려해야 할 것 같은 게 있을까. 물론 애초부터 알 수 있는 것도 아니고 동경도 이렇게 오랫동안 하게 될 거라고는 처음부터 예상하진 못 했을 것이다. 하지만 돌이켜 보면 보이는 게 있지 않을까.

　"오래 할 수 있는 방법. 그냥 자기가 뭘 어떤 음악을 하고 싶은지 알아내는 거 그걸 찾는 과정 그게 제일 중요한 거 같아요. 평생 해도 질리지 않을 수 있는 음악을 찾는 거. 저는 힙합도 좋아하고 슈게이징Shoegazing[1]도 좋아하고 다 좋아하는데 나를 막 공연장에서 미치게 하고 마초처럼 보이게 하고 울부짖게 만들 수 있는 건 썰틴스텝스밖에 없더라고요. 저는 그걸 찾은 거잖아요. 하드코어란 음악을 찾은 거잖아요. 근데 그걸 못 찾는 사람들은 결국 이 길은 내 길이 아닌가 하고 접을 수 있잖아요"

　결국 취향에 대한 이야기이다. 오래 하고 싶다면 자기가 정말로 어떤 음악을 하고 싶은지, 평생 해도 질리지 않을 것 같은 음악이 뭔지 찾아내는 게 제일 중요하다는 이야기. 앞서 여러 밴드들이 직간접적으로 했던 이야기와도 동일하다. 자기 취향을 제대로 알 것. 꼭 제대로 찾아낼 것.
　의외로 자기 취향 모르고 그냥 휩쓸려서 밴드를 하게 되는 경우도 적지 않다. 물론 그렇게 시작할 수도 있는 거고 그러다 결국 자기 취향을 찾아가기도 하

---

1 1980년대 말 영국에서 생겨난 장르. 마치 관객과 소통을 원치 않는 듯 연주자가 자기 발만 쳐다보면서 연주한다고 해서 붙여진 이름이다. 기타 이펙터로 노이즈에 가까운 잡음을 만들어내고 그 잡음과 구별할 수 없을 정도의 보컬이 멜로디를 읊는다. 90년대 초까지 왕성했으나 이후 소멸기로 접어든다. 하지만 여전히 매니아층을 양산하고 있으며 포스트 락에도 적지 않은 영향을 끼친 장르이다.

지만 때론 그렇게 남의 취향을 내 취향인 줄 착각하며 적지 않은 시간을 허비하게 될 수도 있다.

동경이 취향 찾는 팁을 하나 일러준다.

"취향 찾는 거요? 음악은 다 좋아요. 세상엔 좋은 음악이 너무 많단 말이죠. 일단은 많이 정말 많이 들어봐야죠. 그렇게 듣다가 걸러야죠. 그렇게 듣다가 뭔가 자기를 건드리는 제일 건드리는 음악이 분명 있단 말이죠. 자기 여기를 건드리는 여기를 건드리는 음악을 찾아내라. 그리고 연주를 해봐라. 여전히 거기를 건드려 온다? 그거다!"

좋은 음악이 너무 많다. 개중 자신을 툭툭 건드리는 음악도 셀 수 없이 많을 것이다. 그런데 직접 연주해 봤을 때, 연주를 잘하고 못하고를 떠나서 흉내 내봤을 때 여전히 자신을 건드리고, 이 곡을 연주하고 있는 자신을 상상하게 만들며 가슴 두근거리게 한다면, 얼굴을 붉게 만든다면 '바로 그거다. 그게 너의 취향이다'라는 얘기이다.

나아가 밴드를 오래 하고 짧게 하고를 떠나 밴드를 한다면 반드시 자기 취향을 찾아내야 하고, 취향 모른 채, 내가 진짜 좋아하는 게 뭔지 모른 채 음악에 뛰어든다는 건 몸에 아무것도 지닌 것 없이 바다 한복판에 뛰어드는 것과 마찬가지라고 동경은 덧붙인다.

"그건 진짜 완전 바다 한복판에 던져버리는 거잖아요. 적어도 바다 한복판에 나침반이라도 갖고 가야 대요"

그 나침반이 바로 취향이다. 망망대해 방향을 잡게 해주고 길을 잡아 나아갈 수 있게 해주는 것이 바로 취향인 것이다.

말만큼 쉽지 않을 수도 있다. 찾았다고 생각했는데 지나고 보니 그게 아니었을 수도 있다. 이러저러한 시행착오를 겪을 수도 있지만 확신이 오기 전까지는 찾기를 멈추지 말아야 한다. 이내 그 '취향 좋음' 자체가 방향타가 되어 줄 거고 더 넓은 바다로 나아가게 해주는 나침반 역할을 해줄 것이다.

"그리고 취향이 맞는 사람들, 공감대를 형성할 수 있는 사람들을 많이 많이 만나봐야 돼요. 멤버는 어떻게 보면 인생 동반자 같은 거잖아요. 자기 음악 취향을 확고히 하고 이걸 같이 이해해 줄 수 있는 사람을 찾아내는 거 그게 밴드가 오래 잘 유지 될 수 있는 제일 큰 거 아닐까"

동경은 취향 찾기에 이어 함께 취향을 나누고 공감대를 형성할 수 있는 멤버를 찾아야 한다고 강조한다. 많은 사람을 만나봐야 할 테고, 운도 필요하고 연도 닿아야겠지만 이윽고 그런 멤버들이 엮여 한 팀이 된다면 밴드는 결코 쉽게 흩어지지 않을 것이라는 이야기이다.

어느덧 내 밴드 나후도 썰틴스텝스도 이제 활동 삼십 년을 향해 달려가고 있다. 청주에서 함께 으쌰으쌰할 때까지만 해도 이 정도로 오래 할 수 있을 거라곤 둘 다 상상하지 못했다. 이토록 오래 활동할 수 있었던 데에는 음악 자체가 주는 즐거움, 밴드의 즐거움, 주변의 좋은 친구들 그리고 아직 고갈되지 않은 에너지 등 우리를 여기까지 이끈 다양한 동력들이 있겠지만 가장 큰 동력은 역시 응원해 주고 지지해 주며 공연장을 찾아주는 사람들, 알아봐 주는 사람들이 바로 동력이지 않을까 싶다.

결국 우리와 취향을 같이해주는 관객들 덕에 이렇게 오래 할 수 있는 것이다.

"제가 이 음악을 계속 할 수 있는 건 어쨌든 우리를 계속 찾는 사람들이 있고 소수라고 해도 공연장에 찾아오는 사람, 우리를 보러 오는 사람들이 있으니까 할 수 있는 거잖아요. 만약에 아무도 안 좋아하고 멤버들도 '야 음악 이게 뭐야'하면 이건 그냥 저 혼자 착각 속에 빠져있는 거잖아요. 소수지만 분명 우리 음악을 좋아해 주는 사람들이 있다는 게 저는 너무 행운이라고 생각합니다. 저는 그 취향을 갖고 있다는 겁니다"

"친구가 그러더라고요. '형 저는 운전할 때 썰틴스텝스 절대 안 들어요'"

하드코어란 장르는 분명 마이너한 장르이다. 이 책에 참여한 밴드들이 연주하고 있는 장르 역시 대부분 마이너한 비주류 장르들이다. 그렇다면 과연 마이너, 비주류 음악이란 듣기 난해한 소수들만을 위한 음악일까? 일단 메이저, 주류란 단어가 갖는 일방성에 이의를 제기할 필요가 있다고 본다. 물론 사람들이 많이 찾는 데에는 다 그만한 이유가 있는 것이고, 주류에는 사람들이 좋아할 만한 훌륭한 음악들이 무수히 존재한다. 하지만 메이저, 주류란 '시장'의 다른 이름이기도 하다. 팔 수 있는 상품이 다뤄지는 곳이고 상품성이 없다고 판단되는 것들은 시장에서 다뤄지지 않는다. 그렇게 시장이 메이저, 주류라는 단어를 선점함으로써 그 외에는 마이너이고 비주류라는 일방적 그늘을 만들어 버린다.

음악이라고 하는 사회적인 부富가 시장을 통해 지나치게 협소하게 누려지고 있다고 생각한다. 고개 들고 시선을 조금만 비껴 보자. 미디어의 발달 덕에 이젠 마음만 먹으면 누구나 시장 밖의 다양한 음악을 쉽게 접할 수 있는 시대가 되었

다. 군소 레이블, 밴드들은 거대 시장의 그늘을 벗어난 자신들의 독립적인 루트를 만들어 음악을 세상으로 배포하고 있기도 하다. 시장이 제공하는 플레이 리스트 말고도 자신만의 플레이 리스트를 만들어보길 바란다. 주변으로 조금만 더 시선을 돌려 스스로에게 사회적 부를 더 접하고 누릴 수 있는 기회를 마련해 주길 바란다.

이 책 인터뷰에 참여한 밴드들의 음악도 찾아서 들어보길 바란다. 모두 나름 각 장르를 대표할 수 있는 밴드들이며 이들을 통해 각 장르의 맛을 충분히 맛볼 수 있을 것이다. 썰틴스텝스의 음악만 해도 특유의 선동성, 카리스마 가득한 보컬, 귓속을 종횡무진 누비는 리듬을 통해 하드코어란 장르의 맛을 충분히 경험할 수 있을 것이다.

말이 나온 김에 덧붙이자면 동경은 보컬리스트로서뿐 아니라 하드코어 밴드의 프론트맨Front man[1]으로서도 발군이다. 그가 무대 위에서 보여주는 선동적인 퍼포먼스, 공연 분위기를 휘어잡는 카리스마는 가히 압도적이다. 그의 연출에 호응해 관객들도 모싱, 투 스텝two step[2], 싱어롱, 스테이지 다이빙, 바디 서핑, 써클핏 등 하드코어 공연장에서 볼 수 있는 다양한 방법으로 격렬하게 화답한다. 그는 무대 위에서야말로 하드코어를 더욱 하드코어답게 만들고 있다.

이쯤에서 썰틴스텝스가 하고 싶은 이야기가 뭔지도 들어보자. 썰틴스텝스는 이 선동적인 음악으로 뭘 표현하고 있는 것일까. 어떤 목소리를 내고 싶은 것일까.

"분노인 거 같아요. 사람 관계에 대한 분노일 수도 있고 사회 문제, 정치적인 불만족에서 나오는 분노일 수도 있고 짜잘한 분노일 수도 있고요. (중략) 진짜 분노도 있지만 사운드에 붙고 어울리는 가사를 써야 하기도 하잖아요. 가사는 억텐으로 억텐으로 쓸 때도 있어요 (웃음)"

---

1 공연의 분위기를 이끌고 밴드의 이미지를 만들어내는 사람, 나서서 청자와 관객을 쥐고 흔드는 사람을 흔히 밴드의 프론트맨이라 칭한다.

2 하드코어 공연장에서 볼 수 있는 댄싱 중 하나이다. 연주 중 리드미컬하게 진행되는 파트에서 리듬에 맞춰 스텝을 밟는 댄스를 말한다.

하드코어는 분노를 가장 격렬하게 대변하는 음악 중 하나이다. 세상엔 우리를 화나게 하는 것들이 얼마나 많은가. 일상, 삶, 사회, 작게는 인간관계 크게는 정치까지. 이렇게 우리를 답답하게 만들고 화나게 만드는 것들에 대한 격한 분노를 세상에 뱉어 내는 음악이 하드코어이다. 아니 분노 자체이고 이 음악은 애초에 이미 화가 나 있다. 이런 성난 사운드에 세레나데에 쓰일 법한 가사가 어울릴 리 없다. 억지 텐션일지언정 성난 사운드는 성난 가사를 짝으로 불러들인다. 그렇기 때문에 선동적일 수밖에 없고 이내 사람들의 화를 돋군다.

"어느 친구가 그러더라고요. '형 저는 운전할 때 썰틴스텝스 절대 안 들어요. 자꾸 과속하게 돼요' 맞아. 그러라고 만든 노래야. (웃음) 너가 분노하고 화 났을 때 들으면 풀리라고 만든 노래야 (웃음)"

화를 돋구고, 돋궈진 화는 음악과 함께 분노로 표출되며, 표출된 분노는 분출의 카타르시스를 만들어낸다. 썰틴스텝스는 이렇게 코드에 화를 싣고 관객과 함께 분노를 발산하며 공연장을 아수라장으로 만들어내는 데 탁월한 밴드이다.

"자기가 확고하게 갖고 있는 것 그걸 누구보다도 잘 칠 수 있는 거 그 정도만 가지면 완벽하다"

표현에는 방법이 필요하다. 무언가를 표현한다는 것은 그 무언가를 겉으로 드러내는 방법을 갖추고 있다는 것과 같은 의미일 것이다. 표현을 위한 그 방법이란 것도 다양할 텐데 밴드에게 이 방법에 대해 물을 때면 흔히 실력, 테크닉을 주로 언급하곤 한다. 그럼 테크닉, 실력이란 관점에서 한번 이야기 해보자. 과연 밴드에게는 어느 정도의 실력, 어느 정도까지의 테크닉이 필요한 것일까?

"상대적인 거 같아요. 식사 예절 같은 느낌이랄까. 음식을 게걸스럽게 먹는 사람이 있는가 하면 매너 있게 격식 갖춰서 먹는 사람도 있고 다 다르잖아요. 게

걸스럽게 먹는 사람보고 누군가는 '아 뭐야' 이럴 수 있지만 그건 그냥 자기 스타일이잖아요. 예를 들면 인도에서는 왼손으로는 절대 안 먹는 게 예절이지만 우리나라에서는 아니 그것보다 손으로 음식을 먹는다고? 이럴 수 있잖아요. 그냥 열어두고 생각해야 하는 거 같아요. 실력이란 그런 거다. (중략) '드림씨어터 Dream Theater[1]'가 '섹스피스톨즈Sex Pistols[2]'를 연주한다고 해봐요. 근데 과연 드림씨어터의 연주가 훨씬 좋게 들릴까요? 섹스피스톨즈만의 에너지 그런 게 있단 말이죠. 완전 상대적인 거다"

음식 게걸스럽게 먹는다고 누군가는 인상 찌푸릴 수 있지만 누군가는 복스럽게 먹는다며 흐뭇해할 수도 있다. 왼손 사용은 금지지만 인도에선 손으로 먹는다고 욕하는 사람 없다. 음식 예절이 사람마다 조금씩 다르고 나라마다 방법도 조금씩 다르듯 실력이란 것도 기준을 하나로 둘 수 없고, 열어두고 생각할 수밖에 없는 각자의 스타일 같은 것이라는 게 동경의 생각이다.

"복싱 선수가 MMA로는 MMA 선수를 못 이기잖아요. 근데 만약에 복싱으로 붙으면 복싱 선수가 싹 발라버리잖아요. 각자 자기 영역이 있다고 생각해요. 복싱 선수도 MMA 선수도 둘 다 자기 영역에서 실력이 있는 거잖아요. 그 두 명이 서로 '넌 실력 없어'라고 할 순 없는 거잖아요. 각자 영역이라는 게 있기 때문에. 실력이라는 거는 그냥 자기가 확고하게 갖고 있는 것 그걸 누구보다도 잘 칠 수 있는 거 그 정도만 가지면 완벽하다"

섹스피스톨즈의 곡에서 드림씨어터와 같은 화려한 기교와 짜임새를 기대하

---

1 콘셉트를 갖춘 곡 구성, 화려한 테크닉의 적극 활용, 클래식의 음악 기법 적용 등 실험적인 작법을 선보인 일명 프로그레시브 메탈을 대표하는 밴드 중 하나이다. 1988년 미국에서 결성되었으며 모든 멤버가 일류 연주자로 구성된 밴드로 연주력, 테크닉 면에서 최상으로 평가되는 밴드이다. 국내에도 여러 차례 내한한 바 있으며 현재까지도 활동을 이어오고 있다.

2 1975년 영국에서 결성된 펑크 밴드로 결성 초기 3년도 안되는 짧은 활동만으로 영국을 비롯한 당시 펑크 씬 전체에 엄청난 반향을 일으켰던 밴드이다. 펑크란 장르를 대중에게 알리는 데 큰 공헌을 한 밴드이기도 하며 이 밴드가 사회에 미친 영향력, 대중적 인지도, 후대 락 음악에 미친 영향력 등을 고려하면 가히 펑크 락을 대표할 수 있는 밴드라 말할 수 있을 것이다.

는 사람은 없을 것이다. 반대로 드림씨어터가 섹스피스톨즈의 곡을 섹스피스톨즈보다 더 잘 연주한다고 해도 유명한 트러블 메이커였던 섹스피스톨즈의 이미지를 연주에 담아낼 순 없을 것이다. 복싱 선수에게 MMA를 강요할 수 없고 MMA 선수에게 발차기를 봉인하라고 할 수 없듯 각자 자기 영역이 있는 것이고 그 영역 안에서 자신만의 스타일을 완성해 가는 것이다. 즉, 실력이란 영역을 막론한 하나의 기준이란 게 있을 수 없는 것이며 더욱이 그 하나의 기준으로 줄 세우거나 할 수 없는 것이란 이야기이다.

"썰틴스텝스 곡을 저보다 잘 칠 수 있는, 저보다 썰틴스텝스답게 칠 수 있는 기타리스트는 없거든요. 실용음악과나 심지어 입시생이나 그런 사람들이 볼 때조차 제 기타 실력 뭐 아무것도 아니잖아요. 근데 그 친구한테 썰틴스텝스 치라고 하면 느낌이 나올까요. 다 상대적인 거다. 그냥 자기가 할 수 있는 거 하나만 하라고 말을 하고 싶네요"

'확실한 자기 것을 세우고, 자신의 것, 자기 곡을 세상 누구보다도 잘 치는 것' 이게 동경이 생각하는 밴드에게 필요한 실력이고 테크닉이다. 이 정도면 완벽하다는 것이다.

"물론 내 걸 세상 누구보다 잘 치는 거 그렇게 되기까지 쉽지는 않겠죠. 그러니까 일단 확고한 자기의 음악 스타일을 모르면 그걸 할 수 없겠죠. 그걸 아는 게 먼저고 그다음 그거를 누구보다 세상 누구보다 잘 칠 수 있게 해야죠. 필이 99%. (웃음) 그리고 약간의 테크닉? (우유) 결국 제가 말하고 싶은 건 '실력 이콜 테크닉은 아니다'라는 거죠"

실력과 연주 기술 즉, 테크닉을 동급으로 보는 견해가 많기 때문에 테크닉이 곧 실력인 것은 아니라며 강조하는 것이다.

테크닉 무용론 같은 걸 펴려는 건 아닐 것이다. 앞서 동경도 기타 실력, 테크닉이 늘면서 곡 쓰는 방법도 다양해졌고 그만큼 표현력도 다양해졌다고 인정하지 않았던가. 이렇듯 테크닉은 연주력, 표현력 향상과 더불어 자신의 음악에 넓이와 깊이를 더해주는 큰 장점을 가지고 있다. 하지만 테크닉 역시 실력의 일부일 뿐이다. 정작 목표를 두고 갈고 닦아야 할 실력이란 자신의 곡을 가장 자신답게 연주하는 것, 누구도 흉내 못 낼 자기 스타일을 만드는 것, 그게 실력의 본질이다라는 게 동경의 생각이다.

동감이다. 99%의 느낌, 필에 1%의 테크닉이 되었든 99%의 테크닉에 1%의 필이 되었든 자신들 곡은 자신들이 가장 잘 연주할 수 있고, 그런 각오가 가득하다면 밴드가 갖춰야 될 실력은 그걸로 충분하다.

"그거 들어야 돼. 그거 들어야 해 하는 하드코어"

썰틴스텝스는 2020년에 20주년 기념 앨범을 내려고 계획 했었다. 그리고 일본 투어도 다시 준비하고 있었다. 그러던 와중 코로나가 터졌고 세웠던 계획들이 모두 어긋나 버렸다. 근래에 들어 다시 정비를 새로이 하고 있다.

"코로나도 사그라들고 이제 투어도 할 수 있게 돼서 멤버들이랑도 준비를 하고 있어요. 어쨌든 우선 앨범을 낼 거예요. 곧 25주년이니까 거기 맞춰내고 싶은데 아직 시작은 못 한 상태예요. (중략) 하드코어란 장르에 레거시가 되는 음반을 만들고 싶어요. 애들이 '야 그거 들어야 돼 그거 들어야 해'하는 그런 음반 만드는 게 목표예요. 그리고 그런 목표를 이해해 주는 후배 밴드들이 생기면 더할 나위 없이 행복하겠죠"

투어도 앨범도 계획하며 향후 일정을 잡고 있다. 더불어 가장 큰 향후 계획은 하드코어 씬에 유산이 될 만한 앨범을 만드는 것이다. 국내 하드코어를 논할 때 '꼭 들어봐야 하는 앨범'으로 꼽히는 앨범, 그런 앨범을 만들어내는 게 꿈이자 목표이고 이내 그 앨범이 레거시가 되어 후배 밴드들에게 영감을 줄 수 있다면 밴드로서는 최고로 행복할 거라 말한다.

앞으로의 썰틴스텝스 대한 기대치가 높아진다. 한편으론 비단 앨범만이 유산이겠나 하는 생각도 든다. 묵묵히 하드코어 외길을 걸어 온 것 자체, 썰틴스텝스가 걸어온 시간의 족적이 이미 밴드로서 귀감이고 레거시이지 않을까 싶다.

동경에겐 향후 계획이 하나 더 있다.

"한 몇 개월 전 연초였나. 바세린하고 같이 공연한 적이 있어요. 오랜만에 공연 끝나고 같이 술 마시고 그랬는데 그 형들 사실 십몇 년 전에는 다들 너무 바쁘고 못 나오고 하니까 이 앨범 마지막이네 뭐네 해체하네 마네 이러던 때가 있었거든요. 그렇게 복잡한 때도 있었는데 지금까지 어찌어찌 왔잖아요. 그랬던 형들인데 지금은 오히려 너무 편해 보이는 거예요. 뭔가 지금의 저랑 너무 비슷한 거예요. 예전엔 마냥 초조하고 그랬어요. 근데 하다 보니 서서히 여유가 생기더라고요. 모이고 같이 할 수 있는 시간은 줄었는데 뭔가 이젠 오히려 마음에 여유가 생겨요. 바세린을 보면서 '아 내가 겪은 걸 저 형들도 겪었구나' 그런 생각이 들면서 한편으론 뭔가 배우게 되더라고요. 이게 밴드가 유지한다는 것 자체만으로 뭔가 엄청난 임팩트를 준다고 생각 못 했거든요. 그런데 그냥 유지만으로도 주는 큰 울림이 있더라고요. 그런 거 보면서 '바세린 너무 멋있다. 나도 저렇게 해야지. 할 수 있다' 그런 생각을 했어요"

바세린과 썰틴스텝스는 사실 각별한 사이일 터, 인터뷰를 마무리 짓는 이야기도 어딘가 서로 닮았다는 느낌이 든다. 2천년대 한국 하드코어 씬을 뜨겁게 달궜던 두 축이자 그 후로도 오랫동안 마치 러닝메이트처럼 달려왔기 때문일 것이다

밴드가 한 이름으로 수십 년간 활동한다는 것 자체가 결코 쉬운 일이 아니다. 게다가 한 이름으로 오래 활동한다고 해서 다 존재감이 생기는 것도 아니다. 바세린도 썰틴스텝스도 누구 못지않게 충실히, 열정적으로 활동을 이어왔기 때문에 자신들 이름에 묵직한 존재감이 생긴 것이며 아울러 그 존재감에 울림이 더해진 것이다. 동경은 오래도록 그런 밴드로 기억되고 싶다. 그리고 그 울림을 더 길게 이어가고 싶다. 이게 동경의 '향후의 향후' 계획이다.

    인터뷰를 마무리 하면서 그는 요즘도 무대에 오르기 전에 되뇌는 각오 이야기를 꺼냈다. 썰틴스텝스 시작할 때부터 쭉 해오던 각오다.

"오늘 1등 하자. 1등하고 맛있게 술 먹자!"

    1, 2등이 따로 있겠냐만 늘 그런 각오로 무대에 오른다.

    "썰틴스텝스 처음 할 때는 그런 각오가 없으면 안 됐던 것 같아요. 너무 가진 게 없으니까. (웃음) 음악도 화려하지 못하지 그러니까 음악에 자신이 없어서 더 과장되게 고양이가 털 부풀리듯이 했던 것 같고, 지금은 곡들도 많고 사운드에 대한 개념도 많이 잡혀서 요즘엔 '사운드 무조건 1등 먹자' 이런 것들 멤버들하고 얘기하죠. 어쨌든 돈 내고 공연 보러 온 사람들이 '와 오늘 공연 잘 봤다' 라는 생각이 들게끔 해야지 하는 각오를 해요. '1등 먹자. 1등 먹고 맛있는 술 먹자!' 이게 디폴트고, 다만 전에는 진짜 1등을 했던 거 같고 지금은 1등까지는 못하고. 늙어서 (웃음)"

돈 내고 공연장을 찾아준 관객들이다. 그런 관객들이 만족할 만한 후회 없는 공연을 보여줘야 한다. 그런 각오를 악기와 함께 챙겨 들고 무대에 올라간다. 그런 각오로 목을 가다듬고 몸을 푼다. 썰틴스텝스가 무대 위에서 보여주는 하드코어 밴드로서의 위용, 압도적인 퍼포먼스, 관객을 열광케 하는 에너지의 비결은 이런 각오에서 비롯되는지도 모르겠다.

썰틴스텝스 이제 겨우 25년 달려왔다. 무대 오르기 전 되뇌는 각오가 앞으로 20년 더, 아니 그 이상 꺾임 없이 이어지길 응원한다.

서로 너무 잘 알아 인터뷰 내내 불리했나 모르겠지만 그만큼 서로 의지도 될 터이다. 명절에 본가 내려가면 그때 한 잔 더 하자. 녹음기 없이.

"내 연주에는 부족함이 없다"

팎

팎 / PAKK 2014~

드럼 권범섭, 베이스 박현석, 기타 겸 보컬 김대인

팎

"얘네는 혼모노[1]야"

벌써 3년 넘게 한국에 살고 있는 일본인 친구가 있다. 이 친구는 일본에서 오랫동안 드러머로 활동 해오다 여러 이유로 현재 한국에 들어와 살고 있고 지금은 나와 밴드를 함께 하고 있다. 이 친구와 같이 공연을 자주 보면서 '아 이 밴드는 이러이러한 밴드고 어 저 밴드는 이러저러한 걸 연주하지, 좋은 밴드야' 등등 출연 밴드의 면면을 간략하게 소개해 주곤 했는데 개중 얘네는 진짜배기야 라며 강하게 추천했던 밴드가 있다. 바로 3인조 '헤비 락Heavy Rock[2]' 밴드 '팎P AKK'이다.

베이스 박현석, 드럼 권범섭, 보컬 겸 기타 김대인 이렇게 3인조로 구성된 팎은 2014년에 결성됐다. 장르라는 특정한 틀에 개의치 않고 거칠고 헤비하게 때로는 사이키델릭하게 그리고 때로는 거나한 살풀이같이, 관객의 청각적 상상력을 자극하는 음악을 들려주고 있는 밴드이다.

---

1 本物. 실물, 진짜를 의미하는 일본어. 물건, 진짜배기란 의미로 썼다.

2 이런 장르명이 따로 있지는 않다. 앞서 다른 밴드들 예에서 봤듯 밴드 대부분은 특정 장르에 자신들 음악이 한정되는 걸 꺼려한다. 팎의 음악은 무겁고 분방하며 시끄럽다. 누군가는 이들을 특정 장르로 범주화할 수 있을지도 모르지만 '팎' 스스로는 자신들을 '헤비 락'으로 소개하고 있다.

여전히 활동 중인 '해파리 소년[1]'부터 시작, 굵직한 행보를 남기고 퇴장한 '아폴로 18Apollo 18[2]'에 이어 현재의 '퐈'으로 활동하고 있는 이 밴드의 리더 김대인을 마포구청역 인근 커피숍에서 만나봤다.

---

1 김대인의 솔로 프로젝트. 2003년경부터 전자음악에 락 스타일을 결합한 곡을 만들어 블로그에 올리기 시작했고 2005년 그 곡들을 담은 《Every Day Trouble》이란 앨범을 발매하면서 본격적인 활동을 시작했다.

2 2008년 '해파리 소년'의 세션이었던 최현석, 이상윤과 결성한 포스트 락 밴드. 《Red》, 《Blue》, 《Violet》의 색깔 3연작을 발표했고 2009년 EBS '올해의 헬로루키' 대상, 2010년에 한국대중음악상 시상식 '올해의 신인상'을 받는 등 좋은 평가를 받았던 밴드이다. 2015년 해체되었다.

"**밴**드 하지 말라고 하고 싶은데"

이 책은 '밴드 하라'고 부추기는 책이다. 밴드 초입에서 머뭇거리고 망설이는 이들, 작곡을 마냥 어려워하는 이들, 이러저러한 이유로 무대로 나서지 못하는 이들의 등을 가볍게 밀어줄 수 있는 이야기, 밴드를 만들게 하고 곡을 쓰게 하고 무대로 나아갈 동기를 불어넣을 수 있는 이야기를 현역 밴드들 입을 통해 전달하는 데 의의가 있는 책이다. 그런데 시작부터 생뚱맞은 이야기를 꺼낸다.

"저는 사실 밴드 하지 말라고 하고 싶은데. (웃음) 왜냐하면 제 경험이 그래서 그런가 봐요. 너무 인간 혐오까지 느낄 정도로 겪은 게 있어서"

아니 본인이야말로 한껏 재미있게 밴드를 즐기고 있는 것 같은데, 어떤 사정이 있길래 이리 진저리를 치는 것일까. 밴드 말리는 이야기로 인터뷰를 시작할 순 없다.

사정 이야기는 뒤에 더 자세히 듣기로 하고.

"본인이 부족하다고 느끼면 습득하고 또 배울 거라고 생각해요. 제 신조 중에 '내가 음악을 함에 있어서 부족함 없이 연주할 수만 있으면 된다'라는 게 있거든요. 그래서 꼭 거창한 연주 할 필요 없이 내가 표현하고 싶은 거 부족함 없이 표현할 수만 있다면 세 개가 됐건 두 개가 됐건 이게 별로 상관이 없다고 생각해요. 그러다 만약에 본인이 부족함을 느끼면 이게 세 개가 네 개가 되고 그렇게 되겠죠"

코드 세 개로 밴드 할 수 있냐란 질문에 돌아온 대인의 대답이다.

"그래서 사실 세 개는 그냥 상징적인 숫자일 뿐이고 이게 필요하면 확장하면 되는 거니까 그러니까 얼마든지 시작할 수 있다"

'표현'이라는 목적을 위해 악기를 연습하고 익히는 것인데 반대로 연습하고 익히는 데 몰두하다 '표현'을 망각해 버리는 건 아닌가 하는 생각이 들 때가 있다. 어디까지 알아야 하고 어디까지 익혀야 할까? 스스로 판단하면 된다. 내가 음악을 하는 것이지 음악이 나를 하는 것은 아니지 않은가. 표현과 필요에 따라 익히면 된다. 그리고 밴드는 코드 두세 개로도 얼마든지 자신을 표현할 수 있다.

"**개**꿀이다 너무 좋다. 하니까 바로바로 뭔가 음악이 되는 거예요"

대인은 팢에서 보컬과 기타를 담당하고 있지만 그가 참여하고 있는 다른 밴드 '전파상사[1]'에서는 베이스를 연주하고 있다. 기타, 베이스를 배우고 익히는 과정이 누군가에게는 힘들고 어렵게 느껴지는 과정일 수 있지만 대인의 경우는 꼭 그렇지만은 않았던 것 같다. 표현하고 싶은 것을 표현할 수 있는 방법을 좇아 하나하나 손에 쥐다 보니 대인에게 그 과정은 어려울 게 하나 없었다. 이어지는 그 과정 이야기를 듣다 보면 알게 되겠지만 그냥 겟 겟 겟, 습득의 연속이다. 일단 기타를 겟하는 과정부터 이야기를 들어보자.

"저는 사실 예전에는 랩 음악을 좋아했어요. 랩 하는 걸 좋아해서. 근데 약간 올드스쿨 랩이죠. 딱딱딱 떨어지는 거 그런 거 좋아하다가 나중에는 리믹스 이런 거에 관심 갖게 됐고 그게 발전이 돼서 테크노, 전자음악 쪽을 많이 들었어요. 그게 중 3에서 고 1, 2 뭐 그 정도 때였어요. (숭략) 고능학교 때 친구 하나가 락 음악을 하도 많이 듣길래 '야 락 음악에는 이렇게 테크노 같은 느낌의 음악은 없냐?'라고 물었더니 그 친구가 추천해 준 밴드가 드림씨어터였어요. (웃음) '야 이게 무슨 테크노야 전혀 상관없잖아. 다른 걸 좀 추천해 봐' 해서 들었던 게 판테라. 아 얘네들은 좀 멋있다. 조금 투박하고 단순하면서도 약간 테크노

---

1 사이키델릭, 훵크를 섞은 실험적 락 음악의 밴드 전파사(2019년 결성)의 자매 밴드. 기존 전파사에 배우 임원희가 보컬로 참여하면서 '전파상사'란 별개의 명칭으로 활동을 하고 있다. 2023년 결성되었다.

같은 느낌도 들기도 하고. 근데 많이 듣진 않았어요. (중략) 그러다가 고 2 고 3 때 쯤 '너바나Nirvana¹'에 완전 푹 빠지게 돼요. 지금도 제가 제일 좋아하는 밴드가 너바나고. 그때 '아 이거를 기타로 치고 싶다' 그런 생각을 하게 됐죠"

대인은 중고등학교 시절 테크노, 전자음악에 한창 빠져있었다. 시간 나면 종로의 음악사들을 돌며 테크노 코너를 훑었고 내용 모른 채 그냥 마음에 드는 타이틀이나 디자인의 앨범이 있으면 사서 듣곤 했다. 마찬가지로 그의 곁엔 락 음악에 심취해 있던 친구가 있었고 그렇다면 락 음악엔 테크노 비슷한 게 없을까 궁금해진 그는 친구에게 그런 락 음악을 추천 받아 듣게 됐다. 그게 드림씨어터였고 판테라였다. 투박한 친구였던 것 같다. '요구사항 번거롭고 그냥 지금 제일 유행하는 밴드나 들어봐라'라며 권한 듯싶다. 어쨌든 그 밴드들이 대인의 흥미를 끌진 못 했다. 그러다 이윽고 그의 최애 밴드가 된 너바나를 만나게 되는데.

"도서관에서 친구가 무슨 음악 잡지를 보고 있었는데 '커트 코베인Kurt Cobain²' 사망 몇 주기 해서 다룬 그런 기사를 읽고 있더라고요. '이거 누구냐. 유명한 애냐', '겁나 유명하다. 근데 자살했다', '그러냐. 너 CD 있냐. 그러면 테이프나 한 번 빌려줘 봐라' 그래서 처음 듣게 됐어요. 그렇게 들었던 게 《Never Mind》³ 앨범인데 처음에 들었을 때는 '이게 뭐야. 곡이 다 비슷비슷하고 별론데. 근데 이게 그렇게 인기가 있었다고?' 하면서 다시 돌려줬죠"

---

1 90년대부터 2천년대까지의 락 음악계를 강타한 얼터너티브 락의 대표 밴드. 얼터너티브, 모던 락이란 새로운 시대를 연 밴드, 락 음악에 새로운 활력을 불어넣은 밴드로 평가되기도 하며 전 세계적으로 엄청난 인기와 지지를 얻었던 밴드이다. 당시 국내의 많은 밴드들에게도 상당한 영감을 준 밴드이다.

2 너바나를 정점에 올려 세운 프론트맨이자 보컬, 기타리스트, 작곡가. 얼터너티브 락의 아이콘 같은 존재로 기억되고 있으며 94년 너바나가 인기 최정점에 서 있던 시절 자택에서 스스로 목숨을 끊어 전 세계 팬들을 충격에 휩싸이게 했다.

3 전 세계적으로 3천만 장 이상이 팔려나간 빅히트 앨범. 1992년 1월 마이클 잭슨의 《Dangerous》 앨범을 밀어내고 빌보드 앨범 차트 1위를 차지한 앨범이다.

너바나에 대한 첫인상은 그리 좋지 않았다. 그 곡이 그 곡 같고 이게 뭔가 싶었다.

"돌려주고 한 달 정도 지났는데 길거리 다니다 보면 가끔 노래방이나 이런 데서 외부에 화면 켜 놓은 데가 있잖아요. 화면에 뭔 외국 밴드가 연주하는 화면이 나오는데 이상하게 어 쟤네 뭐지 싶고 뭔가 되게 멋있는 거예요. 그래서 그 친구한테 얘기했더니 '걔네가 얘네라고. 너바나라고!' (웃음) 그래서 다시 빌렸어요. 그 앨범을 다시 들었더니 그때는 좀 다르게 들리더라고요. 이상하게 분명히 들었던 앨범인데 다르게 들리면서 '와 이거 개멋있는데' 이렇게 돼버린 거죠. 그 때부터는 이제 너바나를 파기 시작했어요"

다시 만난 너바나. 귀로만 듣던 것들이 화면으로 본 것과 겹쳐지면서 이내 전과 달리 새롭게 들리기 시작했다. 그리고 연주하고 싶어졌다. 보니까 별로 어려워 보이지도 않았다.

"기타를 치고 싶다. 어떡하지 어떡하지 하다가 친구가 기타가 있어서 기타를 빌렸어요. 전혀 칠 줄도 모르는데 그냥 빌렸어요. 이왕 처음 배울 거 커트 코베인처럼 왼손으로 배울까 그런 생각하면서 왼손으로도 한 번 해보고. (웃음) 그렇게 기타를 독학하기 시작했죠. 코드 책이나 이런 것도 안 사고 그냥 라디오 들으면서 한 줄 한 줄 잡으면서 그냥 따라 치기 시작했어요. 같이 연주하는 느낌으로 '저 멜로디는 어떻게 치는 거지?' 하면서 코드 잡을 줄도 모르는데 그냥 음을 찾아가면서 그런 식으로 연습을 하다가 대학교 가서 음악 동아리 생활하면서 그때 이제 주변으로부터 쪼끔 배웠죠"

교본 같은 것 살 생각도 없었다. 그냥 라디오 들으면서 한 음 한 음 흉내 내는 게 다였다. 그렇게 '같이 연주하는 느낌'으로 혼자서 기타를 익히기 시작했다. 그러다 대학 가서 동아리에 들어갔더니 꿀팁을 하나 전수해 주는 것 아닌가.

"동아리에서 '아 기타 최대한 간단하게 칠 수 있는 방법 좀 알려줘' 했는데 파워코드를 알려주더라고요. 요거 요렇게 해서 자리만 왔다 갔다 하면 된다고. 오 개꿀이다 너무 좋다. 하니까 바로바로 뭔가 음악이 되는 거예요 (웃음)"

파워코드 겟! 파워코드란 이름답게 습득하자마자 뭔가 손에서 힘 있고 그럴싸한 것들이 나오기 시작했고 심지어 음악이 되더라는 것이다.

"'아 이거 쉬운데' 그러다가 '그러면 이렇게 잡고 연주하는 밴드가 뭐 누가 있냐' 그러니까 '그린데이Green Day[1]'를 또 알려줘가지고 그린데이 《Dookie》 앨범 사서 들으면서 '아 이거 좋은데' (웃음) 막 또 따라 쳐보고. 그런데 하다 보니 파워코드로 안 되는 게 있더라고요. 듣다 보면 '어라? 이건 어떻게 하는 거지?' 그래서 또 딴 애한테 물어보니까 '개방형[2]'이라는 게 있다 그래서 이제 개방형이란 걸 알게 되고 그렇게 늦게 늦게 하나씩 하나씩 이렇게 올라갔어요"

개방형 즉, 오픈코드도 겟! 갑자기 할 수 있는 게 많아진 느낌이 들었다. 내친 김에 베이스마저 섭렵해 버린다.

"기타로 이제 조금 연주할 줄 알게 되니까 베이스도 똑같더라고요. (웃음) 베이스 뭐 오히려 더 쉽더라고요. 그냥 한 줄만 잡고 치면 되니까. 이거 되게 쉽

---

1 1986년 결성된 미국 팝 펑크 밴드. 앨범 《Dookie》의 전 세계적 성공으로 부와 명성을 손에 쥐었으며 2015년 미국 '로큰롤 명예의 전당'에 헌액된 밴드이다.

2 개방형(Open Chord). 손가락으로 지판을 누른 음 외에 누르지 않은 개방현들도 같이 사용하여 화음을 만들어내는 것

네. (웃음) 그러면서 동아리 축제나 그럴 때 너바나 곡 중에서 제일 쉬운 거 코드 세 개 있고 그런 것만 연주하고, 딴 친구가 그린데이 연주하면 내가 거기서 베이스 치기도 하고 뭐 그러면서 시작하게 된 것 같아요"

겟 겟 겟. 거침없다. 대인은 과정 하나하나 어렵게 느낀 적이 없다. 자기 손에 쥐어지는 것들에 매번 놀랐고 심지어 만족스럽기까지 했다.

라디오에서 나오는 곡을 같이 연주하는 기분으로 따라 치면서 시작했다. 물어가면서 너바나를 칠 수 있게 됐고 그린데이도 칠 수 있게 됐다. 이 과정에서 대인에게 교본이 필요한 적은 없었다. 그나마 교본이라고 한다면 개꿀이라며 이거 써먹기 좋겠다며 즐겁게 음악을 좋은 자기 자신이 교본이었을 것이다.

"음악을 한다면, 악기를 다룬다면 작곡이 무조건 그 수순 시스템 안에 포함돼 있다고 생각해서"

이어서 팜이 결성되기까지의 이야기도 들어보자. 처음 만들었던 밴드부터 중간에 거친 밴드 그리고 팜에 이르기까지 어떤 과정이 있었을지 궁금하다.

"밴드 처음 시작한 거는 이제 군대 갔다 왔을 때, 동아리 같이했던 애들 몇 명 모여서 처음 모던 락Modern Rock[1] 밴드를 하기 시작했어요. 왜 그랬냐면 그건 또 사정이 있죠. 그때 '언니네 이발관[2]'이란 밴드가 갑자기 나타났는데 딱 들었는데 되게 코드도 쉽고 근데 노래기 너무 좋은 기에요. '별로 특별할 기 없는 연주로도 이렇게 좋은 음악을 만들 수 있구나' 그래서 그 밴드 때문에 '아 나도 밴

---

1 간단히 정의하기엔 스펙트럼이 너무 넓은 장르이긴 하지만, 현대적이고 섬세하며 감성적인 분위기를 연출하는 장르로 정의되곤 한다. 때론 몽환적 분위기를 연출하기도 하며 틀을 벗어난 규격화되지 않은 실험성 또한 갖추고 있는 장르이다.

2 한국 모던 락 계열 밴드들의 모태가 된 밴드라는 평을 받고 있다. 90년대 인디 문화를 대표하는 밴드이며 당시 수많은 밴드맨들에게 용기(?)를 불어넣어 준 밴드이기도 하다. 현재까지도 여전히 두터운 팬층을 거느리고 있는 밴드이다.

드를 할 수 있겠구나' 그런 생각을 했죠"

'언니네 이발관'. 요즘 세대들에겐 좀 생소할 수 있겠으나 90년대 당시, 락 음악에 관심 있는 사람들이라면 이들의 이름을 모를 수가 없었다. 당시 이들의 등장은 사람들에게 큰 충격을 안겨다 줬다. 특별할 거 하나 없는 연주로 좋은 음 악을 만들어낸다는 것 자체가 충격이었고 그 충격은 이윽고 밴드에 대한 통념을 부수고 '이 정도면 나도 할 수 있겠다'란 파급 효과를 불러일으켰다. 모르긴 해 도 대인뿐 아니라 이들에게 용기를 얻어 밴드를 시작하게 된 경우가 적지 않을 것이다.

대인은 이들을 통해 용기를 얻게 되었고 그렇게 결성된 그의 첫 밴드, 동아 리 출신들이 모여 만든 모던 락 밴드가 '젤리피쉬JellyFish'란 밴드였다.

"모던 락이지만 약간 디스토션도 한 번씩 방방방방 넣기도 하고 뭐 그런 느 낌의 밴드를 했었죠. 근데 거의 연습만 하다가 몇 년 못 하고 해체됐어요. 이제 다 뿔뿔이 흩어지고 저 혼자 남았는데 하아 이제 어떡하지 하다가 그때 만들어 놨던 곡들도 여럿 있고 그래서 그럼 뭐 혼자라도 해야겠다 해서 혼자 또 곡을 쓰기 시작했어요"

대인이 작곡 비슷한 걸 하기 시작한 건 사실 중학생 때부터였다. 그 테크노 전사 시절부터 이미 키보드로 이것저것 뭔가를 만들곤 했다고 한다.

"중학생 때 어머니 졸라서 조그마한 싸구려 키보드를 하나 샀어요. 피아노는 배운 적도 없지만 그냥 그걸로 이렇게 저렇게 막 해보고 그랬죠. 자작곡이라고 하기에는 좀 그렇지만 어쨌든 그때부터 뭔가를 만들기 시작했어요. 기타도 뭐 코드 조금 알게 되면서부터 전자 음악 만들었던 것처럼 자연스럽게 간단한 코드 로만 된 곡들을 만들기 시작했고요"

대학 때 몸담았던 동아리는 자작곡 동아리이기도 했다. 테크노 들으면서 곡 을 만들던 작법은 동아리에서 곡 쓰는 데에도 큰 도움이 됐다. 이후 작곡은 그에게 밴드 활동 전반에 걸쳐 아니 애초 의문의 여지가 없는 기본 수순이 되었다.

"그렇게 멤버들 흩어지고 이제 혼자 하면서부터는 약간 락이랑 전자음악을 섞은 것 같은 그런 느낌의 곡들을 만들었어요. 그게 '해파리 소년'이란 원맨 밴드의 시작이었어요. 근데 곡들을 좀 아카이빙 해서 외부에 드러내야겠다는 생각이 들더라고요. 이 곡들이 그냥 제 컴퓨터에만 있으면 의미가 없잖아요. 어딘가에 올리고 주변 사람들에게 좀 들려줘 보기도 하고 그래야 되잖아요. 그래서 블로그를 시작했고 거기에 틈틈이 만들어지는 대로 곡을 한 곡씩 올렸어요"

젤리피쉬 해체 이후 혼자 시작한 원맨 밴드 '해파리 소년'은 그렇게 블로그를 통해 서서히 주변에 알려지게 된다. 노래 좋다고 피드백 주는 사람들이 늘어났고 블로그 이웃들도 하나둘 늘어나기 시작했다. 거기에 힘 입은 대인은 곡이 어느 정도 쌓이면 데모를 만들어 음반사에 보내야겠다는 생각을 하게 된다.

"레이블 같은 데 데모를 보내야겠다 생각하고 한군데 보냈는데 연락이 없더라고요. (웃음) 어떡하지 어떻게 해야 하나 이러고만 있었죠. 당시에는 자신감도 좀 없었고. 그러다가 블로그 이웃 중 한 명이 자기가 '파스텔 뮤직Pastel Music[1]'에서 일을 한대요. 지금은 없어진 레이블인데 옛날엔 좀 잘 나가던 레이블이었어요. 거기 출신 뮤지션들도 많고. 약간 말랑말랑하고 소프트한 음악들 발매하던 레이블였는데 자기가 한 번 거기 사장한테 이거 추천해도 되겠냐 그러더라고요 어우 나는 고맙지. (웃음) 그렇게 해서 미팅 잡히고 얘기 잘 돼서 앨범을 발매하게 됐어요"

그렇게 '해파리 소년'은 1집 앨범, 2집 앨범을 발매하게 된다. 공연도 했다. 원맨 밴드로 공연을 했을까? 아니다. 원맨 밴드는 의외로 바쁘다. 무대에서 혼자 공연하려면 나름 노하우가 필요한데 초반엔 그런 노하우가 부족했다.

---

1 2002년 설립된 음반 레이블. 한창 때는 다수의 뮤지션들이 소속되기도 했고 음반 제작 외에도 콘텐츠 발굴 및 보급에도 힘썼던 레이블이지만 2022년 이후부터는 거의 휴업 상태이다.

"혼자 해야 되니까 노트북 같은 거로 음원 틀어놓고 내가 기타를 치든지 뭐 그렇게 하려는 구상을 했었는데 제가 거기에 대한 정보나 지식이 부족하다 보니 현실적으로는 힘들더라고요. 어떻게 해야 내가 원하는 식으로 할 수 있을까 고민하다가 결국 그렇게는 못 하고 그냥 예전처럼 밴드 형태로 하자 결론 내리고 '뮤'에서 이제 사람을 구했어요. 그렇게 구한 세션들하고 해파리 소년은 밴드로 공연을 했어요. 그러다 보니 아무래도 이제 느낌이나 이런 게 음반이랑은 너무 다르죠. 근데 그냥 그렇게 했어요"

이게 2005, 2006년경 이야기이다. 해파리 소년은 지금도 대인이 틈틈이 유지하고 있는 솔로 프로젝트이다. 그렇게 해파리 소년 활동을 이어오다 2008년엔 온전한 밴드 형태인 '아폴로 18'을 결성하게 되는데.

"해파리 소년 활동할 때 세션으로 만난 애들 중 몇몇하고 나중에 아폴로 18을 같이하게 돼요. 기타 치던 애, 드럼 치던 애 아무튼 어찌어찌 하다 보니까 그렇게 셋이서 아폴로 18을 만들어서 하게 된 거죠"

아폴로 18 활동 동안 세 장의 앨범을 발매했고 음악성을 인정받아 상도 받고 사람들에게 주목도 받았지만 오래지 않아 해체의 수순을 밟게 된다. 대인은 아폴로 18 해체 즈음에 새로운 구상을 하게 된다.

"해체 직전에 이제 해파리 소년 3집을 내야겠다 생각했어요. 근데 3집은 그냥 포스트 락 같은 음악으로 가야겠다, 여자 보컬도 구해서 밴드 형태로 가야겠다고 생각을 했어요. 그래서 해파리 3집을 위한 음악들을 만들었어요. 이제 또 멤버를 구해야 하잖아요"

멤버 구하는 일의 연속이다. 대인은 다시 새로운 멤버들을 찾아 나섰다. 우선 베이시스트. 음악 잊고 조용히 직장 다니던 동아리 후배를 꼬셔냈다. 실력 썩히는 거 아깝지 않냐, 너랑 물론 젤리피쉬도 같이했지만 둘이 뭔가를 제대로 같이 해본 적 없지 않냐며. 드럼도 알음알음 소개를 받았다. 참여를 망설이던 드러머에게 일단 시작만 할 수 있게 잠깐만 도와달라며 설득을 했다. 사실은 오래 도움을 받게 되지만. 보컬은 지인에게 맡겼다. 그렇게 여성 보컬도 구해 4인조 밴드를 결성하지만 밴드 이름은 웬일인지 해파리 소년이 아닌 '아트모'였다.

어쨌든 아트모로 연습도 하고 공연도 두세 번 치르는데 이 과정에서 문제가 하나 생겼다. 밴드 초반엔 멤버 모두의 적극적인 참여가 필수인데 보컬이 잘 따라와 주지 않아 곤란해진 것이다. 결국 보컬을 내보내고 3인조로 활동하기로 마음을 굳힌다.

"'그냥 3인조 3인조로 합시다. 제가 노래할게요' 그렇게 된 거죠. 그래서 그 때 3인조로 바꾸면서 밴드 이름도 이제 '팎'으로 바꾸고 그렇게 하게 됐죠"

'젤리피쉬'부터 시작 '해파리 소년', '아폴로 18', 잠깐의 '아트모' 그리고 '팎'. 대인의 20여 년 음악 이력은 대략 이렇다. 적어 놓고 보면 한 줄에 내려앉는 조용한 이력이지만 사람과 사람 그 관계의 연속이었던 속사정이 순탄치만은 않았던 것 같다. 그러니 밴드 하지 말라고 말리고 싶다던 것 아니겠는가. 관계의 일렁이는 파도를 넘어오다 보니 어느새 근육에 힘이 붙은 듯하다. 팎은 이제 더 이상 부족함 없는 만족스런 밴드라고 대인은 자평한다.

"멤버들이 밴드 하면서 딱히 뭔가 어떤 부족함이 없다고 느끼면 그게 성공적인 밴드인 것 같아요. 다른 멤버들은 어떻게 생각할지 모르겠는데 (웃음) 딱히 저는 부족한 거 없다고 생각해서 '아 팎은 그래도 성공적이다'라고 생각해요. 밴드의 성공이 뭐라고 생각하냐고 물으시니까 굳이 답하자면 그렇습니다. 근데 잘 모르겠어요. 성공 이런 거 생각해 본 적이 없어서 (웃음)"

곁가지 질문으로 밴드의 성공이란 뭐라고 생각하는지 소인배스런 질문을 던졌더니 밴드 하면서 부족함 없다 느낀다면 그게 성공 아니겠냐며 대인처럼 답한다.

팎의 작곡가이기도 한 대인은 밴드를 처음 시작했던 동아리 시절부터 밴드 활동 내내 늘 곡을 써왔다. 밴드 하면서 곡 쓰는 건 너무도 당연한 거라 대인은

거기에 의문을 가져본 적이 없다.

"음악을 한다면, 악기를 다룬다면 당연한 거라고 생각했어요. 그냥 디폴트 값이죠. 곡 쓰는 것에 대해 의문을 가져본 적이 없어요. 음악을 한다면, 악기를 다룬다면 작곡이 무조건 그 수순, 시스템 안에 포함돼 있다고 생각해서 한 번도 이상하다고 생각한 적 없고 작곡은 그냥 자연스러운 거였어요"

　밴드는 자작곡이다. 의문의 여지가 없다. 자작곡 말고는 밴드의 개성과 정체성을 드러낼 수 있는 방법이 없다. 대인의 말처럼 음악을 한다면, 밴드를 한다면 작곡은 그 수순, 밴드 활동이라고 하는 시스템 안에 당연히 포함되어 있는 것이다. 작곡이 마냥 어려운 것만 같아 여전히 망설이게 된다면 여태 자신들 나름의 작곡 노하우를 기꺼이 들려준 밴드들의 이야기를 다시 한번 떠올려 보길 바란다. 대인도 테크노 소스 만들 듯 간단한 코드 몇 개만으로 이리저리 굴려 가며 곡을 쓰기 시작했다. 마냥 어려울 것도 복잡할 것도 없다.

　악기를 잡아들었다면, 밴드를 시작했다면 자작곡으로 자기 소리 내는 것을 첫 번째 목표로 삼길 바란다.

"흔 히 밴드는 연애하는 거랑 비슷하다고 얘기하잖아요"

팜 역시 일하면서 밴드를 하고 있다. 드러머인 범섭은 학원에서 드럼 강사로 일하고 있고 대인은 프리랜서로 음악 일을 하고 있다. 독립 영화 음악 또는 광고 음악을 만들고 있고 가끔씩 밴드들 음반을 프로듀싱하고 있기도 하다. 베이시스트 현석은 회사원으로 현재는 잠시 휴직 중이다. 잠시 숨 고르고 다시 일을 시작할 터이다.

앞서 일 때문에 모일 수 있는 물리적인 시간이 줄었다고 이야기하는 밴드들도 있었는데 팜의 경우는 어떨까. 병행에 따른 고충 같은 게 있을까.

"일하면서 밴드 하는 데 오는 고충 같은 게 저희 다른 멤버들은 없을 거고 제가 좀 요즘 너무 일이 없어서, 일이 없어 고충이긴 한데 (웃음) 제 주변 밴드들도 다 직장인들이고 간혹 힘든 부분이 있을 것 같긴 해요. 멤버 하나가 회사가 너무 바빠서 합주를 못 하는 경우도 있고, 공연을 해도 어떤 멤버는 내일 바로 또 일찍 출근을 해야 해서 공연하고 바로 가는 멤버도 있고. 물론 저희는 그런 부분에 해당이 되지 않아서 괜찮지만 그런 멤버들이 있으면, 너무 바쁘고 잘 못 모이게 되고 그러면 밴드로서 조금 힘들 것 같긴 해요"

주변 밴드들 예를 드는 것을 보면 팜의 경우는 병행에 따르는 특별한 고충은 따로 없는 것 같다. 앞서 다른 밴드들 인터뷰를 통해 살펴봐서 알겠지만 사실 저나나 다른 고충이 있을 수는 있어도 일이 음악에 방해가 된다고 생각하는 밴드들은 거의 없다. 전업이 아닌 이상 일하면서 밴드 하는 건 당연한 거고 그렇기에 일과 음악은 병행시켜야 하는 것이지 상충하는 것이 아니기 때문일 것이다. 다들 상황에 맞춰 적절히 조율하면서 두 마리 토끼를 쫓고 있고, 이게 해보면 그리 어렵지 않다.

그렇다면 화제를 넓혀 대인의 경우 밴드 하면서 겪었던 다른 고충은 없었을까.

"사람과의 관계 멤버와의 관계 그게 사실 제일 어려운 것 같아요. 사람끼리 하는 일이라. 흔히 밴드는 연애하는 거랑 비슷하다고 얘기하잖아요. 그래서 처음 결성했을 때는 활활 타오르는데 시간이 점점 지나면 지날수록 약간 열정 사그라들고 슬슬 서로 단점이 보이기 시작하고 그러다 보면 삐걱거리고 싸우고 해체하고. 그래서 사람이 제일 어려운 것 같아요. 너무 인간 혐오까지 느낄 정도로 어려움을 겪었던 적도 있고. 아무튼 밴드를 하려면은 '사람이 먼저다' 그걸 꼭 얘기하고 싶습니다 (웃음)"

사람 모이는 곳 어디든 사람이 제일 어렵다. 밴드라고 예외겠는가. 대인은 특히나 심하게 앓았던 적이 있는 것 같다. 그래서 밴드 그 어려운 거 하지 말라고 말리고 싶었던 게다. 다만, 구더기 무섭다고 너무 경기 일으킬 필요는 없다. 대인은 관계의 가장 극단적인 경우를 경험했던 것이고, 그게 물론 밴드 활동으로 인해 생긴 일이긴 하지만 그런 일은 밴드 밖에서도 얼마든지 일어날 수 있다. 결국 관계의 일이지 밴드에만 해당하는 일은 아닐 것이다.

그럼에도 불구하고 '사람이 먼저다'라는 대인의 당부는 중요하다. 대인의 이야기를 더 들어보니 이 당부는 '먼저 사람이다'로 바꿔 써도 될 것 같다.

"멤버들에 대한 배려, 서로에 대한 배려. 그게 진짜 중요한 것 같아요. 사실 서로가 서로에 대해 이해하기가 쉽지는 않죠. 사람은 근데 이해는 못하더라도 배려는 할 수 있잖아요. 배려하면서 밴드 하는 거 그게 가장 중요한 것 같아요"

배려, 이해 이런 사람됨이 그렇게 중요할 수 없더라는 거다. 하물며 매번 이해할 수 없다면 사람됨의 예의로서 배려라는 형식을 갖출 수는 있는 것 아니냐는 이야기이다.

일이 잘 맞아 돌아갈 때는 이런 것들이 귀에 와닿을 리 없다. 의기투합해서 막 결성되고 건배를 외치는 허니문 기간 동안에는 이런 것들이 눈에 들어올 리 없다. 하지만 이내 삐걱거리는 소리가 나기 시작하고 삐쭉대는 모양새가 눈에 들어오기 시작하면 밴드는 이내 하나의 고충이 되기도 한다. 제 아무리 고집 세고 개성 강한 이들이 모였다 해도 '먼저 사람으로서' 갖출 이해와 배려를 기본

삼지 않으면 모여든 의의가 하나둘 빛을 잃어버리고 말 것이다.

"배려하면서 밴드 하는 거 그게 가장 중요하다"

내막까지는 자세히 모르겠지만 밴드 하면서 겪을 수 있는 인간관계의 가장 큰 된서리를 맞아본 대인의 당부이다.

"해외에서 공연한다는 게 막연히 꿈같은 얘기라고만 생각했어요"

"밴드 하지 말라고 말리고 싶다"며 산통 깨는 발언을 하기도 한 대인이지만 밴드의 즐거움, 재미에 대해선 그도 반론할 게 크게 없을 것이다. 고충에 대한 이야기를 들어봤으니 분위기를 바꿔 밴드의 즐거움, 재미에 대한 이야기를 들어보자.

"곡 쓰는 재미도 있고 그걸 멤버들하고 합주하면서 점점 탄탄하게 완성해 가는 과정도 너무 재미있고, 나중에 앨범 만들 때 그걸 녹음하는 과정, 믹싱하는 과정, 아트웍을 만드는 이 모든 과정이 다 재미이고 최종적으로는 이 곡들로 공연을 하는 이런 일련의 과정이 여전히 저는 재미가 있어요. 게다가 요즘에는 해외 공연하는 재미에 빠졌어요. 해외 나가서 공연을 하는 재미가 또 있거든요. 해외 가서 새로운 밴드를 알게 되고 또 좋은 사람들을 만나게 되고. 이젠 이런 일련의 흐름이 하나의 디폴트 값이 됐어요"

음악을 하는 일련의 과정 모두가 여전히 너무 재밌다. 말리고 싶다던 말이 무색해지는 이야기이다. 곡 만드는 재미, 합을 완성하며 멤버들과 교감하는 재미, 앨범을 녹음하고 디자인하는 재미, 공연하는 재미. 특히 이제는 하나의 루틴으로 삼은 해외 공연의 재미가 너무 쏠쏠하다.

"모든 해외 공연은 다 사비로 가는 거예요. 전에는 내 돈 안 쓰고 누가 불러

주면 나가고 그랬지만 지금은 대부분 제 돈 써가면서 나가는데, 국내에서 활동하면서 돈 좀 모으고 또 각자 각출도 하고 해서 돈이 차면 해외로 나가요. 여행 겸 투어 겸 가죠. 나가면 어떨 때는 CD나 이런 게 잘 팔릴 때도 있고, 물론 우리가 들인 금액을 넘어선 적은 없지만 (웃음) '아 이 정도면 뭐 비행기 값은 뽑았네' 이러면서 우리끼리 자축하고 '또 나가자. 돈 모아서 또 나가자!' 그래요. 요즘에는 그게 가장 재밌는 거 같아요"

해외 공연 누가 불러주면야 돈도 덜 들고 좋겠지만 요즘은 마냥 기다리지 않고 밴드가 직접 사비 들여 나가기도 한다. '자기 돈 써가면서까지 그렇게 한다고?' 싶겠지만 퍅처럼 여행 겸 간다 여기면 충분히 즐길 수 있다. 공연까지 하고 오는 여행이 되는 것이다.

"그렇게 하다 보니까 대만에서도 너무 좋은 밴드를 만났고 일본에서도 너무 좋은 밴드를 만나서 두 팀하고는 가끔 여행 가서 사적으로 만나기도 해요. 국내도 아니고 해외에서 이렇게 좋은 인연을 만들 수 있다는 게 신기하기도 하고 그래요. 요즘에는 해외에 나가서 공연하는 게 제일 재밌는 거 같아요"

밴드를 시작한다면 해외 공연 또한 꼭 목표로 삼아보길 바란다. 이국땅 낯선 곳에서 생판 모르는 외국인들을 향해 공연을 한다는 것, 거기서 좋은 사람들을 만나고 밴드들을 만나며 연이 생긴다는 것, 음악이 서로 이어진다는 것, 이것들 모두 국내에서는 맛보지 못 했던 기분 좋은 이질감, 청량감으로 다가올 것이다. 무대 삼을 수 있는 공간은 바다 건너에도 있다.

그럼 그 좋은 해외 공연 어떻게 하면 갈 수 있는 것일까. 일단 퍅의 경우를 들어보자.

"완전 주먹구구식이죠. (웃음) 그냥 메일 보내는 거예요. 그냥 검색해서 예를 들어 대만 간다 그러면 클럽을 찾아보는 거죠. 거기에 메일을 보내요. 메일을 보내거나 아니면 페이스북이나 이런 거 찾아서 메시지를 보내죠. 저희도 처음 그렇게 맨땅에 헤딩으로 뚫었고 일단 그렇게 해서 한 번 가게 되면 반응이 생겨요.

거기서 우리 공연을 보고 괜찮다고 생각하는 사람들 그런 사람들이 뭐 클럽 장이 되었든 스태프가 되었든 매니저가 됐든 혹은 다른 밴드가 됐든 도와주려는 사람들이 생겨요. '너네 다음에 또 언제 올 계획 있어? 그러면 나한테 연락해 내가 너네 투어 잡아줄게' 뭐 이런 경우도 생기고"

사실 팎의 경우는 조금은 특이한 경우이다. 큰 공연에 초대되어 해외에 나가게 되는 경우도 있지만 대부분 밴드 간 교류를 통해 서로 초대하고 초대받고 하면서 해외 공연에 나서게 되는 경우가 일반적이다. 대인처럼 직접 현지 클럽을 뚫는 경우가 없진 않겠지만 일반적이진 않다. 여기도 메써드의 재하처럼 방법 찾고 일 만드는 데에는 나름 일가견이 있는 것 같다.

"전에 한 번은 국립극장 간판 프로그램 '여우락 페스티벌'에서 연주한 적이 있어요. 근데 거기서 우리를 좋게 봐줘서 국립극장하고 협력 관계에 있던 영국의 '주영한국문화원'이 주최하는 'K-뮤직페스티벌'까지 가게 된 적이 있었어요. 돈도 다 지원해 주고 너무 좋았죠. 그렇게 영국에 가게 됐는데 그럼 가는 김에 현지 클럽 투어를 돌자, 차도 렌트해서 돌자 그런 계획을 세웠죠. 아까 그 방식으로 또 구글링을 했어요 (웃음)"

직접 클럽을 뚫든 밴드 간 교류를 통해 공연 기회를 만들든 품 들여가며 접점을 만들어야 이내 일이 시작된다는 면에선 둘 다 공통점을 갖고 있는 방식이다. 팎은 직접 일을 만들어가며 영국, 일본, 대만 등지로 공연을 다녀왔다. 영국은 국립극장의 지원이 계기이긴 했지만 가는 김에 현지 클럽 투어를 돌고 싶었다. 하지만 접점을 만들 수 있었던 일본, 대만과 달리 영국은 쉽지가 않았다.

"와아 영국에 클럽 겁나게 많더라고요! 아무튼 한 30 군데에 메일을 보내고 기다렸는데 하아 이게 안 되더라고요. (웃음) 왜 안 됐는지 잘은 모르겠는데 코로나 여파도 있었던 거 같고 보통 서양 쪽은 앰프나 드럼을 다 들고 가야 되는데 우리가 그럴 수 없는 상황이란 거 설명하고, 뭐 그래서 그랬는지 몰라도 부킹이 안 되더라고요. 딱 한 군데서만 '오케이 너네 와라' 해서 그때 한군데 클럽에

서만 공연하고 왔는데 이게 안 될 때도 있어요 (웃음)"

　우리와 일본, 대만은 클럽 풍경이 얼추 비슷하다. 드럼 세트, 앰프 등 각종 장비가 무대에 비치되어 있어 악기만 챙겨가면 되지만 유럽의 경우는 스피커만 덜렁 비치되어 있고 무대 위 모든 장비는 밴드가 직접 챙겨와야 하는 경우가 보통이다.

　하여튼 그렇게 품을 들였음에도 영국의 경우는 쉽지 않았다. 하긴 듣도 보도 못 한 외국 밴드가 갑자기 공연 세워달라고 연락해 오면 어디든 응하는 게 쉽지 않을 것이다.

　그럼에도, 나라마다 차이는 있을지언정, 이렇게 클럽 문을 직접 두드리는 건 사실 밴드가 처음 자신들이 설 무대를 찾을 때의 상황과 크게 다를 바 없지 않은가. 아무리 국내에서 입지를 어느 정도 다졌다 하더라도 해외에선 신인이다. 그렇다면 처음에 그랬듯 해외에 접점을 만들 때도 그런 각오로 충분히 시도해볼 수 있는 방법 아니겠는가.

　국내 클럽 뚫는 것과 별반 다를 바 없다 생각한다. 음원을 준비하고 밴드 프로필을 준비해서 들이밀어야 한다. 영국의 경우는 일이 잘 안 풀렸지만 그럼에도 불구하고 그들 역시 똑같을 것이다. 그들도 일단 들여다는 볼 것이다. 그리고 마음에 들면 이윽고 무대를 열어 줄 것이다. 실제로 팎은 그렇게 해서 대만과 일본에 설 무대를 만들어낸 것이다.

"예전에는 해외에서 공연한다는 게 막연히 꿈같은 얘기라고만 생각했어요. 근데 생각해 보니 막상 해외에서 불러주지 않더라도 시간과 돈만 있으면 누구나 할 수 있는 거더라고요. 밴드 하는 사람이라면 누구나 해볼 수 있고 도전해 볼 수 있는 그런 일이라고 생각해요. 해외여행 일부러 돈 들여서 가는 거랑 비슷해요. 그것만큼 쉬운 일이다 (웃음)"

인터넷 덕이 크다. 밴드 간 교류를 트든 클럽 문을 직접 두드리든 해외에 얼마든지 접점을 만들 수 있는 방법이 주어진 시대이다. 밴드를 한다면 꼭 해외에 나가보길 바란다. 대인의 말대로 여행처럼 즐겨보길 바란다. 여러분 밴드가 설 수 있는 무대는 해외에도 있고 그 무대 위에는 국내와는 사뭇 다른 또 다른 즐거움이 여러분을 기다리고 있을 것이다.

"사운드가 구리면 에너지가 안 느껴질까요?"

앞서 대인은 밴드의 재미를 이야기하던 중 앨범 만드는 재미에 대해서도 살짝 언급을 했었다. 이번에 앨범 제작에 대한 이야기를 좀 나눠보자. 대인은 마침 자신들 앨범을 직접 제작하고 있고 거기서 재미를 느낀다고 하니 이에 대한 더 자세한 이야기를 들어 볼 수 있을 것 같다.

"제가 만드는 음악들이라서 그냥 제가 하는 게 가장 좋다고 생각했고 그래서 거의 다 제가 직접 하려고 해요. 근데 제가 뭐 제대로 배운 사람이 아니라 저희 앨범 마스터링 같은 경우는 그냥 스튜디오에 맡기고 믹싱까지만 제가 해요"

일반적으로 앨범을 만들려고 하면 일단 녹음 스튜디오부터 섭외하게 된다. 스튜디오 선정 시 일차적으로 고려하게 되는 건 비용이지만 못지않게 중요한 건 엔지니어와의 궁합이다. 앨범에 고스란히 담길 원 소스를 받아내는 작업이다 보니 밴드가 연주하고 있는 장르, 그 밴드의 색깔, 개성 이런 것들을 잘 이해하고 밴드와 터놓고 교감할 수 있는 엔지니어와 함께 작업하는 것이 굉장히 중요한데, 그런 면에서 대인은 자신들 앨범만큼은 본인 스스로가 엔지니어가 되기로 결심했다.

"제가 직접 하려고 하는 이유 하나가 또 앨범 뭐 꼭 스튜디오에 보내서 할 필요 있나 싶더라고요. 물론 전문 장비들 써서 하면 사운드는 훨씬 더 좋아지긴 하겠죠. 근데 저는 사실 사운드에는 그렇게 큰 욕심은 없어요. 그냥 내가 원하는 발란스와 어떤 구색만 갖춰지면 그게 중요한 거지 사운드는 좀 구려도 상관없다고 생각해요. 앨범에서 에너지만 느낄 수 있다면 된다고 생각해요. 근데 뭐 사운드가 구리면 에너지가 안 느껴질까요?"

퐈의 앨범들은 스튜디오 작업이 아닌 퐈의 작업실에서 나온 결과물들이다. 고가의 전문 장비들은 아니지만 최소한의 장비들을 이용해 직접 녹음하고 믹싱하며 밸런스를 맞췄고 스스로 만족하는 수준의 결과물을 만들어냈다.

이 과정에 필요한 기술들은 다 맨땅에 헤딩하듯 독학했다. 심지어 앨범 자켓 디자인도 대인이 직접 한다. 미술은 배워본 적도 없다. 앨범을 만드는 데 필요한 기술, 지식 다 그에겐 옵션들이었고 필요할 때 하나하나 습득하면 그만인 것들이었다. 부족하다 느낄 때 그때 확장하는 태도는 여전한 것 같다.

그렇게 '에너지만 담을 수 있다면 충분하다'는 생각으로 만들어낸 퐈의 음반들 《살풀이》(1집, 2017), 《칠가살》(2집, 2021)은 각각 한국대중음악상 시상식 '최우수 메탈 & 하드코어 음반', '최우수 록 음반' 부문 후보에까지 오르기도 했다.

"음반을 만드는 것도 그렇게 어렵게만 생각 안 했으면 좋겠어요. 예를 들어서 합주실에서 그냥 뭐 간단하게 앨범을 만들 수도 있는 거고, 좋게 하고 싶으면

좋은 스튜디오 가서 하면 되는 거고요. CD도 꼭 500장 막 찍을 필요 없고 100장만 딱 찍어도 되고 50장만 찍어도 되고 아니면 집에서 그냥 구워도 되고 아니면 그냥 온라인으로만 '밴드캠프Bandcamp[1]'나 이런 데 올려도 되고. 지금은 할 수 있는 방법이 많고 다양하니까 한계를 두지 않았으면 좋겠어요"

대인 말대로 앨범, 음반 만드는 것도 마냥 어렵게만 생각할 필요 없다. 정의하기 나름이다. 스튜디오를 통해 높은 품질의 앨범을 만들어 낼 수도 있는 것이고 저음질이라 해도 연습실에서 최소 장비로 에너지를 꾹꾹 눌러 담은 앨범을 만들어 낼 수도 있는 것이다. 앨범도 꼭 다량으로 찍어야만 하는 것도 아니다. 소량의 한정반을 낼 수도 있고 정성스럽게 손수 구워내도 된다. 여담이지만 내 밴드 나후의 첫 데모는 CD를 직접 구워서 만들었고 지금 생각하면 우습기도 하지만 그 CD를 팔기 위해 발매 공연도 했었다. 나아가 이젠 꼭 CD여야만 할 필요도 없다. 디지털로도 앨범을 내는 시대이다. 밴드캠프, 사운드클라우드SoundCloud[2]같은 서비스를 통해 앨범을 공개할 수도 있는 것이다.

물론 밴드 저마다 목표가 다르고 지향하는 바가 달라 거기 걸맞은 제작 방식이 따로 있을 수 있다. 하지만 대인의 이야기처럼 생각을 넓힐 필요 또한 있다고 본다. 만들겠다고, 하겠다고 마음먹으면 그걸 이뤄낼 수 있는 다양한 방법이 존재하는 시대이다. 앨범의 형태, 나아가 밴드의 형태는 정의하기 나름이다.

"잘 못된 걸 꼬집고 위로가 될 수 있는 부분은 또 위로를 하는"

《곡소리》(EP, 2016), 《살풀이》, 《칠가살》. 지금까지 발표된 팎의 앨범들이

---

1 미국에 본사를 둔 음악 스트리밍 및 구매 플랫폼으로 전 세계 수많은 뮤지션들이 사용 중인 서비스이다. 스트리밍은 기본적으로 무료이고 음원 소장을 위해 다운로드할 경우 해당 음원 소유 아티스트가 직접 음원 가격을 책정할 수 있다. 무료 스트리밍이 가장 큰 장점이며 이를 통해 밴드를 홍보하는 데에도 크게 활용되고 있는 서비스이다.

2 독일의 음원 스트리밍 서비스이며 밴드캠프와 거의 유사한 플랫폼이다.

다. '서양음악으로 한국적인 세계관을 연주하는 밴드'라는 소개 글을 어디선가 본 기억이 나는데 그렇듯 퐈의 앨범들에는 앨범 타이틀부터 자켓 디자인, 곡 제목, 음악, 사운드 모두 어딘가 우리 토속신앙인 무속 내지는 초자연적 세계를 연상케 하는 것들로 가득 차 있다. 궁금하다. 과연 퐈은 이런 무속적이고 초자연적인 것들을 음악에 끌고 들어와 무슨 말을 하고 싶은 것일까.

"여태 음악하면서 한 번도 현 세태나 정치 이런 것들에 대해 비판적인 음악을 만든 적이 없었어요. 근데 이제 머리가 좀 커져서 그런지 정치에도 관심을 많이 갖게 되고 세상 돌아가는 것에도 많이 관심을 갖게 되더라고요. 제가 '세풀투라'를 좋아하는데 사실 서양 밴드들 중에 정부 비판하고 사회 비판하는 밴드들 많잖아요. 퐈은 어쨌든 제 음악 인생에서 가장 늦게 만들어진 밴드고 퐈은 이제 그렇게 좀 해봐야겠다, 세태를 비판하고 정부를 비판하고 잘못된 걸 꼬집고, 위로가 될 수 있는 부분은 위로를 하고. 그런 것도 이제는 해보자라는 마음을 갖게 되더라고요. 근데 그걸 너무 직설적으로 하면 재미가 없으니 좀 우회적으로 은유적으로 표현을 하고 싶었고 그러다 보니 무속을 녹이자 이렇게 생각을 하게 된 거죠"

대인이 언급한 세풀투라는 앞서도 잠깐 소개가 됐지만 브라질 출신 쓰래쉬 메탈 밴드이다. 쓰래쉬 메탈 밴드들은 직간접적인 현실 비판, 더불어 사회 참여적 메시지를 주로 던지곤 하는데 세풀투라의 대표곡 중 하나인 〈Refuse/Resist〉의 뮤직비디오에는 우리나라 80년대 민주화 운동 당시 영상이 상당량 배경으로 사용되고 있다. 이 뮤직비디오가 국내에 소개된 90년대에는 이것 또한 나름 화제가 된 사건이었다. 어쨌든 대인은 퐈을 사회 참여적인 메시지, 현실적 위로를 주는 밴드로 만들고 싶었다. 그것도 무속적인 콘셉트로. 그런데 왜 무속일까?

"엄청 한국적이기도 하고 뭔가 초자연적인 느낌이 있잖아요. 자연스럽게 뭔가 귀신, 요괴랑도 연결이 되고. 저는 그런 거를 좀 좋아해서. (웃음) 제가 우주나 SF도 좋아하지만 오컬트적인 것도 좋아하거든요. 이걸 콘셉트로 가져가야겠다 이렇게 생각했죠"

얼핏 무속과 사회 참여가 배치되는 듯도 하지만 팎의 콘셉트와 메시지에 대한 이해를 돕기 위해 《칠가살》[1] 앨범의 인트로 격에 해당하는 '여역瘟疫'이란 곡의 가사를 옮겨본다. 주문처럼 읊조리는 대인의 목소리가 압권인 곡이다.

범약한 중생이 이르나니

저희가 매순간 미련하여
어리석은 짓을 일삼고
저희가 매순간 아둔하여
진실하지 못한 것에 빠지고
저희가 매순간 미혹하여
돌이킬 수 없는 과오를 범합니다.

개중에는 유난히 흉폭하고 간악하여
시도 때도 없이 패악질을 일삼고
오만방자하기 그지 없는 자들이 있으니
이들을 일곱으로 나누어
칠가살이라 명하였습니다.

어린 아이를 능욕하는 자
거짓된 믿음을 선동하는 자
손과 혀로 타인에게 상처를 주는 자
사람 목숨으로 저울질하는 자
헛소문을 퍼뜨려 낙인을 찍는 자
죄없는 이를 죄인으로 만드는 자

---

1 七可煞. 원래는 七可殺이 정식 표기로 대한민국 임시정부 기관지인 독립신문 1920년 2월 5일자에 실린 '보는 즉시 죽여도 된다는 7가지 범죄를 저지른 자'를 일컫는다. 백범 김구와 임시정부가 친일파 청산 노력의 일환으로 사용한 단어이다. 대인은 여기에 무속을 녹여 殺 대신 '모진 기운의 살을 날리다'의 煞 을 사용하여 '七可煞' 이란 타이틀을 붙였다.

마지막으로 역병을 퍼뜨리는 자
본디 생명은 귀한 것이나
저들에게는 죽음만이 타당할 것입니다.
부디 저들에게 자비없는 심판을 내리시어
상처받은 사람들의 살기 어린 마음을
어루만져 주시기를 간절히...

비나이다
비나이다
비나이다
비나이다

불교의 지옥도를 연상케 하는 《칠가살》 앨범 자켓 한 가운데에는 야차 같은 존재들이 마치 저 칠가살들을 펄펄 끓는 기름 가마에 가차 없이 밀어 넣고 있는 듯한 장면이 묘사되어 있다. 그런 앨범 자켓을 보며 '역역'을 듣다 보면 어느새 저 간악한 자들을 향해 함께 살을 날리고 있는 듯한 감상이 들기도 한다.

팎이 말하고 싶은 건 현실의 문제이다. 팎의 음악은 그런 현실의 문제를 초현실적인 주술, 무속 같은 굿판 위로 대령시켜 더욱 도드라지게 만든다. 그리고 그 대상들을 향해 원시적으로 분노하게 만들고 토해내게 만든다. 아울러 먹먹한 것 뱉어냈을 때 찾아오는 순간적인 평온함처럼 음악으로 벌이는 이 한판의 살풀이에서 사람들이 위로 또한 느낄 수 있길 바란다.

이게 팎의 세계관이자 주술과 무속으로 엮어내는 이들 음악의 목소리, 전하고 싶은 메시지일 것이다.

"**이**씬 말고 클럽의 씬도 중요한 것 같아요"

얼마 전 저녁 즈음 서울대 입구역 근처를 지나던 때였다. 갑자기 오토바이 한 대가 길을 가로막고 서는 것 아닌가. 시비인가 싶던 순간 헬멧을 벗고 반갑게 인사를 건네온 건 홍대 클럽 '빅팀Victim[1]'의 사장 윤기선이었다. 홍대에 있어야 할 친구가 서울대 쪽에 있어서 놀랍고 반갑긴 했지만 가던 길이 바빠 짧게 안부만 주고받고 헤어지고 말았는데 후에 '빅팀'에서 기선을 다시 만나 이야기를 들어보니 클럽 운영이 힘들어 평일에는 서울대 인근에서 배달 아르바이트를 하고 있다고 한다. 직원들 월급 주려면 그 수밖에 없다고.

빅팀은 금, 토, 일 삼 일간 운영이 된다. 금요일, 일요일에는 클럽 자체 기획 공연을 진행하고 있고 토요일은 밴드나 기획자들에게 공연장을 제공해 주는 대관 공연을 진행하고 있다. 역에서도 가깝고 스태프들도 친절하고 장비도 준수한 편이라 나 역시 공연 기획할 때 지주 이용하는 클럽이다. 스케줄이 꽉 차서 최소 두 달 전에는 예약을 넣어야 대관이 가능한 클럽인데 그럼에도 불구하고 운영이 쉽지 않다고 하니 클럽 운영이란 게 결코 쉽지 않은 일임을 실감케 한다.

빅팀의 자세한 사정은 모르지만 자체 기획 공연으로 벌어들이는 수익은 크

---

1 2023년 오픈한 홍대의 라이브 클럽. 홍대 극동방송 맞은 편에 위치하고 있다. 클럽의 오너인 윤기선은 밴드맨이기도 하다. 체인리액션(Chain Reaction), 비치밸리(Beach Valley), 싱크투라이즈(Sink To Rise) 같은 하드코어, 펑크 밴드들 멤버이기도 했으며 현재는 펑크온파이어(Punk On Fire)란 펑크 밴드의 베이시스트로 활동하고 있다.

지 않을 것이고 그나마 대관으로 수익을 올리고 있을 텐데 그것만으로는 월세라든가 장비 유지 보수 비용, 인건비 등을 감당하기가 여전히 벅찬 듯하다. 빅팀뿐 아니라 많은 클럽들이 운영에 어려움을 겪고 있는 것으로 안다. 버티다 버티다 결국 사라진 클럽도 적지 않다. 젠트리피케이션, 턱없이 비싸진 월세 탓도 크다. 여기에 신물 난 클럽들이 인근의 망원이나 신촌, 상수 쪽으로 옮겨가기도 했다.

클럽과 밴드의 공생을 고민해 보게 된다. 당사자들의 힘만으론 어렵겠지만 그래도 해볼 수 있는 게 있지 않을까? 문제 삼고 겉으로 드러내 개선을 도모해 볼 수 있는 부분이 있지 않을까? 오랫동안 씬을 지켜본 대인의 의견도 궁금했다.

"제 경험에 한해서만 얘기를 하는 거니까 정확하다고는 얘기 못하지만 예전에는 그렇게 실력 좋은 밴드가 많지는 않았던 것 같아요. 열 팀이 있다면 그중에 실력 괜찮은 잘한다고 느껴지는 팀은 두세 팀 정도 있을까 말까 그런 느낌이었는데 어느 순간 이제 시대가 바뀌고 환경이 바뀌면서 지금은 열 팀이 있다면 한두 팀 빼고는 다 잘하는 것 같아요. 유튜브 영향도 없지 않아 있는 것 같고. 유튜브 통해서 전 세계에서 밴드 하는 모습 이런 것들을 굉장히 쉽게 접할 수 있게 됐잖아요. 보고 듣는 게 많아지고 쉬워져서 그런지 확실히 지금 국내의 언더그라운드 씬은 굉장히 상향 조정이 된 것 같아요. 다 잘해요. 그런데 이에 비해 클럽이나 이런 공연장들은 여전히 정체돼 있는 그런 느낌도 있어요"

밴드들 수준이 예전과 달리 전체적으로 상향 조정된 것 같다는 대인의 말에는 나도 어느 정도 공감한다. 활동을 계속 이어오고 있는 밴드들이야 말할 것도 없지만 새롭게 등장한 밴드들조차도 어디서 그렇게 보고 익혔는지 자신감 넘치고 세련되기 그지없어 놀랄 때가 종종 있다. 그게 유튜브 덕이 되었든 그간 보이지 않게 쌓여온 밴드 문화의 저력이 되었든 밴드는 분명 예전보다는 상향 조정되었다. 이에 비해 클럽의 시스템은 여전히 정체되어 보인다는 게 대인의 지적이다.

"예나 지금이나 똑같은 것 같아요. 새로 생기는 클럽도 마찬가지고. 뭔가 그런 부분이 조금 아쉽긴 해요. 그 놈의 월세 때문에 어렵고 많이 사라지기도 했고 그리고 코로나 이후로 사람들이 더 공연장에 안 오는 것 같기도 하고. 여러 가지로 클럽도 어렵겠죠. (중략) 그래서 씬이라는 것도 밴드 씬 말고 클럽의 씬도 중요한 것 같아요. 클럽 씬. 대만만 가도 거기는 클럽이 늘 꽉 차 있어요. 그 클럽을 좋아하는 애들이 그냥 평소에 기본적으로 와요. 술도 팔고 하니까. 공연이 열리면 거기 온 사람들 8,90%는 다 공연을 봐요. 그래서 대만 가서 공연하면 늘 사람들이 꽉 차 있어요. 근데 우리나라는 그런 곳이 없잖아요. 그런 클럽이 없죠. (중략) 오히려 과거보다 더 안 좋아진 것 같기도 한 게 전에는 클럽이 뭔가 분위기를 만들고 밴드들하고 같이 재미있는 기획도 함께 만들고 하는 그런 클럽들이 있었거든요. 서로 유대가 있었어요. 근데 지금은 클럽은 클럽대로 밴드는 밴드대로 자 여기 이제 장비가 있으니까 너네 와서 돈 내고 써 약간 이런 느낌으로 가 버린 것 같아요. 그래서 가끔 '바다비[1]' 같은 공간이 그리울 때가 있어요"

밴드들의 씬, 아니 그 씬 말고 클럽 씬, 클럽의 입장에서 말할 수 있는 클럽 스스로가 일궈내는 씬. 그것도 중요하지 않겠냐는 지적이다. 밴드들은 이만큼 성장하고 수준 높아졌는데 그럼 클럽도 거기 발 맞춰 움직여야 하지 않나 하는 생각이다. 밴드와 사람들을 불러 모으고, 모인 사람들이 유대할 수 있는 장소, 모일 만한 명소로 불릴 수 있는 장소. 클럽 또한 그런 씬을 일구려는 노력이 필요하지 않겠냐는 지적이다. 그러면서 대인이 예로 든 클럽이 지금은 사라진 클럽 '바다비'이다.

"거기 사장님이 좋았던 게 밴드들하고 같이 어울리고 뭔가 계속 재미있는 공연을 같이 만들어 갔단 말이에요. 그래서 그 클럽 좋아하는 관객도 생기고 밴드들도 즐거워하고 뭐 사장님이 뒤풀이도 같이하고 그런 공동체 같은 문화? 그런 게 있었거든요. 그런데 요즘은 그런 클럽들이 거의 사라진 것 같아요"

---

1 정식 명칭은 '살롱 바다비'. 2004년 오픈한 라이브 클럽으로 홍대에서 활동하던 많은 밴드들이 아꼈던 홍대의 대표적인 클럽 중 하나였다. 높아진 임대료와 운영자의 건강 문제로 2015년 문을 닫았다.

클럽이란 사실 같은 취미를 가진 사람들의 모임 또는 장소를 의미하는 단어 아니던가. 앞서 언급했던 청주의 '브로큰'이란 클럽이 딱 그랬다. 시끄러운 음악 좋아하는 사람들이 저녁이 되면 다 거기 자연스럽게 몰려들었고 술 마시고 음악 얘기하고 음악 신청하고, 같이 머리 흔들고 그러다 공연 있으면 같이 공연도 보고 거기서 만난 사람들과 밴드도 만들고 그랬다. 아쉽게도 오래지 않아 폐업 하고 말았지만 당시의 브로큰은 나름 사람들을 불러 모으는 힘을 가진, 자기 씬을 가지고 있는 클럽이었다. 브로큰, 바다비뿐 아니다. 전에는 이런 클럽들이 제법 존재했다. 이야기가 서울 중심으로 진행되어 그렇지 오히려 지역에는 지금도 이런 식으로 움직이는 클럽들이 여전히 존재할 것이다.

클럽이 다시금 또는 새롭게 이런 모임의 장소가 되길 바라는 건 너무 큰 욕심일까. 장소만 빌려주는 곳이 아니라 본래의 의미처럼 같은 것 좋아하는 사람들이 모여들 수 있는 유쾌한 장소로 작동하길 바라는 건 지나친 바람일까.

현실 모르고 하는 소리일 수 있으나 그럼에도 클럽이 좀 더 힘을 가졌으면 좋겠다. '아 그 클럽에 가면 거의 언제든 라이브를 볼 수 있고, 그 클럽에서 이런 음악을 들을 수 있고, 그 클럽엔 이런 밴드들이 주로 나오고 이런 사람들이 주로 모여들고, 그 클럽엔 그곳만의 특색 거기만의 재미가 있어'라는 인식 하나만 사람들 생각에 심어줄 수 있다면 그것만으로도 대단한 일 아닐까 싶다. 쉬운 일은 아니겠지만 클럽이 그렇게 사람들을 불러 모으는 '클럽의 힘'을 가졌으면 좋겠다.

"어떤 팀들은 그냥 입 벌리고 보게 되는 팀들이 있거든요"

앞서 살펴봤듯 팎은 국내는 물론 영국, 일본, 대만 등지에서도 수많은 공연을 치러 왔다. 공연을 통해 관객으로서도 수많은 밴드들을 지켜봤을 터 그 많은 밴드들 중 어떤 밴드에게서 실력을 느꼈는지 들어봤다. 즉, 밴드의 실력이란 뭐라고 생각하는지 들어봤다.

"무대 장악력! 연주 기술적인 뭐 그런 것보다도 밴드가 무대를 장악해서 관객들의 몰입도를 얼마나 끌어올릴 수 있는지 그게 저는 실력이라고 생각해요. 이건 장르랑은 아무 상관이 없어요. 어떤 팀들은 보면 그냥 입 벌리고 보게 되는 팀들이 있거든요. 그건 연주를 잘해서라기보다는 이 사람들이 무대에서 하고 있는 모습, 그 자체가 막 되게 감탄스러울 때가 있어요. 그런 에너지를 보여주는 팀들이 있는데 저는 그게 중요하다고 생각합니다"

무대를 장악한다는 건 뭘까. 자신들 무대를 보고 듣느라 관객들이 현실을 잠시 망각하게 만드는 것 아닐까. 그런 밴드들이 있다. 입 다물지 못하게 하는 연주력으로 무대를 장악하는 밴드, 압도적인 퍼포먼스로 관객들을 쥐고 흔드는 밴드, 화려한 연주도 화끈한 퍼포먼스도 없지만 무대에서 보여주는 모습 자체에 눈과 귀를 떼지 못하게 하는 밴드. 어떤 식으로든 그렇게 무대를 장악하는 밴드들을 보고 있노라면 그냥 그 순간만큼은 현실을 잊고 그들에 집중하게 되지 않는가.

이런 흡인력을 무대 위에서 발산할 수 있는 밴드가 실력 있는 밴드라는 게 대인의 생각이다. 사실 이거 굉장히 어려운 거다. 차라리 손가락 부러지도록 어려운 곡 연습하고 말지, 그래서 그런 실력 갖추는 거, 그거 어떻게 하는 건지 물어도 누구 하나 쉽게 답할 수는 없을 것이다.

무대에서는 보여줘야 한다. 쭈뼛거리거나 망설여서는 안 된다. 자신들 음악이 갖고 있는 에너지, 자신이 갖고 있는 에너지를 유감없이 보여줘야 한다. 무대 장악? 시간도 경험도 필요한 일이겠지만 자신들 음악과 자신을 믿는 것부터가 장악의 시작일 것이다.

그렇게 스스로를 장악해 나가다 보면 어느 순간 무대 위에서 즐기고 있는 자신, 에너지를 거침없이 발산하고 있는 멤버들 그리고 그 에너지에 에너지로 화답하는 관객들을 만나게 될 것이다. 그리고 그때, 얼굴에 쏟아지는 조명 때문에 잘 안 보이긴 하겠지만 공연장 뒤편에 서 있는 누군가는 여러분 밴드를 보며 입을 다물지 못하고 있을 것이다.

"**여**행한다 생각하고 또 할 예정이에요"

커피 한 잔 앞에 두고 떠든 시간이 어느새 두 시간 가까이 되었다. 인터뷰 마무리를 지어야겠다. 마무리 전에 언젠가 대인이 '나는 기타를 잘 못 칩니다'라며 페이스북에 올렸던 글 일부를 여기 옮겨 본다.

"저는 기타를 정식으로 배운 적이 없습니다. 그래서 악보도 보질 못합니다. 대신 저만의 방식으로 독학을 했습니다. 음악을 틀어놓고 어설프게라도 같이 연주해 보는 방식으로 말이죠. 이 방식은 꽤나 효과적이었고 지금까지도 많은 도움이 되고 있습니다. 다만, 화려한 솔로 연주는 한계가 있습니다. 크로매틱 연습하는 게 너무 싫었거든요. 나중에 필요하면 화려한 연주를 잘하는 사람과 함께하면 된다고 생각했기 때문이기도 합니다. 대신 저는 작곡, 편곡 등의 다른 부분에 좀 더 포인트를 두고 학습을 해왔습니다. 시간이 지날수록 실력도 조금씩 늘어갔고, 그렇게 이래저래 하다 보니 어느새 밴드까지 하게 됐습니다. 저는 기타를 잘 못 칩니다. 이 바닥에는 저보다 뛰어난 사람이 너무 많습니다. 솔로 연주를 잘하는 사람들을 보면 부럽기도 하구요. 얼마나 연습을 많이 했을까라는 생각을 하며 마음속으로 존경의 박수를 보내기도 합니다. 어릴 때 처음으로 밴드를 만들고 싶다는 생각을 했을 때, 지금의 내 실력으로 밴드를 해도 될까 되묻기도 했습니다. 누군가 내 연주를 보고 비웃으면 어쩌나 하는 걱정 때문이었죠. 물론 지금은 스스로 만든 음악에 부족함 없이 연주할 수 있으면 그것으로 훌륭하다고 생각합니다. 남이 어떻게 생각하는지는 중요한 게 아니죠"

올린 지 좀 지난 글이긴 하지만 사실 이 글이 대인과의 인터뷰를 계획하게 만든 계기가 됐다. 평소 그가 갖고 있던 생각들을 인터뷰를 통해 담담히 깊게 들려줘 고맙다. 밴드 하지 말라고 말리고 싶다 말했지만 그가 들려준 이야기들은 분명 밴드에 관심 있는 독자들에게 여러 생각할 거리와 영감을 불어넣어 줄 거라 생각한다. 마지막으로 팎의 향후 계획, 일정에 대해 들어보며 인터뷰를 마무리 하자.

"다음 앨범을 만들 계획이긴 한데 곡이 잘 안 나와서. (웃음) 제가 '전파상사'에서는 거기 기타 치는 친구랑 저랑 둘이 보통 곡을 쓰거든요. 거기는 이제 장르도 다르고 임원희라는 사람에 맞춰서 쓰고 있어서 사실 크게 어려울 거 없어요. 근데 퓨은 공을 좀 들여야 돼서 기존의 우리 색깔을 유지하면서도 뭔가 조금 새로운 걸 보여주고 싶은데 그런 부분이 사실 제일 어렵잖아요. 어쨌든 앨범 만들 계획이긴 한데 그게 잘 안 나와서 (중략) 곧 일본 투어 또 가거든요. 그래서 일단 그거 하고, 갔다 와서는 국내 공연하다가 또 해외에 대만이 됐든 어디든 갔다 올 생각이에요. 아까 말씀드린 대로 해외 가서 공연하는 게 너무 재밌어서 그냥 여행한다 생각하고 또 할 예정이에요"

대인은 퓨의 다음 목적지를 고민하고 있다. '여행한다 생각하고' 여행처럼 밴드를 하고 있다. 그렇게 생각하면 밴드가 가지 못할 곳, 닿지 못할 곳은 딱히 없을 것 같다. 모쪼록 퓨의 즐거운 여행이 끝이 없길 바란다. 더불어 아직 가보지 않은 길을 걷고 새로운 것을 경험하는 여행처럼, 밴드에 관심 있는 많은 분들이 이 밴드라는 여정을 과감히 시작해 볼 수 있길 바란다. 남들 눈치 볼 것 없다. 문득 영화 〈브루탈리스트The Brutalist〉[1]의 대사 한 자락이 떠올라 기억 나는 대로 옮겨본다.

"남들 신경 쓰지 마라. 중요한 건 목적지이지 과정이 아니다"

---

[1] 2024년 개봉한 미국 영화. 유대계 헝가리인 건축가의 미국 정착기를 그리고 있으며 81회 베니스 국제 영화제 경쟁 부문 감독상 수상 및 82회 골든 글로브 시상식 3개 부문에서 상을 받았다.

"음악이 어떻게 변하니"

홀리마운틴

홀리마운틴 / Holy Mountain 2019~

드럼 김요셉, 기타 조원재, 베이스 겸 보컬 서형진

홀리마운틴

기타 치는 주변 지인들로부터 가끔 듣던 말이 있다. "나이 먹으면 블루스지. 블루스를 연주해야지"라는 말.

의아했다. 아무리 블루스가 락 음악을 비롯한 현대 대중음악의 모태로까지 평가 받는 음악이라 해도 나이 먹는다고 취향이 변한다고? 나이를 거스를 수야 없지만 몸 꺾인다고 취향까지 바뀐다고? 저 말에 고개를 끄덕이는 사람들도 있었지만 받아들이기 어려운 이야기였다. 취향에도 안 맞고.

블루스 음악을 깎아내리려는 것은 아니다. 그 정도로 잘 알지도 못하거니와 블루스는 깎아내릴 수 있는 음악도 아니다. 블루스는 종종 락 기타 연주의 베이직, 기원 같은 위치의 음악으로 평가되곤 한다. 결코 틀린 말은 아니라고 생각한다. 그렇다고 연주자들이 마침내 돌아가야 할 모태 같은 음악이라는 견해에는 좀 무리가 따르지 않나 싶다.

말뜻은 충분히 이해한다. 나이 들어 힘이 이전 같지 않다, 감정도 전처럼 가볍게 요동치지 않는다, 부족해진 힘을 연륜이라는 깊이로 채워 넣을 수 있는 음악, 느리지만 힘 있고 연주 하나하나에 깊은 감정을 담아낼 수 있는 음악, 그런 음악을 해야겠는데 돌이켜 보니 그런 위치에 블루스가 자리하고 있는 것이다. 하지만 그리로 돌아가기 전에 잠시 불러 세우고 싶다. 그런 음악이 블루스만 있는 것이 아니라고.

여기 '스토너Stoner[1]'라 불리는 장르가 있다. '블랙사바쓰Black Sabbath[2]'를 효시로 삼고 있는 장르로 7,80년대 하드 락, 헤비메탈을 현대로 소환해 음악의 뼈대로 삼고 혈관에는 블루스라는 혈액을 방류하고 있는 음악이다. 바위 구르듯 묵직하고 느릿하게 연주하지만 간혹 하드코어나 펑크에서 볼 수 있는 공격적인 송곳니를 번뜩 드러내 보이기도 하고, '약쟁이'라는 스토너의 뜻답게 사이키델릭 락 같은 몽환적이고 나른한 분위기를 자아내기도 한다. 무엇보다 블랙사바쓰라니 올드 락 팬들이라면 구미가 당길 만하지 않은가? 7,80년대 락의 고전적인 블루지함과 현대적인 헤비함을 동시에 품고 있는 음악, 이런 음악이라면 멈춰 서봄 직하지 않을까.

국내에서 이 장르를 최초로 연주했던 밴드는 '스모킹배럴즈Smoking Barrels[3]'일 것이다. 스토너, 슬러지Sludge[4]계열의 음악을 추구했던 스모킹배럴즈는 아쉽게 2019년 해체되었지만 밴드의 기타리스트였던 조원재 그리고 드러머였던 김요셉은 이 장르의 매력을 놓을 수가 없었다. 그래서 이들은 스모킹배럴즈에 일년여간 베이시스트로 참여했던 서형진을 불러내 그를 베이스, 보컬 자리에 앉히고 3인조로 이 장르를 계속 이어가기로 했다. 그렇게 스모킹배럴즈 해체 직후 바로 '홀리마운틴Holy Mountain'이 같은 듯 다른 밴드로 새롭게 결성이 됐다.

---

1 하드 락과 헤비메탈에 걸쳐 있는 장르라고 설명되기도 한다. 중저음역이 강조된 묵직한 기타 사운드, 느릿한 미드 템포, 블루스를 연상케 하는 리프 구성과 솔로잉, 멜로딕한 보컬 라인 등 복고적인 락, 메탈을 연상케 하는 특징을 가지고 있다. 스토너 락, 스토너 메탈, 스토너 둠으로 세분화 되기도 한다.

2 1968년 결성된 영국의 락 밴드. 어둡고 음울하며 단순하고 묵직한 사운드를 추구했던 밴드로 헤비메탈의 선구자로 평가 받는 밴드이다. 최초이자 최고의 헤비메탈 밴드로 칭송 받으며 상업적으로도 엄청난 성공을 이뤘고 이들의 음악적 영향 아래 사이키델릭 락, 헤비메탈, 펑크, 둠메탈등의 음악적 요소를 접목한 '스토너'라는 장르가 태동하게 된다.

3 현 '홀리마운틴'의 기타리스트 조원재가 2010년 결성했던 밴드. 2013년《Smoking Barrels》라는 밴드명과 동명의 EP를 발매했고 2015년에는 대구의 불릿앤트(Bullet Ant)와 함께《Tomorrow Will Get High》라는 스플릿 음반을 발매했다. 2019년 해체됐다.

4 '슬러지'는 '스토너'와 유사하나 하드코어적인 성향이 강해 훨씬 더 극단적이고 공격적이다. 반면 스토너는 하드코어보다는 하드 락, 사이키델릭 락 성향이 더 강하다.

직장에서의 고단한 일과를 마치고 막 퇴근한 이들을 연남동 인근 커피숍에서 만나봤다. 사진의 왼쪽이 베이스, 보컬인 서형진이고 오른쪽이 기타리스트 조원재이다. 건강을 생각해 다들 음료로 과일 주스를 고집했다.

"코드가 두 개든 세 개든 그게 무슨 상관일까요"

아 잠시. 그렇다고 스토너를 마치 중장년층만을 위한 장르라는 듯 이해해선 안 된다. 물론 뿌리가 80년대까지 거슬러 올라가는 고전적 스타일의 음악이긴 하지만 이 장르는 시대의 흐름과 함께 끊임없이 변화를 거듭해왔고, 2천년대 들어와 비로소 한껏 개화하면서 지금은 젊은 층에게도 폭발적인 지지를 얻고 있는 장르이기 때문이다. 스토너는 연령 불문 지금도 계속 그 영향력이 확산되고 있고 여전히 활기 넘치는 세련된 장르이기도 하다.

이 장르를 한국에서 꽃 피우고 있는 형진과 원재, 이 둘에게 책의 타이틀에 대한 견해를 물어봤다.

(형진) "코드 세 개면 충분하죠. 홀리마운틴은 코드 하나로 쓴 곡도 있고요. (웃음) 메탈만 봐도 메인 리프에 코드 하나 두고, 그다음에 코러스에 코드 하나 갔다가 솔로 할 때 한 음 올라가고, 그게 정통 메탈이고 펑크나 이런 건 코드 세 개 트라이앵글로 왔다 갔다 하면 성립되는 거니까. (중략) 음악을 연주한다는 건 결국 내 에너지를 쏟는 거고 사람들이 거기서 내 열기를 느끼고 같이 흥분하는 게 중요한 거잖아요. 에너지 쏟는 데 세 개면 충분하죠"

(원재) "가사에 담긴 메시지나 사운드를 통해서 사람들이 흥분하게 되는 건데 그게 코드가 하나이든 두 개든 세 개든 간에 그게 무슨 상관일까요. 저희만 봐도 저희 음악은 단순한 걸 추구해요. 복잡하게 꼬거나 그런 거 안 해요. 저희 장르 자체가 '블랙사바쓰' 영향을 받은 음악이기도 하고, 생각해 보면 블랙사바쓰 당시의 음악들은 크게 꼬아진 게 없잖아요. 날 것 그대로잖아요. 메시지든 사운드든 그걸 제대로 전달하려면 복잡할 거 없이 단순한 게 맞지 않나라는 생각이 드는데요"

홀리마운틴이 비록 2019년 결성된 신생(?) 밴드이긴 하지만 사실 이 둘의 밴드 이력은 각각 20년 이상이 넘는다. 학창 시절 스쿨밴드 이력을 제하고, 원재는 2002년경 '아웃OUT'이라는 하드코어 밴드에 참여하면서부터 본격적인 밴드 활동을 시작했다. 이어 하드코어 밴드 '쓰루바이어스Through By Us', '쉘백Shell Back'을 거쳤고 스모킹배럴즈에 이어 현재의 홀리마운틴에 이르고 있다.

고등학교 때 처음 밴드를 시작했다는 형진도 대학, 사회에서 계속 밴드를 이어오다가 2007년경 '헤일스톰Hail Storm[1]'이란 밴드를 결성하면서부터 본격적으

---

1 2007년 서형진을 주축으로 결성된 쓰래쉬 메탈 밴드. 카피 밴드로 시작했으나 2010년부터 자작곡을 연주하기 시작했고 2014년 한 장의 EP를 발표했다. 2016년 해체되었다.

로 자작곡을 연주하기 시작했다. 이후 '어비스Abyss¹'의 세션으로 잠시 활동하기도 했고, 스모킹배럴즈를 거쳐 이제 원재와 홀리마운틴을 함께하고 있다.

이 둘의 의견은 음악이란 결국 관객의 '흥'을 불러일으키는 일인데 거기 꼭 많은 코드가 필요한 것도 아니고 반드시 곡이 복잡해야 할 필요도 없다는 것이다. 오히려 단순할수록 더 날것 그대로의 에너지를 직접적으로 전달할 수 있지 않겠나 하는 의견이다.

(형진) "저희 딸이 '실리카겔Silica Gel²'을 좋아해요. 거기 노래 하나를 저 보고 따달라고 하더라고요. 그래서 그냥 따줬어요. 진짜 딱 들으면 딸 수 있는 음악이에요. 저희는 많이 쳐봤으니까 대충 감이 오잖아요. 딱 보더니 '이거밖에 없는 거야?' 그러더라고요. (웃음) 이제 음악이란 게 듣는 사람들이 좀 거창하게 생각해서 그런 거지 실제로 보면 어렵지 않은 곡들 많거든요"

이런 예는 찾아보면 의외로 많다. 뭔가 복잡한 것처럼 들리지만 실제로는 단순하고 간결한 구성으로 이뤄진 멋진 곡들이 무수하다. 듣는 사람들이 지레 거창하게 생각하는 것도 있겠지만 왠지 거창하게 들릴 수밖에 없게 하는 것, 이게 바로 밴드 음악의 오묘한 힘이고 마법인 것이다. "쉽게 만들어서 어렵게 들리면 성공한 거 아니냐"던 썰틴스텝스 동경의 이야기가 떠오르지 않는가. 이런 마법은 코드 두세 개로도 충분히 가능하다.

---

1 1992년 결성된 쓰래쉬 메탈 밴드. 결성 이후 줄곧 활동과 중단을 반복해 오다 2015년 《Enemy Inside》라는 EP 음반을 발매하면서 본격적 활동의 신호탄을 쏘아 올린다. 이어 2017년 정규앨범 《Recrowned》를 발표했고 이 앨범은 2018년 한국대중음악 시상식 '최우수 메탈 & 하드코어 음반'에 선정됐다.

2 우리나라의 4인조 모던 락 밴드. 2015년부터 활동을 시작했고 2017년 한국대중음악상 시상식 '올해의 신인'으로 선정된 것을 시작으로 이후 다수의 음악상을 수상한다. 2024년에는 한국대중음악상 시상식 세 개 부문을 휩쓸기도 했다. 인디라는 범주를 넘어 대중적 지지를 얻고 있는 밴드이다.

"**제**가 선생님을 잘못 만났죠"

원재와 형진, 이 둘은 원래 접점이 별로 없던 사이였다. 그러다 스모킹배럴즈, 헤일스톰 시절 이 두 밴드가 우연히 같은 공연에 참여하게 되면서 처음 접점이 생겼고 그때 서로의 음악을 듣고, 끌리듯이 한눈에 알아보게 됐다고 한다. 이 둘이 각자 걸어온 음악 이력을 들어보자. 멀찌감치 다른 곳에서 시작된 에너지가 곡절을 거쳐 한 점으로 모아지는 과정을 들어보는 것도 재미있을 것 같다.

원재가 먼저 이야기를 꺼낸다.

(원재) "초등학교 때는 가수가 되고 싶었어요. 제 별명이 박남정였거든요. 닮았다고. (웃음) 춤 못 추는 박남정. 박남정을 보고 '아 가수라는 직업이 되게 멋있는 거구나' 그렇게 생각했어요. 그래서 요즘 같으면 가수를 하려면 보컬 레슨을 받고 댄스를 배우고 이러지만 저희 때는 그게 아니라 연주를 하고 노래를 만들고 해야 되는 거였잖아요. 그러다 보니 이제 기타를 배워야겠다는 생각이 첫 번째로 들더라고요. 초등학교 5학년 때 막 엄마한테 울면서 기타 학원 보내달라고 졸라서 그때 처음 통기타를 치게 됐어요"

박남정의 시절이라면 88년 즈음이 될 것이다. 당시 혜성처럼 등장한 가수 박남정의 인기는 상상을 초월할 정도였다. 전국의 모든 초등학생들이 그의 일명 'ㄱㄴ 춤'을 따라 췄고 그렇게 초등학생부터 성인에 이르기까지 모두가 그의 춤과 노래에 열광했다. 그런 그를 보고 원재는 가수를 꿈꿨다. 그리고 바로 실행에 옮겼다. 초등학생이 가수를 꿈꾸고 이를 실행에 옮긴다는 건 생각조차 하기 힘든 시절이었지만 초등학생 원재는 당차고 당돌했다. 그렇게 가수가 되기 위해 처음 기타 학원에 발을 디디게 됐다.

(원재) "거기서 제가 선생님을 잘못 만났죠. (웃음) 어느 날 선생님이 뭔가 앨범을 하나 딱 들고 와서는 그거 틀어놓고 그 앨범이랑 똑같이 일렉 기타를 치는 거예요. 와 그 장면이 너무 멋있는 거예요. 기타도 되게 빠르게 치고 애드립

도 막 복잡하게 다 치고 그러는데 솔직히 '이건 뭐지?' 싶은 거예요. 초등학생이 니까 영어 읽을 줄 모르니까 선생님이 연주하던 그 앨범 자켓의 그림을 외웠어요. 그리고 곧장 레코드 가게에 가서 아저씨한테 '이거 이렇게 생긴 앨범 있나요?' 물어보고 같이 한참 찾았는데 결국 못 찾았어요. 그러고 나니까 아저씨가 '너 혹시 락이나 헤비메탈 같은 거 좋아하니?'라고 물어보시면서 '이거 한번 들어 볼래?'라면서 앨범 하나를 꺼내 주시더라고요. 집에 와서 들어봤는데 그것도 엄청나게 충격적이었어요. 완전 신세계더라고요. 그 밴드가 '데프 레파드Def Leppard[1]'였어요. (중략) 그렇게 학원에서 통기타 코드 떼고 그다음에 일렉 기타 쪼끔 배우고 이후부터는 계속 그냥 기타 독학을 했던 것 같아요."

저 때가 초등학교 5학년 즈음이라고 한다. 가수를 꿈꿨던 그는 그렇게 헤비메탈의 전기 충격을 온몸으로 받게 됐고 이후 용돈을 모아 계속 사악하고(?) 이상한 디자인의 메탈 앨범들을 사 듣기 시작했다고 한다. 그 새로운 음악의 전율은 좀처럼 몸에서 떠나가질 않았고 이윽고 원재는 일렉 기타를 손에 쥐고 홀로 익혀 가기 시작한다. 여기까지가 원재가 일렉 기타를 연주하게 된 과정 이야기이다. 형진의 이야기가 이어진다. 형진은 어떻게 베이스를 시작하게 됐을까.

(형진) "저는 어렸을 때부터 계속 팝송, 락 음악은 항상 듣고 자랐어요. 미국 사람이 동네에 항상 있었기 때문에 (웃음) 그냥 익숙했어요"

형진은 송탄에서 어린 시절을 보냈다. 부모님이 송탄에서 미군 클럽을 운영하셨고 그 덕에 어릴 적부터 미국 물, 해외 문물을 가까이 접하면서 자랐다고 한다. 누나들 덕도 컸다. 나이 차가 좀 있는 누나들이 늘 '반 헤일런Van Halen[2]'이

---

1 1977년 결성된 영국의 하드 락, 헤비메탈, 글램메탈 밴드. 특유의 귀에 착 감기는 팝적인 메탈을 선보였으며 상업적으로도 크게 성공한 밴드이다. 특히 사고로 한 팔을 잃은 드러머와의 의리, 우정으로 써 내려간 밴드의 서사는 많은 이들에게 감동을 주기도 했다.

2 1972년 결성된 미국의 하드 락, 헤비메탈 밴드이다. 팝적인 메탈을 시도하면서 메탈의 대중화, 상업화에 크게 기여한 밴드이기도 하다. 이들 대표곡 중 하나인 〈Jump〉는 메탈 팬이 아닌 일반 대중에게도 많이 알려진 히트곡이기도 하다.

나 '스콜피온스Scorpions[1]' 같이 당시 인기 있던 밴드들 음악을 자주 듣곤 했는데 그런 누나들을 따라 자연스럽게 팝송이나 락 음악을 들으며 자랐다고 한다. 당연한 듯 익숙하게 따라 듣기만 하다가 중 2 때 비로소 뭔가 스스로 찾아 듣게 되는 계기가 생겼다고 하는데.

(형진) "중 2 때 과외 해주던 형이 '도켄Dokken[2]'을 소개시켜 주더라고요. '도켄을 들어봐라. 락하면 도켄 아니냐'라면서. 그래서 소개받아 들어보니 오 신세계인 거예요. (웃음) 이후로 점점 심화됐죠. '헬로윈' 찾아 듣고 'L.A메탈'도 찾아 듣고 그러다가 고등학교 1학년 때 이제 '메탈리카'를 우연히 사게 돼요"

둘이 묘하게 계기도 과정도 비슷하다. 이상한(?) 선생님 덕에 입문 그리고 이어서 스스로 찾아 듣는 심화 과정 돌입. 형진의 이야기는 계속된다.

(형진) "메탈리카를 처음 듣는데 못 듣겠는 거예요. (웃음) 음악이 뭔가 되게 너무 딱딱한 거 같고 그냥 되게 건조하잖아요. 그래서 그냥 잊고 있다가 어머니가 이제 클럽을 운영하시니까 미군들한테 '얘가 요즘 메탈리카라는 거 듣는데 야 너네 어디 비디오 좀 녹화해서 가져와 봐' 이래서 비디오를 하나 받아서 주셨어요. 그거 보고 제가 충격을 받았어요. 포인트가 뭐였냐면 그때까지만 해도 메탈은 L.A메탈이 전부인 줄 알았고 그 밴드들은 화장하고 머리 후까시 세워서 화려하게 성적 어필하고 대부분이 그러잖아요. 근데 이 사람들은 난닝구만 입고 (웃음) 그냥 계속 머리나 흔들고 있는데 그게 굉장히 남성적이고 꾸미지 않았는데도 막 몸에서 나오는 아우라가 그 비디오만으로도 느껴지는 거예요. 청소년기니까 얼마나 강한 거에 또 얼마나 심취하겠습니까. (웃음) 기타도 흰색 삐쭉한 거 메고 나와서 연주하는데 너무 멋있어 보이고 점점 빠져들어서 그 재미없다고 생각했던 메탈리카 앨범이 너무 좋게 들리는 거예요"

---

1 1965년 결성된 독일의 하드 락, 헤비메탈 밴드. 1억 장 이상의 앨범 판매고를 올리면서 세계적으로 엄청난 인기를 누렸던 밴드이다.

2 1978년에 결성된 미국의 헤비메탈, 글램메탈 밴드. 전 세계 천만 장 이상의 앨범을 판매했고 여러 곡들이 빌보드 차트 상위에 오르기도 했던 밴드이다.

메탈리카에 감화된 이후로는 그 화려하고 멋져 보였던 L.A메탈이 더 이상 멋져 보이지 않게 되었다. 멜로디로 가득했던 글램메탈이 이젠 한없이 유약하게 만 느껴졌다. 난닝구 차림의 메탈리카는 강해 보였고 강한 것은 너무 아름다웠다. 이내 그들이 무대에서 들고 있던 삐쭉한 기타와 똑같이 생긴 짝퉁 기타를 구했고 그 후 1년 동안 기타에 몰두했다. 하지만 웬걸 기타에 전혀 진전이 없었다.

(형진) "처음 〈Master of Puppets〉[1]를 연습하기 시작해서 1년 동안 그것만 쳤어요. 영 진도가 안 나가더라고요. 그러다가 〈Cliff 'Em All〉[2]이란 비디오를 보게 됐어요. 기타가 잘 안되는 와중이었는데 아니 클리프 이 사람은 베이스라는 걸 치는데 네 줄인데도 기타 같은 소리를 내는 거예요. '아! 베이스라는 악기로도 기타처럼 칠 수 있구나' 그런 생각이 들면서 그동안 기타 여섯 줄을 잡으

1 1986년 발매된 '메탈리카' 《Master Of Puppets》 앨범에 수록된 동명의 곡. 메탈리카의 대표 곡 중 하나이며 쓰래쉬 메탈 팬들, 특히 메탈리카 팬들의 절대적 지지를 받고 있는 명곡이다.

2 24세의 나이에 사고로 사망한 메탈리카의 베이시스트 클리프 버튼(Cliff Burton)을 추모하기 위해 제작된 메탈리카의 공식 영상물. 라이브 영상, 팬들이 촬영한 해적 영상 등 클리프 버튼이 메탈리카에서 활동했던 3년 반 동안의 시기를 회고하는 자료들로 가득 채워져 있다.

면서 되게 힘들었던, 막혔던 뭔가가 확 풀리는 느낌이 들더라고요"

꽉 막혀 있던 기타 진도, 줄 2개를 걷어내니 막힌 혈이 뚫리듯 베이스라는 신세계가 눈에 들어오기 시작했다. 그렇게 고 2 때 용돈 모으고 어머니 도움도 받아 처음 베이스를 손에 잡게 됐다고 한다. 그게 시작이었다.

(형진) "클리프 버튼의 베이스 솔로. 그게 시작이었죠"

"자작곡이 있어야 되지 않겠나라는 생각을 그제서 하게 된 거죠"

다시 메탈의 전기 세례를 받고 일렉 기타를 연마하던 초등학생 원재의 이야기로 돌아가 보자. 원재는 그렇게 홀로 틈틈이 기타를 독학하다 이윽고 중학교에 들어가 생애 첫 밴드를 결성하게 된다.

(원재) "중학교 음악 시간에 피리를 불잖아요. 저는 피리를 못 불어서 기타를 가지고 왔어요. 근데 쉬는 시간에 화장실 다녀오면서 다른 반 보니까 저처럼 기타를 가지고 온 애들이 있는 거예요. 걔네들이랑 얘기를 하게 돼요. 정보도 교환하고 하다가 '우리 같이 해볼래?' 해서 이제 시작이 된 거죠"

피리 배우는 시간에 기타를 가지고 온다고? 어쨌든 당돌하다. 당돌했던 게 원재만은 아니었고 그렇게 중 2 고사리 손들이 모여 뭔가 뚱땅거리며 밴드의 맛을 처음 알아갔다. 그러다 고등학교 들어가서는 좀 더 큰물에서 놀기 시작한다.

(원재) "동네 형들 그리고 그 형들 친구들 뭐 그렇게 모여서 했는데 지금 생각해 봐도 되게 훌륭한 형들이었어요. 기타도 그렇고 실력이 꽤 괜찮았던 형들이랑 같이했었죠. 이제 그 형들 다니는 학교 축제 공연도 하고 건대에 '배추가

게1'라는 클럽이 있었거든요. 거기 블루스 기타리스트 이중산씨도 되게 많이 왔었거든요. 거기서도 공연하고 문화회관 같은 데 빌려서 공연도 하고 그랬어요"

중학생 시절의 생애 첫 밴드, 멋진 형들과 함께 했던 고등학생 시절 밴드, 이를 경험 삼고 추억 삼아 성인이 된 후에는 자작곡을 연주하는 밴드들에 참여하며 본격적인 밴드 활동을 시작한다. 그렇게 아웃이란 밴드를 시작으로 쓰루바이어스, 쎌백으로 원재의 밴드 이력이 이어진다.

이들 세 밴드는 모두 하드코어 밴드였다. 원래 어릴 적부터 일명 정통 락, 하드 락, 헤비메탈을 좋아했던 원재는 이 세 밴드를 통해 그간 잘 몰랐던 펑크, 하드코어 음악을 접하게 됐고 이 음악들에 감화되기도 했다. 그러다 뜬금없이 스모킹배럴즈란 밴드를, 그것도 하드코어가 아닌 국내에 아직 시도조차 되지도 않은 음악을 연주하는 밴드를 결성하게 되는데.

(원재) "이제 쎌백을 그만두고 밴드를 계속하긴 해야 할 텐데 이제 뭘 하지 하고 있는데 쎌백 같이하면서 베이스 치던 친구가 '야 슬러지, 스토너 밴드 아직 우리나라에 아무도 없어. 우리 이거 해보자!' 그러더라고요. '오 나도 좋은 거 같아' 이건 뭐 옛날 음악이잖아요. (웃음) 그래서 시작하게 됐어요"

옛날 음악. 반가웠다. 슬러지, 스토너는 분명 옛것을 불러왔지만 낡지 않고 세련된 음악이었으며 이를 연주한다는 것은 어릴 적 추억으로의 귀환이자 훨씬 더 멋져진 옛 친구와의 재회와도 같은 것이었다.

(원재) "너무 좋았어요. (웃음) 옛날부터 들었던 음악들의 흐름이기도 하고 나름 계속 이쪽 계열 음악들 많이 듣고 있긴 했거든요"

---

1 1997년 건국대학교 인근에 자리했던 라이브 클럽. 자료가 없어 클럽에 대한 자세한 정보를 알 수는 없다. 다만 네이버 '브런치'에 당시 운영자로 보이는 분이 배추가게 이야기를 글로 올렸고 그 글들을 통해 운영 당시 클럽 분위기를 가늠할 수 있다. '클럽 배추가게'로 검색하면 쉽게 찾아 읽을 수 있을 것이다.

그렇게 국내 최초의 슬러지, 스토너 밴드 스모킹배럴즈가 결성됐다. 어릴 적 기타 선생님과의 잘못된 만남으로 처음 접한 음악, 긴 시간이 지났지만 두근거리던 그 시절을 떠올리게 하는 음악을 이제 원재는 그때의 선생님처럼 연주하기 시작했다.

다시 형진의 이야기로 옮겨가 여섯 줄에서 네 줄로 넘어온 이후의 이야기를 들어보자.

(형진) "고 3 때 밴드를 처음 했어요. 공연도 좀 하고 그러다가 대학 들어가서 대학 밴드 하면서 공연을 많이 했죠. 직장 다니면서도 공연 많이 했고. 당시만 해도 제가 철칙이 하나 있었는데 '음악은 취미로만 하자' 이렇게 생각했었어요. 취미로 하면서도 자작곡 한다는 건 아예 생각도 못 했어요. 그냥 계속 카피 밴드만 했었죠"

형진은 고등학교, 대학교 그리고 사회에 나와 직장을 다니면서도 밴드 활동을 이어왔다. 다만 모두 카피 밴드였고 당시는 자작곡을 해야겠다는 자각 자체가 없었다고 한다. 그러다가 2007년 헤일스톰이란 밴드를 만들게 되는데 그 역시도 처음에는 카피 밴드였다. 어찌어찌 자작곡을 두 곡 정도 만들긴 했지만 자작곡을 앞세운 밴드라기보다는 여전히 카피가 중심인 밴드였다.

(형진) "결혼도 하고 애도 생기고 그런 시기였는데 베이스 커뮤니티에서 만난 한 친구가 '형 나 신촌에서 공연하게 됐는데 형도 여기 오디션 한번 봐요'라고 오디션을 소개해 주더라고요. 자작곡이 그때 한두 곡 정도 있던 때였어요. 그때 이제 '아 자작곡이 있어야 되지 않겠나'라는 생각을 그제서 하게 된 거죠"

한두 곡 있는 자작곡에 크게 의미 둔 적은 없었다. 취미로 한다 여기며 즐기듯 활동해 왔는데 정작 오디션이라는 관문 앞에 서자 생각이 많아졌다고 한다. 자작곡에 대한 생각이 슬슬 전면에 서기 시작했다. 제대로 된 내 곡 하나 없이 오디션을 볼 수 있나? 밴드라면 자작곡만으로 공연 시간을 채울 수 있어야 하지 않나 하는 밴드 정체성에 대한 고민이 시작된 것이다.

(형진) "그래서 2009년쯤에 자작곡을 해보자 앨범을 만들어보자 마음을 먹었었고 그렇게 곡 쓰면서 2010년에 본격적으로 활동을 시작했죠"

헤일스톰이 결성된 건 2007년였지만 자작곡을 연주하며 본격적으로 활동하기 시작한 것은 2010년부터라고 형진은 말한다. 헤일스톰은 이후 바람대로 자작곡을 가득 담은 한 장의 EP를 발표하게 된다.

자작곡에 대한 이들의 첫 감상은 어땠을까? 형진은 헤일스톰에서 첫 자작곡을 만들었고 원재는 쓰루바이어스 시절 반강제로 인생 첫 자작곡을 써봤다고 하는데 첫 곡에 대한 자평이 궁금했다.

(원재) "형편 없었죠 (웃음)"
(형진) "거창했어요. 첫 곡인데 7분 (웃음)"

졸작과 대작(?). 극단적이다. 어쨌든 이 둘은 헤일스톰을 하면서 그리고 스모킹배럴즈를 하면서 이윽고 처음 접점을 갖게 된다.

(형진) "헤일스톰은 이제 '다운Down1'을 카피하면서 시작했거든요. 다운이 좋았던 이유는 이게 약간 잼이 가능한 음악이에요. 그렇게 다운처럼 중간에 약간 펜타토닉Pentatonic라인2을 제가 만들어가도 어색하지 않은 그런 잼이 가능한 음악을 하고 싶어서 만든 밴드가 헤일스톰였는데 결국 그렇게는 못 했고 (웃음) 그런 요소가 있는 메탈을 하게 된 거죠. 그러다 스모킹배럴즈를 봤는데 제가 찾던 음악을 갖고 있더라고요. 헤일스톰은 슬러지, 스토너 이런 게 코딱지만큼 붙어 있는 스타일이었고. 그때 이제 마음이 좀 통했어요"

---

1 판테라의 보컬 필립 안젤모가 참여한 슬러지/스토너 밴드. 이 장르의 대중화를 이끈 밴드이기도 하다.

2 펜타토닉 스케일(Pentatonic Scale)을 말한다. 특정 5개의 음으로 이루어진 기타 스케일로 크게 메이저, 마이너 스케일로 나뉘며 어디 넣어도 대부분 잘 어울려서 블루스, 재즈, 락 등의 즉흥 연주 및 솔로잉에 자주 활용된다.

코딱지만큼 붙어 있었다고곤 하지만 원재 역시 형진의 음악을 알아봤다. 홍대 놀이터 인근 작은 공연장에서 처음 만난 이 두 밴드는 이후로 만나면 반가운 사이가 됐고, 함께 지방 투어도 다니면서 점점 연이 두터워졌다. 더불어 일 년 정도의 짧은 기간이었지만 형진이 스모킹배럴즈의 베이시스트로 참여하면서 음악적 공유도 더 깊어졌다. 그러다 각자의 밴드가 모두 해체가 됐고 형진, 원재, 요셉은 공교롭게도 헤쳐 모이듯 다시 모여 2019년 홀리마운틴을 결성하게 된 것이다.

여기까지가 멀찌감치 다른 곳에서 시작됐던 에너지가 한 점으로 모이는 이야기의 결말이다. 사람 일 모르는 것이긴 하지만 이들 3인조를 보고 있노라면 이들이야말로 음악 맞고, 사람 맞는 최적 조합의 3인조가 아닌가 하는 생각이 든다. 형진은 이를 '적자생존'이라고까지 표현한다.

(형진) "지금 조합이 저는 제일 재밌고 좋습니다. 결국 적자생존 한 거 아닌가 싶어요. 항상 느끼는 게 밴드 만나고 헤어지는 거 결국 적자생존인 것 같아요. 어느 한 놈이 마음에 안 들거나 뭐가 부족하거나 이러면 결국 떨어져 나가게 되고 깨지게 되고 그러다 평소 괜찮게 생각했던 사람이 나오게 되면 같이하자고 얘기해 볼까? 그렇게 해서 되기도 하고 결국 적자생존인가 그런 생각이 좀 들어요"

적자생존이라니. 살벌하게 생각할 것 없다. 밴드라는 게 결국은 서로에게 적합한, 서로에게 적자인 멤버들을 찾게 되고 만나게 되는 것이더라, 그래야 밴드가 재미있고 오래가는 것 같더라 하는 이야기이다.

형진도 원재도 직전에 몸담았던 밴드들은 밴드 해체의 이유가 대개 그렇듯 사람의 문제가 있었다. 어딘가 영 맞지 않았다. 홀리마운틴은 이제 그런 문제들을 극복한 밴드이다. 시간이 걸렸지만 결국 이들은 서로에게 적자생존 했다.

"저희가 하는 음악이 진짜 밴드 음악이라고 생각을 해요"

그럼 이제 본격적 으로 적자생존 밴드 홀리마운틴의 이 야기를 들어보자. 우선 이들의 작곡 방식이 궁금했다. 홀리마운틴의 작곡 은 원재가 주로 맡고 있다. 앞서 형진 은 잼이 가능한 음악을 하고 싶다던 바람을 밝히기도 했는데 그럼 원재와 형진은 이를 어떻게 서로 적합하게 구현하고 있을까.

(원재) "저는 저희가 하는 음악이 진짜 밴드 음악이라고 생각을 해요. 사실은 저 노래 만들 때 노래 A부터 Z까지 다 만들어서 합주실에 들고 와요. 근데 그걸 멤버들한테 다 알려주진 않 아요. 왜냐면 저는 멤버들하고 잼을 통해서 곡을 만드는 게 더 좋다고 생각을 하 거든요. 멤버들의 어떤 손버릇이나 습관들이 묻어나야 그게 밴드라고 저는 생각 을 해요. 한 사람이 끌고 가는 것도 좋지만 저는 그 방식을 별로 안 좋아해요. 물론 한 사람이 끌고 가면 곡은 되게 빠르게 나오고 좋죠. 반면에 저희는 잼하듯 이 만드니까 시간이 좀 오래 걸리는 편이긴 해요. 그래도 저는 이게 진짜 밴드 음악이라고 생각을 해요"

원재의 머릿속에는 이미 완성된 곡이 온전히 들어 있다. 하지만 그 곡 자체 로는 아직 밴드 음악이 아니다. 밴드 음악이란 말 그대로 멤버들이 같이 만들어 내는 음악, 멤버들 각자의 손버릇과 습관이 섞여 들어간 음악, 잼하듯 연주하다 자연스레 터져 나오는 멤버들의 영감이 녹아 들어간 음악이어야 하고 그런 음악 이야말로 원재가 생각하는 진짜 밴드 음악이다. 원재, 형진, 요셉은 그렇게 밴드 음악을 만들고 있다. 시간이 걸리는 방식이긴 해도 이게 홀리마운틴이 추구하는

작곡 방식이자 이들이 생각하는 밴드 음악이다.

홀리마운틴은 그렇게 잼하듯 천천히, 꾸준히 완성한 곡들을 모아 2024년 가을 《Holy Mountain》이란 동명의 첫 정규앨범을 발표했다. 그리고 이 앨범은 2025년 한국대중음악상 시상식 '최우수 메탈 & 하드코어 음반' 부문 후보에 오르는 성과를 이뤄냈다. 원재는 처음 홀리마운틴을 결성할 때 형진과 요셉에게 "서로 무리 가지 않게 가벼운 프로젝트처럼 하자"며 이 둘을 꾀어냈다고 하는데, 아무래도 프로젝트 이상의 밴드가 되어가고 있는 것 같다.

앨범이 나오기까지 적지 않은 시간이 걸렸고 그에 못지않은 공을 들였다. 공들인 이 앨범에 홀리마운틴은 어떤 이야기를 담고 싶었을까. 아니 홀리마운틴은 음악을 통해 뭘 전달하고 싶은 것일까.

(형진) "가사가 있긴 하지만 가사보다는 사운드죠. 저희가 만들어내는 음악적인 분위기 이게 메인이에요. 앨범도 들어보면 보컬 레벨이 크게 높지 않아요. 일부러 그렇게 했던 게 전체가 그냥 하나의 악기처럼 뭉쳐져 있는 느낌, 그 느낌을 선호해서. 저희는 일단 저히 음악의 분위기 ㄱ걸 ㄱ냥 저달하고 싶은 거죠"

(원재) "빠른 음악들은 많잖아요. 그런 빠르고 복잡한 음악하고 다르게 뭔가 좀 슬로우하고 사이키델릭하면서도 느슨한 그런 느낌을 전달하고 싶죠. 그러면서도 공격적인. 천천히 가다가 툭 치고 천천히 가다가 툭 치는 그런 느낌이죠 (웃음)"

홀리마운틴이 전하고 싶은 것은 이들 음악의 분위기, 느낌 그 자체이다. 서로 다른 음색의 악기, 보컬이 마치 하나인 듯 뭉쳐 들며 만들어내는 응축된 사운드와 그 질감이 만들어내는 분위기, 느린 템포로 자아내는 느슨함 혹은 나른함. 그러다 가끔씩 고개를 번쩍 들게 만드는 급격함. 말로 옮기기 어려운 이들 음악만의 분위기, 느낌

을 청자들이 즐겨주길 바라는 게 이들이 전하고 싶은 메인이자 메시지이다. 그런 마음을 앨범에 후회 없이 담았다고 한다.

(형진) "이번 앨범 작업하면서 저희가 스스로 좋았던 건 무슨 해외 다른 밴드가 연상되는 그런 음악이 아니라 정말 우리가 하고 싶은 우리 얘기를 하지 않았나, 우리가 하고 싶은 걸 표현하지 않았나 생각이 들고 되게 만족스러웠어요. 원재랑도 '어디서 못 들어본 음악을 한 것 같다'란 얘기를 해요"

(원재) "형진 형이 이제 그런 얘기할 때마다 제가 항상 하는 얘기가 '우리가 원본이다'라고 항상 저는 얘기를 하죠 (웃음)"

들어본 적 없는, 원본 같은 음악을 만들어 냈다는 자부심. 한국대중음악상 시상식 후보 선정은 그런 자부심에 대한 하나의 인정이자 보상 같은 것이 됐을 거다. 아니 그 이전에 밴드가 자기 음악에 이런 자부심을 품을 수 있다는 것 자체, 그렇게 해오고 있다는 것 자체가 스스로에게는 보상 이상의 비할 바 없는 그 무엇이 되리라 생각한다.

"**하**다 보니 그냥 제가 쓰게 된 거고 쓰다 보니까 지금까지 쓰게 된 거죠"

작곡 이야기를 조금 더 이어가 보자. 형진도 헤일스톰 시절에는 곡을 썼었다. 지금이야 원재가 작곡의 키를 쥐고 있지만 작곡에 대해서는 그도 할 수 있는 말이 있을 것 같다. 곡 쓰면서 흔히 겪을 수 있는 어려움에는 어떤 것들이 있을까? 곡 쓰는데 필요한 아이디어, 영감 같은 소재들을 얻는 노하우가 따로 있을까? 형진과 원재의 경우를 들어보자.

(형진) "곡을 쓴다는 게 사실 쉬운 일은 아니죠. 마음 같아서는 정말 멋진 곡을 쓰고는 싶지만 이래저래 한계도 있고. 당시에는 그냥 제가 할 수 있는 선에서 최대한 재미있게 쓰려고 했었어요. 저는 원재랑 다르게 복잡한 곡들도 좋아하거든요. 그래서 곡 진행이나 구조를 되게 복잡하게 꼬곤 했어요. (중략) 뭐 아시겠지만 이게 자주 매너리즘에 빠지기도 하잖아요. 맨날 손에서 나오는 게 그게 그거고. 그래서 헤일스톰 당시에는 멤버들하고 같이 좀 만들어가고 싶었는데 그게 잘 안됐던 거죠"

형진은 작곡하면서 느꼈던 어려움 중 하나로 매너리즘을 꼽았다. 형진의 말대로 곡을 쓰다 보면 매너리즘에 빠지게 되는 경우가 생긴다. 손버릇, 습관에만 의지하다 보면 더욱 그럴 수 있다. 몇 번을 만들어도 전혀 새롭지가 않고, 갑갑하니 불만족스럽고, 마치 벽에 가로막힌 듯 앞으로 나아가지 못 하는 때가 있다. 형진은 이를 극복하려고 멤버들의 아이디어, 느낌도 섞이며 함께 곡을 만들고 싶었는데 그게 마음 같지 않았다. 지금은 역으로 형진 자신이 원재에게 그런 멤버가 되어 원재가 써온 곡에 잼하듯이 아이디어와 영감을 더하고 있다.

(형진) "지금은 뭐 원재한테 맡기니까 편해요. (웃음) 원재가 뽑는 리프들이 되게 괜찮아요. 의외로 (웃음) 딱 들었을 때 뭐랄까 포인트를 잘 찝거든요. 이 장르에 대한 키를 잘 잡아서 그런 면에서 아주 편합니다 (웃음)"

매너리즘. 이를 극복하기 위해 누군가는 평소 잘 안 듣던 음악을 포함해 다양한 음악을 찾아 듣기도 하고, 누군가는 연주해 본 적 없는 곡들을 카피하며 굳어진 손버릇을 벗어나 보려 애쓰기도 하고, 누군가는 아예 음악을 한동안 멀리하며 쿨 타임을 갖기도 한다. 내 경우는 뭔가 가슴 뛰게 하는 음악을 찾아 이리저리 디깅Digging[1]을 하곤 한다. 때론 그 가슴 뛰게 하는 힘 자체가 곧 곡 쓰는 힘이 되기도 한다. 원재의 경우는 어떨까.

　　(원재) "저 같은 경우는 사실 크게 고민되거나 그런 게 없는 게 없는 것 같아요. 그냥 기타 치다가 괜찮은 거 나오면 녹음을 해두고 아니면 길거리 가다가 떠오르는 게 있으면 일단 입으로 다 녹음해요. 그걸 이제 집에 가서 기타로 다시 쳐서 녹음해 두고 그렇게 하다가 뭔가 주제나 이런 게 하나 잡히면 녹음했던 걸 짜깁기할 때도 있고 앞뒤로 이어 갈 때도 있고"

　　앞서 곡 쓰는 방식을 크게 영감형, 수집형으로 나눠봤었다. 번뜩이는 영감에 의존하는 영감형, 평소 아이디어를 꾸준히 모아 두는 수집형. 이 구분에 따르자면 원재는 수집형에 가까운 것 같다. 이런 수집형의 장점은 매너리즘이 끼어들 여지가 좁다는 것 아닐까? 테마가 정해지면 그간 수집해 왔던 것들을 꺼내 적절히 붙이고 앞뒤로 늘려가며 완성한다. 평소 꾸준히 잘 정리하고 모아두기만 한다면 그리고 구성과 편곡에 집중한다면 매너리즘에 시달릴 일은 적지 않을까 싶다. 저마다 방식이 다르겠지만 영감형과 수집형 이 둘 사이를 왕왕 오갈 수 있다면 그게 가장 이상적일 것이다.
　　그나저나 '길거리 가다가 떠오르는 게 있으면 일단 입으로 다 녹음한다'는 얘기는 흘려듣지 말아야 한다. 아이디어나 영감이란 건 사실 미간 찌푸리고 고심할 때보다는 정신을 풀어놨을 때 더 전구처럼 반짝하고 떠오르는 것 아니던가. 그 순간을 잡아야 한다. 메모하듯 입으로 옮겨 놔야 한다. 그게 곧 곡의 씨앗이 되기 때문이다. 길거리뿐 아니다. 화장실, 샤워실, 잠자리 들기 전. 이런 개인적인 공간이라면 그나마 낫다. 지하철이나 버스 안처럼 보는 사람 많은 공공

---

1 음악을 다양하고 넓게 또는 깊게 파며 찾아 듣는 행위를 일컫는다.

장소나 혹은 택시 안에서 떠오르면 조금 난감하다. 그래도 그 정도쯤은 감수해야 한다. 아이디어가 흔적 없이 날아가 버리기 전에 핸드폰에 대고 '우다다다' 열심히 녹음해 둬야 한다. 원재나 나나 입으로 곡을 쓰는 건 동일하다.

어쨌든 원재에게는 곡 쓰는 데 필요한 소재를 얻는 특별한 방법이랄 것은 따로 없다. 그냥 평소 곡에 대한 생각을 염두에 두고 지낸다. 그러다 머릿속에 아이디어가 잦아들면 그때그때 꾸준히 수집하고 그 수집물들을 엮어 곡을 만들고 있다.

문득 궁금해졌다. 박남정을 꿈꾸던 시절 말고 그 이후에 작곡을 해야겠다 결심하게 된 계기 같은 게 혹시 따로 있는지.

(원재) "아니 그냥 하다 보니 그냥 제가 쓰게 된 거고, 쓰다 보니까 지금까지 쓰게 된 거죠. (웃음) 그리고 하다 보니까 또 늘더라고요. 안 늘면 그게 인간이 아니잖아요 (웃음)"

들어보니 쓰루바이어스 시절 그 밴드에 들어갔더니 다짜고짜 '기타 치는 사람이 곡 쓰는 거다'라고 해서 생각지도 않게 처음 곡을 쓰게 됐고 그렇게 등 떠밀려 하다 보니 계속하게 됐고, 하다 보니 늘고, 하다 보니 지금까지 곡을 쓰고 있더란다. 작곡의 계기라고 할 것도 없고 딱히 우물쭈물할 틈도 없었다.

작곡도 밴드도 마찬가지인 것 같다. 일단 해보면 어찌어찌 그냥 하게 된다. 하등 어려울 것 없다. 하다 보면 늘고, 하다 보면 어느새 시작점부터 꽤 먼 지점까지 도달해 있는 자신을 마주하게 된다.

"독배다. 하지 마라"

밴드를 처음 시작하는 경우, 대부분은 카피 곡을 연주하면서 밴드를 시작하게 된다. 잘 만들어진 완성곡을 흉내 내면서 연주력도 다지고 더불어 멤버들과의 호흡, 합도 함께 다져나간다. 그러다 서서히 자신감이 붙고 팀워크가 생겨나기 시작하면 이내 한 곡, 두 곡씩 자작곡을 쓰기 시작한다. 인터뷰에 참여한 밴드 대부분이 아마 이런 수순을 한 번쯤은 경험했을 것이다. 이 경험은 다음 단계로 넘어가기 위한 절차였고 카피는 이를 위한 수단이었다. 반면 카피 자체를 즐거움 삼은, 카피 자체가 목적인 밴드들도 있다.

음악은 즐기기 나름인 것이고 어떤 목적을 갖고 밴드를 하든 그건 당사자가 정의하기 나름이다. 그런데 간혹 카피하기를 멈추고 자작곡을 연주하기 시작하는 밴드들이 나온다. 형진의 경우가 딱 그렇다. 형진도 카피 밴드 자체가 목적이던 때가 있었다. 그래서 오래 해왔고 즐거웠고 자작곡은 안중에도 없었다. 그러다 오디션을 계기로 생각이 바뀌었다고 말하는데, 이건 밴드의 목적 자체가 바뀌는 워낙에 큰 변화라 오디션만이 그 계기는 아니었을 것 같다. 더 자세한 이야기를 들어보지 않을 수 없다.

(형진) "자작곡을 한다는 거는 사실 생각도 못 했었어요. 그래서 계속 카피 밴드만 했죠. 결혼하고 애 낳고 나서도 계속했고요. 그러다가 뭐 어쩌다 저희 곡을 한두 곡 만들게 됐어요. 그래도 여전히 카피가 우선인 밴드죠. 어느 날 무대에서 메탈리카 곡을 연주했어요. 사람들이 당연히 막 환호를 해주죠. 이어서 내가 만든 자작곡을 연주하는데 사실 아무도 모르는 곡이잖아요. 심지어 이 노래조차도 사람들은 카피 곡인가라고 생각할 정도잖아요. 사람들 뭐 아무런 반응 없고. 그때 문득 현타가 오더라고요. 내가 메탈리카가 돼서 그 흉내를 내면 사람들이 막 환호해 주지만 막상 내 곡 연주하면 눈만 멀뚱거리는 걸 보면서 '아 그동안 내가 이런 남의 곡들 카피하면서 받은 환호에 둘러 싸여서 혼자 얼마나 큰 착각 속에 살았나' 그런 생각이 들더라고요. 메탈리카도 그 한 곡을 띄우기 위해서 그 얼마나 수많은 마케팅과 노력을 했겠어요. 그때 이제 처음 현실을 마주하게 됐던 것 같아요"

제법 상처가 됐을 법도 한 이야기이다. 자작곡은 철저히 외면받았다. 심지어 저 곡도 카피 곡인가 하고 사람들은 생각했고 모르는 곡이니 그냥 멀뚱거리기만 했던 거다. 이런 상황에 맞닥뜨리자 오히려 형진은 고개를 돌릴 수가 없었다. 카피 곡을 연주했을 때와 자작곡을 연주했을 때의 이 극명한 대비는 못 본 척 눈 감는다고 해서 보이지 않게 될 성질의 것이 아니었다. 그간 받아온 환호가 온전히 내 것이 아니었다는 자괴감, 착각에 빠져 허우적대던 그간의 자신. 형진은 갈림길에 서게 된다. 계속 메탈리카가 될 것인가 아니면 그간의 환호를 뒤로하고 자신의 밴드 이름을 전면에 새롭게 내세울 것인가.

(형진) "자작곡을 계속 연주했어요. 여전히 눈 동글게 뜨고 아무 반응이 없죠. 나는 막 죽어라 연주하고 정말 막 뭔가 보여주려고 애쓰는데 사람들은 아무런 반응이 없고. 그런데 이제 계속 연주하다 보니까 결국 한 명씩 한 명씩 반응을 해주기 시작하잖아요. 그때 바로 그때서야 느낀 희열이 되게 컸던 거 같아요"

형진은 밀고 나가는 길을 선택했다. 아니 현실을 자각한 이상 다시는 이전으로 돌아갈 수 없었다. 그러자 눈만 동그랗게 뜨고 지켜만 보던 사람들이 서서히 반응을 보이기 시작했다. 내 곡을, 우리 밴드의 곡을 사람들이 드디어 알아봐 주기 시작했고 그제서야 형진이 느낀 희열은 전에는 맛보지 못 했던 새로운 것이었다.

밴드에게 자작곡이란 이런 것이다. 죽어라 자신을 표현하고 죽어라 자기 목소리를 낸다. 처음엔 잘 전해지지 않는 것 같아 먹먹하고 서운하기도 하지만 결국엔 가닿아 밴드와 관객, 둘 사이에 울림을 만들어낸다. 내가 만든 곡이, 우리 밴드의 목소리가 나, 우리와는 전혀 다른 타인에게 전해졌을 때 찾아오는 감격, 그 희열은 그 어떤 환호보다도 요란하다.

그럼에도 형진은 도중에 마음이 한 번 꺾일 뻔한 적이 있었다. 이때 지인이 들려준 조언은 마음을 다잡는 데 큰 힘이 됐다고 한다.

(형진) "맨날 카피만 하던 사람들이 자작곡을 하기 시작하면 여전히 자기들 곡이 아직은 수준이 떨어지는 것 같고 그렇단 말이죠. 그 유명한 곡들만큼은 안 되니까. (웃음) 그러다 보면 슬슬 다시 카피 곡을 하나씩 돌리게 돼요. 자작곡은 왠지 재미가 없으니까. 저희도 그랬어요. 카피 곡을 돌렸어요. 그랬더니 그때 우리 공연 보던 클럽 사장 형이 부르더라고요. '야 그거 독배다. 하지 마라. 한 곡 정도는 괜찮은데 카피 한 곡씩 늘리다 보면 너네 곡은 연주 안 하고 다시 카피 곡만 연주하다가 끝난다'"

자기 목소리를 내기로 한번 마음먹었으면 뒤돌아보지 말라는 이야기이다. 해오던 게 있어서 그 익숙한 것들로 돌아가고 싶어지고는 하겠지만 그러다 애써 내기 시작한 자기 목소리를 잃고 다시금 남의 곡에 잠식당하고 말 거라는 경고이기도 하다. 대단히 사려 깊은 조언이 아닐 수 없다.

나는 여기에 '자작곡 또한 독배다'라는 말을 덧붙이고 싶다. 다만 성분이 조금 다르다. 이 독배에는 '희열'이라고 하는 중독성 강한 물질이 가득 차 있다. 관객이 알아봐 줄 때 오는 희열뿐이 아니다. 음악으로 내 목소리를 내고 있다는 희열, 자신들의 곡으로 무대 위에서 숨 쉬고 있다는 희열. 해보지 않고는 맛볼 수 없는, 일단 한번 맛보면 헤어나기 어려운 중독스런 희열로 잔이 가득하다. 이때의 희열만큼은 더 이상 남의 것이 아닌 원본이다. 밴드를 할 거라면, 밴드를 시작했다면 아니 누구라도 악기를 잡았다면 꼭 이 희열을 맛볼 수 있길 바란다.

"일상으로부터의 탈출이죠"

홀리마운틴 역시 평일엔 직장 일로 바쁘다. 형진은 IT 기획자로 일하고 있고 요셉은 디자이너이며 원재는 자영업을 하고 있다. 일과 음악, 가정의 밸런스? 잔뼈가 굵어서일까. 이 세 가지 과업 사이에서 느끼는 별다른 어려움은 없다며 둘은 입을 모은다.

(형진) "사실 뭐 IT라는 거 잘 아시겠지만 밤샘도 있고 가끔 퇴근 후에도 일이 터지기도 하고 그렇잖아요. 합주하러 나왔는데 장애 터져서 급하게 복귀해서 장애 처리한 적도 여러 번 있었어요. 주말에도 전화 자주 오고. 그런 거 스트레스 심했었는데 지금은 스스로 잘 분리하는 것 같아요. 일에서 스트레스 받으면 사실 합주도 잘 안되거든요. 요즘은 일보다 음악이 더 스트레스일 때가 있어요. (웃음) 일은 이제 몸에 익숙하니까 머리를 굴리면 되는데 근데 음악은 할수록 새로운 것 같아요. 답습하긴 싫고 새로운 거 만들긴 힘들고 그러면서 이제 타협하는 저에 대해서 짜증이 나기도 하고 (웃음)"

(원재) "저 같은 경우는 아무래도 직장인보다는 이제 좀 자유로우니까 그런 것들은 괜찮은데 아무래도 아이가 생기면서 조율하는 게 좀 힘들긴 했었죠. 그래도 와이프가 원래 예술 경영이나 뭐 이런 쪽에 있었기 때문에 충분히 이해를 해주는 편이고 그래서 크게 터치하고 그러진 않아요. 제가 와이프 손바닥 안에 있어서 (웃음) 저 뭐 하고 다니는지 다 알고 있기 때문에"

일에서 오는 스트레스가 밴드에까지 섞여 들어오면 그것 또한 피곤한 일이다. 시간이 걸리긴 했지만 형진은 이제 일과 밴드를 구분하고 분리하는 나름의 노하우를 습득한 것 같다. 원재 또한 말은 편하게 하지만 자기 사업에서 오는 무한한 책임감, 스트레스가 만만치는 않을 것이다. 그런 원재는 가족의 이해에 힘입어 일과 음악의 병행뿐 아니라 철저한 분리, 구분도 체득한 것 같다.

둘에게 밴드의 즐거움에 대해 물어봤다. 일도 가정도 뭐하나 소홀해선 안 되고 그럴 수도 없다. 음악도 절대 놓을 수 없다. 이들로 하여금 밴드를 놓을 수 없게 만드는 밴드의 매력은 뭘까. 어떤 즐거움 어떤 매력이 있어서 나름의 난관들(?)을 극복해 가며 밴드를 계속하고 있는 것일까.

(원재) "일단 일상으로부터의 탈출이죠. (웃음) 그게 제일 큰 것 같아요. 그리고 이만큼 돈 안 드는 고급 취미가 없어요. 처음엔 악기 사고 장비 사고 하면서 돈이 조금 들긴 하지만 조금씩 조금씩 모으는 거잖아요. 생각보다는 돈이 안 들고, 합주도 뭐 일주일에 한 번씩 한다고 해도 결국 합주비 각자 만 원씩 정도밖에 안 들잖아요. 그런 면에서 밴드는 가성비 좋은 훌륭하고 건전한 취미라고 생각해요 (웃음)"

원재는 밴드에서 느끼는 즐거움 중 일탈감을 제일로 꼽는다. 그 외 생각보다 돈 안 드는 가성비 좋은 고급 취미란 점도 밴드를 계속하게 만드는 이유이기도 하다. 일탈감. 무대 위에서는 평소와는 다른 나를 연출하게 된다. 일상 속의 자신이 아니라 남이 모르는 자신, 심지어 가끔씩은 자신도 몰랐던 비일상적 자신이 드러나며 잠자코 있던 숨통을 트이게 한다. 이런 비일상적 일탈감, 궤도를 벗

어난 해방감. 여기서 원재는 무엇과도 바꿀 수 없는 밴드의 짜릿한 쾌감, 환기감, 숨통 트이는 즐거움을 느낀다. 형진의 경우를 들어보자.

(형진) "밴드 시작할 때 많이들 '내가 더 잘 쳐야 돼', '내가 더 많이 알아야 돼', '내가 제일 잘해야 돼' 이렇게 내가 제일 잘났다는 걸 보여주려고 굉장히 노력한단 말이에요. 근데 사실 밴드는 다 같이 잘해야 되는 거잖아요. 밴드라는 게 이걸 깨닫는 데는 시간이 꽤 걸리는 것 같아요. 그러다 이제 우리가 하나라는 느낌을 받기 시작할 때 그때가 제일 재미있는 때인 거 같고 합이 잘 맞으면 사실 모든 게 재밌죠. (중략) 사실 뭐 이쯤 되니까 모여서 음악 얘기보다 사는 얘기를 더 많이 해요. (웃음) 서로 삶도 공유하고 각자 가족 얘기도 다 알고 있고. 그냥 모여있으면 좋아요 (웃음)"

형진에게 밴드는 음악 이상의, 기댈 수 있는 그 무엇이 된 것 같다. 형진은 밴드를 통해 이뤄내는 일체감이 좋았고 그게 가장 즐거웠다. 그리고 이제는 연주하지 않아도, 그냥 모여만 있어도 좋은 동반자 같은 것이 됐다. 그가 앞서 얘기했던 적자생존이란 이런 것인가 싶다. 이런 모임을 누가 그만두고 싶겠는가. 서로가 서로에게 적자인 모임, 음악도 삶도 공유할 수 있는 모임. 형진에겐 밴드 자체가 밴드의 즐거움이다.

"**진**심으로 연주하니까"

이제 몇 가지 질문만 더 던지고 슬슬 인터뷰를 마무리해야겠다. 공통 질문 중 하나. 밴드의 실력이란 뭐라고 생각하는지, 어떤 밴드에게서 실력을 느끼는지 이 둘의 생각을 들어보자.

(원재) "개인적 경험이긴 하지만 연주 되게 잘하는 사람들이 밴드 만들어서 공연하는 걸 몇 번 본 적이 있어요. 근데 연주는 너무 잘하는데 공연이 너무 멋이 없는 거예요. 오히려 언더그라운드, 인디밴드들 보면 연주는 훨씬 떨어져도 뭔가 공연을 이끌어 갈 수 있는 힘을 가진 친구들이 있잖아요. 관중을 지휘하는 힘을 가진 밴드. 저는 그게 실력이라고 생각해요. (중략) 저는 밴드도 일종의 지휘자라고 생각해요. 사람들을 내가 원하는 방향으로 앞뒤로, 좌우로 움직일 수 있는 거. 그러려면 에너지도 있어야 되고, 곡의 힘도 있어야 되고, 때론 메시지의 힘도 있어야 그게 가능하겠죠"

실력에 관해서는 공통된 의견이 자주 나오는 것 같다. 누군가는 그걸 울림이라 표현했고 누군가는 장악력이라 표현했고 여기 원재는 지휘력이라고 표현하고 있다. 결국 사람들 몸과 마음을 동요하게 만들고 입 다물지 못하게 하고 이리저리 움직이게 만드는 힘, 이런 힘을 가진 밴드에게서 원재는 실력을 느낀다.

어렵다. 어떻게 하는 건지 구체적으로 일러줄 방법 같은 건 없다. 하지만 자신만이 할 수 있는 것, 그 밴드만이 보여 줄 수 있는 그 무언가는 분명히 있다. 훌륭한 연주로 사람을 움직이게 할 수도 있고 복잡하든 단순하든 곡이 가진 힘만으로 사람 마음을 동하게 할 수도 있다. 뒤가 없는 듯한 에너지와 퍼포먼스로 사람들을 열광하게 할 수도 있다. 메시지의 울림으로 마음을 격하게 요동치게 할 수도 있고 심지어 밴드가 가진 독특한 분위기, 풍기는 태도만으로도 관객의 마음은 동하기도 한다.

(형진) "제 일본 친구가 얘기했던 거 중 와 닿았던 게 딱 하나 있었어요. 일본에 보면 진짜 연주는 너무 형편없이 하는데 이상하게 나중에 생각나는 밴드들이 있대요. 공연에서 나오는 임팩트나 퍼포먼스 또는 밴드의 태도 그 애티튜드에서 오는 뭔가가 있어서 왠지 나중에 자꾸 생각이 나는 밴드, 자기는 그런 밴드 되게 좋아한다고 얘기하더라고요. 우리도 보면 그런 밴드들 있잖아요. 밴드만의 아우라 같은 게 나오는 밴드들이 있잖아요. 저는 그런 밴드가 실력 있는 밴드라고 생각해요"

결국엔 '아우라'다. 울림, 장악력, 지휘력 다 이 아우라에서 나온다. 말로 설명하기도 어려운 이 아우라라는 건 연주력에만 가서 붙는 단어가 아니다. 연주력에 압도당하기도 하지만 연주가 생각나지 않을 정도로 그 밴드에 흠뻑 빠져들게 되는 경우도 왕왕 있다. 심지어 무대 위에 서 있는 모습, 태도 곧 애티튜드만으로도 사람을 압도하는 밴드들이 있다. 이런 걸 갖춘 밴드가 형진이 생각하는 실력 있는 밴드이다. 그렇다면 어째서 밴드에겐 그런 아우라가 생기는 거고 어째서 관객들은 그런 아우라에 압도당하게 되는 것일까.

(형진) "진심으로 연주하니까. 무대 위에서 쭈뼛거리는 거 너무 싫어요. 그러면 안 돼요. 진심으로 연주해야 하고 그래야 그런 밴드가 보는 사람 입장에서도 정말 좋게 느껴지고 하는 입장에서도 가장 희열이 느껴지지 않을까"

음악은 체험의 세계이다. 이 사적인 세계를 하나로 엮을 수 있는 공통의 척도 같은 것은 없다. 오직 각자의 개인적 체험만이 이 세계를 이해하고 즐길 수 있는 유일한 척도이다. 그럼에도 개인적 체험의 영역을 넘어 한 공간에 머무는 사람들에게 공통적 체험을 선사하고 일체감을 느끼게 하는 힘, 음악이 가진 이

힘은 모든 밴드가 지니고 있는 엄청난 잠재력이고 모든 밴드가 품고 있는 아우라라고 생각한다.

진심은 이런 잠재력과 아우라를 터뜨리는 하나의 열쇠가 될 것이다. 각 밴드가 지닌 이 아우라가 어떻게 발산될지는 아무도 모른다. 아우라? 그거 어떻게 하는 건지 아무도 모르는 이유는 그게 오직 그 밴드만이 할 수 있는 것이기 때문이다.

(형진) "아우라가 있는 밴드는 합이 나가도 나간 게 합이 되죠 (웃음)"

"**오**픈 마인드, 포용력 그리고 양보가 좀 필요해요"

앞서 언급했듯 홀리마운틴은 이제 막 정규 1집을 내놓은 참이다. 앨범이라는 하나의 집대성, 정리 과정을 거쳤다. 이제 홀리마운틴의 다음 계획에 대해 들어보자.

(원재) "아직 구체적인 건 없는데 EP 아니면 스플릿 앨범을 내봐야죠. 스플릿을 하게 되면 일본 밴드랑 하고 싶어요. 같은 장르랑 할지 아니면 다른 장르랑 할지. 외국 같은 경우는 완전 정반대 성향의 밴드들끼리도 하잖아요. 그렇게 조금씩 기회 되는 것들을 좀 하다가 한 2, 3년 후나 3, 4년 후에 여유가 된다면 2집 한번 내고. 어쨌든 3집까지는 내야 되지 않을까 생각해요"

(형진) "일단 제가 향후 2년은 힘들어요. 애기 곧 3이에요. (웃음)"

(원재) "큰 욕심은 없고 무리하지 않는 선에서 지금처럼 계속 즐겁게 하려고 해요"

(형진) "저희 이제 뭐 다들 밴드도 오래 했고 새로울 거 없지만 지금처럼 멤버들 각자 자기 생활 열심히 하면서 서로 괴롭지 않고 (웃음) 즐겁게 합주하고 공연하고 그러면 좋겠어요"

블루스를 혈관 삼고 7, 80년대 하드 락, 헤비메탈을 등뼈 삼은 스토너란 장르는 연륜이란 단어가 무척 어울리는 장르라는 생각도 든다. 홀리마운틴의 멤버들 모두 이제 마흔 줄이다. 2,3년 더 지나면 연륜 깊어지듯 홀리마운틴의 산세도 더 울창하고 깊어질 것만 같다. 딸 대학 보내고 또 열심히 앨범 만들어 달라.

자리를 털기에 앞서 혹 밴드를 시작한다면 악기 외에 갖춰야 할 게 뭐가 또 있을지 물어봤다.

(원재) "일단은 오픈 마인드, 포용력 그리고 양보가 좀 필요해요. 괜한 고집 때문에 많이 깨지고 그러지 않아요? 서로 조율을 해야 하는데 의외로 그게 잘 안돼서 불씨가 돼서 깨지는 경우 많습니다. 양보 그리고 배려. 큰 틀을 보고 움직여야지 그러니까 거시적으로 보고 해야지 미시적인 거 갖다 싸우면 답이 안 나오거든요"

오픈 마인드, 배려, 양보. 익숙한 대답이다. 그만큼 중요하다는 방증일 것이다. 음악도 중요하지만 밴드 역시 사람 모이는 곳이다.

"함께 즐길 수 있는 공간들이고 사람들이 있으니까"

원재도 형진도 밴드를 처음 시작할 당시에는 어떻게 밴드들과 같이 공연할 수 있는지 어떻게 사람들과 어울릴 수 있는지 몰라 망설이고 기웃 거리던 때가 있었다. 그때의 경험을 바탕으로 밴드 초입에 들어선 이들에게 당부할 수 있는 말이 있을지 들어보며 인터뷰를 마무리 하자.

(원재) "하고 싶다면 주저하지 말고 그냥 하시면 될 것 같아요. 조금씩 조금씩 만들어서 문 두들기면 그게 사실 그렇게 어렵지 않잖아요. 사람들하고 조금만 연결되고, 조금만 연결되면 같이 함께 즐길 수 있는 공간들이고 사람들이 있으니까 망설이지 않았으면 좋겠어요"

(형진) "딸이 그래요. '아빠 이거 기타 코드 잡기가 너무 힘들어' 그러면 '그

래도 그냥 잡고 쳐' 저는 이 말밖에 안 해요. 그러면 '아빠 F인데 왜 T처럼 얘기해?' '음악할 땐 T야' (웃음) 이렇게 얘기하는데 사실 답이 없어요. 그냥 해야 돼요. 재지 말고 그냥 하는 거죠. 원재 말처럼 문을 열면 그다음부터는 어떻게든 되거든요. 두려워서 맨날 유튜브만 보고 있는 것보다 어디 가서 진짜 드럼만 땅땅 두들겨도 그 재미로 하는 거니까 일단 실행하는 게 가장 중요한 것 같아요"

둘의 말처럼 망설이지 말고 밀고 들어오라. 어떻게든 된다. 아직 부족한 것 같고 드럼만 땅땅거리는 것 같아도 형진의 말처럼 그 재미로 또 밴드 하는 거다. 조금씩 과감하게 밀고 들어오면 분명 들어오라며 문을 열어주고 손 잡아주고 등을 밀어주는 사람들과 연결이 될 것이다. 그렇게 여러분 밴드가 놀 수 있는 공간이 하나둘 늘어갈 것이다.

"음악은 이미 네 안에 있다"

다크 미러 오브 트레지디

다크 미러 오브 트레지디 / Dark Mirror Ov Tragedy 2003~

드럼 김승휘, 베이스 송재민, 키보드 전지니, 보컬 김경선, 기타 손경호, 정중곤

다크 미러 오브 트레지디

　모든 사물이 차갑게 얼어 붙은 혹독한 겨울밤. 눈이 무릎까지 차오른 숲길을 거침없이 헤쳐 나가는 북유럽 전사가 있다. 두터운 외투를 걸쳤지만 외투로 가려지지 않는 그의 얼굴엔 눈보라가 자비 없이 들이친다. 달빛마저 얼어붙어 빛을 잃은 세상에 온기 따윈 찾아볼 수 없다. 보이는 건 죽음의 장식 같은 앙상한 가지의 검은 나무들과 모든 것을 차갑게 식혀버릴 것만 같은 눈 덮인 세상뿐. 모든 것의 온기를 앗아가는 무섭도록 차가운 이 세상을 향해 전사는 절망의 단말마를 외친다. 그 단말마는 서릿발처럼 매섭고 얼음장을 쪼갤 듯 날카롭다.

　뜬금없이 뭔 소리인가 싶겠지만 '블랙메탈Black Metal[1]'을 들을 때면 나는 종종 저런 감상에 빠져들곤 한다. 블랙메탈 특유의 빡빡한 연주는 차갑게 들이치는 눈발을 연상케 하고 이 눈발을 뚫고 터져 나오는 비명 같은 보컬은 온기 없는 세상을 향한 서슬 퍼런 저주처럼 들려 고막을 서늘하게 만든다.

　이 서늘한 음악을 연주하는 블랙메탈 뮤지션들은 착장도 특별하다. 얼굴에는 뮤지션을 마치 사람이 아닌 특별한 존재처럼 보이게도 만드는 '콥스 페인팅Corpse Painting', 일명 시체 화장을 하고, 장르명에서 연상되듯 예외 없이 검은 복장을

---

1 80년 초중반 유럽에서 시작된 메탈의 극단 장르. 90년대 초반 스칸디나비아 반도 일명 북유럽에서 전성기를 이룬다. 초기에는 자신들 문화의 뿌리에 대한 찬양, 반기독교적 메시지를 주 테마로 삼았지만 점차 사상적인 틀을 탈피하여 밴드들만의 독특한 세계관을 구축하고 있다. 어둡고 암울하며 빠른 곡 분위기를 특징으로 하고 있으며 한 음을 반복적으로 연주하는 트레몰로 주법과 블라스트 비트를 중심으로 한 반복적인 곡 구조를 보이곤 한다.

취하며 스파이크 팔찌, 총알 벨트 등을 두르기도 하는데 이는 모두 자신들과 음악의 이미지를 강화하는데 사용하는 소도구들이다.

당연히 국내에도 이런 블랙메탈을 연주하는 밴드들이 있다. 그중 드물게도 국내가 아닌 '해외'를 기반으로 삼고 활동하고 있는 밴드가 있다. 바로 이번 인터뷰의 주인공 '다크 미러 오브 트레지디Dark Mirror Ov Tragedy'이다.

무대 위 모습만으로도 이목을 확 끄는 밴드, 국내 밴드임에도 해외를 활동 기반 삼은 밴드. 그들의 이야기를 들어봐야겠다.

이 밴드의 창립자이자 리더, 보컬인 활동명 M. Pneuma. 본명 김경선을 구로역 근처 커피숍에서 만나봤다. 무대 밑의 맨얼굴을 찍는 건 목을 내놓아야 가능한 일이라 경선의 사진은 우측 공연 사진으로 대체한다.

"**자**신 안에 내재돼 있는 어떤 걸 끄집어내는 거잖아요"

2003년 결성된 다크 미러 오브 트레지디는 베이스 송재민, 기타 손경호, 정중곤. 드럼 김승휘, 키보드 전지니 그리고 보컬 김경선 이렇게 6인으로 구성된 밴드이다. 이들은 자신들의 음악을 '다크심포닉 블랙메탈Dark Symphonic Black Metal'이라고 칭한다. 기타, 베이스, 드럼 연주에 클래식 관현악기 소리를 더해 한없이 어둡고 음울한, 관현악/교향곡 스타일의 메탈 심포니를 만들고 있다.

지금까지 발매한 네 장의 정규앨범에는 앨범을 관통하는 특유의 콘셉트가 흐르고 있고, 이 콘셉트를 녹여내는 교향곡 스타일의 메탈 사운드는 청자로 하여금 이들이 연출하는 장엄한 서사에 빠져들도록 만든다. 그래서 물어봤다. 이 장엄한 서사를 써 내려가고 있는 뮤지션은 과연 '코드 세 개' 운운에 대해 어떻게 생각하는지.

"할 수 있죠! 그 코드라는 거 사실 어떻게 보면 가이드인 거잖아요. 그 가이드 안에서 수많은 멜로디를 뽑아낼 수도 있고 리듬에 따라서 수많은 장르가 나

올 수도 있고. 코드란 건 가두리 같은 거라 그 안에서 어떻게 펼쳐 나가는지는 뮤지션의 상상에 의한 거고 할 수 있는 건 너무 많다고 생각해요"

장엄한 서사를 그리는 데에는 상상력이 가장 중요할 터, 하지만 그런 서사뿐 아니라 어떤 장르든 중요한 건 상상력이지 개수가 아니라는 대답이다.

"전문적 화성학을 배우고 작법에 대한 학문적 지식을 가지고 있지 않아도 사실 음악이라는 건 자신 안에 내재돼 있는 어떤 걸 끄집어내는 거잖아요. 각자 가지고 있는 건 다 다른 거고 이걸 끄집어내고 본능적으로 가까이 다가갈 수 있는 예술 행위가 저는 음악이라고 생각합니다. 코드 세 개 정도 알았으면 많이 안 거죠. 사실 많이 알고 있는 겁니다 (웃음)"

음악이란 이미 갖고 있는 내면의 어떤 것을 끄집어내는 행위 아니냐고 경선은 반문한다. 곧 누구나 이미 갖고 있는 그 무엇이고 그걸 끄집어내는 데 필요한 게 곧 상상력이며 이 상상력을 통한 예술 행위는 코드 세 개로도 충분히 가능하며 누구나 할 수 있는 일이라는 게 경선의 생각이다.

사실 코드 세 개로 할 수 있는 음악은 얼마든지 있다. 펑크나 하드코어가 그렇고 얼터너티브 락이나 개러지 락이 그렇다. 포스트 락 같은 곡을 연출할 수도 있을 것이다. 메탈도 충분히 가능하다. 코드 세 개를 정신없이 빠르게 오가다 보면 굉장히 빠른 스타일의 음악을 만들 수도 있을 것이고, 답답할 정도로 느린 리듬에 같은 구간을 하염없이 반복하다 보면 스토너나 둠 같은 스타일의 곡이 나올 수도 있을 것이다. 즉, 경선 말대로 코드 세 개만으로도 리듬에 따라 수많은 다양한 장르의 음악에 도달할 수 있다. 리듬뿐 아니다. 코드 세 개가 제공하는 몇 안 되는 음계만으로도 듣기 좋은 멜로디를 얼마든지 뽑아낼 수 있다. 쉽게 말하는 것 같겠지만 분명 상상하고 끄집어내기 나름이다.

경선의 말을 곱씹자면 코드 부족, 연주력 부족을 탓하기 전에 상상력 부족을 먼저 탓해야 할 것 같다.

"그러니까 밴드들은 되게 많아요. 근데 자기 곡을 만들어서 연주하는 밴드들은 좀 적죠. 근데 곡 쓰는 게 어려운 일이라고 생각하지는 않아요. 왜냐하면 좋은 곡을 만드는 게 어려운 거지 곡을 만드는 게 어려운 건 아니잖아요 (웃음)"

상상력도 코드도 결국엔 자기 곡을 만들기 위해 필요한 것들이다. 밴드는 많은데 자기 곡 연주하는 밴드가 적은 현실이 아쉽다. 코드 두세 개에 가볍게 여러분의 경쾌한 상상력을 실어 보길 바란다. 좋은 곡 만드는 거? 그건 경선의 말대로 현역 밴드들에게도 여전히 무거운 과제이다. 경선은 작곡을 우선 가벼운 놀이로서 접근해 보길 권한다.

"사실 연주하는 거와 창작하는 거는 조금 다른 분야긴 하죠. 근데 연주를 하실 줄 안다는 거는 창작을 할 수 있는 준비가 이미 돼 있는 상황인 거잖아요. 한 가지 놀거리가 더 생겼다는 생각으로 시작해 보시면 좋겠어요. 놀이로 접근하는 게 제일 맞는 것 같아요. 이거를 뭐 대단한 의미를 두지 마시고, 말씀드렸듯 곡 쓰는 게 어려운 건 아니거든요. 좋은 곡을 쓰는 게 어려운 거지. (웃음) 근데 이게 좀 구린 곡이라고 하더라도 의미가 없느냐. 의미는 당연히 있죠. 내가 만든 곡이기 때문에 충분히 의미 부여를 할 수 있단 말이죠. 꼭 카피 곡만 하라는 법은 없잖아요"

　의미 없는 곡은 없다. 카피만 하라는 법도 없다. 놀거리 다루듯 곡 만들며 한바탕 놀아보면 그만이다. 어쩌면 경선의 말대로 여러분은 이미 준비된 작곡가인지도 모른다. 여태 그걸 말해준 사람이 없었을 뿐이다.

"**한** 번 해보고 싶어서 한번 써봤습니다"

　　　　　　무대에서 블랙메탈 특유의 그로테스크한 카리스마를 풍기는 이 블랙메탈 요정에게도 어린 시절은 있었다. 그가 음악에 발을 들이게 된 계기 그리고 다크 미러 오브 트레지디에 닿기까지의 이야기를 들어보자.

　"초등학교, 중학교 때부터 락 음악을 원래 많이 들었어요. 동네에 마침 좋은 레코드사가 있어서 거기서 락이나 헤비메탈 음반들을 많이 추천 받아 들었는데 그때 들었던 음악들이 너무 좋았어요. 근데 당시엔 밴드를 해보고 싶다는 생각까지는 하지 않았었어요. 그러다가 어쩌다 고 3 때 기타를 처음 이제 취미로 시작하게 됐어요. 제가 또 취미가 별로 없거든요. 뭐 좋아하는 것도 없고 공부도 잘 못하고 (웃음) 게임도 별로 안 좋아하고 뛰어노는 거 정말 싫어하고. 취미가 그냥 오직 가지고 있는 행위, 음악 듣고 그냥 기타 좀 치고 요거밖에 없었거든요. 자연스럽게 이렇게 된 거 같아요. 그거 말고는 그냥 아무것도 할 게 없기 때문에 (웃음)"

　할 수 있는 것, 하고 싶은 것 별로 없었고 그나마 유일하게 가지고 있던 소소한 취미 그걸 좋다 보니 여기까지 왔다고 경선은 담담히 돌아본다. 그렇게 고 3 때 처음 취미로 기타를 치기 시작했고 이어 대학에서 밴드 동아리 활동을 했다고 한다. 뒤에 다시 언급하겠지만 다크 미러 오브 트레지디의 곡은 모두 경선이 쓰고 있다. 악기의 모든 파트, 심지어 관현악 파트까지 경선이 직접 완성해서 멤버들과 공유하고 있다. 이런 경우 기타, 베이스, 드럼 등 각 파트에 대한 이해도가 적지 않게 필요한데 경선은 이를 동아리 활동을 통해 습득할 수 있었다고 한다. 기본적으로 그는 멀티플레이어인 것이다. 그럼 그는 왜 기타리스트나 베이시스트 혹은 드러머가 아니라 보컬리스트인 것일까.

"기타리스트가 되고 싶었는데 게을러서 연주를 잘 못하는 바람에 꿈을 이루지 못했습니다. (웃음) 그러면 이제 보컬이라도 해야겠다 이래서 보컬이 됐죠"

어쨌든 그는 동아리에서 여러 파트들에 대한 이해를 높여가며 밴드의 양분을 섭취하다 문득 자작곡을 쓰고 싶다는 생각을 하게 된다.

"자작곡을 처음 쓴 게 그러니까 이 책 취지랑도 잘 맞는 것 같은 게 기타 배운 지 한 1년도 안 돼서 곡을 처음 써봤거든요. 고 3 때 치기 시작한 거고 그러면서 이제 동아리 들어갔다가 군대 가기 직전 그러니까 20살 때 그때 처음 자작곡을 한번 써봤거든요. 기타 연습이나 카피 곡도 몇 곡 안 해봤을 땐데 그냥 한번 해보고 싶어서 한번 써봤습니다 (웃음)"

이 '한번'이 결국 다크 미러 오브 트레지디까지 이어지는 그 최초의 한번이 되었다. 이때를 기점으로 쓰기 시작한 곡들이 곧 이들 데모에 실리는 곡들이 된다. 그렇게 '한번 해보고 싶어' 지펴진 불씨는 군대까지 이어졌다.

"군대에도 고참들 몰래 전기기타를 가져가서 보일러실에 숨겨놓고 거기서 이제 곡을 만들었어요. 앰프 없이 기타만 치면 잘 안 들리잖아요. (웃음) 앰프 없이 기타만 가지고 이렇게 저렇게 이렇게 치면서 아 이렇게 하면 되겠구나 하면서 종이에 쓰고 그랬죠."

요즘이야 소형 장비들이 있어서 거기에 핸드폰과 기타를 물리면 이어폰으로 들으며 조용히(?) 연주할 수 있지만 당시는 그런 것 생각조차 못 하던 때였다. 그렇게 그는 좁고 어두운 군대 보일러실에서 벽에 부딪쳐 돌아오는 기타 소리를 들으며 한두 곡씩 스케치하듯 종이에 곡을 써 내려 갔다. 제대 후 경선은 그렇게 만든 곡들을 더 다듬고 곡도 더 추가해서 당시 한창 유행이던 음원 공유 사이트 '밀림1'에 데모 형태로 곡을 업로드를 하게 된다. 기타, 보컬을 제외한 모든 파트를 미디로 작업했고 누구의 도움도 없이 혼자 만든 이 음원들이 어느 날 한 제작자의 눈에 띄게 됐다고 한다.

"그러니까 다크 미러 오브 트레지디는 사실 원맨 밴드로 시작했어요. 데모를 제 취미 삼아 혼자서 만들었었죠. 하고 놀 게 없어서 (웃음) 혼자 집에서 만들다가 밀림에 데모를 업로드 했는데 어느 제작자가 '이거 앨범으로 한번 내보지 않겠냐'고 연락이 오더라고요. 그때까지는 사실 앨범 내고 이럴 생각도 없었어요. 그게 2003년 즈음. 근데 앨범을 내려고 보니까 제가 혼자서 모든 파트를 앨범 퀄리티로 연주할 수 없는 부분도 있고 그래서 이제 연주자들을 수소문했고 그렇게 해서 만들어진 밴드가 이 '다크 미러 오브 트레지디'가 됩니다"

어딘가 물 흐르듯 매끄럽다. 취미 삼아 한번 가지고 놀다가 정신 차려 보니 어느덧 앨범을 내게 됐고 어느덧 밴드가 되었다. 어느 한구석 망설이거나 어렵다며 머뭇거린 흔적이 없다. 아마도 앨범도, 밴드도 경선에게는 늘 해오던 놀이의 연장이었기 때문에 이렇듯 자연스러웠을 것이다. 경선은 일 년도 채 안 배운 기타, 그것도 독학으로 익힌 기타, 그 정도 손에 쥐고 시작했다. 놀 수 있는 또 하나의 꺼리란 생각으로 '한번 써보자'며 곡을 쓰기 시작했고 그 한번이 이어져

1 1999년 오픈한 음원 공유 사이트로 음악가들의 놀이터로 불리며 상당한 인기를 누렸던 서비스이다. 지금의 사운드 클라우드와 비슷한 서비스였으나 2008년 갑자기 공지 없이 폐쇄되었다.

2003년 그의 실질적인 첫 밴드 다크 미러 오브 트레지디가 시작된다.

"작 곡을 블록 형태로 해요"

'다크심포닉 블랙메탈'을 표방하는 다크 미러 오브 트레지디
의 곡들은 대체로 곡당 5분 이상의 긴 러닝타임을 가지고 있다. 곡 저마다 각각
의 서사를 가지고 있고 그런 서사들이 이내 물고 물리며 앨범을 하나의 일관된
콘셉트로 엮어낸다. 문득 경선의 작곡 방법이 궁금해진다.

"저는 작곡을 블록 형태로 해요. 제 작업 폴더명을 보면 하이라이트 1, 하이
라이트 2, 인트로 1, 인트로 2 뭐 이런 식으로 돼 있어요. 평소에 이렇게 쭉 리
프나 프레이즈들이나 테마들을 계속 스케치를 해놓죠. 이렇게 여러 테마들을 쭉
기록해서 소스처럼 많이 만들어 놓고 그러다가 어떤 곡을 만들겠다 그러면 그때
처음부터 끝까지 만드는 게 아니라 그 소스들 중에서 어울리는 것들을 꺼내서
블록 식으로 조합해서 만드는 방식으로 하고 있어요. 근데 분명 꺼내 온 A 블록
하고 B 블록이 서로 안 어울리는 게 있을 거예요. 그 연결 부분을 그때 만드는
거예요. 결국 테마 블록들을 조립을 하고 이제 곡을 완성할 때 그 사이에 중간
다리만 완성하면 곡이 끝날 수 있게 그렇게 하고 있습니다"

곡의 짧은 블록들을 스케치하듯 평소에 계속 만들어 둔다. 그리고 그 블록들
을 주제별, 데미별 그리고 인트로, 하이라이트 등이 전개별로 구분해 둔다. 곡을
만들어야겠다는 생각이 들면 모아뒀던 블록들을 꺼내 와 조립하기 시작한다. 블
록이 서로 아귀가 잘 안 맞으면 이 둘을 연결할 새로운 블록을 그때 새로 만든
다.

경선도 수집형에 가깝다고 볼 수 있겠다. 다만 곡을 블록으로 정의하고 그
블록들을 세세히 폴더화한다는 건 꽤 신박하게 들린다. 그럼 경선의 정의에 따
라 곡의 최소 단위가 될 수 있는 블록, 그 블록을 만드는 기본적인 아이디어는
어디서 얻고 있는 것일까. 얼핏 기계적인 방식처럼 들리긴 해도 최소 단위인 블

록을 스케치할 때만큼은 어떤 영감에 의존하지 않을까.

"전혀 없습니다. 그런 거 전혀 없어요. (웃음) 그냥 템포 정해 놓고, 키 정해 놓고, 감정 정리한 후에 그러니까 여기서는 슬픈 느낌의 A 마이너 키에 3/4 박자에 템포 125. 이런 식으로 정해 놓고 그 위에 만드는 거예요. 그러니까 어떤 사건에 영감을 받고 뭔가 거기 관련된 이야기를 쏟아내고 그런 건 저랑 정말 안 맞아요. 저는 상당히 이제 기술에 좀 의존적인 사람인 것 같고 제가 좀 게을러서. 제가 생각해도 저는 좀 예술가 타입은 아닌 것 같아요 (웃음)"

영감 받고 그런 거 전혀 없고, 자신은 다분히 기술 의존적인 사람일 뿐 예술가 타입은 전혀 아니라며 손사래를 친다. 막연한 영감에 의존하지 않고 키, 템포, 분위기 그리고 감정을 정하고 기술적으로 곡을 쓰는 건 알겠다. 그럼 평소 자신의 내면을 스케치하고 그걸 세세히 작업 폴더화하는 것 그건 뭔가. 그 자체가 이미 굉장히 예술적이다라고 느끼는 건 나만 그런 것일까.

어쨌든 그렇게 경선이 들고 온 블록 조합은 이제 다시 멤버들과의 의견 교환을 거치고 합주를 통해 어레인지도 거치면서 곡이 최종 완성된다고 한다. 이들 곡에 서사를 더하는 데에는 유려한 기타 솔로잉도 한몫을 하는데 이 솔로잉 부분은 어떻게 만들고 있는 것일까. 더불어 심포니에 빼놓을 수 없는 관현악기들의 역할도 만만치 않은데 경선은 이런 것들을 어떻게 다루고 있는 것일까.

"솔로는 제가 못 치죠. (웃음) '여기는 솔로 부분이야~' 하고 알려주는 거죠. (웃음) 솔로는 기타한테 전적으로 맡깁니다. (중략) 클래식을 따로 공부한 건 아니고 제가 락 음악 듣기 전부터 클래식 음악은 많이 들었었어요. 지금도 생각나면 듣곤 해요. 근데 사람들이 착각하는 게 저희 같은 음악에 들어가는 오케스트레이션이 사실 클래식 음악이랑은 큰 상관이 없거든요. 이건 '에픽 오케스트라Epic Orchestra'라는 그런 작곡법인데 악기 자체가 클래식 악기일 뿐이지 클래식에서 사용하는 어떤 음악 진행 방향하고는 상관이 없어요. 그런 거 아니에요. 절대 아닙니다. (웃음) 뭐 좀 공부를 해야 된다, 전공을 해야 이런 음악을 할 수 있다 아니에요. 절대 아닙니다"

우리가 영화나 게임 또는 CF에서 종종 들을 수 있는 영웅적이고 장엄한 스타일의 오케스트라 음악을 '에픽 오케스트라' 또는 '에픽 뮤직'이라고 일컫는다. 이런 스타일의 음악들이 관현악기를 사용하고는 있지만 사실 클래식 음악과는 크게 상관이 없다고 경선이 일러준다.

"음색이 그거일 뿐이지 이건 오히려 헤비메탈이랑 가까워요 (웃음)"

다크 미러 오브 트레지디의 관현악기 소리는 모두 미디로 만들어낸 소리이다. 경선은 상상력과 에픽 오케스트라의 작법을 활용해 미디로 관현악 헤비메탈을 만들고 있는 것이다.

미디를 이렇게 적극 활용하는 밴드들은 많다. 심포닉 계열의 메탈 밴드들뿐 아니라 다양한 장르의 많은 밴드들이 미디를 하나의 악기로써 적극 활용하고 있고, 다양한 효과를 연출하는 사운드 장치로 활용하기도 한다.

한편으로 미디는 작곡의 필수 툴이기도 하다. 혼자 놀 수 있는 재미있는 툴이기도 하지만 멤버들과 곡을 공유하고 피드백을 주고받는 데 그 쓰임새가 아주 크다. 많은 밴드들이 미디로 데모 수준의 곡을 만들어 멤버들과 공유하고 있다.

"무료 프로그램이 있어요. '케이크워크 소나Cakewalk Sonar[1]'라고. 저는 이걸로 세팅해서 쓰고 있는데 전혀 어렵지 않고요. 물론 처음 시작하려면 장비 한 개는 사야 돼요. '오디오 인터페이스Audio Interface[2]'라는 장비. 싼 것도 많아요. 찾아보면 한 10만 원도 안되는 것도 있을 걸요"

경선이 예를 든 소프트웨어 외에도 다양한 유/무료 소프트웨어들이 나와 있다. 익히는 게 크게 어렵지도 않다. 게다가 데모 수준의 곡 만드는 데에는 많은 기능을 가진 복잡한 프로그램도 필요 없다. 내 경우는 아이패드에 오디오 인

---

1 PC용 미디 소프트웨어. 무료로 배포되고 있다.

2 기타, 키보드, 마이크 등 아날로그 신호를 디지털 신호로 변환하는 기기. 즉, 기타 소리를 미디 소프트웨어가 인식할 수 있는 디지털 소스로 변환해 주는 장비이다.

터페이스를 물리고 기타를 연결해 곡을 녹음하고 있는데 이때 사용하는 프로그램은 애플이 자체 제공하고 있는 '개리지 밴드Garrage band'이다. 손가락으로 다 할 수 있어서 직관적이고 사용이 편하다. 드럼도 손가락으로 일일이 찍는다. 멤버와 커뮤니케이션 용도로 간단하게 사용하고 있지만 효용은 크다.

악기와 PC를 연결해 줄 오디오 인터페이스도 전문적으로 파고들 것 아니라면 굳이 비싼 것 살 필요 없다. 가급적이면 미디로 작업할 수 있는 환경을 갖추길 바란다. 이 정도만 해 놓아도 데모는 물론 얼마든지 혼자 놀 수 있는 충분한 환경이 된다. 경선처럼 자작곡 '블록'을 맘껏 쌓을 수 있을 것이다.

"본토 밴드들이랑 일기토를 붙어야 된다"

서두에서 언급한 대로 다크 미러 오브 트레지디는 해외를 기반으로 활동하고 있는 밴드이다. 이는 이들이 공공연하게 밝히고 있는 밴드 활동의 기본 '모토'이기도 한데, 국내 밴드가 해외를 기반으로 활동한다고 하니 다소 의아하게 들린다. 어떻게 그게 가능하며 과연 어떻게 하고 있는 것인지 이야기를 들어보자.

"반은 맞고 반은 틀린 얘기인데 한국인이 어떻게 해외를 기반으로 하겠어요. (웃음) 말이 안 되긴 하는데, 앨범이라든지 이런 것들이 국내에서 발매 돼 유통되는 것보다는 조건이 좀 안 좋더라도 본토에서 발매되는 게 더 의미 있을 거라 생각한 거죠. 그래서 앨범 국내 발매도 중요하지만 우선 어떻게 해서든 해외 발매를 기본적으로 뚫어보려고 하고 있고요. 지금까지도 그렇게 해왔고요. 그리고 이제 국내 활동 같은 경우는 저희가 서울에 있으니까 기회가 되면 언제든 하고 있고, 기본적으로는 해외 공연이라든지 투어가 저희한테는 더 중요한 부분이죠"

여기서 본토라고 하면 블랙메탈의 본거지라 할 수 있는 유럽이 될 것이다. 다크 미러 오브 트레지디는 시각 자체를 달리한 것이다. 국내에서 앨범을 발표하고 서서히 인지도를 쌓아 해외 문을 두드려 볼 수 있겠지만, 조건이 조금 안

좋더라도 애초 시작부터 유럽에서 앨범을 발매하고, 유통하고, 유럽 무대에서 공연하며 본토의 밴드들과 경쟁하는 것, 그 길을 선택한 것이다.

본토 공략이 물론 쉽지만은 않았다. 초기에는 일본이나 홍콩의 군소 레이블들을 통해 앨범을 발매했다. 그러다 3집이 돼서야 '웜홀데스 레코드WormHoleDeath Records'라고 하는 이탈리아 레이블을 통해 유럽에 앨범을 발매할 수 있었고 이어 정규 4집 《The Lord Ov Shadows》는 이탈리아 라트비아에 위치한 '슬립트릭 레코드Sliptrick Records'라고 하는 전 세계 배급망을 갖춘 레이블을 통해 유럽뿐 아니라 전 세계로 발매가 됐다. 쉽진 않았지만 점점 더 본토에 가까이 다가가고 있다.

이런 사정이다 보니 국내 발매가 동시에 이뤄진 4집 앨범을 제외하고 이들 앨범 대부분은 수입반으로 구해 들어야 한다. 국내 청자들 입장에선 다소 번거로운 일일 수 있으나 당사자들 입장에서는 본토를 지향하며 이룩한 나름의 쾌거라고 할 수 있을 것이다.

그나저나 유럽 배급망, 유럽 레이블 이런 것들 처음에 어떤 방법으로 찾아내고 연결할 수 있었던 것일까. 이들이 이뤄낸 결과만 음미하다 보면 그간 기울인 숨겨진 노력을 놓치게 될 것 같다.

"다 엄청난 노동력으로 하는 거죠. (웃음) 일단 자료 조사가 굉장히 어려웠죠. CD 다 까서 거기 적혀 있는 레이블 주소란 주소는 다 수집하고 그 사이트들 들어가서 데모 어디로 보내야 되는지 확인하고 거기에 일일이 데모 보내고 이런 과정들의 연속이었어요. 지금도 이게 너무 힘들어요. (웃음) 지금은 더 어려워진 게 그런 A&R[1] 부서들이 많이 줄어들어서 더 힘들어졌죠. 요즘은 데모를 잘 안 받더라고요."

---

1 Artist & Repertoire. 레이블 내의 한 부서로서 음반 제작, 마케팅, 프로모션 과정을 담당하는 부서이며 아티스트 발굴, 육성 기능을 담당하기도 한다.

역시나 엄청난 노동력이 그 배경에 있었던 거구나, 특별한 방법 같은 게 따로 있었던 건 아니구나 싶다. 전과 달리 데모를 받아주는 부서가 많이 줄어 근래엔 더 힘들어졌다고는 해도 이들은 여전히 이 방법을 통해 본토의 문을 계속 두드리고 있다. 열정 없이는 할 수 없는 일이고 엉덩이 힘 없이는 더더욱 어려운 일일 것이다. 그럼에도  이들이 이렇게 국내보다는 해외에 더 주목하는 데는 이유가 따로 있다.

"한국에서 해볼 수 있는 건 다 해봤어요. 공연도 많이 해봤고 대형 페스티벌 참여도 해봤고 앨범도 내봤고 투어도 해봤고. 근데 이게 기본적으로 한국에서 우리 음악으로 할 수 있는 거 거의 다잖아요. 여기서 이걸 계속 반복하는 거잖아요. 이게 아무런 의미가 없다 그런 얘기는 아니지만 여기서 더 올라갈 수 있는 부분이 사실 없어요. 그래서 국내 활동만으로는 길이 더 안 나온다는 거, 그걸 저희는 애초에 이미 결론을 내린 상황이었고 그렇다고 국내 활동을 안 하겠다는 얘기가 아니에요. 열심히 하고 있죠. 다만 우리가 가지고 있는 에너지를 좀 더 해외에 많이 투자를 하고 있는 거죠. 그래서 저희는 우선적으로는 해외 투어나 공연을 제일 먼저 픽스해요. 그 일정을 중심으로 밴드가 움직이고 물론 시간이 되고 기회가 되면 국내 활동도 하고 있죠."

해볼 수 있는 건 다 해봤는데 더 이상 올라갈 길이 안 보이더라. 어디서 들어본 얘기 아닌가. 다크 미러 오브 트레지디의 국내 활동 이력 역시 만만치 않다. 국내 최대 규모의 락 페스티벌이라고 할 수 있는 '펜타포트 락 페스티벌'에 참여하기도 했고 EBS '스페이스 공감'에 출연하기도 했다. 국내 투어도 여러 차례 돌았다. 4집 앨범《The Lord Ov Shadows》는 2019년 한국대중음악상 시

상식 '최우수 메탈 & 하드코어 음반'에 선정되기도 했다. 이처럼 국내 활동에 힘쏟고 할 수 있는 것 다 해봤지만 애초에 블랙메탈이란 장르가 국내에서 도달할 수 있는 지점에는 한계가 있었고 이들은 이미 그 한계를 인지하고 있었다. 그 이상이 없다는 걸 애초에 알고 있었다. 국내 활동을 등한시하거나 의미 없다고 여기는 것은 아니지만 그래서 더 넓은 세계로 박차고 나가는 길을 선택했고 거기에 자신들이 가진 에너지를 더 쏟고 있는 것이다.

"제가 예술가 스타일이 아니라서 그런 것 같아요. 저는 약간 사람 자체가 공대 스타일이에요. (웃음) 농업, 공업 이런 스타일이어서 효율이 나오는 방법이 보이면 당연히 거기에 집중을 해요. 뭔가 '나 운명적인 기회가 올 거야' 그렇게는 하기 싫어요. (웃음) 국내에서 이제 어느 정도 밴드로서 경쟁력을 쌓았다면 '본토 밴드들이랑 일기토[1]를 붙어야 된다. 붙으러 가자!' 그렇게 생각해요 (웃음)"

---

1 90년대 일본 KOEI사의 인기 게임 '삼국지'에서 유래된 단어로 일본어 一騎討ち(잇키우치)의 한 자만 우리말 발음 그대로 옮기면서 사용되기 시작한 단어이다. 말을 탄 장수가 일대일로 승부를 겨루는 것을 말한다. 즉, 일대일 승부를 의미하는 단어이다.

이 정도 했으면 뭔가 알아봐 주고 기회가 찾아오겠지 하는 막연한 기대 같은 건 애초 없었다. 기다리느니 직접 찾아 나서기 시작했다. 경선은 어떻게 하면 더 효율적으로 밴드 활동을 할 수 있을지 거기에 더 관심을 기울였고 그러다 그의 눈에 해외, 유럽, 본토가 들어왔다. 블랙메탈이라고 하는 수입 음악, 그렇다면 이제 경쟁력도 좀 쌓았으니 원산지인 유럽 본토와 경쟁하는 게 더 효율적이지 않겠나라는 게 경선이 멤버들과 함께 내린 결론이었다. 이게 이들이 해외를 기반으로 활동하고 있다 말하는 이유이다.

"환상이 다 깨졌어요"

본토의 장수 아니 밴드들과 일기토를 벌이고 있는 다크 미러 오브 트레지디는 그럼 전업 뮤지션들일까. 아니다. 이들 역시 평범한 직장인들이다. 일하면서 투어 돌고, 일하면서 앨범 만들고, 일련의 것들 다 일하면서 하고 있다. 전업이 아닌 다음에서야 어떻게 이게 가능한 것일까? 마찬가지로 해외 투어가 중심인 잠비나이의 경우는 음악이 전업 아니던가. 이게 어떻게 가능한 것인지 이야기를 들어보자. 더불어 해외 밴드들의 상황은 어떨지도 궁금하다. 마침 다크 미러 오브 트레지디는 본토의 많은 밴드들을 직접 만나봤을 터 이들이 직접 보고 들은 해외 밴드들의 상황에 대해서도 이야기를 들어보자.

"저는 IT 회사에서 웹디자인 일을 하고 있고요. 기타 치는 정중곤은 기타 강사로 레슨을 하고 있어요. 기타 손경호 그 친구는 회사에서 영상 제작, 기획 일을 하고 있고요. 드럼 치는 김승휘는 실용음악과 나와서 드럼 강사를 하고 있습니다. 베이스 치는 송재민이는 칼국수 가게 중에 되게 유명한 데 있어요. 거기서 면 만들면서 주차를 돕고 있습니다. 키보드 전지니는 결혼해서 주부예요."

일단 멤버 모두 각색의 일 그리고 가정에 매여 있는 상황이다. 잠시라곤 해도 어떻게 그 자리를 비울 수 있는 것일까.

"그래서 다들 잘 안되는 회사를 다녀요. (웃음) 좀 느슨한 회사. 그러니까 일 많고 잘나가는 이런 회사 안 다니고 회사가 좀 고무줄 같은 데를 다녀요. 처음부터 의도적이었던 건 아니었는데 뭔가 자연스럽게 이렇게 됐어요. 빡센 회사를 가면 돈도 더 많이 벌고 좋겠죠. 근데 연봉도 좀 낮춰 부르고 투어를 가게 돼도 '갔다 올게요'하고 말할 수 있는 회사를 다녀요. 그런 회사에 다들 취직을 한 거죠. 일부러. (웃음) 그리고 잠비나이하고 저희가 다른 건 잠비나이는 일 년에 여섯 달 이상 해외에 나가 있잖아요. 저희는 투어를 해봐야 일 년에 두 번 정도예요. 저희는 짧은 투어로 가기 때문에 잠비나이랑은 좀 다릅니다."

직장 역시 밴드 활동의 효율에 맞춰 배치했다. 직장이란 그림 아래에 밴드를 둔 것이 아니라 밴드라는 그림 아래에 직장을 두고 있는 것이다. "투어 다녀오겠습니다"라며 언제든 튀어나올 수 있는 회사를 선택했고, 대신 잠비나이처럼 긴 시간 자리 비우지 않고 5일에서 2주 미만, 일 년에 두 번 정도로 투어 기간과 횟수를 제한해 회사와 합의를 본 것이다. 이렇게 해서 이들은 전업이 아님에도 해외 투어를 돌 수 있는 나름 최선의 방법을 찾아낸 것이다.

일하면서 음악하는 방법, 음악하면서 일하는 방법은 찾기 나름이고 전업이 아닌 이상 반드시 찾아내야 한다.

그럼 이제 해외 밴드들 이야기를 들어보자. 긴 역사와 다양하고 넓은 씬을 가진 유럽의 경우, 환경 자체는 아무래도 우리보다는 훨씬 앞서 있다. 다크 미러 오브 트레지디는 유럽뿐 아니라 일본 투어도 돌곤 했는데 경선이 보고 겪은 유럽과 일본 밴드 들 이야기를 들어보자.

"저희가 유럽에서 '플레쉬갓 아포칼립스 Fleshgod Apocalypse[1]'**랑 투어 돌면서 이제 밀라노에 들어갔을 때예요. 밀라노 공연 끝나고 갑자기 플레쉬갓 아포칼립스 베이스 치는 친구가 인사를 하러 오더라고요. 집에 가야 된다고. 아니 아직 투어 중인데? 투어가 아직 안 끝났어요! 자기 직장이 있어서 직장에 가야 된다고**

---

1 2007년 결성된 이탈리아 밴드로 '심포닉 데스메탈'을 연주하고 있으며 이 장르의 최강자란 평을 받고 있는 밴드이다. 2023년 내한 공연을 한차례 가졌다.

투어 남은 거는 다른 세션 베이스가 채워줄 거라고. 아 그때 환상이 다 깨졌어요. 얘들도 직장 다니면서 음악하는구나. 직장 가지고 음악하는 거 당연한 거구나. (중략) 얘네들은 투어 돌면서도 그 도시에서 심지어 원포인트 레슨을 해요. 드러머 같은 경우는 대기실에 몇 명 들어와서 걔한테 판 때리는 거 배우고 머쉰건Machine Gun[1] 막 이거 자세 교정 시켜주고 그렇게 투어 중에 돈을 벌기도 하고, 그 노래 부르는 여자 소프라노의 경우는 현지 도시에 클래스, 강의를 개설해서 강의도 하고 다 그렇게 살더라고요"

밴드 수만 해도 우리보다 수십 배 많고 공연장 수는 셀 수 없을 지경이며 블랙메탈 밴드가 어린이 프로그램에 등장할 정도로 문화적 토양 자체가 다른 본토, 그 본토에서 활동하는 밴드라면 게다가 '플레쉬갓 아포칼립스' 같은 일등 밴드라면 분명 일 걱정 없이 밴드 하고 있을 거라 짐작했는데 그런 환상이 이내 다 깨졌다. 한 줌도 안되는 1%의 밴드를 제외하고는 '어디든 일하면서 밴드 하는 거 다 똑같고 당연한 거구나'라는 생각을 하게 됐다고 한다.

모든 밴드가 다 저 1%를 바라보며 밴드를 하고 있는 것은 아니다. 저 1%만으로는 여러분의 취향, 밴드 저마다의 고유한 취향을 다 담을 수 없다. 밴드란 한편으론 자신들 취향을 펼쳐 나가는 활동이고 이 취향을 맘껏 펼치기 위해 전 세계 거의 대부분의 밴드들이 일하면서 밴드를 하고 있다.

'디아볼리컬Diabolical[2]'이란 밴드랑 투어 할 때 인상적이었던 게 투어 돌 때면 밤에 나이트라이너NightLiner[3]라고 투어 버스를 타고 다니잖아요. 그 버스 엄청 흔들리고 막 그러거든요. 거기서 디아볼리컬 기타 치는 친구가 직업이 디자이너래요. 근데 그 흔들리는 버스 안에서 태블릿 켜고 '나 이거 클라이언트한테

---

1 빠른 연주의 메탈 혹은 데스메탈에 자주 사용되는 드럼 패턴으로 말 그대로 기관총을 난사하듯 빠르게 연주하는 드럼 연주법이다.

2 1998년 결성된 스웨덴의 데스/블랙메탈 밴드.

3 장거리 이동에 적합하게 설계된 버스. 장비를 실을 수 있고 침대가 설치된 경우도 있어 뮤지션들이 투어 때 주로 대여해 사용하는 버스이다.

지금 보내야 된다'고 그림을 계속 그리고 있는 거예요! 얘네들도 우리랑 똑같이 이렇게 사는 거예요! 전부!"

플레쉬갓 아포칼립스도 디아볼리컬도 나름 익스트림 음악계 유명 인사고 대단한 밴드들인데 일하면서 음악하는 건 똑같더라는 거다. 다 우리처럼 살고 있더라는 거다.

일본 쪽으로 시선을 옮겨보자. 나 역시 일본에서 공연하고 밴드들과 얘기 나누고 하다 보면 확실히 일본이 우리보다 여러 면에서 앞서 있다는 걸 느낄 때가 많다. 한 도시 내의 밴드 수와 그 다양성은 우리와 비교하기 어려울 정도이고 클럽이나 공연장 수 역시 마찬가지다. 공연장 내의 설비나 공연을 원활하게 돌아가게 하는 시스템 역시 감탄스러울 정도로 잘 갖춰진 곳들을 종종 봤고, 그런 공연장에 찾아오는 다양한 관객들을 보며 부러움을 느꼈던 때가 많다. 그럼 이런 환경에서 활동하고 있는 일본 밴드들의 경우는 어떨까. 경선의 이야기를 들어보자.

"저희랑 같이 스플릿 냈던 '어씨리얼 씬Ethereal Sin[1]'을 일본에서 만나게 됐어요. 그 밴드랑은 지금도 자주 소통하고 있는데, 근데 예전에 선배들이 그런 얘기를 했었거든요. '야 일본에서는 인디밴드가 공연을 해도 200명이 무조건 온다' '걔네들은 알바만 해도 음악하면서 먹고 살 수 있다'라고. 근데 어씨리얼 씬 얘기 들어보니까 전혀 아닌 거예요. (웃음) '무슨 소리냐 무조건 200명이 온다고? 혹시 나고야라면 가능할지도. 도쿄는 그런 일 절대 없다' 그러더라고요. '알바만 해도 먹고 살 수 있다고? 무슨 소리냐 지금 집값이 월세가 얼만데'. 아 일본이나 유럽이나 다 똑같구나. 다들 열심히 일하면서 음악하는구나 이런 걸 알게 됐어요"

일례이긴 해도 더 이상 일과 음악은 별개라는 환상을 갖지 않길 바란다. 내가 만나본 많은 해외 밴드들 역시 거의 예외 없이 일하면서 음악을 하고 있었다.

---

1 1997년 결성된 일본의 심포닉 블랙메탈 밴드. 2014년 '다크 미러 오브 트레지디'와 《Arcane of Ancient Asia》 스플릿 음반을 발매했다.

어느 곳 어디서든 극히 일부를 제외하고는 음악만으로는 살아갈 수 없다는 현실적인 이야기이다. 한편으론 일하면서도 얼마든지 음악을 할 수 있다는 이야기이기도 하다. 밴드라는 그림 아래 직장을 넣든 직장이란 그림 아래 밴드를 넣든 음악과 일이 조화하는 일상은 누구나 만들 수 있다. 일본 애들도 유럽 애들도 다 그렇게 한다. 다 그렇게 일하면서 밴드 하고, 밴드 하면서 일하고 있다.

"백 프로 맞지는 않아요"

이제 밴드 내부 이야기를 좀 들어보자. 원맨 밴드로 시작, 그후 앨범 제작을 계기로 세션 멤버를 들이면서 밴드 형태의 다크 미러 오브 트레지디가 시작됐다. 이후 몇 번의 멤버 교체 과정을 거쳤고 현재의 멤버들과는 더할 나위 없이 안정적으로 밴드를 함께하고 있다고 한다. 밴드가 쉬 깨지지 않고 안정적으로 지속되려면 음악뿐 아니라 당연히 멤버들 간의 합도 잘 이루어져야 한다.

앞서 몇몇 밴드들이 언급한 것처럼 서로 취향도 어느 정도 맞아야 하고 인간적 이해도 바탕에 깔려야 하며 목표 의식, 의지 수준도 비슷해야 할 것이다. 특히나 해외 투어라고 하는 만만치 않은 미션이 핵심 스케줄인 밴드라면 더욱 서로 간의 합이 중요할 것이다. 이에 대해 들어보자. 어떻게 그 여러 가지 모난 것들을 아우르며 밴드를 유지하고 있는 것일까.

"취향이 서로 백 프로 맞지는 않아요. (웃음) 기본적으로 기타 치는 경호하고 저만 블랙메탈 매니아고요. 나머지 멤버들은 블랙메탈 별로 안 좋아합니다. (웃음) 그래도 제가 써오는 곡들을 이해하고 밴드가 가려고 하는 목표에 대해 동의를 하고 있기 때문에 그들도 이제 타협을 한 거죠. 취향의 한 30% 정도만 맞아도 같이 간다 뭐 이런 거죠."

취향까지 맞는다면 더할 나위 없겠지만 취향이 조금 어긋나도 서로 마음 맞고 이해할 수 있다면 얼마든 같이 할 수 있는 게 밴드이기도 하다. 취향 30% 거기에 목표에 대한 동의 70%. 다크 미러 오브 트레지디는 그렇게 서로 100%를 맞춘 밴드이다.

"제가 운이 좋은 편인 것 같아요. 합의가 군말 없이 잘 됩니다. (웃음) 제가 뭐 하자 그러면 다들 별말 없이 잘 따라와 줘요. 사실 투어는 되게 힘들어요. 이동하는 것도 그렇고 확실히 너무 힘든데 다들 좋으니까 하는 거겠죠. 싫으면 분명히 말이 나오죠. 투어 진짜 너무 힘들지만 끝나고 나면 남는 게 되게 많거든요. 다들 그거 때문에 하는 거 같아요."

다른 밴드 인터뷰에서 잠깐 언급되기도 했지만 유럽의 경우는 공연에 필요한 일체의 장비를 뮤지션이 직접 공연장에 가지고 가야 한다. 앰프, 드럼 풀 세트, 필요한 각종 음향 장비 등, 악기만 덜렁 들고 이동하는 국내 투어와는 짐 자체가 다르다. 해외를 기반으로 활동한다는 것 자체가 만만치 않은 목표이고 분명 체력적으로도 부대끼는 일임에도 불구, 투어를 즐기고 결과를 만끽하는 좋은 멤버들을 만난 덕에 합의를 이뤄내는 데 아무 논란이 없었다고 말한다. 오히려 할 일 안 하고 뒷짐 진 듯 보이면 멤버들로부터 질책이 날아든다고.

"멤버들이 약간 뿔이 좀 나 있는 상태예요. 다음 작업에 들어가야 하는데 요즘에 좋은 곡이 잘 안 나오고 있어서 작업들이 늦어지고 있거든요. 빨리빨리 좀 하라고 (웃음)"

리더가 멤버들 멱살 잡고 끌고 가는 장면이 흔하지만 여기는 멤버들이 리더의 멱살을 조르고 있다. 뭉그적거리지 말라며. 다크 미러 오브 트레지디가 그 멀리까지 수고를 마다 않고 나아갈 수 있는 건 서로 취향은 백 프로가 아닐지언정 이렇게 '일어나. 곡 쓸 시간이야', '일어나. 투어 가야지'라며 서로의 멱살을 잡아 줄 수 있는 멤버들과 함께하기 때문일 것이다. 경선 말대로 이게 운 탓만인지는 모르겠으나 목표를 이해하고 그 과정과 결과를 즐길 줄 아는 멤버를 만난다는 건 실력 좋고 취향 잘 맞는 멤버 만나는 것 못지않게 중요한 일일 것이다.

"연주력이 달라지면 밴드가 이만큼 성장할 수 있구나"

2003년 결성 이후 쉼 없이 달려 어느덧 활동 20년을 훌쩍 넘겼다. 그 이십여 년의 시간 동안에는 밴드가 성장을 경험하게 된 장면들이 요소요소에 있을 것이다. 개중 중요 장면을 꼽아 달라 청해봤다. 밴드는 어떤 경험을 통해 성장하는지 다크 미러 오브 트레지디의 경우를 들어보자.

"꼽을 수 있는 몇 개 정도의 포인트가 있는데 우선은 메써드 재하 형 만난 게 저한테는 성장 첫 번째 포인트였던 것 같아요. 초창기에는 저희 연주 되게 못했어요. (웃음) 연주 되게 못하는 밴드였는데 중간에 기타 치던 친구가 군대를 가면서 기타가 비게 돼요. 어떻게 해서든 밴드는 이어가야 하니까 주변을 돌아보다가 정말 큰 용기를 내서 재하 형한테 세션을 부탁 했었어요. 다행히 흔쾌히 도와주셔서 재하 형이 세션으로 2년간 같이했었는데 근데 아시다시피 재하 형기타를 너무 잘 치잖아요. 말도 안 되게 치는데 그때 한번 크게 느낀 게, '아 연주력이 달라지면 밴드가 이만큼 달라지는구나' 그걸 많이 느꼈고 그때 많이 배웠어요. 그때 연주적인 부분도 많이 성장한 것 같아요. 아무래도 그렇게 잘 치는 사람이랑 같이 연주를 하다 보니까 더 열심히 하게 되잖아요. (웃음) 연주 외적인 부분에서도 재하 형한테 배울 게 많이 있었고요."

앞서 인터뷰에서 만나봤던 메써드의 김재하는 두말할 나위 없는 탑클래스 기타리스트이다. 이런 기타 달인의 손을 통해 연주되는 자신들의 곡을 듣고 적잖은 충격을 받았던 것이다. 재하가 이들의 곡을 다르게 연주 했을 리는 없다. 다만 같은 곡임에도 재하가 보여준 기술적 완성도, 연주의 유려함, 표현력의 차이는 본인들 곡조차 새롭게 들리게 만들었다. 연주력의 차이 그리고 그 힘을 절감했다. 재하를 기준 삼아 분발했고 더 노력했다. 그렇게 밴드가 한 단계 더 성장했다.

"그다음부터는 어떤 특정한 사건들 통해서 한 번씩 팍팍 올라가게 되는데 제일 큰 사건은 역시 앨범 발매죠. 밴드의 여러 가지가 하나로 응축돼서 결과로 나오는 게 앨범이잖아요. 녹음하고 앨범 만드는 과정을 통해서 매번 성장하는 것 같아요. 그리고 EBS '스페이스 공감'에 나가게 됐던 것도 밴드로서는 성장의 좋은 경험이 됐고, 역시 해외 투어하면서 많이 성장했죠. 근데 투어도 투어지만 투어 가서 누군가 만나게 되잖아요. 만남을 통해서 성장하는 것도 되게 커요. 아까 얘기했던 '어씨리얼 씬'의 경우가 그런데 그 밴드랑은 지금도 서로 씬에 대한 얘기 자주하고, 아시아 씬 전반에 대해서도 자주 얘기하고 그러는데 이런 이야기를 나누면서도 밴드는 성장하는 것 같아요. 목표 설정이나 이런 부분 다시 하게 되기도 하고 많이 자극이 돼요"

밴드에게 성장이란, 인지도가 점점 높아진다든가 하는 외적인 성장도 있겠지만 특정 사건을 계기로 한 밴드의 마음가짐, 사고의 변화 즉, 일종의 각성 같은 내적인 성장도 못지않게 중요하다. 경선은 이런 내적 성장에 더 주목하고 있다.

탑클래스 연주자를 통해 '연주력의 힘'이라는 차원을 경험했고 앨범이라는 응축된 결과물을 통해 자신들이 무엇을 만들어 낼 수 있는지 자각하는 차원을 경험했다. 큰 무대에 서게 되면서 의문보다는 스스로를 자긍할 수 있는 든든한 경험을 하게 됐다. 해외 공연을 하면서 환상이 깨지고 그 자리에 더 넓은 세계에 대한 인식이 들어섰다. 비슷한 길을 걷고 있는 새로운 인연, 그들과의 교류를 통해 조망할 수 있는 시야를 갖게 됐고 여전히 자극을 주고받으며 목표를 새롭게 하는 경험을 하고 있다.

밴드의 외적 성장도 중요하지만 이처럼 인식의 전환, 태도의 변화, 시야의 확장 같은 내적 성장에도 주목하길 바란다. 이런 내적 성장이 눈에는 보이지 않는다 해도 밴드 스스로에게는 분명 질적인 변화이며 성장이다. 질이 다른 밴드는 그 존재감도 다르다.

아니 그럼 이런 질적 성장은 어떻게 해야 얻을 수 있는 건데 싶겠지만 조급해할 필요 없다. 밴드 여정에는 반드시 이런 경험들이 포함되어 있다. 밴드 저마다 걷는 길 다르고 보고 듣고 경험하는 것 다르겠지만, 꾸준히 나아가다 보면 분명 이런 질적 변화를 경험케 하는 순간들이 찾아 올 것이다.

"음악은 종합으로 하나의 덩어리인 거잖아요"

　　다크 미러 오브 트레지디는 무대에 오르기 전 얼굴에 두터운 화장을 한다. 마치 시체처럼도 보이고 이 세상 것 아닌 존재처럼도 보인다. 그리고 검은 색 일변도의 옷을 챙겨 입고 찌를 듯 위험해 보이는 스파이크 팔찌도 두른다. 블랙메탈을 잘 모르는 경우는 이것조차 생소할 것이다.

　　"어떻게 보면 좀 고전적인 스타일이죠. 블랙메탈에서 이런 것들을 처음 시작했던 그 문화를 받아들인 거고 무대에서 어떤 특별함을 주고 싶다 이런 것도 있겠지만 무대 위에선 불멸의, 이모탈적인 존재가 되는 거잖아요. 어떤 의식 같은 거 그런 부분이 좀 있어요"

　　그래서 이들의 무대에는 음악뿐 아니라 이들의 외양에서 풍기는 분위기, 그 공간을 움켜쥐는 다크 미러 오브 트레지디만의 분위기가 있다. 그럼 이들은 이런 퍼포먼스와 자신들 음악으로 무얼 표현하고 싶은 것일까. 이들 음악을 보고 듣는 청자들에게 뭘 전달하고 싶은 것일까.

"기본적으로 '인간은 비극적인 존재다'라는 큰 주제를 갖고 있어요. 그런 큰 주제 하에 현대인들 비극의 일면들을 단편적으로 나열하는 이야기들을 만들어내고 있어요. 가사가 있긴 하지만 메시지보다는 사운드로 엮어서 그걸 그리고 있는 거죠. 가사, 메시지가 먼저인 밴드들은 메시지를 더 부각시키겠지만 저희 같은 경우는 꼭 그렇지는 않습니다. 음악은 종합으로 하나의 덩어리인 거잖아요. 케이팝 가사 한글로 되어 있는데 외국인들이 들으면 이거 외계어인 거잖아요. 그런데도 그냥 열심히 듣잖아요. 그거랑 똑같다고 생각하면 돼요. 이걸 알아들을 수 있는 게 중요한 게 아니라 그 덩어리인 음악 그 자체를 들을 때 느껴지는 어떤 느낌이 중요한 거라고 생각해요"

경선의 말대로 음악은 하나의 종합적인 덩어리이다. 덩어리에서도 특히 가사, 메시지가 부각되는 음악이 있을 수 있고 메시지가 따로 구분될 수 없는 덩어리 자체가 중심인 음악들도 있다. 다크 미러 오브 트레지디는 인간의 비극을 그들이 가장 잘 다룰 수 있는 음악이란 거울에 덩어리째 담아 청자의 코 앞에 들이밀고 싶은 것이다. 청자가 그 거울에 비친 자신의 얼굴을 보고 뭔가 느끼고 경악할 수 있길 바라는 것이다. 이 세상 것 같지 않게 무대 위를 떠다니는 이들의 하얀 얼굴과 검고 날카로운 착장은 이 비극적 음악 덩어리를 거울 밖으로 소환하기 위한 일종의 강림 의식과도 같은 것이다.

"무대 위에서는 즐기면 안 된다고 생각해요. 무대는 저에게 하나의 일이에요. 일은 제대로 잘 끝내는 게 중요한 거잖아요. 그래서 무대 올라가기 전에는 수능 시험 치르러 가는 것 같은 느낌이에요. (웃음) 머리 비우고 그다음에 연습했던 것들 다시 체크하고 무대 위 동선이라든가 이런 것들 머릿속으로 다시 한 번 챙기고. 저는 작업실에서 충분히 즐거워요. 그것만 즐겨도 충분하고 무대 위에서는 내가 즐거운 것보다는 관객이 즐거운 게 더 중요하죠."

그러니 무대 위에선 진지할 수밖에 없다. 한편으론 놀랍다. 나를 비롯해 주변 대부분의 밴드들이 '내가 즐거워야 관객도 즐겁다'라는 생각으로, 그렇게 무대를 즐거운 공간으로 인식하며 공연을 하는데 경선에겐 무대가 일하고 시험 치르는 공간처럼 진지하고 엄숙한 공간이란다. 놀랍기도 하면서도 한편으로는 무대란 결국 관객을 즐겁게 하기 위해 존재하는 공간이란 생각만큼은 누구나 별반 차이가 없지 싶다.

"예전에는 수요일 밴드, 목요일 밴드 이런 게 있었잖아요"

지금이야 국내외를 넘나들며 수많은 라이브를 하고 있지만 밴드 시작 즈음에는 이들 역시 설 곳 몰라 헤매던 때가 있었을 것이다. 이들은 어떻게 처음 무대에 오르게 됐고 그 이후 어떤 식으로 무대를 점점 넓혀 간 것일까. 첫 무대라고 해야 지금과는 상황도 분위기도 많이 달랐을 테지만 그럼에도 분명 시작할 때 느끼는 막연함은 설 곳 몰라 헤매는 여타 밴드들과 크게 다르지 않았을 것 같다. 첫 무대 그리고 하나씩 무대를 넓혀 간 과정 이야기를 들어보자.

"첫 공연은 그때 1집 앨범 녹음을 들어가려고 하는데 이게 녹음비가 제가 생각했던 것보다 훨씬 많이 들더라고요. 그래서 그 녹음비를 충당하려면 공연밖에 없다 공연을 해야겠다고 생각했어요. 그래서 첫 공연은 그렇게 직접 대관을 해서 치렀어요. 녹음비 벌려고 했던 그 공연 그게 첫 공연였어요. 그 공연으로 부족했던 녹음비의 한 절반 정도를 메꿨던 것 같아요. 관객은 뭐 친구들 다 부르고 엄마 아빠 다 불렀죠. (웃음) 친한 친구들 같은 경우는 친구 지갑 뺏어서 돈 다 꺼낸 다음에 티켓 하나 달랑 넣어주고 (웃음) 그렇게 처음 시작했네요."

설 무대를 찾는 여러 가지 방법들에 대해 이미 다루긴 했지만 이렇게 직접 만드는 것도 적극 추천하는 방법이다. 지인들 대상 티켓 강매 공연이었고 녹음비를 충당해야겠다는 실질적인 이유가 있긴 했지만 어떻게든 일단 포문을 여는 게 중요하다. 경선의 첫 공연 관객들이 비록 티켓 강매를 당했다 하더라도 친구들, 가족들이 모였으니 공연 자체는 분명 즐거웠을 것이다.

준비가 됐다 생각하면 어떻게든 시작을 해야 한다. 작은 시작처럼 보여도 밴드 내적으로는 분명 목표 하나를 이뤄내는 작지 않은 경험이 될 것이고 누군가에게 밴드의 탄생을 알리고 이름을 알리는 홍보의 첫 계기가 될 것이다.

"그 뒤로는 이제 일단 공연을 한 번 해봤으니 알음알음 연결돼서 공연하기도 하고 클럽이나 이런 데 직접 연락해서 '공연하고 싶어요 한 번만 세워주세요' 이렇게 해서 시작을 했던 것 같아요. 그렇게 하다가 이제 조금 성장해서 '와스프W ASP[1]' 클럽에서 공연하게 되고, 거기서 많이 했었어요. 그렇게 '데스파티DeathPa rty[2]'도 참여하고 나중엔 '사피엔스7Sapiens7[3]'에서 공연도 하고 그랬죠"

알음알음 하기도 했고 용감하게 클럽 문을 두드리기도 했다. 계속 여기저기 문 두드리며 공연을 늘려가다 보니 슬슬 공연에 불러주는 사람들이 생겨났고 그렇게 설 수 있는 무대가 조금씩 넓어졌다. 이런 연쇄는 지금도 마찬가지이다. 더불어 하나둘씩 공연을 늘려가다 보면 공연 포스터에 밴드 이름이 올라가게 되는데, 이 포스터는 관객들만 보는 게 아니다. 클럽이나 공연 기획자들도 스치듯 볼지언정 보게 된다. 그러다 반복적으로 보이는 밴드, 왠지 자꾸 눈에 띄는 밴드에는 관심을 기울이게 되고, 이내 찾아보게 되고 같이 할 수 있겠다 판단되면 연락을 하게 된다. 그러니 포문을 열고 작더라도 하나둘 공연을 늘려가야 한다.

---

1 2000년에서 2007년까지 홍대에 자리했던 라이브 클럽. 메탈 밴드 '사일런트 아이(SILENT EYE)', '다운 인 어 홀(Down In A Hole)'의 보컬 서준희가 운영했던 라이브 클럽이다.

2 클럽 와스프가 정기적으로 기획했던 공연으로 공연 타이틀 대로 데스메탈 밴드들 포함, 국내의 익스트림 밴드들이 다수 출연했던 공연이다. 익스트림 전문 공연이 적던 시절 익스트림 밴드들이 숨 쉬고 서로 연결될 수 있는 중요한 공연이었다.

3 블랙메탈 밴드 오딘(Oathean)의 보컬, 기타인 김도수가 2007년 오픈한 홍대의 라이브 클럽. 2007년 문을 닫은 와스프에 이어 블랙메탈을 비롯한 익스트림 밴드들이 자주 활동했던 공간이다. 2010년경 문을 닫았다.

"예전에는 수요일 밴드, 목요일 밴드 이런 게 있었잖아요. 그렇게 수요일, 목요일 가다가 거기서 잘하면 토요일 공연도 설 수 있고 그랬는데, 이젠 그런 사다리가 없어진 상황이라 막상 처음 시작하는 밴드들이 단계를 밟고 올라갈 시스템이 없다는 게 안타까워요. 정기 공연도 옛날에는 대관이 적기도 했고 그래서 클럽에 정기 공연이 많았잖아요. 그래서 '데스파티'처럼 클럽마다 직접 기획하는 공연들이 있었는데 지금은 그게 많지 않죠. 뭔가 밴드가 서로 엮이면서 네트워크를 만들어야 더 나아가게 되는데 정기 공연 같은 게 없다 보니 그걸 만들 경로가 없는 거죠. (중략) 일단은 공연장들이 예전처럼 좀 자기 공연, 정기 공연을 만들어 줬으면 좋겠어요. 정기 공연이 있으면 분명히 신인 밴드들이 거기 오디션을 신청할 거고 거기서 커서 활동하다 보면 네트워크도 생기고 다른 공연 기획자들이 또 당겨갈 거 아니에요. 이런 순환이 계속돼야 되는데 그게 없어진 게 너무 안타까워요."

무대를 넓혀가는 과정 이야기를 하다 보니 다크 미러 오브 트레지디가 밟아온 과정 속에는 있었는데 지금은 사라져 아쉬운 것들에 대한 이야기까지 이어졌다. 오디션 즉, 시스템에 대한 이야기이다. 앞서도 클럽의 오디션이나 단계별 시스템의 부재에 대한 안타까움을 이야기한 밴드들이 있었다. 오디션, 다섯 시 밴드, 여섯 시 밴드, 수요일 밴드, 목요일 밴드 등등 전에는 뭔가 밟아 올라갈 수 있는 눈에 보이는 단계들이 존재했는데 이젠 그렇지 않은 상황이다 보니 처음 시작하는 밴드들 입장에서는 막막할 거다라는 게 경선이 토로하는 안타까움이다.

정기 공연에 대한 이야기도 마찬가지이다. 정기 공연을 통해 자신들과 비슷한 밴드들과 만나게 되고 거기서 서로 끌고 당기고 밀어주는 네트워크가 생길 수 있을 텐데 그런 기회마저도 적어졌다는 게 경선이 느끼는 안타까움이다.

물론 예전이 무조건 좋았다고 말하고 싶은 것은 아닐 것이다. 유지하지 않고 없어지게 된 데에는 다 그만한 이유가 있을 것이고, 당시에 적합한 방식이 있었다면 지금은 또 지금에 적합한 방식이 있을 것이다. 경선이 클럽의 그런 속사정을 전혀 모르고 하는 이야기는 아니다. 그럼에도 다시 한번 클럽이 그런 기능을 발휘해 줬으면 하는 게 경선의 바람이다. 밴드들이 성장 단계를 밟아 가는 시스템을 제공하는 곳으로서, 밴드들 간, 밴드와 기획자 간 네트워크를 제공하는 곳으로서 다시 한번 기능해 주길 바라는 것이다.

물론 지금도 오디션을 운영하는 클럽, 매주 정기 공연을 열고 있는 클럽들이 많지는 않아도 여전히 존재한다. 또는 자주는 아니어도 자체 기획 공연을 잇고 있는 클럽들도 여럿 존재한다. 사실 단순한 대관 장소가 아닌, 밴드 그리고 씬과 교류하며 선순환의 한 축을 이루고 싶은 마음은 어느 클럽이나 마찬가지일 것이다. 상황이 마냥 여의치 않음을 탓해야 할 것 같다.

어쨌든 요즘은 클럽이 주로 주관하던 정기 공연, 기획 공연이 밴드들, 기획자들 몫으로 많이 돌아갔다. 경선도 공연 기획에 앞장서고 있다. 국내 유일무이의 메탈 전문 페스티벌인 '문래메탈시티Mullae Metal City[1]', 신인 밴드들의 등용문이 되고 있는 '아이언맨 스페셜Ironman Special' 그리고 기존 메탈 밴드들과 '아이언맨 스페셜'을 통해 등장한 신인 밴드들이 함께 서는 '다운폴 페스트Downfall Fest'가 그가 참여하고 있는 기획 공연들이다.

"'페스티벌 형태의 메탈 전문 공연이 하나는 있어야 된다' 해서 여태 지켜오고 있는 게 '문래메탈시티'이고 누군가는 신인 밴드를 발굴하는 A&R 같은 역할을 해야 한다 해서 '아이언맨 스페셜'은 그런 A&R 역할을 하는 공연이고요. 그래서 문래메탈시티는 어떤 엄청난 밴드가 와도 헤비메탈이 아니면 못 서요. (웃음) 아이언맨 스페셜은 그래도 이만큼은 열어뒀어요. 헤비메탈, 하드 락까지는 오케이 (웃음)"

경선뿐만 아니다. 책 초반에 만나봤던 '서울똥망치'는 수시로 펑크 공연을 만들고 있고 '컴배티브 포스트'는 '뉴플래쉬New Flash'라는 하드코어 전문 기획 공연을 꾸준히 진행하고 있다. '메써드'의 재하는 다른 스태프들에게 일의 대부분을 넘기긴 했지만 '헬라이드HellRide'란 메탈 기획 공연을 이어오고 있고 '팎'은

---

1 2014년 시작된 메탈 전문 페스티벌. 철공소들의 거리로 불리는 서울 문래동의 특성에서 착안해 철(Metal)과 메탈 음악을 융합한 지역 음악 축제를 표방하며 문래동 인근 공연장에서 열리고 있는 페스티벌이다. 현재까지 이십여 회 이상의 공연을 진행했으며 200여 팀 가까운 국내외 밴드들이 참여했다.

'플랜피PlanP'란 헤비 락 중심 기획 공연을 수시로 만들고 있다. 내 경우는 '언더 그라인드'라는 시끄러운 밴드들 모조리 욱여넣은 기획 공연을 적게는 일 년에 한 번 많게는 삼, 사 개월마다 한 번씩 진행하고 있다. 우리뿐만도 아니다. 다양한 장르의 많은 밴드들, 기획자들이 일회성이 아닌, 시리즈 형태의 정기 공연, 기획 공연을 수시로 만들며 여기저기 판을 벌이고 있다.

자신의 밴드가 걷고 있는 길, 그 길 앞에 어떤 큼직한 정기 공연, 의미 있는 기획 공연들이 있는지 평소 주의 깊게 살펴보길 바란다. 그리고 그 공연들에 참여하는 걸 밴드의 단기 목표로도 삼아 보길 바란다. 그러다 이윽고 그 목표 앞에 도달했다고 여겨질 때면 과감히 문을 두드려 보길 바란다.

"솔직히 모르는 사람한테 연락하는 게 그렇게 쉬운 일은 아니죠. 십 년 넘게 기획해 오고 있는데 연락 온 경우가 거의 없는 것 같아요. 많이 연락 주면 좋겠는데. 하다못해 펑크 밴드가 저한테 연락을 준다고 해봐요. 제가 펑크 공연을 기획할 수는 없잖아요. 그럼 펑크 하는 다른 사람한테 연결이라도 해줄 것 같아요. 그러니 많이들 연락 주면 좋겠어요"

"연주력이 30% 그리고 70%는 아이덴티티"

다크 미러 오브 트레지디는 유럽, 일본뿐 아니라 중국, 홍콩, 싱가포르, 말레이시아 등 아시아권에서도 공연을 여러 차례 했다. 그간 정말 많은 국내외 밴드들을 만나봤을 것이다. 이런 공연들을 통해 환상이 깨지는 경험도 했고 시야가 확장되는 경험도 했다. 그렇다면 밴드를 보는 시야는 어떨지 궁금해졌다. 많은 밴드들을 봐 오면서 과연 어떤 밴드를 실력 있는 밴드라고 인정할 수밖에 없었는지 즉, 밴드의 실력이란 뭐라고 생각하는지 들어봤다.

"연주력이 30% 그리고 70%는 아이덴티티. 그 밴드만이 가지고 있는 어떤 독특함, 이 밴드만이 가지고 있는 그 뉘앙스가 분명히 있거든요"

경선은 아무래도 7:3 가르마 비율을 좋아하는 것 같다. 그 밴드만의 고유성 내지는 개성, 정체성, 아이덴티티가 있어야 한다는 이야기인데 이건 이것대로 또 말로 설명하기 참 어려운 영역이다. 이야기를 좀 더 들어보자.

"그건 뭐 굳이 찾는 게 아니라 다 가지고 있는 거라고 생각해요. 이게 사람이 다 틀리잖아요. 예를 들어 저는 '엠페러Emperor[1]'를 되게 좋아하거든요. 카피도 엄청 했고요. 제가 곡 만들 때도 당연히 엠페러 느낌의 프레이즈들이 많이 나올 거예요. 근데 백 퍼센트 엠페러 같으냐 그건 아니거든요. 저는 엠페러랑 엄연히 다른 사람이잖아요. 한국에서 태어났고 그들이 가지고 있는 감성을 백 프로 이해하지도 못하고. 그런 것처럼 자기만의 개성에서 비롯되는 아이덴티티가 자연스럽게 만들어진다고 생각해요. 이런 아이덴티티 자체를 음악적으로 자유자재로 쓸 수 있게끔 만들어내는 게 실력의 70%라고 생각해요"

인터뷰 초입에서 경선이 음악이란 자기 내면의 것을 끄집어내는 것이다라고 말했던 것과 일맥 하는 이야기이다. 고유성, 개성은 이미 각자의 내면에 존재하는 것들이다. 이건 저마다 고유할 수밖에 없고 누구와도 닮지 않은 독특한 것일 수밖에 없다. 황제라 해도 이 영역에는 범접할 수가 없다. 자신이 원래 가지고 있는 것을 재료로 정체성을 빚어내고 그걸 자유롭게 표현하는 밴드, 그런 밴드에게서 경선은 실력을 느끼고 압도당한다고 한다. 이건 찾으려고 밖으로 나다닐 게 아니다, 원래 자신의 것이니 자신 안에서 끄집어내야 하는 것이라며 경선은 힘 주어 말한다.

무대 위에는 오직 여러분 밴드뿐이다 무대는 자기 목소리를 내려고 올라가는 곳이고 그러라고 마련된 장소이다. 무대 위에서 하고 싶은 말, 표현하고 싶은 소리, 내고 싶었던 목소리, 전하고 싶었던 몸짓을 거침없이 보여주는 밴드, 자신들 내면을 재료로 했기에 누구와도 닮지 않은 자신만의 뉘앙스를 보여주는 밴드 그런 밴드에게서는 경선뿐 아니라 누구든 자연스럽게 박수를 치게 될 것이다. 제 아무리 이미 내재되어 있는 것이라 해도 주목하지 않는다면 그저 방치될 뿐

---

1 1991년 결성된 노르웨이의 블랙메탈 밴드. 밴드명 그대로 블랙메탈계의 황제로도 불리는 밴드이다.

이다. 시작한 지 얼마 안 됐다고 눈치 보거나 주눅 들 필요 없다. 자신들 질문에 확신을 가지기 바란다. 우리가 정말로 좋아하는 게 뭔지, 정말로 연주하고 싶은 게 뭔지, 큰 소리로 표현하고 싶은 게 뭔지, 우리 멤버들이 함께 즐기며 만들 수 있는 게 뭔지 끊임없이 자신들에게 물어가며 밴드를 이어가 보길 바란다. 도중에 잠시 길을 잃는다 해도 자기 목소리를 끄집어내려는 이런 질문들을 놓지 않고 밴드를 이어간다면, 어느새 소리를 내기 시작한 자신의 목소리 자체가 길잡이가 되어 여러분 밴드를 실력을 향해 한 걸음 더 이끌고 나아갈 것이다.

"마라톤이란 걸 이해해야 돼요"

여기까지 경선의 이야기를 듣다 보니 자신은 결코 예술가 타입이 아니라고 말하긴 하지만 과연 그런가 하는 생각도 든다. 타입이 따로 있을까. 흔히 떠올리는 전형성에서 조금 벗어나 있을 뿐 그 역시 천상 예술가라는 생각이 든다.

각설하고 다크 미러 오브 트레지디의 롱런 비결에 대한 이야기로 화제를 옮겨보자. 롱런하는 밴드들은 각자 나름의 노하우 또는 공통의 노하우를 갖고 있는 것 같다. 다크 미러 오브 트레지디의 경우는 어떠할지 이야기를 들어보자.

"운이 좋은 것 같아요. 욕심 별로 없는 멤버들하고 잘 만난 것 같아요. 멤버들이 별로 욕심이 없어요. 인생 무료한 애들끼리 모였달까. (웃음) 다들 그냥 주어진 상황에서 최선 다하고 자신이 가지고 있는 자원으로 최고의 결과를 끄집어내기 위해 노력하고 있는 것 같아요. 욕심 강한 멤버가 한둘 있어 봐요. 그럼 싸워요. 이번에 뭔가 잘 안돼도 '좋아 뭐 다음에 더 열심히 하자' 이래야 되는데 '이번 앨범 몇 만장 팔아야 되고 우리 꼭 성공해서 뭐 해야 해' 이런 멤버가 있으면 멱살잡이 나오고 그러는 것 같아요."

헛된(?) 꿈꾸지 않는 욕심 없는 멤버들을 만난 게 그 첫 번째 이유일 거라고 경선은 말한다. 결과에 실망하거나 집착하지 않고 매번 다음 도전에 망설임 없는 그런 멤버들과 함께하고 있다는 게 그에겐 행운과도 같은 것이라 이야기 한다.

"목표 제시가 중요한 것 같아요. 많이들 타임라인 제시하듯 스케줄이나 목표
를 세우고 하는 거 같은데 그게 아예 없으면 멤버들이 좀 지치긴 하겠죠. 근데
그게 너무 빡세지면 밴드가 어려워지는 것 같아요. 밴드는 마라톤이란 걸 이해
해야 돼요. 뭔가 원대한 꿈을 성급하게 이루려고 100M 달리기 하듯 몰아가면
멱살잡이 분명히 나오고 밴드는 깨집니다. 목표를 짧게 단계 단계로 쪼개서 눈
앞에 당장 달성할 수 있는 목표들을 계속 멤버들에게 제시하면서 끌고 가는 거
그게 되게 중요한 것 같아요"

앞서 다른 밴드들 인터뷰에서도 비슷한 이야기가 나오지 않았던가. 비전 제
시야말로 부지런한 밴드들, 롱런하는 밴드들의 공통점 중 하나로 들 수 있을 것이
다. 당연한 얘기지만 비전이 원대할수록 한걸음에 그리로 도약할 수는 없다.
경선의 비유대로 밴드란 장거리 달리기와도 같아서 구간 구간, 코스 코스마다
눈앞의 목표물로 삼을 수 있는 비전을 제시할 필요가 있고 그래야 밴드는 지치
지 않고 멀리까지 나아갈 수 있다.
당장 달성할 수 있는 현실적인 목표들을 비전 삼아 나아가는 것. 이건 꼭 롱
런을 위한 노하우인 것만도 아니다. 어떤 밴드든 발 디딜 수 있는 현실적인 비전
을 발판 삼아 나아가야 할 것이고, 이건 사실 밴드 운영의 노하우 자체이다.

"밴드가 너무 친하면 안 돼요. (웃음) 저희는 서로 안 싸워요. 싸울 일도 사
실 별로 없고, 저희도 처음에는 술 엄청 먹었어요. 근데 지금은 마치 직장 동료
처럼 딱 그 정도까지만 서로 개입하고 관여하지 그 이상은 안 합니다 (웃음)"

오래 같이 해왔기 때문에 밴드 초창기 때처럼 꼭 붙어 다니고 술 마시며 격
론을 벌일 필요가 더 이상은 없을 것이다. 이제는 100M 달리기처럼 뭉쳐 달릴
필요가 없다. 마라톤처럼 서로 거리는 있을지언정 같은 코스를 달리고 있다는
것만 확인하면 된다. 동료가 함께 뛰고 있다는 사실 자체만으로도 그 얼마나 힘
이 되고 의지가 되던가.

"회사 다니면서 다 할 수 있다"

　　국내에서 활동하고 있는 블랙메탈 밴드의 수는 아마도 양손으로 꼽을 수 있을 것이다. 그만큼 아직 국내에는 밴드 수도 그 다양성도 부족한 상황이다. 이런 와중에도 국내뿐 아니라 해외에서도 입지를 다지며 굽힘 없이 활동하고 있는 밴드 다크 미러 오브 트레지디의 이야기가 누군가에게 영감이 되고 자극이 되었길 바란다. 이제 이들의 향후 계획 그리고 인터뷰를 빌어 전하고 싶은 이야기가 있는지 들어보며 인터뷰를 마무리하자.

　　"5집 레코딩이 최우선입니다. 올해는 무슨 일이 있어도 5집 레코딩 시작을 하고 싶은데 잘 될지 모르겠어요. 그 외 나머지는 아직 구상 중입니다. 향후 더 큰 목표라고 하면 큰 유통망을 가진 회사와 같이 일하는 거, 큰 유통망을 통해 앨범을 더 넓게 유통하는 게 목표예요. 좀 더 많은 사람들이 저희 음악을 들을 수 있도록 하는 게 큰 목표죠."

　　3,4집이 본토 레이블을 통해 발매가 됐지만 아직 만족은 이르다. 바깥세상에는 블랙메탈을 받아들이고 유통해 줄 수 있는 더 큰 레이블들이 존재한다. 그런 대형 회사들을 통해 자신들의 음악을 세계로 더 넓게 멀리 보내는 게 이들의 가장 큰 목표이다. 그러기 위해서는 본토 밴드들에 밀리지 않는 좋은 음악을 만들어야 하고 더 인정받을 수 있는 앨범을 만들어야 한다. 이런 목표를 향해 가진 자원을 쏟고 효율을 추구하고 최선의 노력을 다 하는 게 이들 당장의 향후 계획이다. 그렇게 이들의 해외를 기반으로 한 활동은 앞으로도 계속 이어질 것이다.

　　"락스타는 없다. 독자들께서도 밴드 시작할 때 자신을 위해서 밴드를 해야지 뭔가 큰 업적을 이뤄보겠다 해서 밴드를 시작하면 안 돼요. 순수하게 자기 자신의 행복을 위해서 하는 거라고 생각하고 시작해야 해요. (중략) 밴드의 즐거움은 복합적이고 많아요. 결과물을 만들어내기 위해 뭔가 노력하는 그 즐거움도 있고, 만들어 냈을 때 오는 성취감도 있고, 그리고 이 곡들을 발표했을 때, 다른 사람들에게 들려줬을 때 그들을 이롭게 하는 즐거움도 있단 말이죠. 그렇기 때문에

꼭 코드 세 개 외웠으면 자작곡을 과감하게 만들어보면 좋겠습니다. 이런 복합적인 즐거움 이건 자작곡을 만들지 않으면 알 수 없는 즐거움이잖아요."

락스타가 되고 싶다면 이 책은 별 도움이 안 될 것이다. 다만 밴드는 여러분 자신을 별처럼 빛나게 해주는 순간들을 무수히 체험하게 해줄 것이다. 첫 자작곡 완성의 뿌듯한 순간, 그 곡으로 멤버들과 같이 합을 이룰 때 오는 희열의 순간, 드디어 자기 곡을 무대에 올릴 때 찾아오는 벅찬 순간, 자기 목소리를 무대 위에서 마음껏 지를 때 오는 카타르시스의 순간, 그 목소리에 호응하는 관객들과 눈과 마음이 마주치는 전율의 순간, 그 외 설명할 수 없는 많은 순간들. 밴드는 여러분이 이런 별처럼 빛나는 순간들을 기꺼이 체험할 수 있게 해줄 것이다. 다만 경선 말처럼 이것 모두는 자기 목소리 없이는 알 수 없는, 겪어 볼 수 없는 순간들이다. 그러니 밴드를 한다면 정면을 보고 자작곡으로 승부해야 한다.

마지막으로 경선은 책에 꼭 써달라며 이야기 한마디를 더 덧붙였다.

"우리나라가 유독 음악 하면 되게 좀 어렵게 생각하기도 하고 또 음악 하면 뭔가 현실과 분리된 것처럼 자꾸 생각하는데 다 직장 열심히 다니고 결혼도 하고 애 낳고 하면서 다들 음악해요. 뭔가 음악 하면 가난하다고 생각하는 것 같은데 아니 전혀 가난하지 않아요. 물론 서울에 아파트는 없지만 (웃음) 근데 뭐 어떤 분들은 막연히 밥도 굶고 그렇게 생각하는 거 같은데 아니 밥 굶는데 살이 어떻게 이렇게 쪄요. (웃음) 이 얘기를 꼭 써주세요. 그러니까 자작곡 쓰고 밴드 하고 앨범 만들고 투어 다니고 하는 거 회사 다니면서 다 할 수 있다. 전혀 아무 문제 없다."

향후 직장을 갖게 될 청년들도 그렇고 일에 매인 직장인들도 마찬가지다. 회사 다니면서 밴드 얼마든지 할 수 있다. 더불어 밴드 시작에 늦고 빠르고 따위도 없다. 옆의 일본만 해도 한창 직장 다니고 나이 지긋한 상황에서도 자작곡 밴드로 데뷔하고 활동하곤 한다.

일과 음악이 서로 동떨어진 별개가 아닌 하나의 일상이라는 걸 재차 강조할 필요는 없을 것 같다. 일하면서 밴드 하고 밴드 하면서 일하며 그렇게 일로만 가득했던 일상에 균열이 생기길 바란다. 그 균열이 일으키는 경쾌한 파열음이 여러분 밴드의 소리가 되길 바란다.

"1분 넘는 곡은 지루하다"

나후

나후 / Nahu 1999~

드럼 테미, 기타 겸 보컬 사류

나후

사실 마지막까지 내 얘기, 내 밴드 이야기를 써야 하나 고민이 됐다. 쓰고 싶었던 것, 전하고 싶었던 것들은 이미 다른 밴드들 입을 통해 충분히 전달된 것 아닌가 싶기도 했고. 그럼에도 여기저기 질문만 해대고 내 이야기는 쏙 빼는 건 어딘가 온당치 못 한 것 같아 사족이 될지언정 자신을 인터뷰하는 심정으로 2장 마지막에 내 밴드 이야기를 싣기로 했다. 앞서 밴드들에게 했던 질문들을 스스로에게 던져봤다. 그리고 그들이 담백하게 들려준 이야기처럼 내 이야기도 그렇게 적어 보려고 한다.

'나후Nahu'는 1999년 청주에서 결성된 밴드이다. 그라인드코어Grindcore[1]란 장르를 연주하고 있는 내 밴드에는 베이시스트가 없다. 현재 2인조 체제로 내가 기타, 보컬을 겸하고 있으며 드럼은 '테미Temi'라는 일본인 친구가 세션으로 참여하고 있다. 즉, 기타, 드럼이라는 두 가지 악기로만 구성된 밴드이다. 한때는 멤버가 4인조였던 때도 있었지만 여러 시도 끝에 결국 이런 2인조 체제를 선택했고 이 체제를 오랜 기간 유지하고 있다.

---

1 1980년대 후반 등장한 장르로 헤비메탈과 하드코어 펑크의 극단적 융합 장르로 설명되곤 한다. 극단화된 하드코어 펑크라고 설명되기도 하는데, 보컬은 그로울링과 스크리밍을 넘나들고 기타는 낮게 튜닝된 다운 튜닝을 주로 사용하며 음이 구분되지 않을 정도의 노이즈를 자주 전면에 내세우기도 한다. 드럼은 블라스트 비트(blast beat)라고 하는 특유의 쾌속 연주를 주로 사용하며 곡의 길이가 1분 이내로 짧은 경우가 많다. 종종 데스메탈의 하위 장르로 오해 받곤 하는데 엄밀히 말하면 그라인드코어는 펑크가 그 뿌리로서 데스메탈과는 서로 영향을 주고받으며 이웃하고 있을 뿐 태생 자체가 다르다. 영국의 네이팜데스(Napalm Death)를 이 장르의 개척자로 꼽곤 한다.

내 밴드 음악의 지향은 어떻게든 빠르고 시끄러운 음악을 만들어내는 데 있다. 그라인드코어에 한한 이야기이긴 하지만 나는 기타도 심지어 보컬도 하나의 타악기라고 생각한다. 보컬, 기타, 드럼이 서로 할퀴듯 난타하면서 만들어내는 과격한 소음, 타격음 가득한 특유의 진공감을 만들어내는 게 내가 지향하는 내 밴드의 음악이다. 둘이 연주하고 노래하고 있지만 그런 음악 만드는 데는 충분하다. 밴드의 결성 과정부터, 변곡점, 하면서 느끼는 즐거움과 어려움, 여러 감상을 하나씩 풀어나가려 한다. 변변치 않은 이야기이긴 하지만 누군가에게 작게나마 영감을 줄 수 있다면 사족 이상의 의미는 될 수 있을 것이라 생각한다. 우선 다른 밴드맨들에게 질문했듯 어떻게 처음 기타를 치게 됐는지, 어떻게 처음 밴드를 시작하게 됐는지 그 출발점부터 이야기를 시작해 보겠다.

"듣기만 하는 거 그만하고 직접 하고 싶다"

기타를 처음 잡은 거 아마 중학교 2학년 때쯤였을 거다. 이에 앞서 국민학교 6학년 때 처음 용돈으로 테이프를 사서 음악을 듣기 시작했던 나는 중학교 들어가서도 자연스럽게 음악 좋아하는 친구들과 어울리게 됐다. 당시는 빌보드 차트를 장식하는 팝 음악들을 주로 들었는데 서로 테이프를 주고받고 하던 중 한 친구로부터 국내 헤비메탈 밴드의 앨범을 추천 받아 듣게 됐다.

처음 접한 헤비메탈. 전율이 돌았다. 세상에 이런 음악이 존재한다니, 그야말로 번개 맞은 듯한 느낌이었다. 오토바이 엔진 소리처럼 우렁차고 거친 기타 소리는 온갖 잡음을 일거에 날려버리는 전에 없던 맑은 소리처럼 들렸다. '다 비켜!'라는 듯 반항아 같은 보컬의 음색과 창법은 세상 두려울 것 없는 멋진 형들처럼 보였다. 그렇게 '시나위[1]'를 듣고 '외인부대[2]'를 듣고 어찌어찌 '본 조비'와 '유럽Europe[3]', '주다스 프리스트' 같은 당시 인기 절정이었던 해외 헤비메탈 밴드들 음악도 듣게 됐다.

한편으로는 귀에 곱게 꽂히는 팝 음악들과 달리 이런 음악들은 어딘가 불온하게 느껴지기도 했는데 세상과 불협하는 듯한 그 불온함 자체에서 뭔가 떨쳐낼 수 없는 매력을 느꼈던 것 같다. 어쨌든 애들 다 날아다니는 남자 중학교 쉬는 시간엔 혼자 음악에 취해 허공에 팔뚝질을 하기도 했고, 체육 시간에는 배 아프다는 핑계로 교실에 남아 한두 시간 내내 헤비메탈을 꿀 빨듯 듣곤 했다.

당시에는 밴드를 하고 싶다는 생각까지는 하지 못 했다. 이런 음악들이 너무 신선하고 좋았지만 다 나보다는 큰 형들이나 어른들의 이야기, 마냥 멀리 있는 딴 세계 이야기인 것만 같았다. 그러다 중학교 2학년 소풍 때, 한 친구가 통기타를 들고 나와 '주다스 프리스트'의 〈Before the dawn〉을 퉁기며 노래하는 것을 보고 '아 나도 통기타를 쳐봐야겠다'는 생각을 하게 된다.

어머니를 졸라 기타를 처음 손에 쥐게 됐는데 모양이 마음에 들어서 골랐던 기타는 사실 통기타가 아닌 클래식 기타였다. 당시 나는 통기타, 클래식 기타 구분할 줄도 몰랐다. 어쨌든 그런가 보다 하며 클래식 기타 교본을 구해 연습을 해봤는데 한 음 한 음 손가락으로 공들여 연주하는 클래식 기타의 그 섬세한 주법은 당시 내겐 너무 벅차기만 했다. 그래서 교본을 덮고 팝송/가요 책을 펼쳤다. 책 뒤에 그려져 있는 코드표로 통기타 코드를 익혔고 리듬을 타며 혼자 스트로크를 익혔다. 그렇게 클래식 기타는 내 손에서 통기타화되었다. 집에 굴러다니던

---

1 1983년 결성된 한국의 헤비메탈 밴드. 신대철이 중심이 된 밴드로 1986년 《헤비메탈 시나위》란 앨범 발매를 시작으로 9장의 정규앨범을 내며 2016년까지 활동했던 한국의 대표적인 헤비메탈 밴드이다.

2 1988년 결성된 한국의 헤비메탈 밴드. 시나위의 보컬이었던 임재범이 시나위 탈퇴 후 참여했던 밴드로 밴드 이름대로 당시 내로라하는 밴드의 멤버들이 모여 결성한 밴드이다. 완성도 높은 두 장의 앨범을 발매하며 주목과 반향을 일으켰다.

3 1979년 결성된 스웨덴의 헤비메탈 밴드로 80년대 헤비메탈을 대표하는 주요 밴드 중 하나이다. 1986년 발매된 앨범 《The Final Countdown》은 전 세계적으로 크게 히트했다.

통기타 가지고 놀다가 시작하게 됐다는 몇몇 밴드맨들 이야기가 남 일처럼 들리지 않았던 건 이 때문이다. 어쨌든 그렇게 중고등학교 시절엔 클래식 기타를 통기타처럼 가지고 놀았다.

밴드를 해야겠다고 결심했던 건 그로부터 한참 후인 군대 다녀와서이다. 앞서 여러 밴드맨들이 이르면 중학교 스쿨밴드부터 아니면 대학 들어가면서부터 밴드를 시작했다고 하는데 내 경우는 그보다는 늦은 셈이다. 80년대 중후반인 내 중고등학생 시절, 청주에는 스쿨밴드란 것 자체를 찾아보기가 힘들기도 했고, 대학 입학할 당시에 잠깐 밴드 동아리에 들어갈까도 했으나 당시 대학 동아리 대부분이 자작곡 한 곡 없다는 게 멋없어 보여 그것도 접었었다. 그냥 중고등학교 때처럼 헤비 리스너로만 죽 지내다가 군 생활로 뭔가 압이 차올랐던 것인지 제대 후 문득 '이제 듣기만 하는 거 그만하고 직접 하고 싶다'란 생각이 머리를 채우기 시작했다. 그렇게 대학 3학년, 남들 취업 준비할 때 나는 밴드를 준비하기 시작했다. 간혹 자신은 밴드 아주 일찍부터 시작했다며 유세 떠는 치들이 있는데 부질없는 짓이다. 밴드가 떨 수 있는 유일한 유세는 자신의 음악뿐이다.

밴드를 준비하며 처음에는 독학으로 일렉 기타를 익히기 시작했다. 물론 대학 입학하면서부터 일렉 기타를 만지긴 했지만 그저 끄적이는 정도의 수준이었고 뭔가 해보려고 마음먹고 다루기 시작한 것은 이때부터였다. 독학으로 익혀나가다가 이내 뭔가 체계적인 배움이 필요한 것 아닌가 싶어져 당시 서울에 있던 '서울재즈아카데미[1]'를 주말마다 두세 달 다니기도 했다.

아카데미에서는 GIT[2] 출신의 훌륭한 강사님들이 가르침을 주셨는데 다니다 보니 내가 가려는 방향과는 어딘가 맞지 않는다는 생각이 들기 시작했다. 당장 밴드 하는 데 도움이 되는 과정을 기대했던 건데 그게 전혀 와닿지가 않았다. 사실 그런 과정은 그때나 지금이나 따로 존재하지 않을 것이다. 어쨌든 강사님들 가르침 따라 잘 익히고 운 좋게 경력을 쌓아가면 어엿한(?) 기타리스트가 될 것

---

1 1995년 설립된 우리나라 최초의 대중음악 전문 교육기관. 현재의 'SJA 실용전문학교'의 전신이다.

2 GIT(The Guitar Institute of Technology). 미국 L.A에 위치한 실용음악 전문 대학 MI의 전신 격으로 전문 기타리스트를 양성하는 과정이었다. 현재는 MI의 학과 과정 내에 포함되어 있다.

만도 같았지만 내가 가고 싶었던 길은 그 길이 아니었다.

이윽고 서울 오가는 거 그만두고 바로 밴드를 만들었다. 딱 봐도 락 듣게 생긴 장발의 과 후배를 보컬로 영입했고, 일일 호프 행사에 메탈 티셔츠 입고 돌아다니는 생면부지의 친구를 붙잡아 다짜고짜 기타리스트로 영입했다. 공고를 내서 드러머를 구했고 그렇게 기타 일 년 남짓 익히고 첫 밴드를 만들었다. 이제와 생각해 보니 그때도 베이스는 없었다.

그렇게 결성된 밴드는 '메탈리카'나 '세풀투라', '판테라'를 겨우 흉내 내는 정도였고 자작곡이라는 합을 채 맞추기도 전에 밴드는 해체가 된다. 이어서 다른 멤버들과 밴드를 하나 더 결성해서 공연을 무대에 올리기도 했지만 그 밴드도 오래가지는 못 했다.

"**밴**드는 당연히 자작곡이지"

밴드를 해야겠다고 결심하고 연달아 두 개의 밴드를 만들고 해체했지만 나후를 시작하면서부터 비로소 내 곡을 쓰기 시작했고 내 목소리를 내기 시작했으니 나의 실질적인 첫 밴드는 나후라고 볼 수 있다.

결성 스토리는 단순하다. 직전 밴드를 해체하고 나는 쓰래쉬 메탈보다는 평소 심취해 있던 빠르고 강한 데스메탈을 연주하고 싶었고 무엇보다도 자작곡에 목이 말라 있었다. 당시 청주에는 거의 해체 수준의 상황이었던 '데몰리션Demolition'이라는 데스메탈 카피 밴드가 있었는데 이 밴드의 기타리스트였던 김종호와는 평소 자주 만나 술 마시며 음악 얘기를 나누던 사이였다. 그러다 '데스메탈', '자작곡'이라는 화두로 서로 마음이 맞게 됐고 결국 함께 데스메탈 밴드를 결성하기로 한다. 종호가 드러머와 베이시스트를 불러왔고 내가 기타, 보컬을 겸하게 되면서 1999년, 4인조의 나후가 처음 결성된다. 나후는 그렇게 처음에는 데스메탈 밴드로 시작했다.

종호는 기타 연주력으로는 당시 청주에서 손꼽히는 인물이었으나 나를 포함한 나머지 멤버들의 연주력은 고만고만했다. 그럼에도 어찌어찌 합은 맞아 데스메탈의 모양새를 갖춘 곡들을 연주할 정도는 됐다. 처음엔 카피 곡들로 합을 맞췄고 합이 맞자 이윽고 자작곡을 준비하기 시작했다.

90년대 말, 당시 청주에는 어찌 된 영문인지 자작곡 밴드가 거의 전무하다시피 했다. 간간이 자기 곡을 갖고 있는 밴드가 있었는지는 몰라도 카피 곡 없이 자신들 곡만으로 무대를 채우는 밴드는 찾아보기가 힘들었다. 밴드의 개성? 자의식? 정체성? 이런 것들이 내 눈에는 싹조차 보이지 않던 시기였다. 기억을 더듬어 보니 한 팀 정도는 그런 밴드가 존재했던 것도 같지만 그 외엔 죄다 카피 밴드였고 그럼에도 자신들 음악에 한껏 취해있었다. 어떻게 취할 수 있을까 이해가 안 되고 답답했다.

의식은 다양한 문화를 통해 자극 받고 성장한다고 믿는다. 청주는 조용하고 점잖은(?) 도시였고 당시 서울, 부산, 인천과 같은 대도시에 비해 문화적으로도 소외된 지역이었다. 대도시에 무언가 새롭고 재미있는 게 들어와도 청주에서 그걸 경험하기까지는 시간이 걸렸다. 자존심 상하는 이야기이긴 하지만 당시는 그렇게 느긋하고 느렸고 음악적인 자의식도 대도시에 비해 눈이 덜 틔워진 동네였다. 아쉽고 답답한 마음에 "밴드는 당연히 자작곡이지"라며 자주 떠들고 다녔던 기억이 난다.

이제는 인터넷을 비롯해 빠르게 돌아가는 시스템 덕분에 더 이상 이런 문화적인 시차가 핑곗거리가 되지 않는 시대가 됐다. 특히 음악에 한해서는 더욱 그렇다고 생각한다.

"**머**리는 메탈, 마인드는 펑크"

나후를 결성하고 슬슬 자작곡을 쓰기 시작했으나 공교롭게도 처음 나온 곡은 전혀 데스메탈이 아니었다. 술 취해서 잼하다가 만든 곡이었는데 지금 생각해 보면 몇 개 안되는 코드로 만든 미드 템포의 헤비 얼터너티브 같은 느낌의 곡이었다. 발라드가 무색할 정도였다. 그래도 명색이 데스메탈을 하겠다고 모였으니 가사만큼은 거기 어울리게 써야지 싶었고 그래서 가사를 온통 피가 낭자한 이야기로 장식했다. 원하던 스타일은 아니었지만 처음 만든 우리 곡이어서 좋았고 곡 분위기 따로 가사 따로인 아이러니가 마음에 들기도 했다.

서너 곡쯤 돼서야 비로소 데스메탈이라고 부를 만한 곡들을 만들 수가 있었는데 이때까지만 해도 작곡의 중심은 기타리스트인 종호가 맡고 있었다. 그를 중심으로 곡 만들고 무대에 오르며 자작곡으로 공연을 하기 시작했지만 데스메탈 나후는 그리 오래가지 않았다. 일 년 채 안 되어 종호가 팀을 탈퇴하게 된 것이다. 이때쯤에는 베이스도 드럼도 멤버가 바뀌어 있었던 것 같다. 나는 팀을 다시 추슬렀고 작곡도 데스메탈에 한정 짓지 않기로 했다. 다만, 한정 짓지 않는 것까지는 좋았으나 이후로 만든 곡들은 데스메탈부터 쓰래쉬 메탈 그리고 묵직한 얼터너티브 느낌의 메탈 등 일관성이 없다는 한계가 있었다. 2천년대 초에 나는 하드코어 펑크에도 크게 매료가 되는데 그때 만든 곡들은 심지어 메탈릭 하드코어 같은 느낌도 난다. 당시 즉, 2천년대 초의 나후는 하드코어 전문 레이블인 GMC와 그 소속 밴드들과도 함께 어울리곤 했는데 그런 탓에 일부에선 하드코어 밴드로 인식되기도 했다.

　　음악적으로 우왕좌왕하던 시기였지만 나는 이때 만들었던 곡들이 모두 마음에 들고 좋았다. 당시는 어떤 특정 장르를 좇았다기보다는 어떻게 하면 더 시끄럽고 인상적인 음악을 만들 수 있을까를 고민하던 시기였고 그런 과정의 결과물들이 다양한 형태로 만들어졌던 것 같다. 그 고민이 이어져 결국 그라인드코어란 장르에 닿게 되지만 그 이야기는 잠시 뒤로 미루고.

　　애초 밴드를 시작하면서부터 그리고 이런 과정 혹은 과도기를 거치는 동안에도 놓지 않은 생각 하나가 있었다. '머리는 메탈, 마인드는 펑크'

　　어려서부터 듣고 자란 음악이 메탈이니 손에서 나오는 것들도 당연히 메탈이었다. 하지만 성인이 된 이후 보고 듣고 읽고 경험한 펑크는 나를 감화시켰고 음악에 대한 이해를 바꿔놨다. 어떻게 음악을 대하고 어떻게 음악을 읽을지, 그리고 어떻게 음악을 해야 할지 그 태도를 가슴에 품게 만들었다.

　　중학생 때 펑크란 장르를 막연히 알고는 있었지만 당시로서는 펑크를 쉽게 접할 수가 없었다. 그때 같이 음악 듣던 친구에게 "야 영국엔 섹스피스톨즈란 밴드가 있대. 어떻게 밴드 이름이…"라며 놀라고 부러워(?)했던 기억이 난다. 그러다 대학 들어가서야 접한 펑크 정확히는 펑크 밴드들의 이야기, 펑크란 음악이 가진 역사와 태도, 그 마인드에 대한 글들은 내게 큰 감동을 줬다. 특히나 일명 '쓰리코드 주의'에 마음이 크게 끌렸다. 음악에 벽을 두르는 엄숙주의를 깨는,

'음악은 누구나 할 수 있는 것이다'라는 이 반권위주의적 태도가 특히 마음에 들었다. 더불어 펑크가 가지고 있는 천둥벌거숭이 같은 비타협, 비순응적 태도에서 음악 이상의 영감을 받기도 했다.

나는 펑크가 가지고 있고 이후 하드코어를 비롯한 여러 장르에 이어지고 있는 이런 음악적, 비음악적 에너지가 좋았고 그 에너지를 내 음악적, 비음악적 불씨로도 삼았다. 그리고 여태 그렇게 하고 있다. 다만 이제 머리는 '메탈'에서 '그라인드코어'로 바뀐 것 같다.

"그라인드코어 왜 하는 거냐?"

어떻게 하면 더 시끄럽고 인상적인 음악을 만들 수 있을지 고민하다 이윽고 그라인드코어를 연주하기로 결심하게 된 건 2001, 2년 즈음였던 것 같다. 당시 나후는 메탈 밴드들뿐 아니라 하드코어 밴드, 펑크 밴드들과도 자주 어울려 공연을 하기도 했는데 이들과 어울리며 많이 배우고 느끼고 감동도 받았지만 정작 펑크나 하드코어를 연주하고 싶지는 않았다. 제 아무리 마인드는 펑크라 해도 음악은 훨씬 더 극단적이고 싶었다. 욕심이지만 메탈 씬에도 펑크 씬에도 하드코어 씬에도 먹힐 만한 그런 음악, 빠르고 강렬하며 은근한 선동성과 임팩트를 가진 그런 음악을 하고 싶었다.

그러다 어느 날, 미국의 그라인드코어 밴드 '브루탈 트루스Brutal Truth[1]'의 앨범을 다시 꺼내 듣게 됐다. 90년대 말쯤 이들 앨범이 국내 정식 발매가 됐던가. 전부터 좋아했던 밴드였고 나는 이미 이들의 초기 앨범 두 장을 갖고 있었다. 단, 당시만 해도 이들을 데스메탈 밴드로 이해하고 좋아했는데 다시 꺼내 들어보니 왜인지 모르겠지만 그제서야 데스메탈과는 결이 다른 이들 음악의 진면목이 느껴지기 시작했다. 빠르고 과격했고, 소란스러웠지만 은근히 선동적이었고, 틀 없고 혼란스웠지만 어딘가 숨통을 트이게 하는 분방함이 느껴지기 시작했다. 그때 결심했던 것 같다. '아 이런 음악을 해야겠다'고.

이후부터 그라인드코어를 다시 파기 시작했다. 90년대까지만 해도 그라인드코어는 국내에 데스메탈의 하위 장르 정도로만 소개되고 있었다. 즉, 데스메탈의 변종으로 취급되며 주목받지 못했지만 2천년대에 와서는 인터넷 덕에 그런 몰이해가 서서히 깨지기 시작했다. 나 역시 몰이해를 깨고 처음부터 다시 파기 시작했다. 그간 앨범은 있었지만 잘 듣지 않았던 '네이팜데스Napalm Death[2]'를 비롯

---

1 1990년 결성된 미국의 그라인드코어 밴드로 그라인드코어란 장르를 대표하는 밴드 중 하나이다. 그라인드코어와 데스메탈의 경계가 다소 불분명 했던 90년대 당시 국내의 많은 데스메탈 매니아들의 칭송을 받았던 밴드이며 국내 데스메탈 씬에 미친 영향도 적지 않다. 2014년 공식 해체되었다.

2 1981년 영국에서 결성 현재까지도 활동하고 있는 전설적인 그라인드코어 밴드. 그라인드코어하면 바로 떠올릴 정도로 이 장르의 선구자 역할을 한 밴드이며 국내에도 여러 차례 내한한 바 있다.

해서 '테러라이저Terrorizer[1]'를 꺼내 들었고 '익스트림 노이즈 테러Extreme Noise Terror[2]', '나줌Nasum[3]'을 듣고 '피그 디스트로이어Pig Destroyer[4]', 'AxCx[5]'를 들었다. '드랍데드Drop Dead[6]'를 들었고 이 장르의 조상으로 여겨지는 '씨즈Siege[7]'도 찾아 들었다. '인페스트Infest[8]', '스패즈Spazz[9]' 같은 밴드들도 찾아 들으며 그라인드코어에 인접한 파워바이올런스Powerviolence[10] 음악을 듣기도 했다.

---

1 1985년 결성된 미국의 그라인드코어 밴드.

2 1985년 영국에서 결성된 그라인드코어, 메탈크러스트 밴드. 네이팜데스와 마찬가지로 초기 그라인드코어의 사운드를 특징짓는 역할을 했던 밴드.

3 1992년 결성된 스웨덴의 그라인드코어 밴드. 네 장의 정규앨범을 발매했으며 상업적 성공도 거둔 밴드였지만 2004년 동남아를 덮친 쓰나미로 인해 여행 중이던 보컬리스트가 사망했고 이후 밴드는 공식 해체되었다.

4 1997년 결성된 미국의 그라인드코어 밴드. 상업적으로도 성공한 축에 속하는 밴드로 현재 전 세계 가장 유명한 그라인드코어 밴드 중 하나로 꼽을 수 있다.

5 1988년 결성된 미국의 그라인드코어 밴드. 밴드의 정식 명칭은 책에 적기 민망할 정도이다. 이는 해외도 마찬가지라 출판물에는 AxCx 또는 A.C.라고 표기한다. 블랙코미디적 요소 가득한 가사와 퍼포먼스로 희대의 막장 밴드로 불리기도 했던 밴드이다. 하지만 성역 없는 조롱과 비판적 태도는 후대 밴드들에게 많은 영감을 주었고 적지 않은 영향력을 끼친 밴드이기도 하다. 2011년 리더이자 보컬인 '세스 퍼트넘(Seth Putnam)'의 심장마비로 사망하며 밴드는 공식 해체됐다.

6 1991년 결성된 미국의 하드코어 펑크, 파워 바이올런스 밴드. 2분 이상 지속되는 곡 없이 짧고 빠른 곡들을 연주하는 밴드로 '나줌'이 이들 곡을 커버하기도 했다.

7 1981년 결성된 하드코어 펑크, 쓰래쉬 코어, 파워바이올런스 밴드. 이때 이미 보컬은 강렬한 하드코어 스타일의 스크리밍과 그로울링을 사용했고 연주는 빠르기 그지없었다. 그라인드코어, 파워바이올런스의 신구사로 여겨지는 밴드이다.

8 1986년 결성된 미국의 파워바이올런스 밴드. 1996년까지 활동하면서 고향인 캘리포니아 밖에서는 거의 공연하지 않았음에도 어찌 된 일인지 전 세계 펑크, 하드코어 밴드들에게 많은 영향을 끼친 밴드이기도 하다. 가능한 한 더 빠르고 더 크게 연주하는데 많은 영감을 준 밴드라고 평가 받기도 한다.

9 1992년 결성 2000까지 활동했던 미국의 파워바이올런스 밴드. 하드코어의 연장선에 있는 연주만이 아니라 색소폰 같은 다른 악기나 샘플링 등을 활용한 연주로 파워바이올런스의 다양한 가능성을 보여준 밴드이기도 하다.

그렇게 계속 짧고 극단적으로 빠른 음악들을 파고들었다. 앨범을 직접 구해 듣기도 했지만 이즈음에는 이미 인터넷 세상이 되어 이 외에도 수많은 밴드의 음원을 어렵지 않게 찾아 들을 수가 있었다. 각주가 많아져 미안하지만 관심이 있다면 한 번씩 찾아 들어보길 권한다.

이런 탐독과 탐닉의 과정이 한순간에 이루어진 것만은 아니다. 또 그라인드코어를 연주해야겠다고 결심했다고 바로 그런 곡을 만들어 낼 수 있는 것도 아니었다. 내내 이루어진 것들이고 시간이 걸리는 일이었다. 나는 지금도 여전히 이런 음악들을 갈구하고 탐닉하고 있다.

언젠가 일본의 노이즈그라인드 밴드 '세테 스타 셉트Sete Star Sept[1]'의 드러머 키야수Kiyasu가 내게 이런 질문을 한 적이 있다. "너는 그라인드코어 왜 하는 거냐?"라고. 뜬금없는 질문에 자신도 모르게 엉겁결에 튀어나온 대답이 "그라인드코어가 나를 불렀어"란 답이었다. 둘 다 박장대소 했고 그렇게 순발력 있는 농담처럼 돌려준 말이긴 했으나 지금 음악으로는 성에 안 찬다, 스스로 더 온전히 취할 수 있는 음악을 해야겠다 골몰할 때 왜인지는 모르겠지만 불쑥 귀에 들리기 시작했던 게 그라인드코어란 장르였으니 꼭 틀린 대답만은 아니었던 것 같다.

"입 소리를 붙잡으라"

여기까지 읽다 보면 그럼 그라인드코어란 대체 어떤 음악인가 궁금할 수 있을 것 같다. 여기저기 찾아보면 대체로 '그라인드코어란 펑크에서 파생된 장르로서 블라스트 비트Blast beat를 중심으로 빠르게 휘몰아치듯 연주하는 장르'라고 설명되어 있다. 즉, 블라스트 비트라고 하는 말 그대로 폭발적으

---

10 하드코어 펑크의 도발적인 특성을 극대화한 장르로 설명되곤 한다. 극단적으로 빠르게 연주하나 종종 다양한 템포 변화를 주면서 허를 찌르기도 한다. 곡의 길이가 대부분 짧고 가사는 사회적 이슈에 대한 비판을 담고 있으며 종종 조롱 담긴 블랙 유머를 섞기도 한다.

1 보컬 겸 베이스 카에(Kae), 드러머 키야수(Kiyasu) 2인조로 구성된 밴드로 노이즈를 전면에 내세운 밴드이며 2014년 '나후'와 《Th Suneater/Phantom》이란 타이틀의 스플릿 앨범을 발매했다.

로 빠르게 연주하는 드럼 패턴, 이 특유의 쾌속 리듬을 바탕으로 기타, 베이스, 보컬 등이 쉴 틈 없이 몰아붙이는 연주를 보이는 게 그라인드코어의 주요 음악적 특징이다. 이런 빠르기와 더불어 공격적이고 광포하다. 보컬은 짐승의 그르렁거리는 소리 같은 창법을 쓰기도 하고 공간을 찢을 듯한 비명 같은 스크리밍 창법을 더하기도 한다. 선동적인 스타일의 펑크나 하드코어 창법을 쓰는 경우도 있다. 곡 길이는 대체로 짧고 그 짧은 곡 안에 에너지를 압축한다. 곡의 진행은 블라스트 비트로만 가득 채운 긴장감 가득한 전개를 보이는 경우가 있는가 하면 마치 긴장과 이완을 반복하듯 숨 쉴 틈 없는 연주와 숨 고르듯 이완된 연주 사이를 오가는 전개를 보이기도 한다.

이 정도가 그라인드코어에 대해 말로 옮길 수 있는 일반적인 설명이 될 것 같다. 개인적으로는 휘몰아치듯 연주하는 빠른 연주와 블라스트 비트만 제대로 갖추고 있으면 뭘 어떻게 해도 상관없지 않나 하는 생각마저 한다.

이런 음악적 특성 외에 그라인드코어는 펑크에서 파생된 음악이란 점에도 주목할 필요가 있다. 즉 이 장르의 문화적 배경에도 주목할 필요가 있다. 펑크가 더 과격해지면서 하드코어란 장르가 눈을 떴듯 하드코어를 더 극단화하면서 그라인드코어는 입을 떼게 됐다. 즉, 그라인드코어는 펑크가 점점 더 극단화되는 과정에서 태동된 음악이다.

다른 장르의 영향을 전혀 받지 않은 것은 아니다. 그라인드코어는 하드코어뿐 아니라 쓰래쉬 메탈의 영향을 받아 개척된 장르이기도 하거니와 태동했던 시기인 1980년대 후반은 데스메탈 또한 존재감을 넓혀가고 있던 시기라 빠르고 과격했던 이 두 장르는 서로 영향을 주고받으며 같이 커 나가기도 했다. 그런 탓에 종종 데스메탈처럼 들리기도 하고 어떤 밴드들은 사실 잘 구분이 안 가기도 한다. 그럼에도 펑크에서 뻗어져 나온 음악이란 점은 시사하는 바가 있다. 펑크 문화에서 이어져 온 누구나 할 수 있다라는 정신 즉, 체제에 의존하지 않고 스스로 이루는 DIY 정신과 이를 계승한 장르인 하드코어에 흐르고 있는 '같은 음악을 좋아하는 우리는 전 세계 어디에 있든 모두 친구다'라는 강한 커뮤니티 정신은 그라인드코어에도 녹아들어 있다고 믿는다. 이런 배경은 내 음악적 태도에도 역시 녹아들었다.

한 장르의 배경에 대한 이해가 필수라고까지 말할 수는 없겠지만 어떤 음악이든 음악 스타일을 익히는 것 외에도 그 음악을 구성하는 문화와 정신을 이해하는 것 또한 밴드 음악에는 좋은 양분이 될 거라는 점은 분명히 말할 수 있을 것 같다.

　다시 밴드 이야기로 돌아오자. 이번에는 작곡 이야기를 좀 해보려고 한다. 곡을 처음 썼던 건 중학교 3학년 때였다. 통기타로서 제 역할을 충분히 해주고 있던 내 클래식 기타로 만든 곡이었는데 코드는 몇 개 안됐지만 나름 도입, 절정, 결말 구조를 가진 제법 가요 비슷한 곡이었다. 오선지에 멜로디 라인 그려넣고 위에 코드를 적어 넣은 다음 악보를 또래 친구에게 건넸다. 피아노를 꽤 치는 친구였는데 피아노, 통기타 조합으로 같이 연주하고 노래해 보니 꽤 그럴싸하게 들렸고 마음에도 상당히 들었다. 이후로 한 곡인가 더 쓰려다 귀찮아서 말았지만 아마도 이때부터였던 것 같다. '작곡은 언제든 내가 마음만 먹으면 할 수 있는 거다'라는 자신감이 늘 마음 한구석에 자리 잡게 됐다. 그게 마음먹는 것만큼 쉬운 것만은 아니란 걸 종래에는 깨닫게 되긴 하지만.

　어쨌든 작곡 자체는 절대 어려운 것이 아니다. 앞서 '다크 미러 오브 트레지디' 경선의 말대로 좋은 곡을 만드는 게 어려울 뿐 곡 만드는 것 자체는 그리 어렵지 않고 누구나 할 수 있는 것이다. 작곡을 시작하는 방법에 대한 조언을 앞서 여러 밴드들 입을 통해 들어봤지만 여기 내 경우를 더해 조언을 해보자면 '입 소리를 붙잡으라'고 말하고 싶다. 이제 막 곡을 써보려고 하는 분들, 각 잡고 써보려 하는데도 마냥 어렵게만 느껴지는 분들에게 꼭 해주고 싶은 말은 저거 하나다.

　일상생활 중엔 콧노래를 절로 흥얼거리게 되는 때가 있다. 아는 노래를 주로 흥얼거리게 되지만 뭔가 곡을 써보겠다고 작심한 상태라면 어느덧 전혀 들어본 적 없는, 모르는 뭔가를 흥얼거리게 되는 때가 생기기 시작할 것이다. 불쑥불쑥 뭔가가 입가에 머무는 때가 생겨날 것이고, 스쳐 가듯 갑자기 멜로디가 머릿속을 치고 지나가기도 할 것이다. 버스가 지나간 자리 멍하니 서 있는 귓가에 불현듯 기타 리프 같은 게 들리는 때도 생겨날 것이다. '이때'가 중요하다. 전에는 흘려보냈을 법한 사소해 보이는 이 순간을 못 본 체하지 말아야 한다. 짧든 길든 이걸 입으로 소리 내보길 바란다. 그리고 잊기 전에 바로 녹음해 두길 바란다.

이렇게 입으로 잡아낸 소리를 기타로 연주해 보시라. 처음 몇 번은 자신이 녹음해 두고도 당최 무슨 소리인지 알아먹지 못해 갑갑한 때도 있을 것이고 녹음할 때까지만 해도 기가 막힌 멜로디 같았는데 기타로 옮겨보니 실망스럽게 느껴질 때도 있을 것이다. 거기서 무너지면 안 된다. 실망하기엔 일러도 너무 이르다. 이 과정을 반복하다 보면 결국 이게 영감을 스케치하는 노하우가 되고 곡을 만드는 데 필요한 소리의 조각들 즉, 블록을 모으는 수집 법이 될 것이다.

너무 많은 힘을 들이려 할 필요 없을 것 같다. 머릿속에는 떠다니지만 아직 실체가 없는 것들을 입을 통해 실체화하는 것, 거기서부터 작곡을 시작해 보길 바란다. 나후의 모든 곡들은 대부분 이렇게 쓰인 곡들이고 나는 지금도 이런 식으로 곡을 쓰고 있다. 밴드 입으로 하는 거 아니고 입으로 음악하는 거 아니지만 작곡이야말로 입으로 해보길 권한다.

"**악**몽을 꿨어요"

확 와 닿는 건 아니지만 그라인드코어가 대충 어떤 음악인지 알겠고 뭐 입으로 곡을 쓴다는 것도 알겠다, 그렇다면 나후가 표현하고 싶은 건 뭔가 하는 질문이 생길 것 같다.

나후는 4인조일 때도 3인조일 때도 있었지만 전체 기간 중 2인조로 활동한 시간이 가장 길었던 것 같다. 한때는 밴드가 2인조라는 것 자체에 놀라는 사람들도 있었다. 과장을 더하자면 신기어 충격을 받는 사람들도 간혹 있었다. 베이스가 대체 왜 없는 건지, 그리고 단둘이 어떻게 그런 요란한 소리를 낼 수 있는 건지. 요즘은 밴드 형태도 다양해졌고 원맨 밴드도 심심치 않게 볼 수 있어서 더 이상은 이런 게 충격 거리가 되진 않을 것이다.

우리 음악을 듣고 감상을 들려준 어느 두 분의 이야기가 생각난다. "음악 듣고 자다가 악몽을 꿨어요"라는 감상과 "밤에 골목길 걸으면서 듣는데 음악이 너무 무서운 거예요. 근데 곡이 짧으니까 버틸만하고 왠지 계속 듣게 되더라고요"라는 감상.

　나는 나후를 통해 어떤 식으로든 이런 '충격'을 전달하고 싶다. 이 시끄럽고 빠르고 괴성 가득한 음악을 듣고 또는 이런 음악을 연주하고 있는 우리를 보면서 사람들이 충격을 느끼길 바란다. 허리가 아파 병원에 갔더니 '충격파'라는 물리 치료를 해주던데 그것과도 비슷한 것 같다. 심지어 몸을 파고드는 리듬도 비슷하다. 충격파가 통증 부위를 파고들듯 음악으로 그렇게 사람들 어딘가에 파고들어 충격을 느끼게 하고 싶다. 물론 충격도 한두 번이고 충격파에도 이윽고 내성이 생기지만 충격파 같은 그런 에너지만큼은 계속 전달하고 싶다. 대단한 욕심이긴 해도 나는 이런 추구가 즐겁다.

　믿지 않는 사람들도 있지만 가사도 있다. '락은 화가 나 있어야 한다'고 믿는 나는 개인적 분노와 더불어 주제넘게도 사회적 이슈, 정치 문제, 자본주의의 소외, 시스템의 불합리에 대한 분노를 가사에 공들여 적는다. 그런데 사실 라이브에선 순간순간 느낌대로 괴성을 지를 뿐 가사대로 잘 부르지 않는 경우가 더 많다. 얼핏 이해가 안 가는 분들도 있겠으나 가사를 크게 개의치 않는 이유 중 하나는 음악, 사운드 자체에 이미 우리의 메시지, 태도가 충분히 담겨있다고 생각하기 때문이다. 귀를 찢을 듯한 노이즈와 저음역, 고음역이 뒤섞인 기타 소리, 가슴을 쥐어패듯 마구 터지는 블라스트 드러밍 그리고 성대를 찢을 듯 위아래로 넘나드는 보컬의 괴성에서 기대할 수 있는 메시지가 과연 어떤 것이 있겠는가. 고백? 충효? 아름다운 강산? 음악은 읽는 게 아니라 체험하는 거라 믿는다. 다만 혼동하지 않길 바라는 건, 이건 나후의 방식일 뿐이라는 것이다. 세상엔 다양한 밴드들이 다양한 이유로 다양한 음악을 다양한 방식으로 연주하고 있다. 여태 읽어 온 여러 밴드들의 이야기들도 모두 저마다의 일례들일 뿐이다. 필요한 건 취하고 아닌 건 과감히 흘리며 여러분 밴드만의 방식을 만들어 나가길 바란다.

"전부터 느낀 거지만 형네 공연 보면 왠지 멀리서 영화 보는 것 같은 느낌이 들어요"라던 '체인리액션Chain Reaction[1]'의 기타리스트 임무혁의 말이 떠오른다. 지금도 말뜻을 정확히는 모르겠지만 우리 음악이, 무대가 어떤 식으로든 비일상적 이질감과 충격을 줄 수만 있다면 이런 피드백은 언제든 감사하다.

"**더** 멀리 데려가고 싶다"

나후는 그간 멤버 교체가 많았던 밴드이다. 내가 내친 경우가 없었던 것은 아니지만 어쩔 수 없이 밴드를 떠나게 된 경우가 더 많았던 것 같다. 초기에는 군대 문제, 이후에는 나이 먹어가면서 일, 가정, 타 지역으로의 이주 등 현실적 문제가 그 이유가 되었고 외지가 목표 수준이 맞지 않아 떠나게 된 경우도 더러 있었다. 그래도 나와 가장 오래 합을 맞췄던 멤버로는 현재 '컴배티브 포스트'의 드러머인 조진만과 '썰틴스텝스'의 베이시스트인 임태연이 있

---

1 2015년 결성된 밴드로 기존 하드코어의 요소를 기반으로 다양한 실험적 음악을 추구하는 '포스트 하드코어(Post Hardcore)'를 연주하는 밴드이다. 서정적인 가사에 자신들만의 독특한 사운드를 쌓아 올리고 있는 밴드로 1집 앨범 《FEATURES/CREATURES》는 2020년 한국대중음악상 시상식 '최우수 메탈 & 하드코어 음반'에 후보로 오르는 등 주목을 받았고 2025년 2집 《A LOVE SUPREME》을 발표하며 왕성하게 활동하고 있다.

다. 그리고 지금은 부산으로 이주해 클럽 '리얼라이즈Realize[1]'를 운영하고 있는 기타리스트 배진수, 하드코어 밴드 '로우블로우LowBlow[2]'의 보컬이기도 했던 드러머 안준영과도 오래 함께 했다. 대학 시절 일일 호프에서 만나 처음 밴드를 같이 시작했고 후에는 나후에도 합류했던 기타리스트 윤인석 또한 나와는 호흡이 잘 맞았다. 이 외에도 많은 멤버가 거쳐 갔고 현재는 앞서도 말했듯 테미라는 일본인 친구와 2인조로 활동하고 있다.

적지 않은 멤버가 밴드를 거쳐 갔지만 누구와 함께하든 같이하는 동안은 그 멤버와 낼 수 있는 최대한의 것을 내려고 노력했던 것 같다. 그래서 사실 잘 맞는 멤버에 대한 아쉬움이나 인간관계의 어려움이 없었던 것은 아니지만 그런 것들을 크게 의식하지 않고 밴드를 해온 것 같다. 관계의 어려움은 밴드뿐 아니라 어디든 있는 것이라 특별하게 여기지 않았고, 지금 같이하고 있는 멤버가 내겐 최고의 멤버이니 욕심은 났지만 더 바라는 것은 없었다. 일과 음악은 밴드 초기부터 늘 병행해 오고 있던 터라 균형 잡는 게 크게 어려운 적도 없었다. 그러니까 나는 딱히 밴드가 어렵다고 느껴본 적이 별로 없다. 다만 내가 그렇다는 것이지 멤버들이 어떻게 느꼈는지까지는 사실 나로서는 자세히 알 수가 없다. 반론이 만만치 않을 수도.

어쨌든 같이하던 멤버들에게 늘 장담했던 게 하나 있다. "나는 너네를 더 멀리 데려가고 싶다"라고. 나후는 늘 언더그라운드에서 활동해 온 밴드이고 앞으로도 이건 변함이 없을 것이다. 처음 언더그라운드라는 길 위에 올라서서 이 길을 걷기 시작하자 나아가야 할 방향 또한 서서히 보이기 시작했다. 그렇게 멤버들을 청주에서 서울로 데리고 갔고 서울에서 세계의 문 앞까지 데리고 갔다. 내 힘만으로 가능한 것은 아니었다. 멤버들의 신뢰 그리고 무엇보다도 주변의 도움과 지지가 있었기에 가능한 일이었다. 다만 나는 리더로서 밴드가 나아가야 할

---

1 2010년경 개관한 '리얼라이즈'는 부산 씬의 구심점 같은 역할을 하고 있는 클럽 중 하나이다. 2020년까지 운영하다 코로나 여파로 2년 넘게 문을 닫았으나 2022년 부산 수영구로 자리를 옮겨 다시 오픈 했다. 지금도 씬의 활성화를 위해 밴드를 발굴하며 꾸준히 공연을 기획하고 있고, 일본 씬과의 연합 공연을 통해 한일 양국의 음악적 교류에도 힘쓰고 있다. 클럽의 오너인 배진수는 현재 '퍼거토리(Purgatory)'란 밴드를 새로 결성, 보컬로 활동하고 있기도 하다.

2 2004년 청주에서 결성된 메탈릭 하드코어 밴드. 4,5년 정도 짧게 활동하고 해체되었다. 나는 기타리스트로 이 밴드에 참여하기도 했다.

길을 찾았고 갈 수 있다 믿었으며 그렇게 멤버들 등을 밀었고 멤버들은 그런 나를 믿고 따라와 줬다.

나는 여전히 멤버들을 더 멀리까지 데리고 가고 싶다. 게을러서 문제이긴 하나 그러기 위해서 여전히 고민하고 방법을 찾고 있다. 더 멀리 가고 싶은 이런 바람이 내겐 다른 밴드들이 비전이라고 표현한 것과 같은 것이다. 비전에 대한 이야기는 앞서 다른 밴드들 이야기를 통해 충분히 다뤘으니 더 언급할 필요는 없을 것 같고 다만 초입에 들어선 밴드들을 위해 한마디 덧붙이자면 현실적이고 구체적이며 단계적인 비전을 세우는 것도 중요하지만 멀리 향하는 큰 그림, 막연하더라도 욕심 가득한 비전 또한 마음껏 그려보길 당부하고 싶다. 허무맹랑하게 들려도 좋다. 꿈꾼다는 건 원래 그런 것 아닌가. 멀리 꿈꾸는 밴드, 꿈을 멀리 데려가는 밴드, 그런 밴드의 꿈을 마음껏 꿔보길 바란다.

"쟤는 음악하려고 일하는 애야"

나후 역시 나를 포함해 거쳐 간 멤버 모두가 직장인이었고 현재도 일하면서 밴드를 하고 있다. 세션으로 참여하고 있는 드러머 테미는 한국 회사에 입사해 일본을 오가며 마케팅 관련 일을 하고 있다. 나는 25년 가까이 IT 개발자로 일하며 그럴싸한 직함도 제법 달았지만 이내 직장을 그만두고 책 만드는 일에 새로이 뛰어들었다.

일하면서 음악을 한다는 것은 하나의 선택이다. 음악을 전업으로 삼는 것 또한 하나의 선택이다. 하지만 일과 음악은 병행할 수 없다 생각하는 것, 본격적인 밴드 활동이란 전업 음악인이나 가능한 것이라 생각하는 것은 하나의 편견이다. 여태 많은 밴드들이 하나같이 입 모아 말했던 이야기이다. 다시 한번 강조하지만 일하면서도 본격적인 밴드 활동 얼마든지 할 수 있다. 나이도 상관없다. 나이, 실력 불문하고 어떤 밴드든 자기 목소리를 내는 데 확신을 가진, '할 말이 있는' 밴드라면 그 음악에 귀 기울이지 않을 이유가 없다.

일과 음악의 병행에 대해 조금 다른 측면에서 얘기를 꺼내 보자면 나는 그 병행 과정이 조금 미숙했던 편에 속한다. 일을 시작하고 두 번째인가로 입사했

던 회사 대표가 회식 때 종종 하던 이야기가 있다. "쟤는 음악하려고 일하는 애야. 쟤는 일이 취미야."

일이 취미일 리는 없었지만 아주 틀린 말은 아니었다. 게다가 '맘에 안 들면 뽑지 마쇼'라는 각오로 장발로 면접을 봤고 그리고 입사를 했으니 음악한다는 티가 나지 않을 수가 없었다. 음악에 좀 더 무게 추가 기울어져 있었다. 그러다 시간이 흐르고, 연차가 쌓이고, 회사를 옮겨 가면서부터 무게 중심이 서서히 일 쪽으로 더 기울기 시작했고 어느 순간부터는 굳이 물어보지 않는 한 음악한다는 이야기를 스스로 꺼내지 않게 됐다. 이내 일과 음악을 명확히 구분하는 게 더 깔끔하게 느껴졌고 균형 잡기가 더 수월하게 느껴졌다. 스스로 선을 확실히 긋는 게 오히려 양쪽 모두에 더 유리했고 자칫 어느 한쪽에 일방적으로 잡아먹히지 않는 방법으로 이해되기 시작했다.

다른 밴드들은 병행 과정에서 어떤 시행착오를 거쳤는지 미처 묻진 못했지만 다들 나보다는 성숙하게 헤쳐 나왔을 것이다.

이렇게 일과 음악의 병행에 애쓰는 이유는 당연히 음악만으로는 생계유지가 어렵다는 현실적인 이유가 크게 작용하겠지만 한편으론 모두 욕심이 많아 그럴 거라는 생각을 한다. 전업 음악인의 경우는 전혀 얘기가 다르지만 그렇지 않고 서야 음악만 하며 사는 것도 사실 재미없다.

일이란 게 원체 하기 싫은 것이고 마냥 즐거운 것일 수 없는 것이지만 그럼에도 우리는 일을 통해 삶의 여러 측면을 이해하고 다양한 현실을 경험하게 된다. 일은 현실에 발 딛기 위한 일종의 닻 같은 것이고 그 역도 마찬가지다. 밴드들에게 음악은 현실에 압도당해 흐르는 대로 떠밀려 가지 않기 위한 버팀목과도 같은 것이다. 대부분의 밴드들이 욕심 많게도 이 두 마리 토끼를 다 쫓고 있다. 그리고 이미 봐왔듯이 이게 그리 어려운 일이 아니다.

"얼마든지 연결할 수 있는 것이고 연결되어야 한다"

나후를 거리적으로나 음악적으로나 가장 멀리까지 데리고 갔던 건 2013년 인도네시아 자카르타에서 열렸던 '옵신익스트림 페스트 아시아' 참여였다. 앞서도 설명했듯 옵신익스트림 페스트는 그라인드코어, 데스메탈 같은 익스트림 음악 전문 페스티벌로 전 세계 가장 큰 규모와 인지도를 자랑한다. 익스트림 밴드들이 선망하는 무대이자 전 세계 매니아들의 이목이 집중되는 무대로 이런 큰 공연에 참여하게 됐을 때는 그야말로 구름 위를 걷는 기분이었다.

이에 앞선 2012년, 나후는 결성 13년 만에 첫 정규앨범[1]을 발표했고 발매와 동시에 나는 전곡을 무료로 공개했다. 유튜브에 공개했고 전곡 다운로드 링크를 제공했다. 앨범이 얼마나 팔리는지 여부보다 가급적 더 많은 사람들이 우리 음악을 들이었으면 좋겠다는 생각이었고 이후로도 나는 매번 앨범 발매와 동시에 전곡을 온라인으로 무료 배포하고 있다. 바코드는 왠지 낙인 같아서 일부러 찍지 않고 있고, 앨범 유통은 '바이하드buyhard[2]'나 '향뮤직Hyang Music[3]' 같

---

1 《Eternal Recurrence Of Carnage》란 타이틀로 2012년 GMC 레코드를 통해 발매했다. 총 21곡 수록, 플레이타임 21분 조금 안되는 앨범이다. 지금도 유튜브를 통해 전곡을 감상할 수 있다.

2 2000년 설립된 온라인 매장으로 매니악한 음악을 전문으로 취급하고 있으며 국내에서 구하기 어려운 수입 음반이 취급 앨범의 90%를 차지하고 있다. 사이트명 buyhard.info

은 소규모 온라인 독립 매장에 맡기고 있다.

　이전에도 다른 앨범들이 있었지만 정규앨범에는 그간의 경험, 시간, 변화가 집대성되고 구체화되어 들어갔으며 다행히도 이런 노력이 매니아들에게 좋은 평

---

3 1991년 '향음악사'로 신촌에 자리 잡은 이후 90년대 클럽 문화의 부흥과 더불어 인디밴드들의 음반을 구할 수 있는 장소로 입소문을 타며 유명해졌다. 이후 2001년부터는 온라인 쇼핑몰도 오픈하여 운영하다 경영난으로 온, 오프라인 모두 문을 닫게 됐다. 현재는 네이버 스마트스토어에 입점하여 운영을 이어가고 있다.

을 얻기도 했다. 그리고 전곡을 온라인으로 공개한 탓에 해외에서도 우리 음악을 듣고 미미하지만 반응을 보이기 시작했다. 그러다 이윽고 '옵신익스트림 페스트' 운영자의 귀에까지 우리 음악이 들어가게 됐다.[1]

처음엔 본진인 체코에 초대가 됐다. 하지만 체코에 다녀오려면 일주일 이상의 휴가를 내야 하는 상황인데 나와 당시의 드러머였던 조진만은 그렇게 긴 휴가를 쓸 수 있는 상황이 아니었다. 고사했더니 '그럼 이번에 아시아에서도 처음 열리는데 아시아 쪽에 오지 않겠냐'며 다시 제안을 받게 됐다. 운 좋게도 그렇게 한국 밴드로는 최초로 '옵신익스트림' 무대에 서게 됐다.

설레는 일이었고 큰 성취를 이뤄낸 것 같아 뿌듯하고 흥분되는 일이었다. 이 공연을 계기로 이제 세계라는 무대로 거침없이 더 나아갈 수 있을 것만 같았다. 하지만 거기까지였다. 성취에 도취된 나머지 거기부터가 다시 또 새로운 시작이란 걸 미처 인식하지 못했던 것 같다.

착각은 잠시, 어쨌든 그렇게 참여했던 큰 공연을 통해 우리는 밴드의 시야가 크게 확장되는 값진 경험을 하게 됐다. 낯선 타국, 전 세계에서 모여든 각양각색의 유명, 무명 밴드들 그리고 이들이 한 공연 아래에서 경계 없이 서로 어우러지는 광경을 직접 눈으로 보면서 그간 얼마나 세상을 바라보는 시야, 음악 씬을 바라보는 시각이 좁았던가 하는 자각을 하게 됐다. 세상은 그토록 넓은 것이었지만 또 이토록 경계 없이 가까운 것이기도 했다.

이후부터 세계는 얼마든지 연결할 수 있는 것이고 연결되어야 한다는 걸 이해하게 됐다. 국내라는 틀에 스스로를 한정 지을 필요가 없다 느끼게 됐고 해외 밴드들과 더 적극적으로 교류를 넓혀가며 밖으로 하나하나 연결해 나가기 시작했다. 해외 밴드들을 직접 국내로 부르기도 했고 우리가 나가기도 했다.

---

1 이 과정에서 결정적인 도움을 준 '이유영'이란 이름을 언급하지 않을 수 없다. 당시 익스트림 음악 매니아이자 페이스북 헤비 유저였던 그가 페이스북을 통해 우리 음악을 옵신익스트림 운영자에게 소개해 줬고 그게 곧 참여의 결정적 계기가 되었다. 이유영은 이후 클럽 오너, 기획자, 밴드맨으로 왕성하게 활동한다. 2016년 문래동에 '지비엔(GBN)'이란 클럽을 오픈했고, 그가 운영했던 지비엔은 펑크, 하드코어, 그라인드코어, 데스메탈 전문 공연장으로 기능하며, DIY 정신과 언더그라운드 문화를 지향하는 공간으로서 많은 밴드들과 관객들에게 사랑을 받았다. 지비엔은 아쉽게도 2022년 문을 닫았다. 이유영은 그 외에도 그라인드코어 밴드 엘피피(LxPxPx)를 결성해 활동하고 있으며 현재는 하드코어 밴드 슬랜트(Slant)의 기타리스트로도 활동하고 있다. 밴드 슬랜트 또한 한국 밴드로서는 유례없는 미국 투어를 돌며 그 이름을 세계로 알리고 있다.

'Stay Local Play Global!'이라고 누가 말했던가. 딱 그런 마음과 각오로 무대를 바라보게 됐고 더 넓은 시야로 밴드를 이어가게 됐다.

국내를 찾는 해외 밴드들이 부쩍 늘었다. 정식 기획사를 통해 내한하는 빅 밴드들뿐 아니라 밴드들 간의 친분, 클럽이나 기획자와의 연 또는 여타 다른 계기로 연결된 개성 있고 다양한 해외 밴드들이 주말이면 종종 클럽이나 공연장을 찾아오고 있다. 절로 이뤄지고 있는 것은 아니다. 누군가 끊임없이 일을 만들고 있는 것이다. 우리의 무대를 해외와 연결하고 있고 연결을 통해 교류하고 있으며 교류를 통해 우리 음악 씬을 더 풍성하게 확장하고 있는 것이다. 해외 밴드가 우리 쪽으로 왔지만 더불어 우리 무대가 해외로 넓어지고 있는 것이기도 하다. 자세히 들여다봐야 보이지만 이런 시도들이 매 주말 곳곳에서 열리고 있다.

'옵신익스트림 페스트 아시아' 참여 이후 얼마 지나지 않아, 옵신익스트림 페스트 운영자가 다음 해 즉, 2014년 '옵신익스트림 아시아' 관련 공연을 서울에서 진행해 보는 것은 어떻겠냐며 내게 서울 공연을 타진해 온 적이 있었다. 흥미로운 제안이긴 했지만 당시로서는 이를 감당할 자신도 성공을 보장할 자신도 없었다. 그는 이 페스티벌을 자신의 생업으로 삼고 있는 사람이다. 아무리 유명하고 큰 페스티벌이라 해도 과연 당시의 서울에서 먹힐 수 있을 거라고는 도무지 자신할 수가 없었다. 그래서 무리이지 않겠냐 답했고 그렇게 2014년 '옵신익스트림 아시아'는 온전히 일본에서만 진행이 됐다.

그렇다면 십여 년이 지난 지금은 상황이 좀 달라졌을까. 다시 한번 그런 제의가 온다면 흔쾌히 진행해 볼 수 있을까. 솔직히 여전히 좀 망설여진다. 물론 당시보다는 밴드들 음악도 다양해졌고 매니아들도 늘었으며 대중의 수준도 높아졌다고 자신할 수 있다. 하지만 여전히 우려가 앞서는 것도 사실이다. 자신한다면서도 과소평가하는 것 아니냐며 반문할 수도 있겠다. 그래도 이제 곧이라고 본다. 머지않아 이런 매니악한 대형 페스티벌이 서울에서도 충분히 환영 받는 때가 올 거라고 생각한다. 그때는 국내의 훌륭한 밴드들이 이런 페스티벌에 대거 참여해 세계를 놀라게 할 수 있을 거라 기대한다.

"**내**가 있는 곳이 서울이다"

앞서 말한 대로 나후는 충북 청주 출신 밴드이다. 직장을 서울로 옮긴 2012년 이전까지는 청주를 기반으로 서울과 지역을 오가며 활동을 했다.

활동 초기 청주의 어느 대학 축제에 초대되었을 때의 일이다. 즐겁게 공연 마치고 무대를 내려오는데 음향을 담당했던 엔지니어가 드물게도 친절하게 웃으며 말을 건네왔다. "서울에서 오신 밴드세요?"라고. 어이가 없었다. 칭찬으로 들어야 할(?) 말이었지만 자격지심이 깔려 있는 말이라 속으로 화도 치밀었다. 앞서도 이야기했지만 90년대, 2천년대 중, 후반까지만 해도 사람들 인식 속에는 서울과 지역에 대한 모종의 이분법이 존재했었다. '서울 밴드' 그리고 그 외에는 다 '지방 밴드'였고 인식도 처우도 묘하게 달랐다. 지금은 이런 근거 없는 이분법이 거의 존재하지 않으리라 믿는다.

그랬던 당시 해외 밴드들을 보며 부러워하던 것이 하나 있었다. 특히 미국 밴드들 관련 기사를 읽다 보면 밴드 이름과 함께 늘 지역명이 함께 거론되는 게 부러웠다. 캘리포니아 씬, 시애틀 씬, 플로리다 씬, 뉴욕 씬, 보스턴 씬 등등. 물론 주州 하나가 우리나라보다 큰 경우가 많으니 동등비교가 될 순 없지만 왜 우리는 이렇게 씬이라고 불릴 만한 지역이 서울 외엔 따로 없을까 하며 부러워했었다. 이전엔 부산 씬도 있었고 인천 씬도 있었다고 하지만 90년대 말 이후부터는 아쉽게도 그 열기가 이전 같지 못한 상황이었다.

서울, 지방이란 이분법에 휘둘리는 게 거슬렸고 서울에만 씬이 존재하는 것도 아쉬웠다. 그래서 직접 청주에 씬을 만들기로 했다. 당시 청주를 근간으로 같이 활동했던 '썰틴스텝스'를 불렀고 펑크 밴드 '공격대1'를 끌어들였다. 그렇게 2001년, 청주의 중심을 가로지르는 이름도 시크한 무심천無心川을 상징 삼고 '내가 있는 곳이 서울이다'라는 치기를 각오 삼아 꾸렸던 게 '무심천퍼커스크루' 혹은 '무심천쌍놈들'이라고 불리기도 했던 'MFCrew'이다. 그렇게 나후, 썰틴스텝스, 공격대의 삼각 편대로 MFCrew를 시작하게 됐다.

---

1 2001년 청주에서 결성된 펑크 밴드. 2008년 1집 《Beer, Blood And Boots》, 2012년 2집 《Decade》 앨범을 발매했으며 한국 펑크 씬의 역사에 한 획을 그은 밴드로 평가되는 밴드이다. 십여 년 넘게 왕성히 활동하다 해체됐다.

이 크루 결성의 또 다른 모티브가 됐던 건 'GMC 레코드'였다. 앞서 몇 차례 언급됐던 GMC는 당시 음반 레이블로서의 역할뿐 아니라 소속 밴드들과 친구들을 하나의 커뮤니티, 크루처럼 작동하게 하는 구심점 같은 역할 또한 하고 있었다. 그때의 한국 하드코어 씬은 GMC를 중심으로 활활 타오르고 있었다. 이런 역동성이 당시 내겐 충격이었고 내심 부러웠다. 이런 역동성을 청주에서도 구현하고 싶었고 그렇게 GMC를 모델 삼아 MFCrew를 결성하게 됐다.

오래전 일이긴 하지만 돌이켜 보면 밴드들 모두 청주에 씬을 일구기 위해 정말 열과 성을 다해 움직였던 것 같다. 사실 당시 청주에는 클럽이라 할 만한 장소도 따로 없었다. 그래서 자주 가던 술집 사장들을 구워삶았다. 이 넓은 공간이 아깝다, 드럼 세트나 음향 장비는 우리가 준비할 테니 장소만 빌려달라, 토요일이 힘들다면 일요일도 좋다, 오케이 영업 시작 전에 끝낼 거고 당연히 사용료 치르겠다 등등. 그렇게 장소를 섭외하고 테이블 치우고 의자 정리하며 공간을 만들고 음향 장비 들고 메고 들어와 무대를 만들었다. 그 공간에 GMC 밴드들을 불렀고 타 지역의 밴드들도 초대했다. 공연에 앞서 주말이면 모여서 번화가에 나가 전봇대며 광고판이며 빈 벽면에 공연 포스터 붙이며 홍보도 했다. 포스터를 다 붙이고 나면 중국집에 다시 모여 짜장면에 고량주를 나눠 마시며 서로를 격려하기도 했다.

힘은 들었지만 보람이 있었다. 조용한 도시 청주의 관객들이 공연장을 찾아오기 시작했고 각 지역의 밴드들과도 의기투합하며 교류를 넓혀 갔다. 가끔씩은 서울에 오는 해외 밴드들도 청주로 불러 내렸다. 때론 타 지역에서도 소문(?)을 듣고 공연을 보러 오기도 했다. 이윽고 청주가 하나의 씬으로 인식되기 시작됐다는 것을 느낄 수 있었다.

소속 밴드도 늘었다. 대전의 '언루트Unroot[1]'가 '아니 같은 충청권 아니냐'며 떼를 써 합류하게 됐고 제주의 '99앵거99 Anger[2]'가 이런 로컬 무브먼트에 공감

---

1 2002년 결성된 대전의 뉴스쿨 하드코어 밴드. 2003년 EP 《Truth》를 발매했고 이후 전국구 밴드로 성장하며 주목을 받았던 밴드이다. 십여 년 정도 활동 후 해체됐다.

2 1997년 제주에서 '오뎅국물'이란 밴드명으로 시작, 이후 2002년경 '99앵거'로 밴드명을 바꾸고 활동했던 이모/펑크 밴드. 개인적인 가사, 감성 짙은 멜로디로 자신들의 독특한 펑크를 구현했으

해 함께하게 됐다. 이후 '로우블로우', '스위트 게릴라즈Sweet Guerillaz[1]' 같은 청주의 신생 밴드들도 합류하며 크루에 힘을 더하기도 했다. 2008년 해산 직전까지 30여 회 가까이 청주에서 공연을 만들었고 소속 밴드 모두가 참여한 컴필레이션 앨범을 발매하기도 했다. 서로 돕고 밀고 끌어주며 합심하는 분위기를 만들려 노력했고, 이런 우리를 보고 다른 지역에서도 '아 지방에서도 이렇게 할 수 있구나'라며 자극을 받은 움직임이 일어나기도 했다. 그렇게 청주는 MFCrew의 서울이자 자긍심이 되었다.

사람 일 모르겠는 게, 그렇게 당당했던 기세를 마냥 이어갈 수 있을 것만 같았지만 결국 이러저러한 사정으로 MFCrew는 2008년에 공식 해산했다. 그럼에도 밴드 생활 내내 이때가 가장 즐거웠다고 말하는 친구들도 여전히 있다. 썰틴 스텝스의 동경은 자신 마음속에 남아있는 진짜 씬 중의 하나가 이때의 씬이라고 말하기도 한다.

우측의 사진은 한창 활동하던 당시 소속 밴드 거의 전원이 모여 찍은 몇 안 되는 사진 중 하나이다.

당시 우리가 했던 일들을 대단한 성과인 양 자화자찬 하려고 이 긴 이야기를 꺼낸 것은 아니다. 다 지난 일이고 기억을 더듬어야 할 정도로 오래된 이야기일 뿐이다. 다만, 십수 년이 지난 지금, 지금도 여전히 씬이라고 부를 만한 곳이 서울밖에 없다는 현실이 너무 안타깝다. 물론 각 지역을 꿋꿋하게 지키고 있는 클럽, 밴드, 사람 들, 이런 지치지 않는 사람들은 여전히 존재하지만 이들의 노고가 수년 전이나 지금이나 더 큰 결실을 맺지 못하고 있는 게 현실이다.

책이 전체적인 내용이 피치 못하게 서울을 중심으로 쓰이긴 했지만 여러분이 살고 있는 곳, 거기가 어디든 사실 그곳이 서울이다. 단언컨대 서울 밴드, 지방 밴드란 구분은 하등 의미가 없으며 실력 차 또한 허상이다. 연주 잘하면 서울 밴드겠거니 하던 유치했던 시절은 지나도 한참 지났다. 더 이상 서울이 정보를

며 한국의 펑크를 거론할 때 빼놓을 수 없는 밴드로 꼽히기도 한다. 현재는 활동을 중단한 상태이나 드러머였던 임현종은 '젠얼론(Zen Alone)'이라는 솔로 프로젝트로 여전히 활동하고 있다.

1 2007년 청주에서 결성된 펑크 밴드. 2007년 EP 《Keep Your Way》, 2008년 정규앨범 《Follow The Rainbow》를 발매했다. 2011년경 해체되었다.

선점해 앞서갈 수 있는 시절이 아니며 지금은 방구석에서도 세계를 들여다볼 수 있는 시절이다.

그래도 서울은 사람도 많고, 공연도 많고, 클럽도 많고 지방과는 인프라 차이가 있지 않냐고 반문할 수 있겠지만 지역에 비해 조금 더 나을 뿐 그것도 일본이나 유럽과 비교하자면 명함 내밀기 민망할 정도이다. 공연한다고 사람이 매번 많이 오는 것도 아니다. 천만 도시의 클럽 백 개 보다 백만 도시의 클럽 하나, 오십만 도시의 술집 겸 공연장 하나가 더 알찰 수도 있지 않은가. 밴드도 밴드지만 여러분이 살고 있는 곳에 여러분 밴드가 숨 쉴 수 있는 장소, 친구들과 함께 호흡할 수 있는 분위기, 전국 어디 부럽지 않은 뜨거운 공간과 순간들을 직접 만들어보길 권하고 싶다.

얼마 전 강릉에서 열리는 단오제를 보러 갔을 때였다. 주전부리하며 축제를 관람하다가 저녁에 시장 끄트머리의 한 술집에 가게 됐는데 들어서자마자 한눈에 '아 여기 공연하기 너무 좋겠다'란 생각부터 들었다. 바와 작은 무대를 갖춘 웨스턴 스타일의 널찍한 술집이었는데 무대 위에는 드럼 세트와 앰프들도 놓여 있었다. 들어보니 전문 클럽은 아니지만 간간이 라이브도 하고 있다던데, 생각해 보면 지역 어디든 이런 술집 한둘은 꼭 있지 않은가. 이런 곳들 사장들을 구워 삶…

언젠가 강릉에서도 내 시끄러운 친구들과 함께 시장이 다 떠나갈 듯한 공연을 하고 싶다는 생각이 들었다.

"**기**타가 늘지를 않는다"

나후는 사실 박쥐 같은 밴드이다. 장르의 특성과 기원 탓에 메탈 공연장에도 불려 가고 하드코어나 펑크 공연장에도 자주 불려 간다. 여러 장르와 어울릴 수 있다는 것 그리고 잊지 않고 매번 불러준다는 건 정말로 매번 감사한 일이다. 한편 장르적으로는 선배가 없는 밴드이기도 하다. '밤섬해적단1'의 드러머 권용만은 우리를 '한국에서 최초로 제대로 된 그라인드코어를 시작한 밴드'로 꼽아줬는데 딱히 의식하고 그랬던 것은 아니었고 하다 보니 그렇게 된 것 같다.

돌이켜 보면 나후와 비슷한 시기에 그라인드코어와 유사한 사운드를 시도한 밴드가 전혀 없었던 것은 아니었다. 숨 돌리기 힘들 정도로 빠른 음악도 있었고 블라스트 비트를 의도적으로 사용한 밴드도 아마 있었을 것이다. 비슷한 시기 '오프 시즌Off Season'이란 밴드의 음원을 듣게 된 적이 있었는데 곳곳에서 흡사 '브루탈 트루스'가 연상되는 느낌이 들어 내심 감탄했던 기억도 난다.

어쨌든 우리보다 앞서 그라인드코어를 표방한, 참고할 만한 밴드가 없었던 것은 사실이다. 외롭게(?) 가다가 드디어 2004년경 부산에 '헬디스타임Hell This T

---

1 2005년 결성된 그라인드코어 밴드로 장성건(베이스, 보컬), 권용만(드럼)으로 구성된 2인조 밴드이다. 그라인드코어 음악 위에 정치적인 풍자, 신랄한 블랙 코미디를 얹은 가사를 선보이며 큰 반향을 일으켰으며 2010년 정규앨범 《서울불바다》를 발매했다. 현재 공식적으로는 활동 중지 상태이나 간혹 이벤트성의 돌발 공연을 벌이곤 한다.

ime'이란 살벌한 그라인드코어 밴드가 등장하게 된다. 활동 기간은 짧았지만 음악적 임팩트가 상당했던 밴드였고 이어서 2005년에는 '밤섬해적단'이 등장해 이 작은 씬에 활력을 불어넣기도 했다. 현재 국내에 활동 중인 그라인드코어 밴드는 정말 손에 꼽을 정도이다. 도중에 사라진 밴드들이 있긴 하지만 많지는 않았고 현재는 '엘피피LxPxPx[1]', '다이섹티스트Dissektist[2]', 노이즈를 전면에 내세운 노이즈그라인드 밴드 '곱창Gobchang[3]' 정도를 꼽을 수 있을 것 같다.

몇 안 되지만 저마다 확실한 개성을 가진 밴드들이고 심지어 장르만 그라인드코어로 묶일 뿐 비슷한 구석 하나 없는 독특한 밴드들이다. 다들 자신들만의 그라인드코어를 연주하고 있고 이들을 보며 나 또한 자극 받고 뒤처지지 않으려 노력하기도 한다.

쓰다 보니 무슨 연대기 비슷한 모양이 되긴 했지만 그렇다고 나는 이들을 감히 후배 밴드라고 생각해 본 적이 없다. 나후는 어쩌다 우연히 그라인드코어란 음악을 먼저 시작했을 뿐 그 이상의 의미는 없다. 그저 그라인드코어란 장르를 사람들 입에 오르내리게 하는 데 적게나마 몫을 했다면 그것만으로도 영광이라 생각한다.

어쨌든 기회가 되면 이 밴드들의 공연을 꼭 한번 보길 바란다. 장르가 워낙 매니악한 터라 호오가 심하게 갈릴 수 있으나 몰랐던 새로운 음악, 여태 몰랐던 취향을 발견할 수 있을지 누가 또 알겠는가. 그리고 분명 이 밴드들은 보고 듣는 재미가 남다를 것이다.

이제 2장의 마지막 밴드 이야기를 마무리 지어야겠다. 마무리 짓는 이야기로 내 기타 실력 이야기를 꺼내 보겠다.

---

1 2015년 결성된 4인조 그라인드코어 밴드. 데모, EP 그리고 4장의 스플릿 앨범을 발매하며 왕성하게 활동하고 있고 2019년에는 체코에서 열린 '옵신익스트림 페스트'에도 참여했다.

2 2012년 '이그나이트 어 파이어(Ignite a fire)'란 이름으로 시작, 2014년 데모 《The Massacre》를 발매하면서 밴드 이름을 '다이섹티스트'로 바꿨다. 이후 음악도 그라인드코어로 방향을 잡으며 본격적인 활동을 시작했다.

3 2023년 결성된 3인조 노이즈그라인드 밴드. 말 그대로 소음 가득한 지독하고 살벌한 밴드이며 0.5초, 4.5초짜리 공식 뮤직비디오를 유튜브에 공개하기도 했다. 길거리서 뜬금없는 게릴라 공연을 펼치기도 한다.

지금껏 기타를 수십 년간 쳐왔지만 나는 도무지 기타가 늘지를 않는다. 명색이 한 밴드의 기타리스트인데 여전히 기타를 타악기처럼 두들겨 대고만 있다. 화려한 기타 솔로? 무리다. 도무지 기타를 섬세하게 다루지 못하겠다. 3부에서 만나 볼 밴드 '웜랏WormRot'의 기타리스트도 비슷한 얘기를 꺼내놓아 내심 놀랐는데, 처음에 나는 실력을 감추려고 기타 앰프의 게인Gain과 하이High를 최대한 올려 노이즈로 연주를 덮기도 했다. 그러다가 어느덧 그게 일종의 내 연주 스타일이 됐다. 그리고 나는 섬세한 플레이는 자신이 없었지만 기타를 타악기처럼 빠르게 연주할 수는 있었다. 이게 내가 가진 장점이었고 그라인드코어가 나를 부르듯 내 장점은 그라인드코어를 내게로 불러들였다. 이를 극대화한 게 지금의 내 플레이이다.

곡도 길게 못 쓴다. 각오하고 쓰자면 쓰기야 하겠지만 일 분이 넘어가면 지치고 스스로 지루해한다. 표현하고 싶은 것, 내겐 1분이면 충분하다고 생각한다. 그래서 코드도 많이 필요하지 않다.

이런 나도 수십 년간 밴드를 하고 앨범을 내고 해외 공연을 다니면서 밴드 활동을 만끽하고 있다. 대단하진 않지만 밴드를 멀리까지 데리고 나가 국내뿐 아니라 해외에도 이름을 조금은 알리게 됐다.

일찍이 괴테 선생이 그런 말을 했다고 한다. '재능, 천재성? 그건 다 배짱에서 나오는 것이고 거기서부터 마법이 시작된다'고. 밴드 하는 데 특별한 재능이 필요하다고 생각하지 않는다. 두둑한 배짱 그리고 내고 싶은 목소리가 있다면 밴드라는 마법을 부릴 준비는 그걸로 충분하다. 아 그리고 약간의 맥주.

모쪼록 많은 분들이 밴드라는 이 즐겁고 매력적인 여정을 과감하고도 배짱 있게 시작해 보길 바라며 2부를 마무리한다. '코드 세 개로 밴드 할 수 있다고 생각해?'라며 똑같은 질문을 이어간 3부의 해외 밴드들 인터뷰도 부디 재미있게 읽어주길 바란다.

3

'세 개'보다 넓은 '세계'

"일본의 살아있는 전설"

일본. 언홀리그레이브

언홀리그레이브 / Unholy Grave 1993~

드럼 카즈(Kaz), 기타 티(Tee), 베이스 신(Sin), 보컬 타카호(Takaho)

언홀리그레이브

　　일본 나고야名古屋에서 1993년 결성된 '언홀리그레이브Unholy Grave'는 일본 언더그라운드 씬 아니 전 세계 그라인드코어 씬의 살아있는 전설로 통하는 밴드이다. 활동량은 어마어마하다. 일본 자국 내에서의 활동은 물론이고 유럽, 미국, 호주, 아시아 등 왕왕 해외 투어를 돌고 있으며 그간 발매한 앨범 수는 거의 200여 장에 육박한다. 그라인드코어란 장르 자체가 언더그라운드에 위치한 장르여서 그렇지 이 장르에서는 가장 인지도 높고 영향력 있는 세계적인 밴드 중 하나가 언홀리그레이브이다.

　　이들과 처음 연을 맺게 된 건 2013년 자카르타에서였다. 1999년 처음 시작 현재까지 매년 체코에서 열리고 있는 익스트림 음악 최대 페스티벌인 '옵신익스트림 페스트'가 2013년에는 4대륙 월드 투어로 기획되면서 본 무대인 유럽의 체코 외에 아시아, 북미, 호주로 그 규모를 확장하게 된다. 이때 북미 대륙에서는 멕시코가, 호주에서는 멜버른이, 그리고 아시아 대륙에서는 인도네시아의 자카르타가 개최지로 결정됐는데 이 아시아 공연에 내 밴드 나후가 초대됐고 당시의 드러머였던 현 컴배티브 포스트의 드러머 조진만과 함께 자카르타에 가게 됐다. 이 공연에 마침 일본의 언홀리그레이브가 헤드라이너로 참여하게 되면서 한국도 일본도 아닌 머나먼 자카르타에서 이들과 첫 인연을 맺게 된다. 처음엔 좀 데면데면했지만 멀리 나갔더니 이웃 나라가 더 친숙하게 느껴졌던 것인지 이후 연락을 자주 주고받게 됐고 결국 서로의 나라를 오가며 같이 공연도 하면서 지금까지 연을 이어오고 있다.

언홀리그레이브는 드럼에 카즈kaz, 기타에 티Tee, 베이스에 신Sin그리고 팀의 리더이자 보컬인 타카호Takaho, 이렇게 4인으로 구성된 밴드이다. 1, 2부에서는 국내 밴드들의 입을 통해 밴드 활동 제반에 대한 다양한 이야기들을 들어봤고 이제 3부에서는 시야를 바깥으로 돌려 해외 밴드들의 입을 통해 밴드 활동에 대한 이야기를 들어보자. 그 첫 번째 주자가 언홀리그레이브이다.

사실 밴드 활동이라는 게 해외라고 해서 뭔가 눈에 띄는 특별한 차이 같은 게 존재하는 것은 아니다. 어디나 다 비슷하기 마련이고 차이점보다는 오히려 공통점이 훨씬 더 많을 것이다. 다만 서로 다른 문화 속에서 살고 있으니 그 문화가 빚어내는 나름의 활동 방식, 저마다의 분투가 있을 것이다. 과연 어떤 공통된 생각을 하고 있는지 그리고 그 나라는 우리와 뭐가 다른지 이야기를 들어보자.

국내 밴드들에게 했던 질문들과 거의 유사한 질문들을 건넸고 거기 더해 해당 밴드에게만 할 수 있는 질문 몇 가지를 더 추가로 건넸다. 이하는 언홀리그레이브의 리더인 타카호씨와 이메일로 주고받은 인터뷰 내용이다. 다소 의역이 있을 수 있다.

Q. 인터뷰에 응해주셔서 감사합니다. 먼저 '코드 세 개 외웠으면 밴드를 하자'라는 이 책의 타이틀이자 주제에 대해 어떻게 생각하시는지 묻고 싶습니다.

A. 좋은 제목이라고 생각해요. 근데 저라면 '코드 몰라도 밴드 할 수 있다!'로 하고 싶달까. 저 자신이 그랬으니까요! (웃음)

Q. 보컬은 언제, 어떻게 시작하게 됐나요. 기타도 치시나요? 그리고 밴드를 해야겠다고 결심하게 된 계기가 있을까요?

A. 기타는 못 쳐요. 보컬은 고등학교 3학년 때 커버 밴드에 참여하면서부터 시작했어요. 섹스피스톨즈, 레인보우Rainbow[1], 메탈리카 등을 부른 게 처음이네요. 그러다가 베놈Venom[2]을 처음 듣고 '오 이 정도면 나도 부를 수 있겠다!'는 생각이 들었고 보컬에 대한 자신감이 생겼죠. 밴드를 꼭 하고 싶다고 강하게 느낀 건 1990년에 혼자 유럽 여행을 하면서였어요. 네이팜데스, 아가토클레스Agathocles[3], 메이헴Mayhem[4] 멤버들의 집에 머물게 됐는데 정말 최고의 추억이었고

---

1 밴드 딥퍼플(Deep Purple)의 기타리스트 리치 블랙모어(Ritchie Blackmore)가 1975년 결성한 영국 하드 락 밴드. 락, 헤비메탈 역사에 거론될 만큼 명 보컬리스트들이 많이 거쳐 간 밴드로도 유명하다.

2 1978년 등장한 영국의 헤비메탈 밴드. 어둡고 원초적이며 사악한 이미지의 밴드였으며 이들 음악과 이미지는 후대 쓰래쉬 메탈, 블랙메탈, 데스메탈등 익스트림 음악 탄생에 큰 영향을 끼쳤다.

3 1985년 결성된 벨기에의 그라인드코어 밴드. 민스코어(Mincecore)라는 그라인드코어의 서브장르를 구축한 밴드이기도 하다. 민스코어는 태도 면에선 반파시즘, 친페미니즘, 무정부주의적 자세를 취하고 있으며 음악적으로는 기존 그라인드코어보다는 느린 템포로 연주하며 세련된 테크닉보다는 단순한 연주의 곡 구성을 지향한다. 아가토클레스는 특히 제도권을 벗어난 DIY 정신을 중요시하며 음악의 상업화를 거부하는 강경한 태도를 취하고 있는 밴드이다.

이 만남과 여행을 통해 밴드를 꼭 해야겠다고 결심하게 됐어요.

Q. 일본 밴드들도 대부분 일과 음악을 병행하고 있는 걸로 알고 있는데요. 멤버들은 어떤 일을 하고 계신가요?

A. 저는 운송 회사에서 트럭을 운전합니다. 기타인 티는 주유소를 운영하고 있고 베이스 신은 회사원입니다. 드러머 카즈는 수도공인데 현재는 가정 사정으로 잠시 밴드를 떠나 있는 상태입니다.

Q. 일하면서 음악을 병행하는 데 어려움은 없나요? 어떻게 균형을 유지하고 있나요?

A. 무리하지 않습니다. 기본적으로 멤버들의 생활을 존중하면서 무리하지 않는 범위에서 활동을 계속 해왔어요. 무엇보다도 음악에 대한 열정과 멤버들에 대한 존중을 잊지 않는 게 중요하다고 생각해요.

Q. 언홀리그레이브는 처음 어떻게 결성하게 됐나요. 결성 스토리를 좀 들려주세요.

A. 언홀리그레이브 이전에 저는 '데스피드Deathpeed', '나우지아Nausea'라는 빠른 연주를 추구하는 밴드들에 참여하고 있었어요. 그러다 이 밴드들이 해산하게 됐고 해산 후 제가 좋아하는 '그라인드코어/그라인딩 데스메탈Grinding Death Metal'을 연주하기 위해 1993년 초에 결성한 밴드가 언홀리그레이브예요. 그때 기타리스트는 자주 가던 나고야의 레코드 숍 점장이 소개해 줬는데 그게 지금의 티예요. 원년 드러머인 데브조Debuzo는 당시 제가 하고 있던 아르바이트 동료였

---

4 1984년 결성된 노르웨이 블랙메탈 밴드. 악명 높은 라이브 퍼포먼스를 선보이며 추종자들을 양산해 냈고 교회 방화 및 각종 폭력 사건에도 자주 휘말렸다. 이후 보컬 '데드(Dead)'가 자살하고 기타 '유로니무스(Euronymous)'가 살해당하는 등 비극을 겪은 밴드이기도 하다. 블랙메탈 계에선 전설로 추앙받는 밴드이기도 하다.

고 베이스 우매Ume는 데브조의 소개로 들어왔어요. 기타인 티는 한번 직장 사정으로 밴드를 탈퇴한 적이 있어서 계속 남아있는 원년 멤버는 저 하나뿐이네요. 어쨌든 이 네 명으로 첫 데모 《Death Comes From Nowhere》를 녹음해서 1994년 봄에 발매했고 그 후 지금까지 해산하지 않고 계속하고 있네요. 멤버 교체는 많이 있었지만. 참고로 이 데모는 최근에 LP로 재발매됐어요.

Q. 밴드를 하면서 느끼는 즐거움 그리고 어려움은 어떤 것이 있을까요?

A. 밴드의 즐거움이라고 하면 역시 마음 맞는 친구들과 모여서 함께 곡을 만드는 것 그게 가장 즐겁지요. 그리고 어려움이라면 새로운 멤버가 들어오면 납득할 만한 수준의 공연을 하기까지 연습하고 합을 맞추느라 시간이 꽤 걸린다는 게 좀 어렵고요. 그리고 멤버를 잃었을 때 많이 힘들었죠.[1]

Q. 그라인드코어라는 장르를 선택하게 된 이유가 있나요? 그리고 남들 잘 안 듣는 이런 비주류 음악을 하고 있는 특별한 이유가 있을까요?

A. 이게 제가 가장 좋아하는 장르이고 가장 궁극적인 음악 스타일이라고 생각하기 때문에 계속하고 있어요. 비주류 음악을 하는 특별한 이유는 없죠. 그냥 제가 좋아하는 음악이 언더그라운드 음악이었던 것뿐이에요.

Q. 곡은 누가 쓰고 있나요? 혼자 아니면 멤버들과 같이? 그리고 작곡할 때 혹시 중점을 두는 포인트 같은 게 있을까요?

A. 곡은 혼자 집에서 고장 난 어쿠스틱 기타로 만들기도 하고 기타리스트 티와 합주실에서 같이 만들기도 해요. 그 외에도 허밍이나 입으로 흥얼거리면서 만든

---

1 언홀리그레이브에 많은 멤버들이 거쳐 간 만큼 멤버들 중 아쉽게 이미 생을 달리한 멤버들도 있다. 2013년 이들과 처음 만났던 당시 드러머였던 '히짱(Hee Chung)'과 나를 비롯해 서울의 여러 밴드 친구들과도 깊은 우정을 나눴던 베이시스트 '야스타카(Yasutaka)'씨가 각각 병으로 생을 달리했다.

리프들도 꽤 많아요. 중점을 두는 포인트라면 곡은 무엇보다도 리프가 멋진 게 가장 중요하겠죠. 그런 리프를 만들려고 노력을 하죠. 그런 리프들은 갑자기 머릿속에 떠올라요. 걷다가도 떠오르곤 해서 잊지 않으려고 스마트폰에 자주 녹음해 두고 있어요.

Q. 좋은 곡을 쓰기 위해 음악도 많이 듣고 카피도 많이 해보곤 합니다. 음악을 많이 듣는 게 작곡에 어떤 이점이 있을까요. 그리고 언홀리그레이브의 경우도 카피나 커버를 하곤 했나요?

A. 음악을 다양하게 들어야 작곡의 폭이 넓어질 수 있다고 생각해요. 커버의 경우는 언홀리그레이브도 '데스Death[1]', '스투피드Stupids[2]', '네이팜데스', '더 바루커스The Varukers[3]', '허레시Heresy[4]' 등을 커버했었죠. 아가토클래스와 언홀리그레이브는 서로의 곡을 열 곡씩 커버한 앨범 《AgathoGrave》를 발매하기도 했어요. 언제가 될지는 모르겠지만 《AgathoGrave》 2탄도 계획 중입니다.

Q. 작곡을 마냥 어려워하는 분들께 해줄 수 있는 말이 있다면?

A. 뭔가 아이디어가 떠오르면 바로 스마트폰에 녹음합시다! (웃음) 저 같은 경우는 그런 식으로 해서 몇 곡이 되었던 계속 곡을 만들 수 있어요.

Q. 음악에서 사운드와 메시지, 어느 쪽에 더 신경을 쓰나요?

---

1 1983년 결성된 미국 데스메탈 밴드. 데스메탈의 선구자 역할을 한 밴드이자 익스트림 메탈에 큰 영향을 끼친 밴드이다. 밴드의 창시자이자 보컬 겸 기타인 척 슐디너("Chuck" Schuldiner)는 익스트림 메탈의 아버지라고도 불린다.

2 1980년대 중반 결성된 영국의 하드코어 펑크 밴드. The Stupids로 표기하기도 한다.

3 1979년 결성된 영국의 펑크 밴드.

4 1985년 결성된 영국의 하드코어 펑크 밴드

A. 둘 다 중요하지만 역시 사운드가 먼저라고 생각해요. 먼저 곡이 좋아야죠. 모국어가 아니거나 가사가 들리지 않아도 곡이 좋으면 좋아지잖아요?

Q. 언홀리그레이브가 청자와 관객에게 전하고 싶은 것, 표현하고 싶은 것은 뭔가요?

A. 우리 음악이나 메시지, 공연을 통해 사람들이 일상을 살아가는 힘을 얻거나 뭔가를 느껴준다면 그것으로 기쁘겠어요.

Q. 오래전 이야기이긴 하겠지만 처음 무대에 서기까지 어떤 과정을 거쳤나요? 오디션 같은 걸 받은 적이 있나요?

A. 처음부터 공연장을 찾아가 기획을 제안했고 그렇게 독자적으로 라이브 활동을 시작했어요. 오디션 같은 건 받은 적이 없어요.

Q. 카피만 전문으로 하는 밴드들이 있습니다. 개인적으로는 이들이 자작곡도 연주해 주면 좋겠다고 생각하는데 일본의 경우는 어떤가요. 카피 밴드들이 많이 있나요?

A. 일본에도 카피 밴드들은 많이 있고 그건 전혀 문제가 아니라고 생각해요. 좋아하는 음악을 표현하는 방법은 사람마다 다르니까요.

Q. '그라인드프릭스Grind Freaks'라는 타이틀의 기획 공연을 십수 년 동안 거의 매달 해 오고 계시잖아요. 한국의 경우는 기획 공연 대부분 클럽이나 공연장을 대관해서 진행합니다. 타카호씨의 경우는 어떤가요. 클럽이나 공연장과 어떤 조건으로 일을 진행하고 있나요. 그리고 기획에 따라 다르긴 하겠지만 관객은 어느 정도 공연장에 찾아오나요?

A. 예전보다 공연장이 많이 늘었고 그만큼 공연 수도 많이 늘었어요. 일본의 경

우 기획 공연을 하려면 공연장에 보증금을 먼저 내야 돼요. 공연장도 계속 존속하려면 기본적 수익이 필요하니까 이해는 해요. 물론 요즘에는 좀 더 금액 부담 없이 기획할 수 있는 라이브 바도 늘고 있어요.

공연장에 찾아오는 관객은 나고야 같은 경우는 적을 때는 30명 정도, 많을 때는 100~150명 정도 되는 것 같아요.

Q. '그라인드프릭스'를 적게는 월 1회 많게는 2, 3회씩도 진행하고 계시잖아요. 일본 밴드들뿐 아니라 적지 않은 해외 밴드들도 이 공연에 참여하고 있는데 힘들지 않나요? 어떻게 이렇게 지치지 않고 계속할 수 있는 건가요? 그리고 실례되는 질문이긴 하겠지만 이거 왜 하시는 건가요?

A. 씬의 발전을 위해서 하고 있는 거죠. 국내외 밴드들과의 이런 교류가 씬의 발전으로 곧 이어진다고 생각해요. 그리고 이런 공연을 만들면서 많은 밴드들을 만나게 되는데 그들로부터 감사 인사를 받을 때가 있어요. 뿌듯합니다. 저 자신을 위해서 하고 있는 거기도 하죠. 그래서 지치지 않는 것 같아요.

Q. 서울에서 세 번 정도 저와 같이 공연했었던가요. 그래서 질문입니다만 한국 씬의 분위기는 어떻다고 느끼시나요? 일본과는 다른, 차이 같은 것이 존재한다고 느끼시나요?

A. 솔직히 일본과 비교해 큰 차이를 느끼진 못 했어요. 공연장 분위기도 어디든 다 좋았고 사람들도 다 최고였던 것 같아요.

Q. 단도직입적으로 묻겠습니다. 밴드 왜 하시는 건가요?

A. 저한테 밴드는 삶의 일부분, 라이프워크Lifework니까요. 저는 동료들과 뭔가를 같이 이뤄내는 걸 좋아해요. 그걸 표현하고 이룰 수 있는 가장 좋은 방법이 저한테는 밴드인 거죠.

Q. 실력 얘기를 좀 해보죠. 밴드의 실력이란 뭐라고 생각하세요. 어떤 밴드가 실력 있는 밴드라고 생각하시나요?

A. 아무리 대단한 음원을 만들어냈다고 해도 밴드는 라이브 퍼포먼스를 보면 그 실력을 알 수가 있어요. 밴드는 실전 즉, 라이브에 강해야 해요. 라이브에 강한 밴드가 실력 있는 밴드라고 생각해요.

Q. 정말 오랫동안 해체 없이 밴드를 유지하고 계시잖아요. 밴드라는 게 서로 싸우기도 하고 중간에 그만두기도 하는 등 여러 난관들이 있기 마련인데요. 오랫동안 해오면서 혹시 느끼거나 깨닫게 된 게 있을까요?

A. 무엇보다 음악에 대한 열정이 있는 멤버들이 모이는 게 제일 중요하더라고요. 서로에 대한 리스펙트도 필요하고요. 그런 멤버들이 모이면 서로 격한 언쟁을 벌인다고 해도 밴드를 더 좋게 만들고 싶다는 마음은 모두 같으니까 결국은

서로를 이해하게 되더라고요.

Q. 밴드를 유지한다는 게 때로는 생각보다 쉽지 않을 때도 있잖아요. 상황에 휘둘리지 않으려면 어떤 마음으로 밴드에 임하는 게 좋을까요?

A. 복잡하게 생각할 필요 없을 것 같아요. 단순한 답일지 몰라도 강한 의지만 있으면 된다랄까. 저 또한 하고 싶으니까 계속 밴드를 하고 있는 것뿐이에요. 사정이 생겨서 활동이 멈추거나 해체되더라도 나중에 다시 하고 싶어지면 언제든 하면 되는 게 밴드잖아요. 강한 의지만 있으면 된다고 봐요.

Q. 밴드를 하면서 가장 인상 깊었던 순간 또는 기억에 남는 에피소드가 있을까요?

A. 해외 공연 중 열광적인 반응을 받을 때면 '세상에서 이것 이상의 감동은 없을지도 모르겠다'는 생각이 들 때가 있어요. 정말 감동적인 순간들이죠.
그 외에 개인적으로는 1990년 혼자 여행 다닐 때 메이헴의 기타리스트 '유로니무스Euronymous'의 집(보컬 '데드Dead'도 같이 살고 있었던)에 방문해서 그들의 리허설을 보고 세션을 했던 것 그리고 버밍엄에서 네이팜데스의 드러머 '믹해리스Mick Harris'의 집에 머물면서 '미치 해리스Mitch Harris¹'와의 프로젝트 밴드 '데피케이션Defecation'의 리허설을 본 게 강하게 기억에 남아요.²

Q. 언홀리그레이브는 일본뿐 아니라 세계를 무대로도 활동하고 있는 밴드인데 투어는 1년에 몇 번 정도 얼마나 길게 가고 있나요? 투어 동안에는 일을 쉬어야

---

1 미국의 '라이처스 피그즈(Righteous Pigs)'란 그라인드코어 밴드로 경력을 시작한 미국 출신 기타리스트. 네이팜데스의 믹 해리스와 펜팔을 주고받다 1987년 둘의 사이드 프로젝트 밴드인 '데피케이션(Defecation)'을 시작한다. 이후 1989년 네이팜데스의 정식 기타리스트로 참여하게 된다.

2 거론된 인물들 모두 모두 블랙메탈, 그라인드코어계의 유명인이자 여러 의미로 전설적인 인물들이다. 타카호씨는 당시 여행을 통해 이들 전설의 시작 또는 전성기를 직접 목격하고 경험했던 것이다.

하는데 문제는 없나요? 더불어 투어를 다니면서 느끼게 되는 투어만의 특별한 점이 있을까요?

A. 해외 투어는 1년에 두 번 정도가 한계예요. 투어를 갈 때는 각 멤버가 회사와 상의해서 휴가를 얻기 때문에 일에 큰 지장은 없어요. 다만 긴 투어는 못 하죠. 그렇게 오래 쉴 수는 없으니까요.

투어를 가면 뭐랄까 나라마다 지역마다 공연 방식이 다른 부분이 있고 그런 것들이 항상 어떤 자극으로 느껴져요.

Q. 멤버들이 각자 거주하는 지역이 다른 것으로 알고 있습니다. 나고야로부터 꽤 먼 곳에 사시는 분도 계시고요. 자주 모이기가 쉽지 않을 것 같은데 평소 합주는 얼마나 자주 하나요?

A. 리허설 말인가요? 최근에는 1년에 3번 정도 하고 있어요.[1]

Q. 그간 발표한 앨범 수가 어마어마합니다. 녹음은 어디서 어떻게 하고 있는지 궁금합니다.

A. 초기 음원을 제외하고는 전부 리허설 스튜디오에서 DIY로 녹음하고 있어요.[2]

---

1 언홀리그레이브의 다른 멤버로부터 전해 들은 이야기지만 이들은 연초에 한 번 합주실에 모여서 그 해 연주할 곡들을 선정하고 그 곡으로 1년 내내 공연한다고 한다. 이들에게도 연습하기 위한 합주는 존재하지 않는다. 1년에 3회 있는 합주는 합주가 아니라 1년 동안 있을 공연들에 대한 리허설이다.

2 일본 밴드들은 합주를 '리허설'이라 표현하고 합주실을 '리허설 스튜디오'로 표현한다. 즉, 언홀리그레이브는 합주실에서 직접 앨범을 녹음하고 있는 것이다. 펑크 락을 비롯해 펑크에 뿌리를 둔 장르들 특히 하드코어나 그라인드코어 같은 장르의 밴드들은 저마다 방식은 조금씩 다를지언정 '누구나 할 수 있다'라는 DIY 정신을 전면에 내세우며 활동하는 경우가 많다. 그래서 저예산으로 직접 음반을 녹음, 제작할 뿐 아니라 이들 정신에 부합하는 군소 레이블을 통해 음반을 발매하는 등의 방식으로 자신들의 태도를 드러내곤 한다.

Q. 타카호씨나 저나 이제 적지 않은 나이입니다. 얼마나 더 할 수 있을까요? 근래에는 어떤 생각으로 무대에 오르시나요?

A. 나이로 보면 앞으로 10년 정도 더 할 수 있으려나. 그때 후회가 남지 않도록 하고 싶은 것들을 계속 실현해 나가고 싶어요.

Q. '언홀리그레이브'의 근황과 앞으로의 계획에 대해 들려주세요.

A. 새로운 헬프 드러머와 리허설을 시작한 상태예요. 준비해서 5월 나고야에서 열리는 2025 '그라인드 바스타즈Grind Bastards[1]'에 출연할 예정이고 9월에는 로스앤젤레스에서 열리는 'C.Y. Fest 2025[2]'에 출연할 예정이에요.

Q. 이미 많은 것들을 이뤄낸 밴드인데 밴드로서 더 이루고 싶은 목표, 꿈 같은 게 있을까요?

A. 아직 공연해 보지 못한 나라에 가보고 싶어요. 특히 남미! 그리고 우리 활동이 조금이라도 사람들 마음에 긍정적인 영향을 줄 수 있다면 기쁠 것 같아요.

Q. 밴드에 관심은 있지만 망설이는 분들 또는 자작곡 쓰길 꺼리는 분들께 들려줄 수 있는 이야기가 있을까요?

A. 밴드에 관심이 있다면 일단 움직여 보세요! 실패 같은 건 두려워할 필요 없어요. 과감히 움직여 보길 바라고요. 자작곡을 쓰지 않는 게 틀린 거라고는 전혀 생각하진 않아요. 사람마다 각자의 즐기는 방법이 있는 거니까요. 다만 멤버들과 같이 곡을 만드는 과정은 정말 재미있으니까 꼭 해보면 좋겠다고 생각해요.

---

1 타카호씨가 기획하는 공연이다. 1년에 한 번 열리는 공연으로 '그라인드프릭스'에 참여했던 밴드들이 대거 참여하는 총결산 같은 느낌의 페스티벌이다.

2 CxYx Fest로 표기하기도 한다. 미국 로스앤젤레스에서 열리는 펑크, 하드코어 전문 페스티벌. 2025년에는 우리나라 하드코어 펑크 밴드 '슬랜트(Slant)'도 이 페스티벌에 참여했다.

Q. 인터뷰 감사합니다. 마지막으로 이 인터뷰를 읽을 한국의 독자들께 한마디 부탁드립니다.

A. 읽어주셔서 감사합니다. 여러분의 씬을 지지해 주세요! 그리고 언젠가, 어디선가 여러분을 다시 만날 수 있기를 바랍니다!

십여 년 전 내 밴드 나후가 '그라인드프릭스' 공연에 초대되어 나고야를 처음 방문했던 때의 일이다. 기타리스트 티씨가 차를 끌고 공항까지 마중 나와줬는데 나고야 시내로 향하는 도중 티씨는 우리에게 특별히 먹고 싶은 음식이 있는지 물어왔다. '오 그렇다면 나고야의 특산물이 뭐냐. 모처럼 나고야에 왔으니 여기서만 맛볼 수 있는 거 먹어야 되지 않겠냐'라고 호기롭게 답했다가 머무는 내내 된장을 테마로 한 음식만 주구장창 먹었던 기억이 난다.

나고야는 된장 즉, '미소'가 유명한 도시이다. 미소 카츠 이른바 된장을 베이스로 한 된장 돈가스를 먹었고 된장 한상차림인 나고야식 된장 정식을 먹었으며 된장 발라 구워낸 된장 당고, 떡꼬치를 먹었다. 나고야의 특산품이 된장이란 걸 다시는 잊지 않게 되었다.

지난 십여 년간 자주는 아니었어도 서로 양국을 오가며 우정을 나눴고 만날 때마다 이렇듯 재미있고 즐거운 추억을 많이 쌓았다. 또한 이들은 국적을 떠나 같은 장르의 음악을 앞서 시작해, 쉬지 않고 걷고 있는 밴드로서 내게는 귀감이 되었고, 영감을 주기도 했으며 이들에게서 적지 않은 것을 배우기도 했다. 언홀리그레이브는 지금도 여전히 내게는 자극적인 존재이며 자극을 주는 존재이다.

인터뷰 첫 질문에 타카호씨는 '난 코드도 모르고 밴드 시작했는데'라며 웃어 보였다. 그런 그가 지금은 세계를 누비며 밴드 활동을 하고 있다. 인터뷰 중간에 타카호씨는 '밴드는 언제든 시작할 수 있는 거고 중간에 멈췄다가도 곧 다시 할 수도 있는 것'이라고 말했다. 말미에는 '밴드 하는 데 실패 같은 걸 두려워할 필요가 어디있냐'며 '당장 움직이라'며 이메일에 '느낌표'까지 찍어서 답을 보내왔다.

여러 질문에 긴 답변도 짧은 답변도 있었고 중간에 설명이나 첨언이 필요하려나 싶은 부분도 있었지만 모쪼록 행간을 읽어주길 바란다. 내가 아는 타카호 씨는 절대 입에 발린 말을 하는 사람이 아니다. 그런 그가 평소와는 다르게 어딘가 온기가 느껴지는 말들을 전해왔다. 그 감춘 듯 드러나는 온기가 여러분에게도 전해지길 바란다.

"장막 너머의 세계로"

독일. 보이체히

보이체히 / Wojczech 1995~

드럼 스테판(Stephan), 베이스 앤디(Andy), 보컬 다닐로(Danilo), 기타 겸 보컬 스테판(Stephan)

보이체히

2013년부터 시작해 현재까지 이어오고 있는 기획 공연 '언더그라인드'. 나는 이 공연을 줄곧 서울에서만 진행하고 있었다. 그러던 중 무대를 지역으로 좀 확대해 볼까 하는 생각을 하게 됐고 그렇게 2023년 초, 대전과 부산에서 한 차례씩 현지 밴드들과 서울 밴드들이 함께하는 언더그라인드를 진행했다. 대전에 이은 부산 공연을 마치고 다음 공연을 구상하고 있던 중 독일에서 메시지가 한 통 날아들었다. '10월에 일본 공연을 앞두고 있는데 일본 공연에 앞서 한국에서 꼭 공연을 하고 싶다, 평일 공연이어도 상관 없으니 공연 같이 할 수 없겠냐'며. 그렇게 2023년 여름 즈음 철자도 발음도 생소한 독일 밴드 '보이체히Wojczech'와 처음 연락을 주고받게 됐다.

이전까지는 전혀 정보가 없던 터라 부랴부랴 이 밴드에 대해 찾아보니 1995년 결성된 밴드로 세 장의 정규앨범과 이십여 장의 스플릿 앨범을 발매했고 '옵신익스트림 페스트'에도 세 차례 참여했던 밴드로서 독일, 유럽을 중심으로 해외 투어도 겸하며 이미 오랫동안 왕성하게 활동해 온 밴드였다. 언더그라운드에는 이렇듯 숨은 고수들이 너무 많다. 게다가 이 밴드는 나와 친분이 있는 일본의 슬러지/둠메탈 밴드 '게브나Guevnna[1]'와는 각별한 사이로 게브나의 유럽 투어 당시 투어를 함께 뛴 투어 메이트이기도 했다. 사정이 이렇다면야 두 밴드 다 불러야지.

---

1 2011년 일본 도쿄에서 결성된 밴드. 국내에도 세 차례 내한해 공연한 적이 있다. 현재는 잠정적으로 활동을 중단한 상태이다.

그렇게 2023년 가을 독일의 '보이체히'와 일본의 '게브나'가 참여하는 금, 토 이틀간의 언더그라인드를 서울에서 진행하게 됐다.

보이체히는 보컬에 '다닐로Danilo', 베이스에 '앤디Andy', 기타 겸 보컬에 '스테판Stephan Kurth', 드럼에 '스테판Stephan Gottwald' 이렇게 네 명으로 구성된 밴드이다. 기타와 드럼이 이름이 같아서 기타는 작은 스테판, 드럼은 큰 스테판이라 불린다고 작은 스테판이 일러줬다.

1, 2부에서 유럽 투어를 다녀온 밴드들 입을 통해 유럽 참 여러 가지로 부럽더란 이야기를 들었었다. 마침 보이체히는 그 유럽에서 활동하고 있는 밴드 아니던가. 과연 현지의 밴드는 어떤 생각을 하고, 어떻게 느끼며 밴드를 하고 있을지, 현지의 분위기는 우리와 얼마나 다를지 같은 질문에 다른 답을 기대하며 이메일 인터뷰를 진행했다. 이하는 기타리스트인 작은 스테판과 주고받은 인터뷰 내용이다. 역시 의역이 조금 있을 수 있다.

Q. 스테판 오랜만입니다. 인터뷰에 흔쾌히 응해주셔서 감사합니다. 잘 지내시죠?

A. 소식 들으니 정말 반가워요. 네. 우리는 여전히 끈끈한 관계를 유지하고 있고 계속 우리의 음악적 한계를 넓히는 걸 즐기며 잘 지내고 있습니다. 책 제목이 '코드 세 개 외웠으면 밴드를 하자!'라고요? 이건 정말 용기를 북돋는 강렬한 메시지네요. DIY 정신과도 딱 맞아떨어지는 이야기이고요. 제 절친한 친구 중 하나가 브레멘에 있는 멋진 서점이자 펑크 락 전문 레이블인 '사보타지 레코드Sabotage Records'에서 일하고 있는데 거기에 이런 슬로건이 적혀 있어요. "우리는 학교에서 10년 배운 것보다 3분짜리 펑크 락 한 곡에서 더 많은 걸 배웠다". 책 제목과 이 슬로건은 남들이 뭐라 하든 상관 말고 그냥 시작하라는 직관을 담고 있다는 면에서 완벽히 닮은 꼴이라고 생각해요. 그렇죠. 표현은 누구에게나 열려 있어야 해요!

Q. 기타는 처음 어떻게 시작하게 됐나요. 밴드를 처음 시작하게 된 당시 이야기를 좀 들려주세요.

A. 저와 제 친구들은 모두 구 동독 시절의 발트해 연안 작은 마을 출신이에요. 7학년[1] 때부터 친구들과 메탈과 펑크 음악을 듣기 시작했는데 사실 당시는 억압이 심해서 메탈이나 펑크 음악은 정말 구하기도 듣기도 어려운 음악들이었고 접하기도 쉽지 않은 문화였어요. 그럼에도 그걸 찾아서 듣는 우리는 이상하고 위험한 음악이나 듣는 아웃사이더 취급을 받았었죠. 그러던 차에 우리를 있는 그대로 이해해 주고 받아준 청소년 센터를 하나 찾았고, 거기서 우리는 고물 악기들을 찾아내거나 친구 아버지가 하던 블루스 밴드에서 장비를 빌리거나 해서, 연주도 제대로 할 줄 몰랐지만 그냥 바로 테이프에 곡을 녹음해서 노이즈코어Noisecore[2] 데모를 만들었어요. 거기 담긴 가사가 당시 사회 분위기에 비하자면 정

---

1 우리로 치면 중학교 1학년 정도에 해당하는 학년이다.

2 뒤에 코어가 붙는 장르라면 대략 펑크가 그 뿌리려니 생각하면 된다. 노이즈코어는 하드코어의 형태를 가지고 있으나 대체로 곡의 구조가 특정되지 않으며 기타, 보컬, 드럼이 구분 안 갈 정도로 소음이 서로 엇갈린다. 거의 1분 이내의 짧은 곡들이 많고 짧은 시간 안에 최대의 폭발력을 끌어올

치적으로 상당히 불온한 내용들이었는데 그것 때문에 저희 부모님과 보컬 다닐로는 당시의 비밀경찰에게 조사를 받기도 했어요. 그러다가 1989년 11월 철의 장막이 무너지면서 결국 동독이 붕괴되는데 이때의 모든 정치, 사회적 경험 그리고 변곡의 시기들은 오히려 언더그라운드 음악 문화 안에서 저와 제 친구들이 하나로 뭉치고 함께 성장하게 되는 계기가 되었고 돌이켜 보면 굉장한 시간들이었어요. 그 시절의 정신은 지금도 여전히 살아있습니다!

Q. 한국도 그렇고 전 세계 많은 밴드들이 일과 음악을 병행하고 있습니다. 보이체히의 경우는 어떤가요. 각자 어떤 일을 하고 있나요? 병행하는 데 따르는 어려움은 없나요?

A. 그렇죠. 꽤 고된 싸움이죠. 일, 음악, 가족 이 세 가지 사이에서 균형을 맞춰야 하니까요. 음악은 취미로 여기고 있고 멤버들 모두 주 20시간 또는 40시간 정도 생업에 종사하고 있어요. 이렇게 하면 예술적 타협 같은 건 하지 않아도 되니까요. 멤버들이 모두 같은 도시에 살고 있는 것도 아니에요. 어떤 친구들은 일과 가족 때문에 시골로 이사를 가거나 스웨덴으로 이사를 하기도 했어요.
 우리는 멤버들 포함 7명의 친구들이 함께 60 제곱미터 크기의 합주실 겸 장비 보관소를 운영하고 있어요. 공연이나 투어가 잡히거나 앨범 녹음 같은 프로젝트가 생기면 일 끝나고 주 2회 정도 여기 모여서 연습을 하기도 해요. 모두 직업이 따로 있는데 비건 케이터링을 비롯한 소규모 식음료 사업을 하고 있는 친구도 있고 목수, 사회복지사, 장애인 일상 보조 등 각자 다양한 일들을 하고 있어요. 저는 NGO에서 청소년 센터를 운영하면서 6~18세 아이들을 위한 여가 프로그램을 기획하고 있어요.
 독일은 연간 유급휴가가 26일~30일인데 이걸 우리는 거의 다 투어에 써요. 물론 가족이 허락한다는 전제가 있어야 하죠. 가족의 지지가 제일 중요한 것 같아요. 그게 없으면 사실 아무것도 할 수가 없어요.

리는 소음으로 가득하다.

Q. 음악을 생업으로 삼는 것과 일을 병행하면서 음악을 하는 것 사이에는 어떤 차이가 있다고 생각하나요?

A. 목표에 따라 다르다고 생각해요. 음악을 생업으로 삼고 싶다면 아무래도 레이블이나 에이전트의 요구사항, 규칙을 따라야 하고 원치 않는 곳에서도 공연을 해야 하는 등 예술에 타협이 필요하게 돼요. 제 주변의 많은 친구들도 예술로 생계를 꾸리기 위해 베를린이나 함부르크 같은 큰 도시로 옮겨 갔고 거기서 레이블과 계약을 하거나 후원을 받으면서 음악을 하고 있기도 해요. 이렇게 되면 같은 사람, 같은 음악인데도 규칙에 매여 있어서 이들을 더 이상 우리 공연에 초대할 수 없게 돼요. 사실 DIY 공연에 적합하지도 않고요.[1] 이제 이들은 자신들에게 어울리는 새로운 활로를 찾아야만 하는 거죠.

 제가 지금보다 더 젊었을 때는 연극 작품에 들어갈 음악을 작곡하고 연주하는 걸 직업으로 삼아 일하던 때가 있었어요. 물론 정말 좋은 시간들이었어요. 그런데 일 끝나고 집에 와서 연습이라도 할라치면 그때는 이미 너무 지쳐버려서 아무것도 할 수 없는 상태가 돼버리더라고요. 결국 '내가 원하는 게 정말 무엇이고, 그걸 얻는 대신 무엇을 희생할 준비가 되어 있나'의 문제인 것 같아요.

Q. 보이체히는 어떻게 결성이 된 건가요. 멤버들은 어떻게 모이게 된 거고요. 밴드 결성 과정에 대해 들려주세요.

A. 앞서도 말했듯이 우리는 다 같은 동네 출신의 오랜 친구들이에요. 저는 이 친구들과 계속 다양한 장르의 여러 밴드를 만들어 왔어요. 1988년에 처음 '분데스베Bundesweh'라는 밴드를 만들었고 그다음 1990년에는 '뉴클리어 데스Nuclear D

---

1 '누구나 할 수 있다'라는 펑크 문화의 핵심인 DIY 정신은 자연스레 비순응, 반권위주의, 반기업, 반자본주의와도 연관이 된다. DIY라고 해서 앨범 제작과 유통까지의 전 과정을 밴드가 직접 한다는 제작의 의미로만 한정해서 이해하곤 하는데 저변에 깔린 이런 비순응적, 정신적 모토가 때론 더 중요하다. 공적이든 사적이든 어딘가 소속돼 후원을 받으며 상업적 성공을 도모하는 음악을 한다는 것은 옳고 그름의 문제가 아닌 선택의 문제이나 이 경우는 비순응적 DIY 정신과는 어울리지 않고 DIY 공연에도 적합하지 않다고 보는 것이다. 언더그라운드 문화 특히 펑크를 기반으로 해 뻗어나간 문화, 음악에는 엄격하든 조금은 유연하든 이런 비순응적 DIY 정신이 여전히 흐르고 있다.

eath'라는 노이즈코어 밴드를 만들었어요. 1992년에는 슬로우 하드코어 밴드 '더 잭 오브 올 트레이즈The Jack of All Trades'라는 밴드를 만들기도 했고요. 1995년에 바로 그라인드코어 밴드 보이체히를 만들게 됐고, 2004년엔 '배드 럭 라이즈 온 휠즈Bad Luck Rides on Wheels'라는 포스트 메탈/데스 둠 밴드를, 2015년엔 헤비 사이키델릭/슬러지 둠 밴드 '콘퓨전 마스터Confusion Master'를 만들었어요. 다 같은 동네 출신의 오랜 친구들과 함께 해온 밴드들이에요. 이 중 보이체히, 배드 럭 라이즈 온 휠즈, 콘퓨전 마스터는 여전히 활동 중이고 녹음과 투어를 계속하고 있어요.

Q. 밴드 하면서 느끼는 가장 큰 즐거움은 뭔가요? 그리고 어떤 것에서 어려움을 느끼나요?

A. 밴드라는 건 뭐든 마음껏 표현할 수 있는 출구라는 것, 그 자체가 가장 큰 즐거움이죠! 표현이란 건 좋든 싫든 그 순간 그 사람만의 고유한 것이고 복제가 불가능한 거잖아요. 그걸 밴드를 통해 표출할 수 있다는 게 가장 큰 즐거움입니다. 어려움이라고 하면 역시 인간관계죠. 사람은 다 다르잖아요. 스스로 아무리 관대하고 긍정적인 사람이라 해도 타협하고 배려하는 감각을 계속 키워야 해요. 쉽진 않지만 기다려주고 용서하는 자세가 필요한 것 같아요.

Q. 많은 밴드들이 스스로를 장르라는 틀에 한정 짓기를 거부하곤 합니다. 보이체히는 그라인드코어 밴드로 알려져 있습니다만 스스로가 생각하는 장르도 그러한가요? 그리고 이런 비주류 즉, 언더그라운드 음악을 하는 이유는 뭔지 궁금합니다.

A. 사실 우리의 장르는 크게 '헤비 언더그라운드 뮤직Heavy Underground Music'이라고 생각해요. 어릴 적부터 우리는 하드코어, 그라인드코어, 둠메탈, 펑크 음악들과 그 정신 속에서 자랐고 이건 지금도 우리 안에 흐르고 있는 최고의 사운드트랙들이에요. 그렇기 때문에 지금도 언더그라운드 음악을 하고 있는 거고요. 물론 멤버들 각자 좋아하는 음악은 조금씩 달라요. 그래서 지금도 여전히 새로운 밴드가 나오거나 음악이 나오면 서로 들려주면서 같이 즐기고 있어요. 어쨌든 음악은 우리에게

있어 일종의 끝나지 않는 '사랑의 노동'이라고 생각해요!

Q. 작곡은 어떻게 하고 있나요? 밴드마다 저마다의 방식이 있는데 보이체히의 경우는 어떻습니까? 혹시 작곡할 때 중점을 두는 포인트 같은 게 있나요? 영감은 어떤 식으로 얻고 있나요?

A. 우리는 꽤 구식으로 작곡을 하고 있어요. 많은 밴드들이 누군가 온전한 형태의 데모 곡을 가지고 오면 다른 멤버들은 그걸 듣고 따라 연주하면서 곡을 완성하고 있지만 우리는 그렇지 않아요. 누구 한 명이 테마를 잡아 오거나 그 테마에 어울리는 리프를 두세 개 가지고 오면 그걸 토대로 같이 맛보고 에너지를 더하고 시간을 들여가며 함께 곡을 완성해요. 이때 포인트라고 한다면 멤버 전원 즉, 모두가 만족하는 곡이 될 때까지 이 과정을 계속 반복한다는 거예요. 그러다 종종 다투기도 하지만 그건 창의적인 다툼이고 어쨌든 우리는 이 방식을 고수하고 있어요. 영감이라고 하면, 일단 좋은 영감을 얻으려면 평소 잠을 늘 충분히 잘 자둬야 해요! 그리고 저는 평소에 아이디어가 떠오르면 이걸 잊지 않기 위해서 생각 날 때마다 리프들을 많이 녹음하고 있어요.

Q. 혹시 일러줄 수 있는 작곡 팁 같은 게 있을까요?

A. 일단 시작을 그냥 하나의 리프, 하나의 비트 또는 하나의 멜로디에서 시작해 보세요. 너무 깊게 고민할 필요는 없어요. 흐름에 맡겨보는 거죠. 하나의 리프나 프레이즈를 다양한 속도와 리듬으로 연주해 맛보고 그중 가장 좋은 걸 선택하세요. 같은 방식으로 리프 두 개를 더 만들어보세요. 그리고 다양한 순서와 조합으로 그 세 개를 서로 이어 붙여보세요. 마찬가지로 그중 가장 마음에 드는 걸 선택하고 이런 과정을 반복해 보세요. 곡 중간에 극적인 템포 변화 구간도 만들어보고 브리지Bridge[1]도 넣어보세요. 끝입니다. 실험하는 거죠. 다른 사람이 뭐라 하든 남의 말은 신경 쓰지 마세요.

---

1 곡의 주요 리프나 프레이즈를 연결해 주는 다리 역할을 하는 구간을 말한다.

Q. 음악을 많이 듣거나 카피를 많이 해보는 게 작곡에 도움이 된다고 생각합니다. 어떠세요. 평소 음악을 많이 듣는 편인가요? 보이체히는 여전히 카피 혹은 커버를 하곤 하나요?

A. 멤버들 모두 엄청난 음악 매니아들이에요. 저 같은 경우도 기타를 치곤 있지만 기타가 중심인 음악만 듣는 건 아니에요. 일렉트로닉 음악도 많이 좋아하는데 직접 곡을 만들기도 합니다. 집에서 다양한 비트의 일렉트로닉 음악을 만들어서 DJ 활동을 하고 있기도 하고, 이 음악들을 연극이나 공연 등에 사용하기도 해요. 오래전 얘기지만 젊었을 때는 '바이닐 디스코Vinyl Disco¹' DJ로 활동하면서 생계를 유지하기도 했어요.

90년대 초 동독의 초기 테크노 음악 씬은 그라인드코어 씬처럼 어둡고, 거칠고, 타협 없는 분위기였어요. 이런 음악들을 비롯해서 지금도 인더스트리얼과 일렉트로닉 음악을 꾸준히 수집하고 있습니다. 게다가 독일의 일렉트로닉 음악 씬은 비록 소규모지만 누구에게도 간섭받지 않는 독립적인 제작 시스템을 통한 일종의 '바이닐 문화'를 갖고 있어요. 저는 여전히 이런 음악과 타협 없는 문화를 지지하고 있습니다.

커버에 대해 말하자면 사실 우리는 커버를 잘 못하는 편이에요. 그동안 '포비아Phobia²', '스테이트 오브 피어State Of Fear³', '억셉트Accept⁴', '에이비씨 디아볼로ABC Dibolo⁵', '에스오비S.O.B⁶' 그리고 최근에는 '네이팜데스', '어쎅Assüc

---

1 바이닐은 국내에선 흔히 LP를 칭하는 말로 통한다. LP도 여러 사이즈가 있는데 정확히는 크든 작든 바이닐 소재로 만들어진 레코드 판을 총칭해 바이닐이라 부른다. 바이닐 디스코는 이런 레코드 핀을 가지고 민들어내는 디스고풍 댄스 비드, 음익을 말한디.

2 1990년부터 활동하고 있는 미국의 그라인드코어 밴드.

3 1994년 결성된 미국의 하드코어 밴드.

4 1968년 결성된 독일의 대표적인 헤비메탈 밴드.

5 1990년부터 1995년까지 활동했던 독일의 하드코어 밴드.

6 1983년 결성된 일본의 전설적인 그라인드코어/쓰래쉬코어 밴드. 1989년에는 그라인드코어의

k1' 같은 밴드들을 커버했어요. 제 생각에는 커버를 통해서 멋진 리프들을 익히고 그걸 자신만의 스타일로 짓이겨 내는 것도 하나의 작곡 방법이라고 생각해요.

Q. 보이체히의 음악은 사운드를 앞세우는 음악인가요 아니면 메시지가 중심인 음악인가요?

A. 상황이나 맥락에 따라 좀 다르겠지만 우리는 둘 다 시도해요. 가사를 중심으로 곡의 스타일을 구축할 때도 있어요. 하지만 생각해 보니 대부분은 리프 즉, 사운드가 먼저이긴 하네요.

Q. 보이체히가 청자들에게 전하고 싶은 것, 표현하고 싶은 것은 뭔가요?

A. 어떤 것이 되었든 우리 음악이 감상자들에게 어떤 감정적인 반응을 불러일으킬 수 있다면 그걸로 성공이라고 생각해요. 긍정적인 감정이든 부정적인 감정이든 우리 음악을 듣는 사람들에게 일종의 감정적인 출구를 제공할 수 있다면 그걸로 충분합니다.

Q. 밴드로서 처음 무대에 서기까지는 어떤 과정을 거쳤나요? 오디션 같은 걸 봤던 걸까요?

A. 아니요. 우린 처음부터 무대를 우리 스스로 찾고 만들었어요. 빈 지하실에서 하기도 했고 불법 파티를 만들기도 했고, 허가 안 난 공간에 들어가서 공연을 하기도 했어요. 그렇게 직접 움직였죠. 무대라는 게 처음에는 누구나 공포를 조금씩 느낄 수 있어요. 그러다가 어느 순간부터는 무대 위에서 공포보다는 흥분을

선구자 격인 네이팜데스와 스플릿 앨범을 발매하기도 했고 서로 영향을 주고받은 것으로도 유명하다.

1 1987년부터 1998년까지 십여 년간 활동했던 미국의 데스메탈/그라인드코어 밴드. 짧게 활동했지만 굉장한 임팩트와 영향력을 끼쳤던 밴드이다.

느끼게 될 거고 그런 상태에 돌입하게 되면 그때부터 무대는 이제 여러분 게 됩니다.

Q. 한국에는 '직장인 밴드'라는 개념이 있어요. 사실 일하면서 음악한다는 면에서 우리와 크게 다를 바 없지만 이분들은 주로 카피에만 집중한다는 차이점이 있죠. 음악은 즐기기 나름이지만 그럼에도 자작곡을 하는 밴드들이 더 많아졌으면 좋겠다는 생각을 자주 합니다. 이 책에는 그런 의도가 담겨있기도 하고요. 독일의 경우는 어떤가요. 밴드들의 활동 방식에 차이가 있나요?

A. 네. 독일에는 크게 네 가지 유형의 밴드들이 있어요. 첫째로 학교나 대학 시절의 뉴메탈, 펑크 밴드. 이 유형은 진지해지기 전에 끝나버려요. 둘째로 주말 전사 모드의 밴드로 25세~55세. 우리 같이 일과 음악을 병행하고 주말에 공연하고 투어도 다니고 하는 밴드들이 여기 속하겠죠. 셋째로 커버 밴드. 주말이나 결혼식 전문. 그리고 마지막으로 밴드가 전업인 풀타임 아티스트.
 의외로 첫째 유형이 좀 희귀해요. 어떻게 보면 가장 독창적일 수 있고 표현력의 한계를 훼손당하지 않을 수 있는 시기의 밴드 유형이긴 하지만 학생이란 신분은 어디나 불안하기 마련이잖아요.

Q. 유럽 투어를 다녀온 친구들 말에 의하면 유럽은 밴드도 참 다양하고 공연장 수도 엄청나다고 들었어요. 독일의 경우는 어떤가요. 밴드를 둘러싼 환경에 대해 간단하게 알려주세요.

A. 독일은 단일 시장으로 치면 중부 유럽에서 가장 큰 라이브 음악 시장을 가진 나라예요. 어떤 것이 되었든 모든 종류의 다양한 락 음악을 수용하는 문화적 분위기를 갖고 있기도 하고요. 다만, 흔한 일은 아니지만 남부 지역에서는 종교적인 이유로 공연이 제약을 받는 경우가 간혹 있긴 해요. 공연장 형태도 다양해요. 대형 공연장부터 클럽이나 바 규모의 공연장 그리고 불법 공연장이나 하우스 쇼 House Show, 독립적인 DIY 공간까지. 독일에 온다면 거의 대부분의 도시에서 이런 종류의 다양한 공연장들을 볼 수 있을 거예요. 게다가 언더그라운드 음악을

포함해서 매년 20~40개의 멋진 페스티벌도 열리고 있어요.

밴드들은 연습실을 드나들면서 커뮤니티를 형성하기도 해요. 연습실에서 서로 만나고 떠들고, 그러다가 연습실이 밴드들의 회의 장소가 되기도 하고 때론 공연장이 되기도 해요. 어떨 땐 이런 연습실 공연이 제일 재미있을 때가 있어요!

Q. 시간이 좀 지나긴 했습니다만 서울에서 공연을 해보셨으니 그 소감이 궁금합니다. 그리고 공연장, 공연 분위기, 한국 밴드들을 보면서 혹시 독일에서는 느끼지 못했던 다른 점들을 느낀 게 있나요?

A. 짧았지만 정말 소중한 경험이었어요. 클럽 '샤프Sharp[1]'는 유럽에서도 볼 수 있을 법한 멋진 공간이었어요. 조금 눈에 띄었던 건 한국 밴드들은 무대에 오르기 전에 준비를 엄청 하더라고요! 완벽함을 추구하는 것 같았어요. 유럽 사람들 눈에는 이런 게 완벽주의, 프로페셔널한 태도에 대한 지나친 집착처럼 비쳐질

---

1 2016년경 서울 마포구 망원동에 자리 잡으며 운영을 시작한 펑크, 하드코어, 그라인드코어 전문 공연장. 언더그라운드 음악 전문 공연장으로는 현재 서울에 남아있는 클럽 중 가장 오래된 클럽이며 전문 공연 외에도 대학생, 직장인들을 대상으로 한 대관 공연도 종종 열리고 있다.

수도 있을 거예요. 근데 이건 사회의 경쟁 강도가 서로 다르기 때문이라고 저는 생각해요. 비교적 쾌락주의적 성향을 가진 독일을 비롯한 중부 유럽도 사실 기본적으로는 이런 태도를 갖추고 있을 거예요. 다만 쾌락주의적인 성향 탓에 눈에 잘 안 보이거나 드러내지 않을 뿐이죠. 서울에서의 경험은 정말 즐거웠어요. 초대해 주셔서 감사했습니다!

Q. 고민하지 말고 빠르게(?) 답해주세요. 밴드 왜 하는 겁니까?

A. 제 안에 세상 밖으로 표출해 내고 싶은 것들이 있으니까요. 그리고 그 방법이 제겐 밴드입니다.

Q. 1995년부터 보이체히를 시작했으니 밴드가 이제 활동 삼십 년이 다 되었네요. 사실 서로 다투기도 할 테고 중간에 그만둬야 하나 싶은 고비들도 있었을 텐데요. 어떻게 이렇게 장기근속(?)할 수 있었나요?

A. 이건 친구들과 함께 써온 하나의 일대기이자 경험으로 조각된 또래들의 이야기 그리고 화학에 대한 이야기라고 생각해요. 우린 모두 같은 동네에서 나고 자랐고 오랜 시간 동안 서로 부대끼며 지내왔어요. 서로가 서로를 오래 경험했고 그렇기에 우리들 안에만 도는 우리만의 화학작용이 있어요.
　밴드를 하는 사람들 모두에게 해당될 수 있는 건 아니지만 핵심은 서로를 있는 그대로 받아들이는 겁니다. 그리고 자신보다는 팀이 먼저입니다!
　또 하나. 가족들이 지지가 필수입니다. 밴드뿐만 아니라 뭐가 되었든 그게 기반이 되어야 다른 것도 가능하겠죠. 한 걸음 씩 나아가세요. 팀, 시간, 공간을 확보하면서 서서히 나아가는 겁니다.

Q. 오랜 시간 활동하면서 지금도 여전히 기억에 남는 공연이나 에피소드 같은 게 있을까요. 서울 공연 빼고요.

A. 여러 나라를 돌며 투어를 하고 그 나라의 상황과 음악 커뮤니티를 경험했던

순간들은 우리 성격에도 정말 많은 영향을 끼쳤다고 생각해요. 우리는 페루(1995년, 1998년), 브라질(1999년), 인도네시아(2003년) 같은 나라에서 공연하기도 했는데 동독이 붕괴됐던 때처럼 대부분 독재정권이 막 끝난 나라들이었어요. 모든 게 혼란스럽고 아무것도 정해진 게 없는 상황이었죠. 심지어 어떤 곳은 투어 막바지까지 공연이 하나도 잡히지가 않아서 우리가 직접 만들어야 하기도 했어요. 앞이 잘 보이지 않는 혼란스러운 투어였지만 모두 의미가 있었고 그랬던 그 시절이 정말 인상 깊게 남아있어요. 특히 2003년 자카르타에서 했던 거리 공연은 아직도 기억이 생생해요!

Q. 밴드의 근황을 알려주세요. 구체적으로 정해진 이후 계획도 있나요?

A. 카드 값도 내야 하고 가정도 잘 꾸려야 하니 매일 직장에서 다들 열심히 일하고 있죠. 일주일에 한 번씩 만나서 연습하고 있고 녹음도 하고 공연도 하면서 지내고 있어요. 보이체히는 이번 겨울 즈음에 맞춰 새 LP를 발매할 예정이에요.

Q. 밴드로서 이루고 싶은 더 큰 목표나 꿈 같은 게 있을까요?

A. 놓지 않고 끝까지 조이며 가는 것! 이것 외엔 특별한 건 없고요. 늘어지거나 더 이상 자신을 조일 수 없다면 그땐 그만둬야죠.

Q. 인터뷰 감사합니다. 마지막으로 인터뷰를 읽을 독자들께도 한마디 부탁드립니다.

A. 읽어주셔서 감사합니다. 앞으로도 서로에게 배워봅시다!

　인터뷰 전까지는 이야기가 동독 시절까지 거슬러 올라갈 줄은 생각도 못 했다. 비밀경찰 얘기도 그저 놀랍기만 하다. 생각해 보면 1989년에 베를린 장벽이 무너졌으니 이제 삼십 년 조금(?) 지난 일이다. 그런 엄혹한 시기에 중학생 시절을 보내며 펑크와 메탈을 듣기 시작했다. 비밀경찰 같은, 장막의 가장 짙은 어둠은 한 동네에서 나고 자란 이들의 우정을 더욱 끈끈하게 만들어 줄 뿐이었다. 억압과 검열의 무거운 공기는 오히려 세상을 향해 후련하게 내지르고 싶다는 욕망을 너 상하게 만들었고, 밴크는 이 욕망을 터뜨리는 이들의 무기가 되었다. 왜 막는가? 누구나 할 수 있다! 왜 안 되는가? 그럼 우리가 직접 하겠다! 왜 없는가? 그럼 우리가 만들겠다! 일면식도 없는 한국인에게 먼저 연락을 해온 것도 작은 스테판 아니던가. 보이체히는 이런 DIY 정신으로 굳게 뭉친 밴드이다. 누가 뭐라 하든 개의치 않고 타협하지 않으며 할 수 있는 것들을 찾아 스스로 움직이며 삼십여 년간 활동해 온 밴드이다.

이들을 맞이하러 공항에 나갔던 때가 생각난다. 비행기로 최소 열 시간 이상 걸려 인천 공항에 도착했을 텐데 다소 지쳐 보이긴 했으나 악기를 비롯한 많은 짐을 이고 지고 왔음에도 새로운 나라, 새로운 도시에 대한 기대감으로 표정이 한껏 들떠 있었다. 활짝 웃으며 서로 악수를 나누는데 첫인상은 그저 유럽 어디 한적한 곳, 동네 아저씨들 같은 편안한 느낌마저 들었다.

공항에서 이들을 픽업하고 망원에 있는 숙소로 이동해 짐을 풀고 난 후, "피곤할 테니 공연 전까지 쉬어도 좋고 아니면 나랑 주변을 좀 둘러보겠냐"고 물었더니 전원이 일말의 망설임도 없이 나를 따라나섰다. 딱히 보여줄 건 없고 해서 망원시장을 한 바퀴 돌고 시장 내 분식집에서 잔치 국수와 비빔밥을 먹고 커피숍에서 커피를 마시며 짧은 영어와 좁쌀만큼의 독일어를 섞어가며 여러 이야기를 나눴다. 커피를 마신 후에는 베이시스트 앤디가 자신의 침으로 말아준 축축한 담배를 나눠 피우기도 했다.

음악으로 만나게 되는 이런 인연들이 정말 즐겁다. 긴 시간은 아니었지만 함께 한 내내 겸손함과 친절함을 보여줬고, 무엇보다 유럽의 따뜻한 햇살 아래에서 잘 익은 미소는 이들을 생각할 때마다 떠오르는 얼굴 표정이 되었다. 언젠가 또 어디서든 같은 무대를 공유할 수 있길 바란다. Saty Tight!

"세계를 잇고 지역을 잇는다"

일본. 부쳐에이비씨

부쳐에이비씨 / Butcher ABC 1994~

드럼 템마(Temma), 베이스 타카(Taka), 기타 정종하, 기타 겸 보컬 나루(Naru)

부쳐에이비씨

2016년 가을경 여행 차 일본 시즈오카静岡에 간 적이 있다. 여행 동안 마침 인근의 이와타磐田라는 곳에서 일본 지인들의 공연이 열려 그곳에도 잠시 방문을 하게 됐다. 시즈오카시에서 전철로 한 시간 조금 넘게 걸려 도착한 이와타시. 시라고 하기에는 좀 작지 않나 싶은 곳이었고 공연이 열리는 '에프엠스테이지FMST AGE'란 곳도 외곽에 자리하고 있어 어딘가 휑한 느낌마저 들었다. 나중에 찾아보니 이와타시는 인구 이십만이 채 안 되는 작은 도시로 우리로 치면 규모가 시와 읍 중간쯤 될 것 같다.

어쨌든 이 조그마한 도시에 작지만 번듯한 공연장이 있다는 것 자체가 우선 놀라웠다. 이후 더 놀라웠던 건 공연 전까지만 해도 사람이 오긴 하려나 싶을 정도로 조용하고 쓸쓸했던 공간에 공연이 시작되자마자 숨어있다 나오기라도 하는 것처럼 사람들이 우르르 몰려들기 시작하더란 거다. 머리를 바짝 세운 모히칸부터 하드코어, 메탈 키드들까지 결국 그 작은 공연장에는 대략 오륙십 명 정도의 인원이 가득 들어찼다. 밴드도 여섯 밴드 정도가 출연했는데 이와타를 비롯한 시즈오카 현県[1] 각지에서 모여든 밴드들로서 다들 무대 장악력이 장난이 아니었고 어느 하나 놓칠 밴드가 없었다.

부러웠다. 얼핏 시골처럼도 보이는 작은 도시임에도 공연장이 꿋꿋이 자리하고 있고, 어디 내놓아도 밀리지 않는 지역 밴드들이 있고, 주말이면 이런 공연을

---

1 시즈오카는 시 이름이자 우리로 치면 도(道)에 해당하는 현(県)의 이름이기도 하다. 시즈오카시도 이와타시도 시즈오카현에 속해 있는 지역이다.

즐기려고 머리를 세우고 옷을 챙겨 입고 나오는 관객들이 있다는 것. 작아도 갖출 거 제대로 갖추고 즐길 거 제대로 즐기며 살고 있다는 게 마냥 부러웠다.

나중에 이런 이야기를 일본 지인들한테 했더니 '아냐. 그건 시즈오카 자체가 일본 내에서도 좀 특이한 동네라 그래'란 말을 듣고 김이 조금 새긴 했지만, 그래도 이런 특이한 동네 하나 없는 입장에서는 충분히 부러움을 살 만한 경험이었다.

일본의 클럽 문화, 밴드 문화의 넓이와 두께, 깊이는 우리의 예상을 가볍게 뛰어넘는다. 돌이켜 보면 우리가 한창 어려운 경제 상황과 독재의 그늘 아래 숨죽이며 지낼 때 일본은 거침없는 경제 성장을 이룩하며, 동시에 다양한 해외 문화를 가감 없이 양껏 소화하고 있었다. 70년대, 80년대는 락 음악이 거침없이 생장하고 뻗어나가던 폭발적인 시기였다. 이 시기 일본은 미국, 영국, 유럽과 1년도 채 안 되는 시차를 두고 이들 음악과 문화를 즐기며 그들과 거의 같이 호흡하고 있었다. 단순하게 결론 내리긴 어렵지만 우리보다 먼저, 오래, 그리고 무엇보다도 다양하게 락 음악을 들어왔고, 락 음악 생장 당시의 에너지 가득한 순간들을 큰 시차 없이 경험한 것이 지금의 일본 밴드 문화, 클럽 문화 나아가 언더그라운드 음악 씬의 저력을 이루는 토대가 되지 않았나 하는 생각을 해본다.

일본의 언더그라운드 씬 특히 데스메탈 씬을 수십 년간 엄청난 열정으로 이끌어 오고 있는 인물이 있다. 밴드맨이자 레이블 운영자 그리고 공연 기획자인 '부쳐에이비씨Butcher ABC'의 기타 겸 보컬 '나루Naru'씨가 이번 인터뷰의 주인공이다.

데스메탈 밴드 부쳐에이비씨는 1994년부터 활동을 시작한 밴드로 현재 기타와 보컬을 겸하고 있는 나루씨를 비롯해 베이스에 '타카Taka', 드럼에 '템마Temma' 그리고 기타에 '피컨데이션' 정종하가 참여하고 있는 4인조 데스메탈 밴드이다. 잘 모르는 독자들이 대부분이긴 하겠지만 부쳐에이비씨 역시 탈 일본급 밴드이다. 세 차례의 '옵신익스트림 페스트' 참여를 비롯해 유럽 투어, 호주 투어를 돌며 해외에도 그 이름을 익히 알린 밴드이다. 국내에도 세 차례 이상 내한한 적이 있고 내 밴드와도 무대를 공유한 기억이 있다.

밴드의 위세 이상으로 나루씨 혼자 벌이고 있는 일들 또한 대단하다. 1992년에 '오블리터레이션 레코드Obliteration Records[1]'란 레이블을 설립해 앨범 제작, 발매, 유통 그리고 신인 밴드 발굴에 힘쓰고 있으며, 취급하고 있는 앨범들을 '하루마게도はるまげ堂[2]'라는 온라인 매장을 통해 판매하고 있다. 더불어 해외 밴드들이 대거 참여하는 대형 페스티벌인 '아사쿠사 데스페스트Asakusa Deathfest[3]'와 이와 연계한 '신주쿠 데스페스트Shinjuku Deathfest' 그리고 메탈 음악과 지역 문화 활성화를 취지로 하는 지역 문화 축제 '소이 데스페스트Soy Deathfest[4]'를 직접 기획, 운영하면서 씬의 활성화 및 문화적 저변 확대를 위한 노력을 쉬지 않고 있다.

나루씨는 전업 음악인을 넘어 음악 비즈니스를 업으로 삼고 있는 사람이다. 비즈니스라고는 하지만 다분히 DIY적인 체제로서 앞서 말한 모든 걸 홀로 꾸리고 기획하고 운영하고 있다. 경우에 따라 스태프들의 손을 빌리기도 하지만 대부분은 이 모든 걸 거의 혼자 도맡아 하고 있다.

설명이 길어질 수밖에 없는 인물이다. 이제 인터뷰로 들어가 그의 이야기를 들어보자. 이하는 나루씨와 이메일로 진행한 인터뷰 내용이다. 역시 의역이 다소 있을 수 있다.

---

1 1992년 설립, 현재 10개 밴드가 소속되어 있다. 소속 밴드들 음반뿐 아니라 해외 밴드들의 앨범도 제작, 발매, 유통하고 있으며 그 수는 200여 종에 이른다.

2 역시 1992년 만들어진 온라인 매장으로 이 매장의 X(구 트위터) 공식 계정에는 '데스메탈, 그라인드, 고어, 블랙, 슬러지, 둠 등 언더그라운드에 만연한 광기의 음원을 폭 좁게 판매하고 있습니다'라고 매장을 소개하고 있다.

3 2016년부터 시작한 언더그라운드 페스티벌로 3~5일간 도쿄 중심가에 위치한 세 군데 클럽에서 순차적으로 또는 동시에 열린다. 해외 밴드들이 다수 참여하고 있는 국제 페스티벌 성격을 띤다.

4 2024년 일본 시마네현 야스기시에 있는 100년 된 간장 양조장에서 열린 언더그라운드 DIY 페스티벌. 야스기시는 철강 즉, 메탈 산업이 유명하며 이에 착안해 메탈 음악과 더불어 지역의 철강 역사 및 산업을 활성화하는 것을 취지로 삼았던 페스티벌이다.

Q. 인터뷰에 흔쾌히 응해주셔서 감사합니다. 먼저 이 책 타이틀에 대한 나루씨의 감상이 궁금합니다.

A. 흥미가 당기는 좋은 타이틀이라고 생각합니다! 저는 사실 파워코드밖에 몰라서 "파워코드 하나로 밴드를 하자!"라는 책을 써볼까 하는 생각도 듭니다.

Q. 중간에 잠깐 쉬던 시기도 있었지만 94년부터 시작했으니 부쳐에이비씨가 이제 삼십 년을 넘긴 밴드가 됐네요. 이 길의 시작점이 궁금합니다. 기타를 치게된 계기, 밴드를 시작하게 된 계기가 있을까요?

A. 13살 때까지는 일본의 대중음악만 듣고 지냈어요. 그러다가 14살 때 친구의 소개로 하드 락이나 헤비메탈을 처음 접하게 됐는데 그때 '건즈 앤 로지스'의 뮤직비디오 〈Paradise City〉를 보고 충격을 받아서 밴드를 하고 싶다고 처음 생각하게 됐어요. 근데 아직 학생 때라 밴드를 만드는 건 무리였어요. 그렇게 음악만 죽 듣다가 메탈리카를 접하면서 쓰래쉬 메탈에 빠져들게 됐고 이후 슬레이어

를 듣게 되면서 더욱 헤비하고 빠른 음악만 찾아 듣게 됐어요.

고 3 때쯤였어요. 데스메탈이란 음악을 알게 됐고 언더그라운드 음악 씬이라는 걸 처음 알게 됐죠. 그러면서 '고등학교 졸업하면 바로 머리 기르고 밴드 해야지'라고 결심을 하게 됐고 그게 1991년 무렵이네요.

Q. 밴드 대부분이 일과 음악을 병행하고 있잖아요. 부쳐에이비씨의 경우는 어떤가요? 각자 하고 있는 일에 대한 간단한 소개를 부탁드립니다.

A, 저는 레이블 운영이라는 자영업을 하고 있고 베이스 타카의 경우도 자영업자로 녹음 스튜디오를 운영하고 있어요. 드럼인 템마는 뭔가 일은 하고 있는데 정식으로 어딘가 취직하진 않은 것 같아요. 기타인 종하의 경우는 기타 강사가 직업이죠.

다들 나름 자유롭게 일하고 있어서 밴드 활동하기에는 아주 좋습니다!

Q. 자영업이 오히려 더 힘들 때가 있지 않나 하는 생각도 듭니다. 어떻게 병행하고 있나요? 임하는 각오 같은 게 혹 있을까요?

A. 젊을 적 레코드 가게에서 아르바이트를 하던 때가 생각나네요. 그때는 정말 너무 힘들었어요. 왕복 두 시간 거리를 오가야 했고 매일 9시간씩 일을 했어요. 퇴근해서 집에 오면 내 일도 해야 했고 밴드 일도 해야 했죠. 가끔은 친구들과 밤새 술 마시고 출근하기도 했는데 그때는 젊었기 때문에 그럭저럭 버틸 수 있었던 것 같아요. 그렇게 일하면서 모은 돈으로 사무실을 빌리고 레이블을 시작하게 됐어요. 그래도 여전히 매일 12시간씩 일하고 주말에는 밴드를 하고 있어요. 음악을 정말 좋아하지만 힘든 일도 참 많네요. 그래도 힘든 일보다는 즐거운 일이 더 많고 애초에 목표를 높게 잡았기 때문에 열심히 할 수 있는 것 같아요. 즐겁지 않으면 이거 계속 못 하죠. 가끔 일이 너무 힘들고 지칠 때면 친구들하고 술을 진탕 마십니다. '숙취에 시달리는 것보다는 역시 일이 더 쉽구나'라고 느껴질 때까지.

Q. 1994년까지 거슬러 올라가는 이야기이지만 부쳐에이비씨 결성 당시의 이야기가 궁금합니다. 이 밴드는 어떻게 시작이 된 건가요?

A. 긴 이야기가 될 거 같아 간단히 설명하자면, 부쳐에이비씨는 1994년에 친구들과 그냥 재미있게 놀려고 만든 밴드였어요. 그때는 'CSSO[1]'란 밴드도 같이하고 있었는데 그 밴드는 굉장히 진지하게 임했던 밴드였죠. 그래서 부쳐에이비씨가 결성은 됐지만 CSSO에 더 집중하느라 부쳐에이비씨는 거의 쉬다시피 했어요. 그런데 CSSO가 진지해도 너무 진지해졌어요. 음악적으로 뭔가 더 위를 향해 가고 싶은데 그게 잘되지 않아서 밴드가 즐겁지가 않고 스트레스만 받게 되더라고요. 그래서 결국 CSSO를 그만두고 다시 한번 신나고 재미있게 밴드를 하고 싶어서 쉬고 있던 부쳐에이비씨를 다시 시작하게 됐고 그게 2001년 무렵일 거예요. 그때부터 본격적으로 여러 나라를 다니며 투어를 하고 수많은 공연을 했고 앨범들을 발매해 왔죠. 멤버가 자주 바뀐 편이에요. 그러다가 코로나 때 결국 한번 해산을 했다가 우연히 재결성 기회가 와서 지금의 멤버로 다시 활동하고 있습니다. 지금은 멤버들이 다들 너무 잘해주고 있어서 멤버들에게 정말 감사해 하고 있습니다.

Q. 밴드를 하면서 느끼는 가장 큰 즐거움은 뭔가요? 또 어려움이 있다면 어떤 것이 있는지 궁금합니다.

A. 역시 다양한 곳에 가서 많은 사람과 만나 교류할 수 있다는 게 가장 큰 즐거움이라고 생각합니다. 어려움이라고 하면 이동하고 먹고, 자고 하는 데 다 돈이 든다는 게 어렵네요.

Q. 부쳐에이비씨의 장르를 스스로는 뭐라고 생각하세요? 그리고 이런 비주류 장르를 연주하고 있는 이유는 뭘까요?

---

1 Clotted Symmetric Sexual Organ이 정식 명칭이다. 1993년부터 2001년까지 활동했던 도쿄 출신의 그라인드코어 밴드로 그라인드코어 매니아들에겐 나름 전설로 통하는 밴드이다.

A. 우리의 장르는 데스메탈, 그라인드코어라고 생각합니다. 이 음악을 하고 있는 특별한 이유 같은 건 없어요. 헤비하고 멋있고 섹시하기 때문이랄까? 돈을 바라고 음악을 해 본 적이 일절 없고 그냥 우리가 하고 싶은 음악을 연주하고 있을 뿐이에요. 그래서 돈도 없어요.

Q. 작곡 이야기를 좀 해보죠. 곡은 어떻게 만들고 있나요? 혼자 쓰나요 아니면 멤버들과 공동 작업을 통해 만드나요? 그리고 곡 쓰는데 필요한 영감이나 재료를 얻는 방법 같은 게 혹 따로 있나요?

A. 곡은 모두 제가 쓰고 있어요. 대개는 연습실에 들어가서 제 머릿속에 있는 아이디어를 기타로 치면서 드러머에게 설명을 해주고 그렇게 드럼과 같이 쳐보면서 아이디어와 연주를 맞춰가요. 이걸 계속 반복하다가 어느 정도 됐다 싶으면 녹음을 해서 이제는 멤버 전원이 같이 연주를 해보는데 이것도 역시 여러 번 반복을 해요. 이런 과정을 거쳐서 최종적인 한 곡을 완성하게 되죠. 처음부터 딱 완성된 곡 같은 건 없어요.
  아이디어를 얻는 방법이 따로 있는 건 아니지만 저는 평소에 음악을 정말 많이 듣는 편이에요. 그러다가 어느 순간 아이디어가 번뜩이는 순간이 있는데 그때 머릿속으로 기타를 치고 리듬을 막 울려봅니다. 근데 자고 일어났더니 이걸 다 까먹어 버렸네? 그러면 그건 대단한 곡이 아니었던 거고 일주일이 지나도 잊지 않고 생각이 난다면 그제서야 그걸 제대로 된 곡으로 만들기 시작해요.

Q. 작곡을 위해서는 음악을 많이 들어야 하고, 카피도 많이 해봐야 한다고 이야기합니다. 나루씨의 경우는 어떤가요. 카피를 많이 하는 편인가요?

A. 다른 사람들 곡을 카피할 정도로 기타를 잘 치지 못해요. 다만 머릿속으로 카피를 한다고 볼 수 있죠. 그리고 막상 기타를 잡으면 전혀 다른 곡이 나오기도 하는데 그러면 그때 새로운 곡 탄생이 시작되는 거죠!

Q. 작곡이란 어려운 것이다 말하는 사람도 있고 저처럼 그렇지 않다고 말하는 사람도 있습니다. 나루씨는 어떻게 생각하세요?

A. 작곡은 재능이나 기술도 중요하지만 그에 못지않게 감성이 훨씬 중요할 때도 있다고 생각해요. 어떤 식으로든 감성을 잘 담아내야 하지 않을까요? 어쨌든 어렵게 생각하는 사람도 있고 그렇지 않다고 생각하는 사람도 있고 저마다 다르겠죠. 저는 간단한 곡도 엄청 어렵게 신경 써서 만들고 있습니다만!

Q. 데스메탈이나 그라인드코어 같은 음악은 사실 명확한 가사 전달보다는 아무래도 사운드가 전면에 서는 음악들이잖아요. 어떻게 생각하세요. 음악은 이렇듯 사운드가 먼저라고 생각하세요 아니면 메시지가 먼저라고 생각하세요?

A. 전에는 사운드가 먼저라고 생각했었는데 요즘은 메시지가 우선 아닐까 하는 생각도 한편으론 들어요. 무엇을 전달하고 싶은가 하는 문제는 굉장히 중요한 문제고 그게 요즘은 생각이 조금은 바뀌고 있는 것 같아요.

Q. 부쳐에이비씨가 음악을 통해 표현하고 싶은 건 뭔가요. 청자와 관객들에게 뭘 전달하고 싶은 건가요?

A. 음악은 창의적인 예술이고 또 가장 인간적인 활동이라고 생각해요. 지금은 AI도 곡을 만들 수 있는 시대입니다만 그래서 누가 만들었고 누가 연주하느냐는 더더욱 중요한 문제라고 생각해요
사람과 사람을 연결해 주는 것, 그리고 인간이란 무엇인가에 대한 성찰 이런 것들을 저희 연주를 통해 사람들이 느껴준다면 좋을 것 같아요.

Q. 한국에는 카피를 전문으로 하는 밴드들도 많습니다. 일본의 경우는 어떤가요?

A. 네. 일본에도 카피 밴드는 엄청나게 많아요. 다만 저는 딱히 그런 밴드들에

관심이 없네요. 노래방 연주와 뭐가 다른 건지 모르겠어요. 그냥 가라오케 밴드라고 생각하면 이해가 되긴 하는데 아무 메시지가 없으니 큰 흥미는 없어요.

Q. 투어를 통해 서울을 비롯한 여러 아시아 국가들도 경험해 보셨을 텐데요. 아시아 다른 나라에 비해 일본의 음악 환경은 어떻다고 생각하나요? 그리고 음악 환경과 씬은 다른 이야기잖아요. 나루씨의 경우 씬을 계속 일구고 확장하기 위해 애쓰고 있는데 거기에 대한 소회도 부탁드려요.

A. 일본은 아시아 중에서도 음악하기에 특히 좋은 환경이라고 생각해요. 그래도 밴드만으로 생활이 가능하다거나 성공을 한다거나 하는 게 어려운 건 어느 나라든 똑같은 것 같고 일본도 마찬가지입니다.
　좋은 환경이라고 해도 씬이라고 하면 사실 연주만 해서는 아무것도 바뀌지 않더라고요. 씬을 만드는 것과 밴드 활동을 하는 건 전혀 다른 차원의 일이고 정말 다른 차원의 노력이 필요하다고 생각해요.

Q. 레이블 운영을 비롯해서 크고 작은 데스메탈 전문 페스티벌 기획까지 모두 수고가 적지 않게 드는 일인데요. 이것들 다 혼자서 진행하고 계신 건가요? 또한 근간엔 '소이 데스페스트'란 타이틀로 지역의 소도시에서도 공연을 진행하셨잖아요. 씬 활성화를 위한 노력의 일환이라 여겨지는데 어떤 의미를 두고 지역 확산을 시도하고 있는 건지 궁금합니다.

A. 기본적으로는 혼자 다 하고 있어요. 다만 페스티벌 같은 큰 규모의 행사는 혼자서는 당연히 무리라 현지 크루들의 도움을 받고 있고요. 어렵고 힘들 때도 있지만 애초부터 취직 같은 거 하지 않고 공연하고 투어 다니고 밴드 하면서 살아가자라고 결심해서 스스로 선택한 저의 길입니다.
　레이블이나 페스티벌 같은 이런 일련의 일들을 전에는 사람을 고용해서 좀 더 조직적으로 크게 키워볼까 하는 생각도 했었지만 지금은 생각이 바뀌어서 대도시가 아닌 소도시, 작은 마을에서 현지인들과 교류하면서 소규모로 활동하는 쪽에 좀 더 중점을 두고 있어요. 상업주의나 글로벌리즘, 캐피탈리즘이 아닌 '로컬리즘'에 의한 지방 활성화가 최종적으로 좋은 씬을 만드는 길이라는 생각으로 임하고 있어요. 그리고 이 모든 걸 집대성한 게 바로 '아사쿠사 데스페스트'라고 생각하고 있습니다.

Q. 제 경험에 한한 이야기이긴 하지만 일본은 소도시, 대도시 가릴 것 없이 각 지역마다 밴드도 많고 각 밴드들이 연주하고 있는 음악도 깊이 있고 다양하다는 인상을 받았습니다. 밴드 수와 다양성을 보고 대단하다고 느낄 때가 많았고 게다가 세계적인 밴드들도 많이 배출하고 있잖아요. 일본이 이런 배경을 가지게 된 이유는 뭐라고 생각하세요?

A. 일본은 아시아에서 경제가 가장 먼저 선진국 레벨에 도달한 나라잖아요. 특히 80년대는 경제적으로 대성황을 이룬 풍요로운 시기였고 더불어 서구권으로부터 쉽게 음악을 들여올 수 있었어요. 그런 배경 때문 아닐까 생각해요. 이제

인터넷 이후로는 다른 아시아 나라들도 쉽게 음악을 들을 수 있는 환경이 됐고 이제는 다른 아시아 나라들에서도 일본보다 좋은 밴드들이 많이 나오고 있어요. 다만 일본에는 예전부터 오타쿠 문화, 너드 컬쳐Nerd Culture라는 특이한 문화가 있어서 그게 음악이나 문화에도 영향을 미친 거라고도 생각해요.

Q. 서울에서도 공연을 여러 차례 해보셨는데 일본과는 다른, 차이 같은 것을 느낀 게 있나요?

A. 그다지 차이를 느낀 건 없어요. 유럽이나 미국하고는 좀 다르지만 일본과 한국은 서로 굉장히 비슷한 것 같아요.

Q. 본인에게 밴드는 어떤 의미인가요? 밴드 왜 하는 건가요?

A. 딱히 생각해 본 적이 없네요. 밥 안 먹으면 굶어 죽는 것과 마찬가지의 느낌이랄까. 저한테 밴드는 그런 의미인 것 같아요.

Q. 밴드의 실력이라고 하면 연주력, 테크닉을 먼저 떠올리곤 하는데 어떠세요. 밴드의 실력이란 뭐라고 생각하세요?

A. 전에는 '경험이 곧 실력이다'라고 생각했었는데 젊은 밴드들도 실력 있는 밴드가 꽤 있잖아요? 더는 그렇게 생각하기 어렵고, 사실 여러 가지 요소가 있어서 간단하게 답할 수가 없는 질문이네요. 제 밴드조차도 실력 있는 밴드인지 아닌지 잘 모르겠어요.

Q. 밴드가 오래 순항하는 것도 꽤 대단한 일이라고 생각합니다. 사람 모이는 곳이다 보니 관계의 어려움이 있을 수도 있고 이러저러한 사정으로 도중에 그만두게 되기도 하는데요. 밴드를 유지하고 운영하는 데에 특히 신경 쓰는 부분이 있을까요?

A. 관계의 문제는 여러 가지가 있을 수 있겠죠. 저는 서로 존경할 수 있고 큰 목표를 향해 함께 나아갈 수 있는 멤버들을 꾸리려고 노력해 왔어요. 그 외에는 서로 개인적인 부분은 일절 관여하지 않아요. 모였을 때는 음악에만 집중해서 라이브나 투어를 할 수 있는 환경을 만들려고 노력하고 있고 그 외에는 평소 음악 이야기나 밴드 이야기는 거의 하지 않습니다. 투어를 나가도 온 타임, 오프 타임을 명확히 구분해서 움직여요.

Q. 멤버들과 자주 모이는 편인가요? 합주는 얼마나 자주 하세요?

A. 다들 사는 곳이 제각각이어서 공연 전에만 모여서 합주합니다. 평소에 모여서 합주하는 일은 거의 없어요.

Q. 밴드를 하는 데 필요한 자세 같은 게 있을까요? 밴드는 어떤 마음가짐이 필요하다고 생각하세요?

A. 너무 자기만족에만 도취돼서는 안 된다고 생각해요. 자신만을 위해 밴드를 하다 보면 마음대로 안 된다고 싫증 내다가 밴드를 그만두게 되기도 해요. 밴드가 잘 안될 때는 스트레스를 받게 되기도 하죠. 밴드맨이라면 자신보다는 공연을 보러 와준 팬들을 위해 연주를 해야 합니다. 관객이 없으면 밴드도 없어요.

Q. 밴드를 하면서 겪었던 여러 일들 중 오랫동안 기억에 남는 에피소드나 인상

깊었던 일 혹은 재미있었던 경험이 있을까요?

A. 30년 이상 하다 보니 정말 많은 일들을 겪었어요. 네덜란드 투어 갔을 때 길거리서 담배 피우면서 떠들고 있는데 길 건너편에서 갑자기 갱들 싸움이 난 거예요. 총 쏘고 난리가 나서 정말 혼비백산해서 도망쳤던 기억이 나요. 온두라스에서도 공연한 적 있는데 안전 및 보안 요원으로 군인들이 공연장에 배치가 된 거예요. 공연장 분위기가 너무너무 무서웠어요. 아 그때는 정말.
  멍청한 에피소드도 많아요. 기타를 까먹고 안 가지고 와서 다른 밴드한테 빌려서 공연을 했다던가 분명 라이브를 했는데 술이 하도 취해서 기억이 전혀 없다던가. 오래 하다 보니 참 많은 일들이 있었네요.

Q. 밴드의 근황은 어떤가요? 그리고 향후 계획에 대해서도 들려주세요.

A. 말했듯이 멤버들 사는 곳이 제각각이라 모이는 게 쉽지는 않아요. 특히 종하의 경우는 한국에 살고 있고. 그래서 종하가 못 올 경우에는 일본인 멤버만으로 '에이비씨부쳐ABC Butcher'란 이름으로 공연을 하고 있어요. 어쨌든 활동 멈추지 않고 공연 많이 하고 새로운 곡 많이 써서 투어도 많이 하는 거. 이걸 반복하는 게 우리의 향후 계획이죠.

Q. 밴드로서 더 이루고 싶은 꿈, 목표가 있을까요?

A. 언젠가 메탈리카나 슬레이어 같은 밴드가 나오는 대형 페스티벌에 한번 나가고 싶네요. 그리고 사람 마음에 남는 곡을 한 곡이라도 남길 수 있다면 좋겠습니다!

Q. 밴드를 막 시작했던 30년 전과 지금, 돌이켜 보면 그때와 지금은 개인적으로 어떤 변화가 있다고 생각하세요?

A. 크게 확 변한 건 없지만 조금씩 조금씩 변해와서 그때와는 생각이 참 많이

바뀌었다고 생각해요. 어릴 때는 별생각 없이 행동했고 그래서 결과만으로 판단했었어요. 지금은 생각한 후 행동하고 있고 그래서 결과는 중요하지 않게 됐어요. 이건 설명이 좀 어렵긴 한데 여러 가지 경험을 쌓으면서 지금의 내가 어디쯤에 있는지 알게 된 거죠. 우리는 메탈리카도 아니고 갑자기 메탈리카가 될 수도 없어요. 뭔가 갑자기 변하는 일은 도통 없고 그저 매일의 축적이 지금의 나를 만들 뿐이잖아요. 짧은 머리 고등학생 시절에는 제가 음악으로 먹고 살 수 있을 거라고는 상상도 하지 못했어요. 하지만 언젠가는 음악만으로 살아가고 싶다고 생각을 했었고 그 이후로 매일매일 데스메탈을 파왔어요. 그렇기 때문에 저에게 지금이 있는 거겠죠.

이건 나이를 먹어보지 않으면 잘 이해가 안 될 수도 있겠네요.

Q. 이건 좀 사적인 질문이긴 한데 일본에도 제가 쓰고 있는 이 책과 비슷한 책이 있나요?

A. 음악의 기술적인 이야기나 유명해진 밴드 멤버의 이야기를 다룬 책은 있지만 이런 책은 없을 거예요. 이런 평범한 밴드맨들의 이야기 굉장히 흥미롭습니다.

Q. 밴드 초입에서 머뭇 거리는 분들께 한마디 부탁드립니다.

A. 하기 싫으면 하지 마세요. 그런데 정말 뭔가 전하고 싶은 게 있고 표현하고 싶은 게 있다면 서툴어도 좋으니 일단 시작해 보세요!

Q. 마지막으로 인터뷰를 읽을 독자들께도 한마디 부탁 드립니다.

A. 한국은 음식도 맛있고 사람들 모두 너무 친절해서 제가 정말로 좋아하는 나라입니다. 최근에는 한강 작가의 책을 읽었는데, 정말 훌륭한 작가라는 생각이 들었습니다. 예술이나 음악은 국경을 초월할 수 있습니다. 혼란스러운 지금 시대 무엇보다 필요한 것은 예술, 음악 그리고 평화를 위한 메시지라고 생각합니다. 기타를 잘 치지 못해도 당신의 감정과 소리가 있다면 음악은 얼마든지 만들 수

있습니다. 설령 그게 코드 세 개뿐이라 해도!

2024년 10월에도 여행 차 도쿄에 갔다가 우연히 시기가 겹쳐 나루씨가 개최한 '아사쿠사 데스페스트'를 보러 가게 됐다. 5일간 11개 나라에서 총 24팀의 밴드가 참여했고, '골드 사운드Gold Sounds', '메리-고-라운드Merry-Go-Round', '와일드 사이드Wild Side'라고 하는 아사쿠사 인근, 도쿄 중심가에 위치한 세 곳의 클럽에서 공연이 열렸는데 그중 와일드 사이드란 클럽에 찾아갔다. 중급 규모의 결코 작지 않은 공연장이었는데 실내에는 그야말로 발 디딜 틈 없이 사람들이 가득 들어차 있었다. 참여한 밴드들의 수준 역시 높았고 밴드와 관객, 스태프들로 공연장 안팎은 바쁘고 왁자하게 돌아가고 있었다. 그런 와중이라 나루씨와는 짧은 인사만 겨우 나눌 수 있었다.

나루씨는 이런 분위기를 만들기 위해 30여 년간 노력해 온 사람이다. 아무리 밴드 환경이 좋은 일본이라 해도 나서는 사람 없이 하루아침에 이런 분위기가 만들어질 수는 없다. 그는 부지런히 레이블을 운영하며 일본과 해외 음악의 연결을 위해 노력했고, 자신의 밴드로 투어를 돌며 해외에 이름을 알리고 접점을 만들었다. 그리고 다시 해외 밴드들을 자국 내로 불러들여 자국 밴드들과 함께 어우러지는, 교류의 축제를 만들어 냈다. 이젠 이런 축제를 '로컬리즘'이란 기치로 지역의 소도시, 작은 동네까지 확장하려고 꿈꾸고 있다.

인터뷰 이후에 책에 꼭 실렸으면 좋겠다며 나루씨가 사진 한 장을 더 보내왔다. 그 사진을 다음 페이지에 실었는데, 사진 속 백발의 아저씨는 누군가 해서 사연을 물어봤다.

"야마가타시山形市[1]에서 즉석 앨범 판매회를 열었는데 그때 일부러 찾아와준 현지의 아저씨예요. 정말 좋아하는 사진입니다!"

---

1 야마가타현의 현청 소재지이며 인구 25만 정도의 작은 도시이다.

지역 씬의 활성화가 곧 씬 전체의 활성화로 이어질 거라 믿고 있는 그가 말하는 씬의 핵심에는 이렇듯 서로의 거리를 좁히는, 사람과 사람 사이의 연결이 자리하고 있을 터이다. 상업주의나 글로벌리즘, 캐피탈리즘 같은 거시적인 슬로건에 가려진, 인간적이며 미시적인 것들을 예술이라고 하는 인간 본연의 행위를 통해 드러내고 잇고 마침내 위로하며 함께 살아가는 것, 이게 그가 생각하는 씬이고 그가 활성화하고 싶은 대상일 것이다.

　깊이 공감하게 된다. 씬도 문화도 그리고 밴드도 결국은 연결에 관한 이야기이다.

"변방에서 세계로"

싱가포르. 웜랏

웜랏 / WormRot 2007~

드럼 피트리(Fitri), 기타 라시드(Rasyid), 보컬 아리프(Arif)

웜랏

때는 2017년 2월, 싱가포르의 출신의 한 유명 밴드가 내한을 했다. 이 밴드와 연이 있던 나는 이들이 내한 공연을 마친 다음날 이 밴드의 기타리스트와 함께 경복궁을 둘러보고 이어서 인사동 거리를 걷고 있었다. 전통 공예품들을 구경하고 거리 곳곳을 둘러보다 이내 출출해진 나는 전날의 숙취 탓인지 갑자기 냉면이 당겼다. 서울의 2월 그 혹독한 엄동설한에 멀리 따뜻한 남쪽 나라에서 찾아온 이국의 남방인은 그렇게 나를 따라 얼음 둥둥 뜬 차가운 냉면을 강제로 들이키게 됐다. 몇 년 후 다시 만났을 때 그는 이날의 기억을 원한처럼 잊지 않고 있었다.

이번 인터뷰의 주인공이 그다. 싱가포르에서 시작해 세계적인 밴드로 발돋움한 밴드 '웜랏WormRot', 이 밴드의 리더이자 기타리스트인 '라시드Rasyid'를 이번 인터뷰의 주인공으로 모셨다.

먼저 생소한 분들을 위해 웜랏에 대해 간단한 소개를 덧붙여 보겠다. 웜랏은 2007년에 싱가포르에서 결성된 밴드로 기타에 라시드, 보컬에 '아리프Arif', 드럼에 '피트리Fitri' 이렇게 3인조로 구성된 그라인드코어 밴드이다. 이들이 대단한 건 이들이 세계적인 명성의 '이어에이크 레코드Earache Records[1]'와 계약한 유일한 아시아 밴드라는 것이다. 이 계약은 아시아 밴드로는 최초이자 아직까지는 최후이기도 하다.

---

1 1985년 영국에서 설립된 레이블. 90년대에 다수의 데스메탈, 그라인드코어 앨범들을 발매하며 익스트림 음악 씬 개척 및 확장에 한몫을 한 레이블이다. 전 세계 유통망을 갖춘 메이저급 대형 레이블이며 1990년 설립된 미국의 '릴랩스 레코드(Relapse Records)'와 함께 익스트림 음악계 가장 영향력 있는 레이블로 자리하고 있다.

　　데스메탈, 그라인드코어 같은 익스트림 계열의 음악은 일본 밴드들도 강세를 보이긴 하지만 여전히 최상위권에는 서구권 밴드들이 독점하듯 그 자리를 차지하고 있다. 이런 와중에 2010년 세계적 레이블인 '이어에이크 레코드'와 계약을 맺은 아시아 밴드가 등장했다는 사실은 익스트림 음악계를 떠들썩하게 만든 놀라운 사건이었다. 그간 음지로만 취급되던 아시아, 어느 작은 나라에서 튀어나온 밴드가 여타 쟁쟁한 서구권 밴드들을 다 제치고 최상위권의 밴드들과 어깨를 나란히 하게 된 사건이었고 아시아에서도 세계적인 레벨의 익스트림 음악이 나올 수 있다는 걸 증명한 쾌거이기도 했다.

　　그렇게 '이어에이크 레코드'로부터 음악성을 인정받은 이들은 이후 《Dirge》

(2010), 《Voices》(2016), 《Hiss》(2022) 등의 앨범을 발매하며 전 세계를 무대로 활동 폭을 넓혀 가게 됐고 그 명성을 만방에 알리게 됐다. 어딘가에서는 이들을 역대 그라인드코어 밴드 탑10 안에 드는 밴드로 평가하기도 한다.

이제 인터뷰를 통해 밴드 월랏의 이야기 그리고 이들의 음악과 삶에 대한 이야기를 들어보도록 하자. 이 세계적인 밴드는 어떤 생각, 어떤 각오, 어떤 환경 아래에서 밴드를 하고 있는지, 세계를 무대로 활동한다는 것은 이들에게 어떤 의미인지 등 라시드의 이야기에 귀를 기울여 보자. 아래는 두 달여간의 미국 투어를 막 마치고 잠시 쉬는 동안 이루어진 이메일 인터뷰이다. 사나흘 쉬고 바로 또 두 달여간의 유럽 투어에 돌입해야 하는 상황이었다. 마찬가지로 내용에 의역이 다소 있을 수 있다.

Q. 오랜만입니다. 바쁜 와중에도 인터뷰에 응해주셔서 감사드립니다. 먼저 이 책의 타이틀, 취지에 대한 라시드의 생각이 궁금합니다.

A. 아주 적절하고 정확한 표현이라고 생각해요! 제 경우도 비슷했고요. 우리는 그라인드코어를 연주하는 밴드입니다만 처음엔 그라인드코어가 뭔지도 잘 몰랐어요. 어떤 사운드의 음악인지도 몰랐어요. 원래 어렸을 때 메탈리카나 슬레이어 앨범을 질리도록 들었는데 뭔가 좀 더 빠른 음악을 원하게 됐어요. 그러다가 '피그 디스트로이어'의 《Terrifyer》[1] 앨범을 듣게 됐는데 그 앨범이 제 인생을 바꿨어요. 이거다 싶었죠.
 저는 기타를 잘 치는 편도 아니었고 지금도 기타를 잘 못 쳐요. 그래서 불안했고 빨리 치는 걸로 제 약점을 감추려고 노력했어요. 그러다가 서서히 제 연주 스타일을 찾게 됐고 제가 잘할 수 있는 걸 살려서 곡 쓰는 법도 익히게 됐어요. 아직도 메탈리카 솔로는 못 쳐요.

---

1 2004년 발매된 피그 디스트로이어의 세 번째 정규앨범. 2017년 〈롤링 스톤〉은 역대 최고의 메탈 앨범 100장 목록에서 이 앨범을 88위로 꼽기도 했다.

Q. 기타는 언제 처음 치기 시작했나요? 밴드는 어떻게 처음 시작하게 됐을까요?

A. 학생 때, 아마 14살, 15살 무렵이었을 거예요. 처음에는 베이스를 배웠어요. 메탈리카, 너바나, 세풀투라, 오프스프링Off Spring[1], 그린데이 같은 밴드들을 연주하면서 베이스를 익혔었죠. 그리고 방과 후에 친구들과 모여서 싱가포르의 여러 연습실을 전전하며 연주하곤 했어요. 너무 시끄럽고 지저분하게 연주한다고, 것도 너무 오래 한다고 연습실 주인들한테 자주 쫓겨나곤 했었거든요. 심지어 전원을 내려버리는 경우도 있었어요 하하! 그래도 악기를 연주하고 있는 제 자신이 뭔가 되게 멋지고 쿨하게 느껴졌어요. 솔직히 그 '쿨'한 느낌은 지금도 여전해요. '락스타' 느낌이랄까 하하!
　제가 생각하는 저의 사실상 첫 밴드는 '윔랏'이에요. 어느 순간부터 곡을 직접 쓰고 싶다는 생각을 하게 됐고 그렇다면 베이스보다는 기타로 곡을 쓰는 게 더 수월하겠다는 생각이 들더라고요. 실제로도 그렇고요. 그래서 기타를 배우기 시작했고 고작 2년 배우고 윔랏을 만들었어요.

Q. 대부분은 일과 음악을 병행하며 지내고 있잖아요. 일 년의 절반 이상의 시간을 투어로 해외에서 보내고 있는 윔랏의 경우는 어떤가요? 모두 전업으로 전환한 건가요 아니면 여전히 일을 같이하고 있나요?

A. 제 경우는 전업이 됐죠. 전에는 우버 드라이버나 여러 운전 관련 일을 같이했었는데 2년 전부터 윔랏을 풀타임으로 하고 있어요. 2년 동안 풀타임으로 해왔다는 사실이 감격스럽고 자랑스럽습니다. 부컴인 아리프는 미술이 전업이죠 예술 작업을 전업으로 하고 있고 드럼인 피트리는 투어가 없는 동안에는 배달 일을 하고 있어요.

Q. 일이든 음악이든 삶과 균형을 맞출 수 있어야 할 텐데요. 세계적인 밴드로 성장하기 전까지 겪어야 했던 난관들도 적지 않았을 것 같아요. 일, 음악, 주변

---

1 1984년 결성된 미국의 펑크 밴드. 4천만 장 가까운 앨범 판매고를 기록하며 대중적으로도 큰 인기를 누렸던 밴드이다.

의 시선. 어떤 난관들이 있었고 어떤 마음으로 그것들을 넘어왔던 걸까요?

A. 어려움 당연히 있었죠. 제 경우에 한해서만 얘기하자면, 저는 늘 제 열정에 투자해 왔어요. 버는 돈 대부분은 장비를 사거나 음악 관련 프로젝트를 진행하거나 투어를 도는 데 사용했죠. 생각해 보세요. 주변 사람 대부분이 안정적인 직장과 가정을 추구하며 사는데 그런 사람들에게 '소음은 멋진 거다'라는 주장이 설득력이 있겠어요? 그들 눈에 우리는 멍청한 장난감이나 가지고 노는 철없는 애들처럼 보일 거예요. 힘 빠지고 낙담했던 때가 많았죠. 싱가포르 역시 사회적 압박이 심한 나라예요. 그런 압박을 15년 동안 견뎌야 했어요.

　직장도 마찬가지예요. 투어를 하게 되면 한두 달 자리를 비워야 하는데 그러면 누가 채용을 하겠어요. 그것도 음악 때문이라면 더더욱. 그래서 전에는 직장을 꽤 자주 옮겨야만 했어요.

　모든 밴드가 우리처럼 해야 한다는 건 아니에요. 처음에는 밴드 활동에 뭘 기대해야 할지 또 앞으로 어떤 길을 걷게 될지 전혀 몰랐지만 저는 윌랏에 인생을 걸기로 했고 망설임 없이 제 두 발로 뛰어들었어요. 그렇게 15년이라는 불확실성의 깊은 구덩이에 뛰어들었지만 결국 살아 남았어요. 멤버 모두가 그렇게 해 왔어요.

Q. 윌랏은 어떻게 결성하게 된 건가요. 이 세 명이 모이게 된 이야기가 궁금합니다.

A. 아리프와 저는 그라인드코어 밴드를 만들고 싶었어요. 같이 준비하던 드러머가 있었는데 어느 날 이 친구가 연습에 안 나온 거예요. 그래서 아리프와 저는 술이나 마시자며 연습실을 나섰고 나가면서 아리프가 그의 친구 피트리에게 같이 놀자고 연락을 했어요. 그렇게 셋이 술 마시다가 취한 김에 잼이나 하자며 합주실에 갔는데 그게 딱 맞아떨어진 거죠. 취했지만 케미가 좋았어요. 근데 연주하다가 피트리가 드럼 온 사방에 토하기 시작하는 거예요. 그때 생각했죠. "얘 우리 드러머네"

Q. 아시아 밴드 최초로 이어에이크 레코드 계약이라니. 귀가 아플 정도로 귀를 의심했었어요. 한편으론 자랑스럽습니다. 계약까지 어떤 일이 있었던 건가요?

A. 이어에이크 레코드의 창립자인 '딕비 피어슨Digby Pearson'이 우리가 참여했던 컴필레이션 앨범을 듣고 이후 '마이스페이스MySpace[1]'를 통해 저한테 메시지를 보내왔어요. 서로 몇 달 동안 이야기를 계속 나눴고 결국 그가 계약서를 보내왔죠.

Q. 밴드 하면서 느끼는 가장 큰 즐거움은 뭘까요. 그리고 어렵다고 느끼는 건 어떤 것들이 있는지요.

A. 내가 좋아하는 일을 한다는 것 자체가 즐거움이죠. 우리가 만들어내는 것들

---

1 2003년 출시된 미국의 블로그 서비스. 초기에 엄청난 유저를 모으며 화제가 됐고 이후 뮤지션들이 음원을 올리고 홍보하는 데 많이 활용했던 서비스이다. 페이스북, 밴드캠프등에 의해 자리를 내어주며 밀려나긴 했으나 여전히 서비스를 유지 중이다.

은 만질 수 있는 물리적인 것도 아니고 변하지 않는 영속적인 것도 아니에요. 멤버들이 함께 할 때만 경험할 수 있는 것이고 끝나면 사라져 버려요. 더 이상 만질 수도 느낄 수도 없어요. 저는 이 점이 마음에 들어요.

앨범으로 음악을 듣는 것과 라이브로 음악을 경험하는 건 같은 게 아니에요. 오직 라이브를 통해서만이 사람들이 내가 의도한 대로 음악을 경험할 수 있게 만들 수 있다고 믿어요.

그렇게 무대 위에서 보내는 45분 외에는 다 어려운 것 같아요.

Q. 작곡은 어떤 식으로 하고 있나요. 혼자 아니면 협업? 그리고 곡 쓰는데 영감을 얻는 방법이나 팁 같은 게 있을까요?

A. 곡은 주로 제가 만들고 있어요. 기타 파트, 드럼 파트 모두 만들고 있는데 전체를 다 만들 때도 있고 일부만 만들 때도 있어요. 일부만 만들어 갈 때는 "이 기타 리프에는 어떤 드러밍이 어울릴까?" 하고 드러머의 도움을 받기도 하는데 90%는 이런 식으로 하고 있는 것 같아요.

제가 기타리스트이긴 하지만 드럼에도 신경을 많이 쓰고 있어요. 저는 우리 음악에 어떤 스타일의 드럼 연주, 어떤 느낌의 드럼 연주가 어울리는지 잘 알고 있다고 생각해요. 저는 깔끔하고 완벽한 스타일의 데스메탈 드럼보다는 펑크처럼 지저분하고 약간 허술한 드러밍을 더 좋아해요.

평소 영감을 얻기 위해 메탈이나 그라인드코어 음악 외의 다른 음악들도 많이 듣고 있죠. 그리고 때론 그런 음악들을 흉내 내서 제 식으로 바꾸기도 하고요.

Q. 카피를 하면서 작곡을 익히기도 하잖아요. 라시드의 경우는 어땠나요.

A. 세상에는 더 이상 완전히 독창적인 것은 없다고 생각해요. 몇 세기를 거쳐 온 인류 문명은 의도했든 그렇지 않았든 서로 영향을 주고받으며 이어져 왔잖아요? 펑크 역시 말 그대로 복사 붙여넣기 문화로 이루어진 거고요. 다만 우리는 더 나아져야 하고 이게 어디서부터 온 건지 기원만큼은 알아야 해요. 여러 연주 스타일의 역사를 이해하고 의식하는 게 중요하다고 생각해요.

웜랏의 초기 몇몇 곡들은 '인섹트 워페어Insect Warfare[1]', '매그루더그라인드Ma gruderGrind[2]' 그리고 '피그 디스트로이어'를 따라 한 거예요. 부끄럽지 않아요. 따라 했다고 해서 곡 전체를 복사하듯 옮긴 건 절대 아니죠. 제 자존심도 있고 이들에 대한 존경심도 있으니까요.

이후로 점점 자신감이 생기면서 저만의 색깔로 능숙하게 곡을 쓸 수 있게 됐지만 아직도 이 밴드들로부터 받은 미묘한 영향은 남아있을 거예요.

카피 곡 해보는 것 나쁘지 않아요. 공연 세트 리스트에는 절대 넣지 않겠지만. 기회가 된다면 존경하는 밴드들을 기리는 커버 앨범을 한번 만들어보고 싶네요.

Q. 결심이 서서 작곡을 시작하려는 분들께 전할 수 있는 조언이 있을까요?

A. 별다른 건 없는 것 같고 그저 꾸준히 연습하고 더 많이 써보라고 하고 싶네요. 작곡에 정답은 없어요. 한 곡 한 곡 쓰다 보면 분명 자신감도 더 붙을 겁니다. 겸손을 유지하고 의식하고 의식하면서 곡을 써보세요. 주변 친구들 의견도 들어가면서 배우려는 겸손한 자세를 잃지 않길 바랍니다.

Q. 라시드나 저나 우리가 연주하고 있는 음악에 한한 이야기일 수 있겠지만 음악은 사운드가 먼저라고 생각하나요? 아니면 메시지가 먼저라고 생각하나요?

A. 사운드죠. 저는 사실 가사에는 크게 신경 쓴 적이 없어요. 저는 오로지 기타 리프와 빠른 드러밍 그리고 누군가 내 귀에 대고 질러대는 강한 샤우팅만을 원한 뿐이에요. 메시지가 정말 그렇게 중요하다고 생각한다면 밴드 말고 다른 중요한 일을 하는 게 낫지 않을까요.

---

1 2004년 결성된 미국의 그라인드코어 밴드. '웜랏'과 마찬가지로 '이어에이크'에 소속된 밴드이다.

2 2002년 결성된 미국의 그라인드코어 밴드. 대형 레이블인 릴랩스 레코드(Relapse Records)와 계약한 밴드로 이 레이블과 계약하는 건 세계적 레벨의 밴드가 됐다는 의미와 다름없다. 2016년 나와 '타운홀 레코드'의 오너 황규석이 뜻을 모아 이 밴드를 서울로 초대했고 내 기획 공연 시리즈 '언더그라인드'에서 같이 공연하기도 했다.

Q. 그렇다면 윌랏이 표현하고 싶은 것은 뭔가요. 음악을 통해 뭘 전달하고 싶은 건가요?

A. 라이브든 음반이든 사람들이 우리 음악을 듣고 '압도' 당했으면 좋겠어요. 그 속도와 강렬함을 느끼게 하고 싶어요. 음악을 이해하지 못하더라도 그라인드코어를 연주하는데 필요한 그 타이트함과 멤버들이 이뤄내는 '합'을 관객들이 느낄 수 있게 하고 싶어요.

Q. 연습실에는 자주 모이나요? 합주는 평소 얼마나 자주 하는지 궁금합니다.

A. 할 때는 일주일에 한 번. 어떤 때는 전혀 안 해요. 우리도 다른 모든 밴드들처럼 게을러요.

Q. 한국에는 카피에만 집중하는 밴드들도 많습니다. 어떻게 즐기든 즐기는 것 자체로 멋지다고 생각은 하지만 저는 이분들이 자작곡도 연주하면 좋겠다는 생각을 종종 합니다. 싱가포르는 어떤가요. 싱가포르도 이와 비슷한 밴드들이 존재하나요?

A. 있죠. 싱가포르에선 이들을 '주말 밴드', '나이트클럽 밴드' 아니면 보통 순위 40에 드는 유명 곡들을 장르 가리지 않고 연주한다고 해서 '톱 40 밴드'라고도 불러요. 이렇게 음악을 즐기는 것도 괜찮다고 생각해요. 우리도 뭐 가끔은 좋아하는 곡들 연주하고 싶을 때가 있잖아요? 전혀 문제 될 거 없다고 생각해요. 다만 저는 그들만큼 잘할 수도 없고 또 하고 싶지도 않아요. 하하!
 상호 존중이 필요하죠. 그들에게 펑크가 맞지 않듯 〈Hotel California〉[1]는 우리에게 맞지 않잖아요? 그렇다고 우리가 친구가 될 수 없는 건 아니니까요.

Q. 싱가포르 씬의 분위기가 궁금합니다. 어떤 씬을 갖고 있고 씬의 상황은 어떤

---

1 1970년 결성된 미국의 전설적인 락 밴드 이글스(Eagles)의 대표곡.

가요. 그리고 공연장을 찾아오는 관객의 수도 궁금합니다. 얼마나 많은 관객들이 밴드들과 함께 호흡하는지 알고 싶네요.

A. 싱가포르 씬은 생생하고 활기 있어요. 이건 다 하드코어 씬 덕분이라고 자신 있게 말할 수 있어요. 하드코어는 싱가포르에서 큰 인기를 끌고 있어요. 젊은 친구들이 언더그라운드 씬을 잘 지켜가고 있고 DIY 펑크 씬과의 유대도 잘 유지하고 있어요. 싱가포르에는 다양한 장르의 많은 밴드들이 있는데 이들은 서로 장르 구분 없이 잘 지내고 거의 다 아는 사이예요.

공연장에는 보통 100여 명 정도가 공연을 보러 와요. 해외에서 누군가 투어를 오면 200명 이상도 공연장에 들어차곤 해요.

Q. 한국에 도합 세 번 왔었잖아요. 두 번째 왔을 때는 저와 같이 대구, 부산, 서울 투어를 함께 돌기도 했고요. 어떤가요. 싱가포르나 다른 나라에서는 느끼지 못 했던 차이 같은 걸 한국에서 느낀 적이 있나요?

A. 솔직히 말해서 어디든 별 차이는 없는 것 같아요. 모두가 우리를 응원해 주고 어떤 사람은 조용히, 어떤 사람은 수줍어하면서, 어떤 사람은 춤추면서 또 어떤 사람은 미친 듯이 반응하면서 우리 공연을 보기도 하죠. 공연장을 찾아준 모든 분들께 늘 감사하게 생각하고 있어요. 객석이 조용할 때도 우리는 늘 우리가 가진 100%를 다 쏟아부어요. 거기 있다는 건 거기서 우리를 보고 듣고 있다는 뜻이니까요.

Q. 훅 들어가는 질문이긴 합니다만 밴드 왜 하세요?

A. 멋지잖아요! 사장 밑에서 일하는 샐러리맨보다는 훨씬 멋지잖아요!

Q. 밴드에게 실력이란 뭘까요? 연주력을 의미하는 걸까요 아니면 그 외 다른 것을 의미할 수 있을까요?

A. 이건 장르마다 다르고 음악마다 다를 것 같아요. 한마디로 콕 집어 말할 수 없는 거지만, 결국엔 밴드와 그 밴드의 음악이 듣는 이에게 뭘 느끼게 하느냐 그게 제일 중요한 것 같아요. 저는 '딜린저 이스케이프 플랜Dillinger Escape Plan[1]'이나 '슬립Sleep[2]' 같은 밴드들에게도 감사하고 싶은 게, 이 둘은 전혀 다른 장르의 음악을 연주하고 있지만 듣는 사람들에게 뭔가를 느끼게 하는 자기만의 방식을 갖추고 있고 그 나름의 방식으로 굉장히 '스킬풀'한 밴드라고 생각하거든요. 거기서 영감을 받기도 했어요.

Q. 제 주변의 많은 친구들이 밴드를 이삼십 년 가까이 해오고 있습니다. 이 친구들에게도 어떻게 이렇게 오래 할 수 있었는지 가끔 묻곤 해요. 웜랏의 경우는 어떤가요. 이제 곧 이십 년을 바라보고 있는데 어떻게 지금까지 변치 않고 달려올 수 있었던 걸까요?

A. 솔직히 잘 모르겠어요. 어쩌면 싱가포르에 이런 것도 가능하다는 걸 보여주고 싶었던 걸지도 모르겠어요. "싱가포르 엿 먹어라" 하는 느낌이랄까.
 운이 좋았죠. 아리프와 피트리처럼 마음 잘 맞고, 스스로의 음악을 믿는 멤버들을 만난 게 제겐 큰 행운이었어요. 우리는 우리 음악, 웜랏의 음악에 뭔가 '특별'

---

1 1997년 결성된 미국의 메탈코어, 프로그레시브 메탈 밴드. 매쓰코어(Mathcore)라 불리는 장르를 대표하는 밴드이기도 하다. 매쓰코어란 불규칙한 박자, 불협화음, 파격적인 드럼 패턴 등 복잡하고 혼잡한 곡 구성이 마치 수학처럼 복잡하다 해서 붙여진 명칭이다.

2 1990년 결성된 미국의 둠/스토너 메탈밴드. 90년대 메탈 음악에 상당한 영향력을 끼친 밴드로 평가 받기도 하며 누군가는 이들을 궁극의 스토너 밴드라고 칭송하기도 한다.

한 것이 있다고 믿어요. 정말 잘 맞는 멤버들이 모였고 심지어 서로 싸운 것도 손에 꼽을 정도예요. 싸워도 서로 성숙하게 대응했어요. 아리프와 피트리가 잠시 밴드를 떠났을 때도 서로 악감정은 전혀 없었어요. 살면서 누구나 자신만의 문제, 도전을 겪게 마련이고 친구라면 서로 지지하고 응원해야겠죠.

Q. 그래서 말입니다만, 원년 멤버인 아리프와 피트리는 한때 밴드를 떠난 적이 있었잖아요. 어떻게 다시 뭉치게 된 건가요?

A. 직전 드러머와는 투어 도중 사이가 안 좋아졌어요. 결국 투어 마지막에 바로 틀어졌죠. 대체할 멤버도 없는 상황이었어요. 투어를 마친 후 어느 날 아리프의 집에 놀러 가게 됐어요. 같이 술 마시던 중에 아리프가 그러더라고요. 연말에 피트리랑 같이 셋이 다시 모여서 일회성으로 공연을 해보지 않겠냐고요. "나야 좋지" 바로 대답했고 그때 느낄 수 있었어요. '아 결코 일회성으로 끝나지 않을 거 같다. 뭔가 그 이상이 될 수 있을 거 같다'라고요. 그래서 2년짜리 밴드 재결성 계획을 짜서 둘에게 제안을 했어요. 그게 먹혔고 결국 우리는 이렇게 다시 돌아왔습니다!

Q. 어때요. 밴드를 죽 해오면서 '아 밴드맨이라면 이런 마음가짐으로 밴드를 해야 하지 않나' 하고 느낀 것들이 있을까요?

A. 어디로 향할 것인가 하는 밴드의 비전이 필요하죠. 그리고 그 방향으로 밀고 나아갈 수 있는 추진력이 필요하고요. 마지막으로 결과가 바로 눈에 보이지 않더라도 기다릴 수 있는 인내력이 필요해요.

Q. 밴드의 향후 일정, 계획이 궁금합니다. 그리고 멀리 봐서 밴드로 이루고 싶은 더 큰 목표, 꿈 같은 게 있을까요?

A. 일단 다음 앨범을 준비 중이에요. 그래서 내년은 투어 없이 앨범에만 집중하려고 해요. 멀리 보면 웜랏이 일종의 컬트 밴드로 기억됐으면 좋겠어요. 그리고 사람들이 웜랏을 화려함도 속임수도 없는 겸손하고 성실한 밴드로 기억해 주면 좋겠고요.

Q. '웜랏은 세계적인 밴드들과 어깨를 나란히 하고 있다'라는 수식어도 이젠 어딘가 좀 부족한 표현이 된 것 같아요. 멀리서만 바라보며 선망하던 밴드 그 자체가 됐는데 이 길의 정점에 다다른 밴드로서 다른 아시아 밴드들에게 혹 전하고 싶은 말이 있을까요?

A. 아시아 밴드들 모두 유럽이나 미국 투어를 꼭 해보라고 말하고 싶어요. 쉽지 않죠. 특히 재정적으로 힘들 수 있어요. 그런데 이게 충분히 가능해요. 저희 생애 첫 투어 때는 고작 50 싱가포르 달러만 들고 해외에 나갔었어요. 계획만 잘 짠다면 유럽, 미국에서 충분히 비용을 회수할 수 있어요. 유럽과 미국은 시장도 넓고 수요도 많아요. 열심히 일하고 돈 좀 모아서 출장처럼 투어를 나가 보세요. 몇 년 지나면 분명 '이게 되네. 되는 거였네!' 싶을 거예요.

Q. 삶도 사람도 계속 변하잖아요. 오랜 시간 밴드를 하면서 그리고 나이가 들면서 전과는 다르게 느끼고 생각하게 되는 것들이 있을까요?

A. 수용과 겸손을 익히게 되는 것 같아요. 세상이 나를 중심으로 돌아가지 않는다는 걸 알게 됐죠. 세상엔 다양한 음악이 있고 많은 밴드가 자신들이 좋아하는 음악을 연주하고 있어요. 그 음악이 나한테 맞을 수도 있고 그렇지 않을 수도 있죠. 내가 좋아하는 음악이 다른 사람한테는 듣기 힘든 음악이 될 수도 있고요. 모두가 저처럼 펑크 같은 마인드에 어울리는 삶을 사는 건 아니라는 것도 받아들이게 됐어요. 자신의 경험과 생각을 자유롭게 나누되 내가 옳다고 누군가를 설득하려 들지 않는 태도도 중요하다는 걸 알게 된 것 같아요. 결국 집착을 좀 내려놓게 된 것 같아요.

Q. 긴 인터뷰 흔쾌히 응해주셔서 감사합니다. 마지막으로 이 인터뷰를 읽게 될 한국 독자 그리고 웜랏의 한국 팬들께 한마디 부탁드려요.

A. '자신'의 곡을 쓰는 데 대단한 기술이 필요한 건 아닙니다. 필요한 건 코드 세 개! 마음껏 즐겨보시길 바라요. 그리고 2027년에 한국에서 또 만날 수 있기를 고대합니다!

여기까지가 라시드와 이메일로 나눈 인터뷰 내용이다. 내용 중 '싱가포르에 엿을 먹였다'란 이야기가 인상적이다. 생각해 보면 윔랏은 싱가포르에만 엿을 먹인 게 아니다. 굳이 스스로를 음악적 불모지라 여기고 변방이라 치부하며 한계 짓곤 하는 아시아의 여러 나라, 밴드들을 향해서도 엿을 먹인 것이다. '봐라. 이거 되는 거다'라며 시원하게 냉소를 날린 것이다.

물론 모든 밴드가 윔랏 같은 성과를 이뤄낼 수 있는 것도 아니고 또 윔랏처럼 해야만 하는 것도 아니다. 밴드란 단지 이런 성과만을 바라보고 하는 것도 아니다. 그렇다고 윔랏이 이뤄낸 성과를 한 아시아 밴드의 운 좋은 성공 신화로만 단순하게 여긴다면 중요한 부분을 간과하게 되는 것이라는 생각 또한 든다.

이들이 이뤄낸 성과의 중요한 점은 깨질 것 같지 않았던 편견을 깨버렸다는 데 있다. 멍청한 장난감이나 갖고 논다는 사회적 편견을 깼고 나아가 아시아 밴드는 세계 무대에서는 무리라는 편견을 가차 없이 깨버렸다. 과정이 결코 쉽지 않았고 15년이란 긴 시간이 걸리기도 했지만 결국 윔랏은 그들이 목표로 해왔던 밴드로서의 최정점에 도달했다. 이들의 이런 행보 자체가 하나의 영감으로서 많은 아시아 밴드들에게 자극과 비전이 될 수 있을 것이라 생각한다. 더불어 이들처럼 그게 무엇이 되었든 어딘가에 '엿을 먹이는' 밴드가 더 많아지길 바란다. 여러분 밴드가 바로 그런 '엿 먹이는 밴드'가 되지 말란 법도 없다.

2017년 10월 대구, 부산, 서울을 잇는 3일간의 일정으로 '언더그라인드'를 진행한 적이 있었다. 이때 나는 윔랏을 이 공연의 헤드라이너로 초대했고 이들과 함께 3일간의 국내 투어를 기획자이자 밴드로서 함께 했다. 투어 첫날인 대구에서의 공연은 생각보다 관객이 적어 아쉬웠지만 이들은 전혀 풀 죽거나 아랑곳하지 않았다. 인터뷰에서 라시드가 말한 대로 이들은 무대 위에서 100% 아니 그 이상을 쏟아냈고 그런 모습을 보며 깊이 감명 받았던 기억이 난다. KTX를 탔을 때는 이거 설마 '부산행'이냐며 난리가 나서 같이 좀비 포즈 취하고 사진을 찍기도 했다. 투어 중 우연히 들렀던 생선구이 집에서는 이 집 뭐냐고 너무 맛있다며 고등어 구이를 샅샅이 발라 먹는 모습을 보며 냉면에 대한 미안한 추억이 떠오르기도 했다.

　이윽고 마지막 서울 공연에서는 관객과 밴드 너나 구분 없이 마구 뒤엉키는 뜨겁고 열광적인 공연을 펼치며 오랫동안 잊지 못할 감동의 순간을 만들어내기도 했다.

　라시드의 바람대로 언젠가 다시 한번 이런 뜨거운 순간들을 한국에서 관객들과 함께 할 수 있길 바라본다. 그게 언제가 될지 아직 모르겠지만 그때가 되도록이면 여름이길 바란다. 냉면은 아무래도 여름이.

들어가며

공연 마친 후 뒤풀이. 공연에 참여한 밴드들과 그 지인들, 기획자, 스태프들 그리고 뒤풀이에 따라온 관객들로 식당 안은 시끌벅적하다. 주고받는 이야기는 별 시답잖다. 공연 잘 봤다는 형식적인 인사부터 별 관심 없는 일상 이야기, 쓸데없는 뒷담화 또는 답 없는 정치 이야기까지. 하지만 다들 공연의 여운에 젖고 술 취하고 흥에 겨워 뒤풀이는 도통 끝날 기미가 보이지 않는다. 취한 누군가가 큰 소리로 떠들어댄다.

"이렇게 재미있는 거 왜 안 하냐? 시간 맞고 마음 맞으면 무조건 밴드 해라. 밴드 너무너무 재미있다!"

'나가며'라는 글로 책을 시작했으니 이제는 '들어가며' 끝을 맺을 시간이다. 과한 욕심이긴 하겠지만 책을 읽은 후 적어도 사고를 옭아매던 끈 하나가 '툭' 하고 끊어져 나가는 경험을 했길 바란다. 더불어 그 정신 줄 끊긴 자리에 새살 돋듯 무언가 새로운 생각이나 자신감이 돋길 바란다.

다만, 여러 밴드들이 들려준 허심탄회한 이야기들이 밴드는 이래야만 한다는 어떤 기준을 제시한 것은 아니란 것을 염두에 두길 바란다. 그들만의 이야기를 들려줬을 뿐이고 이제는 여러분이 이야기를 들려줄 차례이다. 남 얘기 듣기만 하다 보면 결국 듣기만 하는 사람으로 이야기는 끝이 나버린다. 일상으로 들어가 어떻게 밴드를 하고 어떻게 작곡을 하고 어떻게 삶 속에 음악을 들일지 이제 여러분만의 이야기를 만들고 들려줄 차례이다.

앞서 술 취해 떠든 친구의 말처럼 밴드 재미있고 재미있으며 또 재미있다. 이 재미있는 거 마음만 먹으면 누구나 할 수 있다. 작곡도 마찬가지이다. 누가 뭐라 하든 내가 좋으면 좋은 곡이고, 그 곡은 세상 어디에도 없는 유일무이한 소중한 곡이다. 그런 곡으로 내 목소리 내는 걸 부끄러워할 필요가 없다. 부끄러움은 정작 그런 목소리를 감히 평가절하하는 사람들이 느껴야 할 감정이다. 다시 강조하지만 오버그라운드든 언더그라운드든 여기는 놀이터 즉, 여러분의 플레이그라운드이다. 그라운드로 과감하게 들어오라. 16개 밴드 모두가 입을 모아 말하고 있는 것은 결국 이 한 가지이다. '들어와서 함께하자'며 여러분을 놀이로 초대하고 있는 것이다.

한편, 책을 덮고 나서는 한국 언더그라운드 밴드, 언더그라운드 음악, 문화에 대한 이해와 시야 또한 조금은 넓어졌길 기대한다. 무엇보다 한국 언더그라운드 씬에 대한 자긍심을 느낄 수 있길 바란다. 겨우 12개 밴드 다뤘을 뿐이다. 수배나 많은 밴드들이 주말마다 곳곳에서 자신들의 이야기를 가열차게 들려주고 있다. 밴드들뿐 아니다. 기획자, 클럽, 엔지니어 들을 비롯한 공연 및 밴드 관계자들이 보이지 않는 곳에서 이 씬을 아끼며 함께 성장시켜 나가고 있다. 그리고 무엇보다도 언더그라운드 씬을 사랑하는 팬들이 이 모든 것들의 뒷배를 봐 주고 있다.

유럽, 미국, 일본 같은 환경에 비하자면 수적으로는 여전히 그들이 부러운 것도 사실이긴 하나 이제 우리도 거의 다 왔다고 본다. 우리는 그에 못지않은 가능성 가득하고 에너지 넘치는 왕성하고도 폭발력 가득한 언더그라운드 씬을 가지고 있다. 그간 접할 기회가 적었을 뿐 관심 갖고 귀 기울이고 들여다보면 이 씬은 분명 여러분의 자랑거리가 될 거라 생각한다.

책이 500 페이지가 넘을 거라곤 미처 생각도 못 했다. 불편했을 수도 있는 질문들에 성심껏 응하며 풍성한 답변을 들려준 모든 밴드들에게 진심으로 감사 인사를 전하고 싶다. 다들 어찌나 청산유수인지 듣는 내내 공감도 많이 했고 감동도 받았고 영감도 자주 얻었다. 이 책이 활자를 넘어 누군가에게 영감을 주고 용기를 주는 책이 될 수 있다면 그건 모두 이들의 진솔한 입담 덕이다.

글이란 애초 쓰는 사람 따로 읽는 사람 따로인 듯하다. 저자의 의도가 어떠하든 읽어내는 건 독자의 몫이고 독자 맘이다. 부디 '코드 세 개로 밴드 하자'는 뜬금없는 제안에 각자 나름의 답을 찾았기를 바란다. 아울러 두꺼운 책이긴 하나 모쪼록 책이 술술 읽혔으면 하는 바람이 사실 제일 크다. 술술 하자. 밴드도, 음악도, 문화도 술술 삶과 더 얽히도록 하자. 그렇게 일상으로 술술 '들어가길' 바란다.

책의 마무리를 도와준 한겨레출판편집스쿨 91기 이윤채, 안용준, 김성욱에 감사의 말을 전하고 싶다. 이들의 도움이 없었다면 책의 만듦새는 훨씬 부족했을 것이다.

끝으로 너무 이르게 떠나 버린 둘도 없던 말벗, 소중한 친구 이수진에게 이 책을 전한다.

코드 3개 외웠으면 밴드를 하자!

©언더그라인드

초판 1쇄 발행 2025년 10월 29일

지은이　　사류

펴낸곳　　도서출판 언더그라인드 | **펴낸이** 임형빈
출판등록　2024년 4월 30일 제2024-129호
주소　　　서울특별시 강남구 삼성로 69길 21, 402호
전화　　　010-4313-1086
전자우편　underxgrind@outlook.com

ISBN 979-11-993407-3-2 03670